生态农业丛书

农业循环经济的理论与实践

周宏春　戴铁军　郭占强　段金廒　著

科 学 出 版 社
龍 門 書 局
北 京

内 容 简 介

农业循环经济是农业农村可持续发展研究的一个侧面。本书从农业循环经济的内涵入手，讨论农业循环经济的理论基础，包括循环经济学、环境经济学、技术经济学；从农业循环经济产业链延伸角度，讨论农业循环经济的发展基础：土壤及其改良、种养结合、农产品加工、技术支撑体系、农作物秸秆和畜牧业废弃物综合利用，不同尺度的农业循环经济发展模式，包括园区（农业产业园）、区域农业循环经济，农业循环经济的技术经济分析等。

本书可供农业农村领域相关管理人员、科研院所研究人员和高等院校师生参考使用，也可作为本科以上学历的新型农业经营主体的参考书。

图书在版编目（CIP）数据

农业循环经济的理论与实践 / 周宏春等著. —北京：龙门书局，2024.5
（生态农业丛书）
国家出版基金项目
ISBN 978-7-5088-6411-2

Ⅰ. ①农⋯　Ⅱ. ①周⋯　Ⅲ. ①农业经济-循环经济-研究　Ⅳ. ①F303.4

中国国家版本馆 CIP 数据核字（2024）第 006868 号

责任编辑：武仙山　吴卓晶／责任校对：赵丽杰
责任印制：肖　兴／封面设计：东方人华平面设计部

科学出版社
龍門書局　出版
北京东黄城根北街 16 号
邮政编码：100717
http://www.sciencep.com

北京中科印刷有限公司印刷
科学出版社发行　各地新华书店经销
＊

2024 年 5 月第 一 版　开本：720×1000　1/16
2024 年 5 月第一次印刷　印张：18 1/4
字数：370 000

定价：199.00 元
（如有印装质量问题，我社负责调换）
销售部电话 010-62136230　编辑部电话 010-62143239（BN12）

版权所有，侵权必究

生态农业丛书
顾问委员会

任继周　束怀瑞　刘鸿亮　山　仑　庞国芳　康　乐

生态农业丛书
编委会

主任委员

李文华　沈国舫　刘　旭

委员（按姓氏拼音排序）

陈宗懋　戴铁军　郭立月　侯向阳　胡　锋　黄璐琦
蒋高明　蒋剑春　康传志　李　隆　李　玉　李长田
林　智　刘红南　刘某承　刘玉升　南志标　王百田
王守伟　印遇龙　臧明伍　张福锁　张全国　周宏春

生态农业丛书
序　言

　　世界农业经历了从原始的刀耕火种、自给自足的个体农业到常规的现代化农业，人们通过科学技术的进步和土地利用的集约化，在农业上取得了巨大成就，但建立在消耗大量资源和石油基础上的现代工业化农业也带来了一些严重的弊端，并引发一系列全球性问题，包括土地减少、化肥农药过量使用、荒漠化在干旱与半干旱地区的发展、环境污染、生物多样性丧失等。然而，粮食的保证、食物安全和农村贫困仍然困扰着世界上的许多国家。造成这些问题的原因是多样的，其中农业的发展方向与道路成为人们思索与考虑的焦点。因此，在不降低产量前提下螺旋上升式发展生态农业，已经迫在眉睫。低碳、绿色科技加持的现代生态农业，可以缓解生态危机、改善环境的生态系统、更高质量地促进乡村振兴。

　　现代生态农业要求把发展粮食与多种经济作物生产、发展农业与第二三产业结合起来，利用传统农业的精华和现代科技成果，通过人工干预自然生态，实现发展与环境协调、资源利用与资源保护兼顾，形成生态与经济两个良性循环，实现经济效益、生态效益和社会效益的统一。随着中国城市化进程的加速与线上网络、线下道路的快速发展，生态农业的概念和空间进一步深化。值此经济高速发展、技术手段层出不穷的时代，出版具有战略性、指导性的生态农业丛书，不仅符合当前政策，而且利国利民。为此，我们组织了本套生态农业丛书。

　　为了更好地明确本套丛书的撰写思路，于 2018 年 10 月召开编委会第一次会议，厘清生态农业的内涵和外延，确定丛书框架和分册组成，明确了编写要求等。2019 年 1 月召开了编委会第二次会议，进一步确定了丛书的定位；重申了丛书的内容安排比例；提出丛书的目标是总结中国近 20 年来的生态农业研究与实践，促进中国生态农业的落地实施；给出样章及版式建议；规定丛书编写时间节点、进度要求、质量保障和控制措施。

　　生态农业丛书共 13 个分册，具体如下：《现代生态农业研究与展望》《生态农田实践与展望》《生态林业工程研究与展望》《中药生态农业研究与展望》《生态茶业研究与展望》《草地农业的理论与实践》《生态养殖研究与展望》《生态菌物研究与展望》《资源昆虫生态利用与展望》《土壤生态研究与展望》《食品生态加工研究与展望》《农林生物质废弃物生态利用研究与展望》《农业循环经济的理论与实践》。13个分册涉及总论、农田、林业、中药、茶业、草业、养殖业、菌物、昆虫利用、土壤保护、食品加工、农林废弃物利用和农业循环经济，系统阐释了生态农业的理论研究进展、生产实践模式，并对未来发展进行了展望。

本套丛书从前期策划、编委会会议召开、组织编写到最后出版，历经4年多的时间。从提纲确定到最后的定稿，自始至终都得到了李文华院士、沈国舫院士和刘旭院士等编委会专家的精心指导；各位参编人员在丛书的撰写中花费了大量的时间和精力；朱有勇院士和骆世明教授为本套丛书写了专家推荐意见书，在此一并表示感谢！同时，感谢国家出版基金项目（项目编号：2022S-021）对本套丛书的资助。

我国乃至全球的生态农业均处在发展过程中，许多问题有待深入探索。尤其是在新的形势下，丛书关注的一些研究领域可能有了新的发展，也可能有新的、好的生态农业的理论与实践没有收录进来。同时，由于丛书涉及领域较广，学科交叉较多，丛书的编写及统稿历经近4年的时间，疏漏之处在所难免，恳请读者给予批评和指正。

生态农业丛书编委会
2022年7月

前　言

　　发展农业循环经济，是对传统农业的否定之否定，相对于"石油农业"，是理念和实践的回归。农业循环经济，自觉运用循环经济理论与生态工程方法，并与生态学、生态经济学、资源经济学、环境经济学、技术经济学原理相结合，在高效利用自然资源、保护环境和科技创新的基础上，调整优化农业结构，提高农业生产的物质循环和能量利用效率，严格控制有毒有害物质进入农田和农业废弃物排放，是一种可持续的农业发展模式。

　　撰写《农业循环经济的理论与实践》一书，目的是将我们的研究积累及国内外农业循环经济的理论与实践介绍给读者。希望本书的出版，有助于推动我国农业循环经济的应用实践。

　　衷心感谢安徽省人民代表大会常务委员会原副主任季昆森先生的关心和指导，并提供了大量的资料；感谢在参加西北农林科技大学组织召开的农业可持续发展会议期间，中国农业大学吴文良教授、华南农业大学章家恩教授、西北农林大学冷畅俭教授等给予的帮助；感谢所引述文献、资料的各位作者，感谢北京工业大学博士研究生岳忠春参与撰写；感谢科学出版社领导和责任编辑为本书的出版付出的辛勤劳动。

　　在本书撰写过程中，我们尽可能注意内容的准确性、结构的合理性，以及语言的严谨性。但由于作者水平有限，虽几经改稿，书中不足之处在所难免，坦诚地欢迎广大读者提出批评和意见。

周宏春　戴铁军　郭占强　段金廒

2023 年 2 月

目 录

第1章 绪论 ……………………………………………………………………… 1
    1.1 农业循环经济发展背景及挑战 ………………………………………… 1
    1.2 发展农业循环经济的重大意义 ………………………………………… 4

第2章 农业循环经济内涵与外延 ……………………………………………… 7
    2.1 农业循环经济内涵与原则 ……………………………………………… 7
        2.1.1 农业循环经济的内涵 ……………………………………………… 7
        2.1.2 农业循环经济的发展原则 ………………………………………… 8
        2.1.3 农业循环经济的现代特征 ………………………………………… 9
    2.2 农业循环经济的相关概念 ……………………………………………… 10
        2.2.1 生态农业 …………………………………………………………… 10
        2.2.2 精准农业与智慧农业 ……………………………………………… 11
        2.2.3 可持续农业 ………………………………………………………… 13
    2.3 农业循环经济与相邻学科的关系 ……………………………………… 13
        2.3.1 循环经济 …………………………………………………………… 14
        2.3.2 与资源综合利用的关系 …………………………………………… 15
        2.3.3 与清洁生产的关系 ………………………………………………… 16
        2.3.4 与环保产业的关系 ………………………………………………… 17

第3章 农业循环经济理念演化与研究进展 ………………………………… 19
    3.1 农业循环经济的理念演化 ……………………………………………… 19
        3.1.1 传统农业循环观及其实践 ………………………………………… 19
        3.1.2 传统农业生产的地力保持 ………………………………………… 22
        3.1.3 农业生产方式的变迁及原因 ……………………………………… 23
    3.2 农业循环经济的研究进展 ……………………………………………… 26
        3.2.1 国外研究进展 ……………………………………………………… 27

3.2.2 国内研究进展 …… 29
3.3 中国对循环经济的研究 …… 30
3.3.1 我国循环经济发展的政策 …… 30
3.3.2 各地循环经济探索成效 …… 33
3.3.3 中国对循环经济研究的推动 …… 36

第4章 农业循环经济的科学基础 …… 38
4.1 产业经济学基础 …… 38
4.1.1 产业共生理论 …… 38
4.1.2 产业食物链理论 …… 40
4.1.3 产业生态位理论 …… 44
4.2 环境经济学基础 …… 45
4.2.1 公共产品和市场失灵 …… 45
4.2.2 科斯定理与产权理论 …… 47
4.3 技术经济学基础 …… 48
4.3.1 技术经济学的研究领域 …… 48
4.3.2 技术经济学的研究方法 …… 49

第5章 农业循环经济的评价方法 …… 52
5.1 物质流理论 …… 52
5.1.1 一般概述 …… 52
5.1.2 物质流核算框架 …… 54
5.1.3 区域物质流核算 …… 56
5.2 能量流和价值分析 …… 60
5.2.1 能量流分析 …… 60
5.2.2 价值流理论 …… 62
5.3 投入产出核算 …… 63
5.3.1 成本核算 …… 63
5.3.2 评价模型 …… 65
5.4 生命周期评价法 …… 70

第6章 农业循环经济评价指标体系 …… 72
6.1 资源环境评价指标体系 …… 72
6.1.1 资源利用的评价指标 …… 72

  6.1.2 废弃物资源化与环境影响的指标 ·············· 73
 6.2 循环经济评价指标体系构建 ·············· 74
  6.2.1 我国的循环经济评价指标体系 ·············· 74
  6.2.2 循环经济评价指标体系构建问题与意义 ·············· 77
  6.2.3 农业循环经济评价指标体系 ·············· 79

第7章 农业循环经济发展的国际经验 ·············· 83

 7.1 日本农业循环经济发展经验 ·············· 83
  7.1.1 农业循环经济发展模式剖析 ·············· 83
  7.1.2 农业循环经济的发展经验 ·············· 85
 7.2 古巴农业循环经济发展经验 ·············· 87
  7.2.1 古巴农业的物质循环利用 ·············· 87
  7.2.2 粮食生产中的资源优化配置 ·············· 89
  7.2.3 拉丁美洲推广运用古巴农业模式 ·············· 91
 7.3 各国农业发展特色及其对我国的启示 ·············· 91
  7.3.1 美国农业发展的主要做法 ·············· 91
  7.3.2 以色列节水农业 ·············· 93
  7.3.3 各具特色的循环农业模式 ·············· 94
  7.3.4 发达国家经验对中国的启示 ·············· 96

第8章 农业循环经济发展模式 ·············· 98

 8.1 循环农业模式的物质代谢 ·············· 98
  8.1.1 物质代谢模式 ·············· 98
  8.1.2 资源共享模式 ·············· 101
 8.2 不同空间尺度的农业循环经济 ·············· 105
  8.2.1 庭院农业循环经济模式 ·············· 105
  8.2.2 乡村循环农业模式 ·············· 108
  8.2.3 农业循环经济产业园 ·············· 111
  8.2.4 区域循环农业模式 ·············· 117
  8.2.5 种养殖模式的比较 ·············· 120
 8.3 农业循环经济的典型案例 ·············· 120
  8.3.1 安徽生态区与农业循环模式 ·············· 120
  8.3.2 石首市鸭+蛙+稻产业模式 ·············· 123
  8.3.3 农业循环经济特点 ·············· 124

第9章 农业循环经济的技术支撑 … 126

9.1 技术支撑体系 … 126
9.1.1 技术支撑体系概述 … 126
9.1.2 农产品精深加工技术 … 127

9.2 资源化技术 … 128
9.2.1 减量化技术 … 128
9.2.2 畜禽粪便资源化利用技术 … 135
9.2.3 农膜回收利用技术及对策 … 136

9.3 系统化技术 … 142
9.3.1 农作物轮作技术 … 142
9.3.2 农作物间套种技术 … 143
9.3.3 稻田立体生态养殖技术 … 144

第10章 土肥代谢是循环农业之基础 … 146

10.1 中国农业与土壤分布 … 146
10.1.1 土壤类型及其分布 … 147
10.1.2 主要农作物分布 … 150

10.2 精耕细作与科学用肥 … 151
10.2.1 中国的传统耕作制度 … 151
10.2.2 化肥使用弊端呼唤科学施肥 … 153
10.2.3 嘉博文治理土壤污染的案例 … 158

10.3 产权改革是提高土地生产力之必然 … 162
10.3.1 现有体制不利于农业现代化 … 162
10.3.2 农村集体产权制度改革 … 164

第11章 食品行业循环经济 … 167

11.1 食品行业内涵及分类 … 167
11.1.1 食品行业与食品分类 … 167
11.1.2 中粮集团的食品类型 … 169
11.1.3 目标导向的栖霞苹果革命 … 170

11.2 食品工业循环经济发展现状与任务 … 171
11.2.1 食品工业发展的 SWOT 分析 … 171
11.2.2 食品工业主要任务与发展模式 … 173

11.3 食品行业循环经济的典型案例 … 176
11.3.1 中粮集团的肉食循环经济 … 176

11.3.2　益海嘉里的循环经济模式 ··· 180

第12章　中药资源循环利用与循环经济 ···186

12.1　我国中药产业发展现状 ·· 186
　　　12.1.1　中药种植业发展现状 ··· 187
　　　12.1.2　中药加工业发展现状 ··· 187
12.2　中药产业循环经济发展战略与模式 ·· 188
　　　12.2.1　中药资源循环利用的必要性 ······································ 188
　　　12.2.2　中药资源循环经济发展策略 ······································ 190
　　　12.2.3　中药资源循环经济发展模式 ······································ 192
12.3　中药资源循环利用产业化 ··· 197
　　　12.3.1　丹参及其非药用部位资源化 ······································ 197
　　　12.3.2　丹参制药固体废弃物资源化利用 ································ 199

第13章　以沼气为纽带的农业循环经济 ··201

13.1　沼气利用条件及其前景 ·· 201
　　　13.1.1　沼气一般知识 ··· 201
　　　13.1.2　发展沼气的意义 ·· 204
　　　13.1.3　沼气利用前景 ··· 206
13.2　沼气发电 ··· 206
　　　13.2.1　沼气发电现状 ··· 206
　　　13.2.2　沼气投资需求与前景 ··· 209
13.3　以沼气为纽带的农业循环经济模式 ·· 210
　　　13.3.1　"四位一体"循环农业案例 ·· 210
　　　13.3.2　"四位一体"庭院模式效益分析 ·································· 211

第14章　秸秆综合利用及其产业化 ··213

14.1　秸秆综合利用概述 ··· 213
　　　14.1.1　概况 ··· 213
　　　14.1.2　秸秆综合利用技术 ··· 215
　　　14.1.3　秸秆收储运体系 ·· 216
14.2　秸秆综合利用的主要技术路径 ··· 218
　　　14.2.1　秸秆肥料化利用 ·· 218
　　　14.2.2　秸秆饲料化利用 ·· 220
　　　14.2.3　秸秆能源化利用 ·· 223
　　　14.2.4　秸秆原料化利用 ·· 227

　　　　14.2.5　秸秆基料化利用……………………………………………228
　14.3　相关激励政策与对策建议……………………………………………228
　　　　14.3.1　相关激励政策及其实施…………………………………228
　　　　14.3.2　健全秸秆收储运体系……………………………………229

第15章　农业清洁生产与绿色农产品　231

　15.1　清洁生产理论与生态设计……………………………………………231
　　　　15.1.1　清洁生产…………………………………………………231
　　　　15.1.2　生态设计理论……………………………………………234
　15.2　绿色供应链理论………………………………………………………237
　　　　15.2.1　绿色供应链管理及其研究………………………………237
　　　　15.2.2　绿色供应链的组成与结构………………………………238
　　　　15.2.3　绿色供应链评价…………………………………………242
　15.3　产品标准、标志与认证………………………………………………244
　　　　15.3.1　产品类型及其标志………………………………………244
　　　　15.3.2　有机认证管理及其政策导向……………………………248

第16章　促进农业循环经济发展的经济政策　251

　16.1　中国农业发展扶持政策及其演进……………………………………251
　　　　16.1.1　加大农业农村财政扶持力度的必要性…………………251
　　　　16.1.2　改革开放以来财政支持农业政策的演进………………252
　16.2　财政支持农业可持续发展的国际经验………………………………255
　16.3　循环农业发展的政策性金融…………………………………………258
　　　　16.3.1　地区循环农业经济的必要性……………………………258
　　　　16.3.2　绿色信贷助推循环农业…………………………………259
　　　　16.3.3　政策性金融支持下的地区循环农业发展前景…………259
　16.4　促进农业循环经济发展的措施………………………………………260
　　　　16.4.1　农业循环经济的政策重点………………………………260
　　　　16.4.2　继续加大改革支持力度…………………………………267
　　　　16.4.3　农业可持续发展的财政政策……………………………268
　　　　16.4.4　营造循环经济发展的社会氛围…………………………269

主要参考文献……………………………………………………………………271

索引………………………………………………………………………………275

第 1 章　绪　论

人类的文明发展从未止步。在农业文明时代，人类排放的废弃物能参与自然循环。工业革命以来，随着技术进步和社会发展，大量有毒有害物质进入自然界，带来环境污染和生态退化。随着我国经济由高速增长阶段向高质量发展阶段迈进，农业发展的内外部环境发生深刻变化，农业农村环境治理需求越来越迫切，需要加快转变农业发展方式，即由过去主要拼资源、拼环境的方式转到资源节约、环境友好的可持续发展道路。

农业循环经济，既是我国农业发展由粗放型经营向集约型经营转变的新型发展方式，又是实现农业农村可持续发展的战略思路、提升农业农村生态文明建设水平的重要突破口。

1.1　农业循环经济发展背景及挑战

推进农业循环经济发展，面临着前所未有的历史机遇。

一是农业循环经济发展日益成为社会共识。社会各界对粮食安全和农产品质量的高度关注，为农业循环经济发展凝聚了共识。2004～2022 年连续出台中央一号文件，其中有 10 份文件提出相关要求，"鼓励发展循环农业、生态农业""促进生态友好型农业发展""大力推动农业循环经济发展""积极推广高效生态循环农业模式""推行绿色生产方式，增强农业可持续发展能力""促进生态和经济良性循环""发展生态循环农业"。《全国农业可持续发展规划（2015—2030 年）》明确提出"推进生态循环农业发展"。

绿色发展、高质量发展是农业循环经济发展的内在要求和模式精髓。现代农业循环经济，是以减量化（reduce）、再利用（reuse）、再循环（recycle）为原则（3R 原则）的农业发展模式，依靠现代科技创新实现资源低消耗、环境低污染和碳低排放的目标。2018 年国务院政府工作报告明确提出要推动高质量发展。

二是农业循环经济发展的物质基础日益雄厚。我国综合国力不断增强，强农惠农富农政策支持力度持续加大，主要农产品连年增产增收，利用"两种资源、两个市场"弥补国内农业资源不足的能力不断提高，为农业转方式、调结构提供了战略空间和物质保障。

国家鼓励农业循环经济的发展，建立多元化投入体系，在农业资源循环利用、农产品加工中的清洁生产与产业链整合、农作物秸秆与畜禽粪便资源无害化处理、农村社区净化等方面开展示范工程建设。鼓励农民发展沼气、对再生资源进行回收利用，鼓励农民充分利用可再生资源，发展生态农业，改良土壤，改善农村环境卫生，塑造环境友好型社会，建设社会主义新农村。

三是农业循环经济发展的重点日益明确。2015年中央一号文件明确指出"开展秸秆、畜禽粪便资源化利用和农田残膜回收区域性示范"。《农业部关于打好农业面源污染防治攻坚战的实施意见》提出"一控两减三基本"的工作目标和重点任务。《到2020年化肥使用量零增长行动方案》和《到2020年农药使用量零增长行动方案》等配套方案的出台为农业循环经济的发展提供指导。

2022年中央一号文件提出推进农业农村绿色发展。加强农业面源污染综合治理，深入推进农业投入品减量化，加强畜禽粪污资源化利用，推进农膜科学使用回收，支持秸秆综合利用。建设国家农业绿色发展先行区。开展水系连通及水美乡村建设。实施生态保护修复重大工程，复苏河湖生态环境。科学推进国土绿化。支持牧区发展和牧民增收，落实第三轮草原生态保护补助奖励政策。研发应用减碳增汇型农业技术，探索建立碳汇产品价值实现机制。出台推进乡村生态振兴的指导意见。

《"十四五"推进农业农村现代化规划》要求"以绿色发展引领乡村振兴，推进农村生产生活方式绿色低碳转型，实现资源利用更加高效、产地环境更加清洁、生态系统更加稳定，促进人与自然和谐共生"，并就"推进质量兴农绿色兴农""加强农业面源污染防治""保护修复农村生态系统"等提出具体要求。

四是农业循环经济发展的科技支撑日益坚实。近年来多项相关政策出台，为农业循环经济发展提供了依据，既表明了国家发展农业循环经济的决心，也为农业循环经济指明了发展思路、目标和具体要求。农业循环经济是实现农业可持续发展的战略选择，在国家政策层面的不断推进下，农业循环经济将是我国农业发展的方向。传统农业文明的优秀文化也逐步被认识，传统农业技术精华广泛传承，现代生物技术、信息技术、新材料和先进装备等日新月异、广泛应用，生态农业、循环农业等技术模式不断集成创新，为农业可持续发展提供有力的技术支撑。

五是农业循环经济发展的制度保障日益完善。随着农村改革稳步推进，法律法规体系不断健全，治理能力不断提升，这为农业循环经济发展注入了活力、提供了保障。

农业供给侧结构性改革是深化供给侧结构性改革、实施乡村振兴战略的重要内容，是促进现代农业发展的内在要求。坚持以绿色发展理念引领农业供给侧结构性改革，推进农业高质量发展，是推进乡村振兴的重要内容和抓手。推进农业供给侧结构性改革，是破解农业发展难题、推动农业闯关过坎的关键举措，是加快转变农业生产方式、促进农业现代化的必然要求。着力加强农业供给侧结构性改革，优化供给结构和资源配置，提高农业质量效益和竞争力，是当前和今后一个时期内农业农村工作的重大任务。

"三农"（农业、农村、农民）是国家稳定安全的基础。无论人类进入什么时代，都离不开吃饭穿衣，都离不开农业发展的支撑和保障。因此，必须立足世情国情农情，抢抓机遇，应对挑战，全面实施农业可持续发展战略，实现农业强、农民富、农村美。

农业循环经济适应绿色发展要求，有着光明且广阔的发展前景。但农业循环经济发展面临的挑战，也不容忽视。在我国农业农村发展取得巨大成就的同时，农业资源过度开发、投入品过量使用、地下水超采及农业内、外源污染相互叠加带来的一系列问题日益凸显。

（1）环境污染问题突出，农产品质量提升的任务艰巨。工业"三废"（废气、废水、废渣）和城市生活污染等外源污染向农村扩散，镉、汞、砷等重金属不断向农产品产地环境渗透，2017年的普查资料表明，全国土壤主要污染物点位超标率为 16.1%。农业内源性污染严重，化肥农药利用率不足 1/3，农膜回收率不足 2/3；畜禽粪污有效处理率不到一半，有些畜禽粪便没有经过合理处理直接进行排放，对农田、水体造成污染，粪污处理压力越来越大、成本越来越高。秸秆焚烧现象严重。海洋富营养化问题突出，赤潮、绿潮时有发生，渔业水域生态恶化。农村垃圾、污水处理严重不足。农业农村环境污染加重的态势，直接影响农产品质量安全。

（2）生态系统退化明显，建设生态保育型农业的任务更加艰巨。2017年的普查资料表明，全国水土流失面积达 295 万 km^2，年均土壤侵蚀量为 45 亿 t，沙化土地面积为 173 万 km^2，石漠化土地面积达 12 万 km^2。高强度、粗放式生产方式导致农田生态系统结构失衡、功能退化，农林、农牧复合生态系统亟待建立。草原超载过牧问题依然突出，草原生态退化局面尚未根本扭转。湖泊、湿地面积萎缩，生态服务功能弱化。生物多样性受到严重威胁，濒危物种增多。

（3）资源约束加剧，保障粮食等主要农产品供给的任务更加艰巨。人多、地少、水缺是我国的基本国情。农业资源紧缺体现在耕地数量方面，全国新增建设用地占用耕地年均约为 480 万亩[①]，守住 18 亿亩耕地红线的压力越来越大。占补平衡补充形成的耕地质量不高，黑土层变薄、土壤酸化、耕作层变浅等问题凸显。农田灌溉水有效利用系数比发达国家平均水平低 0.2，华北地下水超采严重。我国粮食等主要农产品需求刚性增长，而水土资源越来越紧张，国家粮食安全和主要

---

① 1 亩≈666.67m^2。

农产品有效供给与资源约束的矛盾日益尖锐。

（4）体制机制尚不健全，农业制度体系构建任务更加艰巨。水土等资源资产管理体制和机制尚未建立和健全，山水林田湖草缺乏统一保护和修复。农业资源市场化配置机制尚未建立，反映水资源短缺程度的价格机制没有形成。循环农业发展激励机制不完善，种养业发展不协调，农业废弃物资源化利用率较低。农业生态补偿机制尚不健全。农业污染责任主体不明确，监管机制缺失，污染成本过低。全面反映经济社会价值的农业资源定价机制、利益补偿机制和奖惩机制的缺失和不健全，制约了农业资源合理利用和生态环境保护。

1.2 发展农业循环经济的重大意义

发展农业循环经济，旨在将单向线性经济转变为循环经济，将生态环境看成经济增长要素，把经济活动对环境的不利影响降到最低，实现人与自然和谐共生。

发展农业循环经济，是缓解资源约束的必然选择。我国资源总量大，但人均占有量远低于世界平均水平，人均矿产资源占有量不足世界平均水平的一半；2018年能源消费总量超过 46 亿 t 标准煤。如果沿袭传统发展模式，以资源的大量消耗和污染物的高强度排放实现现代化，则资源难以支撑，环境难以容纳，发展难以持续。种养业废弃物，可用作肥料、饲料、燃料及工业原料。我国秸秆年产生量超过 9 亿 t，畜禽养殖年产生粪污 38 亿 t，利用潜力巨大。例如，秸秆含有丰富的有机质、纤维素、粗蛋白质、粗脂肪和氮、磷、钾、钙、镁、硫等成分，可广泛用于饲料、燃料、肥料、造纸、建材等领域。1t 干秸秆的养分相当于 50～60kg 化肥；其饲料化利用可替代 0.25t 粮食，能源化利用可替代 0.5t 标准煤。1t 粪便的养分相当于 20～30kg 化肥，可生产 60～80m^3 沼气。畜禽粪便含有农作物生长必需的氮、磷、钾等营养成分，施于农田有助于提高土壤的有机质含量，改良土壤结构，提升地力，减少化肥施用。

发展农业循环经济是生态环境治理现代化的需要。随着农业集约化程度的提高和养殖业的快速发展，不合理使用化肥农药及畜禽粪便造成的污染问题越来越突出。2015 年，农业部组织开展化肥农药使用量零增长行动，取得明显成效。截至 2020 年年底，中国化肥农药减量增效行动已顺利实现预期目标，化肥农药使用量显著减少，化肥农药利用率明显提升，种植业高质量发展效果明显。各地加快集成推广化肥农药减量增效绿色高效技术模式，为化肥农药用量减少、利用率提升打牢基础。2017 年以来，农业部开展有机肥替代化肥、高效低风险农药替代化学农药行动，2020 年有机肥施用面积超过 5.5 亿亩次，比 2015 年增加约 50%，高效低风险农药占比超过 90%。一个年出栏万头猪的规模化养殖场每年产生粪便约 2500t、尿液约 5400m^3，可用来生产有机肥，进而减少化肥的施用量。发展农业循环经济,是从根本上减轻农村环境污染的途径。我国能源利用率若能达到世界先进水平,每年可减少二氧化硫排放 400 万 t 左右;固体废弃物综合利用率若提高 1 个百分点,每年可减少约 1000 万 t 废弃物的排放。因此,大力发展农业循环经济,施行清洁生产,在粮食与畜牧业生产重点区,促进种养业废弃物变废为宝,是减少农业面源污染、改善人居环境、建设美丽乡村的关键举措,可以从根本上解决经济发展与生态环境保护之间的矛盾,实现经济效益、社会效益和生态效益有机统一。

发展农业循环经济是经济高质量发展的需要。我国已经全面建成小康社会,进入深化改革开放、加快转变发展方式的攻坚期。发展农业循环经济是乡村振兴、提高农民收入水平的重要保障。小康不小康,关键看老乡;小康全面不全面,生态环境是关键。如果继续走高投入、高消耗、高污染、低效益的传统工业化道路,不仅乡村振兴目标难以实现,物质文明目标也难以实现。准确把握国内外形势的新变化新特点,推动农业循环经济发展,对实现"两个百年"奋斗目标具有十分重要的现实意义。我国几千年农业发展中,早就出现"相继以生成,相资以利用"的朴素循环利用思想,形成了种养结合、精耕细作、用地养地等与自然和谐共生的农业发展模式。要以粮食生产提质增效为目标,加强土、肥、水、种、机械、安全等领域技术集成创新,支撑现代农业发展。要构建农业生产—农村生活—生态环境循环链接的综合系统,助力农业农村绿色发展、乡村生态振兴、美丽乡村建设。

发展农业循环经济是提高农业生产竞争力的需要。发展农业循环经济是提高农业经济效益的重要措施。我国资源利用效率与国际先进水平相比依然较低,突出表现在资源产出率低、资源利用率低、资源综合利用水平低、再生资源回收和循环利用率低。较低的资源利用水平,成为企业降低生产成本、提高效益和竞争力的障碍。大力发展农业循环经济,提高资源利用率,增强国际竞争力,成为农业发展的一项重要而紧迫的任务。近年来,我国农业生产力水平虽然有了很大提高,但农业发展数量与质量、总量与结构、成本与效益、生产与环境等矛盾依然突出。根据资源环境承载力、种养业废弃物消纳半径,合理布局养殖场,配套建设饲草基地和粪污处理消纳设施,以市场为导向,构建粮经饲统筹、种养加一体、农牧渔结合的现代农业,带动绿色食品、有机农产品和地理标志农产品稳步发展,有利于提升农业全产业链附加值,促进一二三产业融合发展,提高农业综合竞争力。

发展农业循环经济是乡村振兴的需要。乡村振兴提出的"产业兴旺、生态宜居、乡风文明、治理有效、生活富裕"要求是生态、生产与生活的完美结合。农业循环经济符合我国的实际,更有利于"三农"问题的解决。提倡并推动农业循环经济发展,在制定发展规划、出台政策措施时,应当全盘考虑农村中的工业、农业、服务业，以便协调发展，进而实现乡村振兴。

发展农业循环经济是农业可持续发展的需要。党中央、国务院始终把"三农"作为全党全国工作的重中之重，出台了一系列强农惠农富农政策。粮食生产连续多年丰收、农民收入大幅增加，农业经济为农村发展提供了有力支撑。发展农业循环经济，以资源承载力和环境容量为基准，促进规模化种养加一体化，构建循环农业产业链，促进农业资源的合理开发与环境的有效保护，提高土地产出率、资源利用率和劳动生产率，是既保粮食满仓又保绿水青山的必然选择。发展农业循环经济，按照"减量化、再利用、资源化"的理念，种养结合，推动农业生产由"资源—产品—废弃物"的线性经济，向"资源—产品—再生资源—产品"的循环经济转变，有效提升农业资源利用效率，以农业资源的可持续利用支撑农业可持续发展。

总之，发展农业循环经济，是践行创新、协调、绿色、开放、共享发展理念的伟大实践，是节约效率型、环境质量型、气候友好型的生产方式，有利于提高我国农业经济质量和效益，促进人与自然和谐共生，是关系中华民族长远发展的根本大计。

第 2 章
农业循环经济内涵与外延

2.1 农业循环经济内涵与原则

"农为邦本"、民以食为天。农业循环经济，与工业循环经济、服务业循环经济等相对应，是从可持续发展角度研究或讨论循环经济发展的；而循环农业与生态农业、有机农业、精准农业、可持续农业等相对应，是从农业本身出发研究或讨论农业发展方式的。本书采用农业循环经济的名称，是要跳出农业看农业，研究并讨论农业循环经济发展问题。

2.1.1 农业循环经济的内涵

农业循环经济，以生态经济学和系统工程为基础，以减量化、再利用、资源化为原则，运用物质循环再生原理和能量分级利用技术，效仿食物链，使所有农业资源均得到合理而高效的利用，使废弃物和温室气体较少排放，促成无公害、绿色或有机农产品的种养加一体化，延伸农业产业链，构建整体、协调、循环、再生、无污染产业链，并不断输入技术、信息、资金，更好地推进农村资源循环利用和现代农业持续发展，实现社会效益、经济效益和生态效益的有机统一。

农业循环经济的内涵十分丰富。世界各国在由传统农业、石油农业向可持续农业转型升级的过程中，依据自然地理条件、经济社会发展水平、产业发展优势等特点，形成了各具特色的农业循环经济发展模式。其依托种植业发达和农作物秸秆资源丰富的比较优势，为市场提供质优价廉、商品化程度较高的农作物产品，形成了秸秆饲料加工业、养殖业、生物有机肥业、种植业等产业链，进而发展形成农业增效、农民增收、农村繁荣的美好景象。

农业循环经济是具有"内生"循环与"外生"循环的"双生"循环系统。"内生"循环是农业企业以某个或多个特色农产品产业链为特征的小循环；"外生"循环是农业主体与社会不同部门的产业链接、资源循环利用、废弃物处理消纳的社会大循环。"双生"循环则从生产系统内部与生活系统外部解决人与自然、人与社会的关系，从而形成马克思早期经济循环理论中的"双面和解"，为人类的绿色发展提供安全保障。

农业循环经济要求资源低开采、高利用，是对传统农业的否定之否定，符合可持续发展的理念。与石油农业经济相比，农业循环经济的不同之处在于：传统农业经济的物质流动是融入自然过程的，工业革命以来农业经济的物质流动是单向的，即"资源—农产品—废弃物"，特征是高开采、低利用、高排放。在传统发展模式中，人们高强度地把地球上的农业资源提取出来，把废弃物或副产品排放到水系、空气和土壤中，农业资源利用形式是粗放的、一次性的，本质是大量生产、大量消费、大量废弃。农业循环经济倡导传统理念和生产方式的回归，倡导人与生态和谐共生，把农业组织成一个"资源—农产品—再生资源"的反馈式流程，把农业生产活动对自然资源和生态环境的影响降低到尽可能小的程度。

农业循环经济是实现我国农业农村绿色发展的可行路径。农业循环经济要树立绿色发展理念，实行绿色生产方式、绿色生活方式，优化产业结构，形成资源节约、环境保护、产业兴旺、生活富裕、生态宜居的空间格局。

2.1.2　农业循环经济的发展原则

研究农业循环经济，要从基本概念、遵循原则、内在动力、运行模式等方面深入了解其本质特征，要全面分析农业循环经济发展的重点领域技术、制度与体制机制创新需求，这样才能有力地推动我国农业绿色高质量发展。

农业循环经济，基于减量化、再利用、再循环的 3R 原则，涉及农业资源的高效综合利用、污染防控等领域，本质是资源高效利用与产业链延伸，满足循环经济的基本发展原则。

一是减量化原则。尽量减少农业生产和消费过程中的投入量，节约集约使用资源，减少污染物排放和二氧化碳等温室气体排放。我国农业投入品过量使用、利用效率不高，成为农业污染的重要来源。经过近年来的不懈努力，化肥农药使用量实现零增长。未来要在提高使用效率、减少用量上下功夫。持续推进有机肥替代化肥行动，在扩大试点范围基础上，选择生产大县、大市创建整建制推进试点。推进绿色防控，开展果菜茶病虫全程绿色防控试点，力争主要农作物病虫绿色防控覆盖率每年都有提高。通过政府购买服务等形式，支持新型经营主体、社会化组织、国有农场等涉农单位开展化肥统配统施、病虫统防统治等服务。加强动物疫病防控和净化，推动兽用抗菌药物减量使用，有效保障养殖业和动物产品安全、公共卫生安全。

二是再利用原则。推进农业废弃物资源化利用；利用生物技术、工程技术等高新技术手段，对各类农产品、山区土特产品、林产品、水产品及其初加工后的副产品和有机废弃物进行开发，延伸产业链，变副产物为可以利用的资源。树立物质循环利用意识，聚焦生猪、奶牛、肉牛大县，抓好畜禽粪污资源化利用工作，提高粪污资源化利用设施装备水平，解决规模养殖场粪污资源化利用问题。以秸秆资源化利用为主线，激励并推进沼渣、沼液等有机肥利用，打通种养废弃物循环产业链，实现废弃物就地就近循环利用。以玉米秸秆较多的东北、华北等地区为重点，开展秸秆综合利用试点，推广秸秆农用模式。以西北、西南地区为重点开展农膜回收，建设地膜治理示范县；落实地膜生产新标准，加快推进加厚地膜的推广应用，对不符合标准的地膜生产使用，应当逐步减少。这样，不仅加工企业不产生污染，还可以扩大企业规模，提高经济效益。

三是再循环原则。资源在完成使用功能后能重新变成再生资源。运用再循环原则，开发利用微生物资源——白色农业，可以生产出无公害绿色食品，无污染饲料、肥料、农药及取之不尽的能源。开发微生物资源，可以缓解能源供应不足及污染物排放的问题。几十年来，中国在发展农业微生物能源——沼气方面取得巨大成绩，在借助微生物发酵技术、利用农业废弃纤维质资源生产酒精来替代日益枯竭的石油资源方面也取得较大进展。大力推广农业微生物能源（沼气）技术，仍有发展空间。

2.1.3　农业循环经济的现代特征

农业发展方式转变，包括农业生产由主要依靠资源投入向依靠创新驱动转变，生产条件由"靠天吃饭"向风险可控转变，劳动力由传统农民向新型职业农民转变，农业经营的资源由分散配置向集中配置转变、由初级产品生产向农工贸一体化生产转变，农业功能由单一化向多样化转变，总体由石油农业向现代循环农业转型。农业循环经济的现代特征主要有以下几个方面。

（1）生态优先。要求从保持良好的农业生态环境出发，在良好的生态条件下，注重源头控制污染物排放，从种植土壤、施用肥料、灌溉用水、防治病虫害到收割后处理废弃物全过程达到清洁生产要求，实行种养加，产供销良性循环，实现广义上的现代农业循环经济。

（2）物质循环。要求农业产业链中各环节形成资源循环利用的格局。提高农作物产品和服务的效率，减少一次性用品使用及最终的废弃物排放。重视物质完成使用功能后，能重新变成再生资源。优化布局形成循环链，使上一环节的废弃物成为下一环节的原料，实现物质的有序循环利用。

（3）产业融合。实现种植业、养殖业、微生物产业、加工业、营销业、文化旅游业等的融合发展，依靠科技、文化、金融支撑，集多种经济形态于一体，发挥各产业功能，整体实现经济效益、生态效益、社会效益的有机统一。

（4）产品安全。实现资源利用节约化、生产过程清洁化、产业链条生态化、废弃物利用资源化，实现农业绿色发展，给消费者提供安全、高品质的农副产品，满足消费者对绿色、无公害、有机农产品的需求。

（5）创新发展。汲取传统农业发展之精华，吸收国内外农业发展的先进经验和典型模式，形成大系统的新业态、重要的现代战略性新兴产业。在实践中通过科技创新、机制创新、管理创新不断完善提高农业发展水平，实现农业健康持续发展。

（6）学科交叉。遵循生态学、经济学和可持续发展思想，循环农业可以建立起良好的生态系统，农业循环经济研究涉及生态学、生态经济学、生态工程学、生态技术学、循环经济学及微生物学、营销学、信息学等多领域多学科。

2.2　农业循环经济的相关概念

自工业革命以来，经济系统与自然系统分离，独立于生态系统而存在；事实上，经济系统是自然系统的一部分。发展农业循环经济，要遵循生态系统规律，以现代产业、循环利用和环保技术为手段，探索农业经济体系与自然生态体系相匹配的途径，实现物质的闭环流动和能量的梯次利用，形成良性循环的农业生态系统和运行模式。

2.2.1　生态农业

生态系统规律包括整体、协同、循环、再生，其中之一是循环；从这个意义上说，生态农业覆盖循环农业。生态农业与循环农业是传统的，更是现代的，是对传统农业生产方式的否定之否定，力求形成一种良性的生态循环系统，对农业的生态化改造起积极作用，将为我国治理农业生态环境、调整农产品结构及提高农产品质量提供全新的系统化解决方案。

1. 现代意义的生态农业基本特征

生态农业不是简单回归，而是把循环经济理念应用于农业生产活动，在农业生产过程和产品生命周期中减少资源、物质投入量和废弃物排放量，延伸农业产业链，促进一二三产业延伸衔接，提升价值链，尽量减少对生态环境系统的不利影响。

从现代生态学的原理出发，生态农业的基本特征主要有以下几个方面。

（1）以"食物链"原理为依据，形成良性循环多级利用。一个生态系统中往往并存多种生物，生物间相互依存、相互制约，通过一条条食物链密切地联系在一起。按照食物链的构成和维系规律，合理组织生产，最大限度地发挥资源潜力，节约资源且减少环境污染。

（2）根据生物群落演替原理发展起来的时空演替配置原则。根据生物群落生长的时空特点和演替规律，合理配置农业资源，组织农业生产，是生态循环农业的重要内容。采用这种模式可充分利用农业资源，使产业结构趋于合理，并保护农业生态环境。

（3）遵循生态经济学原理的系统调控原则。在一个生态系统中，生物为了生息繁衍，必须随时随地从环境摄取物质和能量，环境也在生物生命活动过程中得到某些补给，以恢复活力。环境影响生物，生物也影响环境，受生物影响的环境对生物又形成新的影响。所以，必须通过合理耕作、种养结合来调节生态系统，实现良性循环和可持续发展。

2. 生态农业工程模式设计

推进生态农业发展，可以通过生态农业工程来实现。生态农业工程模式设计常采用 3 种类型，具体表述如下。

（1）时空结构型。该类型主要采用平面设计、垂直设计和时间设计，在实际应用中多为时空三维结构型，包括种群的平面配置、立体配置及时间的叠加嵌合等。时空结构型模式设计包含立体生态梯度开发型、林果立体间套型、农田立体间套型、水域立体种养型和庭院立体种养型等。

（2）食物链结构型。该类型主要模拟生态系统中的食物链结构，在农业生态系统中实行物质和能量的良性循环与多级利用。食物链结构型模式设计通常采用"依源设模，以模定环，以环促流，以流增效"的方法，通过链环衔接，使系统内的能量流、物质流、价值流和信息流畅通。

（3）时空-食物链结构型。该类型主要是时空结构型与食物链结构型的有机结合，即将生态系统中生物物质的高效生产与有效利用有机结合，把"开源与节流"高度统一，以求实现低投入、高产出、少排放、少污染和高效益。

生态循环农业产业链，在不同地区、不同经济地理条件下的环节差别较大。最完整的体系是由生态种植业、生态林业、生态渔业、生态牧业及其延伸的农产品加工业、农产品贸易与服务业、农产品消费领域之间，通过废弃物交换、循环利用、要素耦合等方式，形成的网状分布的相互依存、密切联系、协同作用的生态产业体系。

2.2.2 精准农业与智慧农业

精准农业是以信息技术为支撑，根据空间变异，定位、定时、定量地实施一整套现代化农事操作与管理的系统，是实现信息技术与农业生产全面结合的一种新型农业。精准农业是近年出现的专门用于大田作物种植的综合集成的高科技农业。

在人口不断膨胀、自然资源不断减少和生态环境恶化的背景下，世界许多国家逐步达成发展精准农业的共识，以保障粮食安全、实现农业可持续发展。

精准农业的发展可以分为理论准备、技术实践和综合应用等阶段。20 世纪 80

年代初期，面对环境污染、能源枯竭等问题与提高农业生产力的矛盾，发达国家从事作物栽培、土壤肥力提高、病虫草害管理的农学家开展了大量科学研究，揭示了农田内小区作物产量和生长条件的显著时空差异，提出对作物栽培管理实施定位、按需变量投入的理念，开发了作物生长模拟模型、栽培管理调控模型、测土配方施肥与植保等专家系统，为精准农业技术体系的形成奠定了坚实基础。

精准农业的支持技术，可以分为数据采集、管理决策、变量投入、控制实施4部分，包括地理信息系统（geographic information system，GIS）、遥感（remote sensing，RS）技术、全球定位系统（global positioning system，GPS）（合称3S技术）、决策支持系统、变量投入技术、自动控制技术、信息实时采集与传感技术等，相关技术相互补充，共同形成精准农业的技术支撑体系。

20世纪90年代，精准农业技术体系研究与实践成为具有现代意义的技术创新，GPS技术民用化并在国民经济领域迅速应用，尤其是1995年美国在联合收割机上装备GPS，实现了作物精细化收割，标志着精准农业技术迈入规模化实施阶段。

21世纪以来，基于信息技术支持的农艺学、土壤学、植物科学、资源环境科学和智能化农业装备与田间信息采集技术、系统优化决策支持技术等，对3S技术加以集成，形成了新的技术体系。随着科学技术的不断发展，信息技术前沿成果的应用，如传感器技术、大数据技术等不断用于精准农业技术体系，发挥着越来越重要的作用。精准农业迎来综合应用发展阶段，迈上新台阶。

应用现代信息技术，将物联网技术运用到传统农业发展中去，集成应用计算机与网络技术、物联网技术、音视频技术、3S技术、无线通信技术、专家智慧与知识，实现农业可视化远程诊断、远程控制、灾变预警等智能管理，通过移动平台对农业生产进行控制，使传统农业具有"智慧"，形成智慧农业。除精准感知、控制与决策管理外，智慧农业还包括农业电子商务、食品溯源防伪、农业休闲旅游、农业信息服务等方面的内容。

智慧农业属于农业生产的高级阶段，其集移动互联网、云计算和物联网等新一代信息技术于一体，依托部署在农业生产现场的传感节点（环境温湿度、土壤水分、二氧化碳、图像等）和无线通信网络实现对农业生产环境的智能感知、智能预警、智能决策、智能分析、专家在线指导，为农业生产提供精准化种植、可视化管理、智能化决策的信息指导，实现更完备的信息化基础支撑、更透彻的农业信息感知、更集中的数据资源收集、更广泛的互联互通、更精准的智能控制、更贴心的公众服务，对建设世界水平农业具有重要意义。

在智慧农业的发展中，无人机代替了部分人工劳动；未来，人工智能的发展将使精准农业成为现实；5G技术将使农业机器人成为普惠工具，小型机器人在田间作业进行智慧管理可节约人力资源；合成生物技术的发展，将部分改变食品生产方式，从而带来农业生产链的变化和重组。

2.2.3 可持续农业

可持续农业，是采取合理使用和维护自然资源的方式，实行技术变革和机制性改革，以确保当代人及其后代对农产品的可持续需求的农业。可持续农业是一种通过管理、保护和持续利用自然资源，调整农作制度和技术，不断满足当代人类对农产品的数量和质量的需求，又不损害后代人类利益的农业，是一种能维护和合理利用土地、水和动植物资源，不会造成环境退化，同时在技术上适当可行、经济上有活力、能被社会广泛接受的农业。

可持续农业，是在总结有机农业、生物农业、石油农业、生态农业等发展模式，在农业生产中贯彻可持续思想的基础上产生的。强调农业发展必须合理利用自然资源，保护和改善生态环境，不断提高农业生产水平和农民收入水平，降低农村低收入人口比例，以使农业和农村经济得到持续、稳定、全面发展。

2015年5月，农业部与国家发展和改革委员会、科学技术部、财政部、国土资源部、环境保护部、水利部、国家林业局共同印发了《全国农业可持续发展规划（2015—2030年）》，分析我国农业发展取得的成就和面临的严峻挑战。该文件开宗明义地指出，农业关乎国家食物安全、资源安全和生态安全。大力推动农业可持续发展，是实现"五位一体"战略布局、建设美丽中国的必然选择，是中国特色新型农业现代化道路的内在要求。在指导思想部分，要求牢固树立生态文明理念，坚持产能为本、保育优先、创新驱动、依法治理、惠及民生、保障安全的指导方针，加快发展资源节约型、环境友好型和生态保育型农业，切实转变农业发展方式，从依靠拼资源消耗、拼农资投入、拼生态环境的粗放经营，尽快转到注重提高质量和效益的集约经营上来，确保国家粮食安全、农产品质量安全、生态安全和农民持续增收，努力走出一条中国特色农业可持续发展道路，为"四化同步"发展和全面建成小康社会提供坚实保障。到2030年，农业可持续发展取得显著成效。供给保障有力、资源利用高效、产地环境良好、生态系统稳定、农民生活富裕、田园风光优美的农业可持续发展新格局基本确立。

2.3 农业循环经济与相邻学科的关系

农业循环经济，从国民经济角度出发，侧重研究农业的经济活动；循环农业从农业本身出发，侧重研究农业生产方式。农业循环经济，可以最大限度地减少农业生产的物质投入和污染物排放，从而实现人口、资源、生态的良性循环与农业的可持续发展。

2.3.1 循环经济

循环经济一端连着资源循环利用，一端连着生态环境保护，是资源环境的"一体两面"，以减量化、再利用、资源化、无害化为特征，是世界各地农业生产实践的理论抽象，已拓展到各行各业。循环经济以环境友好方式利用资源，将环境保护与经济发展有机结合起来，力图把人类生产生活活动纳入自然循环，所有原料和能源都在不断循环的经济过程中得到合理和高效利用，经济活动对自然系统的影响被控制在尽可能小的程度，是一种新的经济形态和经济发展模式。

循环经济融入了人与自然、生产方式、产业形态、清洁生产、废弃物利用等，不仅是一种全新的经济发展模式，也是一场物质交换和能量分级利用的变革。

根据研究对象、界定范围的不同，循环经济有广义和狭义之分。狭义的循环经济是通过废弃物的再利用、循环等社会生产和再生产活动来发展经济，相当于"垃圾经济""废弃物经济"范畴。广义的循环经济，是资源高效利用和环境友好的社会生产和再生产活动。从我国实际情况来看，循环经济包括资源节约和综合利用、废旧物资回收利用、环境保护等产业形态；技术方法有清洁生产、物质流分析、环境管理等，其目的是以尽可能小的资源环境代价获得最大的经济效益和社会效益，实现人类社会可持续发展。

进一步地讲，广义的循环经济覆盖提高资源利用效率、降低系统物质流量所进行的社会生产和再生产的所有活动，主体涉及每个公民、每个家庭、每个社区、每个企业、每个地区乃至整个国家。研究对象中存在节约或循环利用资源活动的都可以纳入"循环经济"。例如，一个家庭的节电、节水、垃圾分类等活动；一个办公大楼的节能、复印纸正反面使用、硒鼓的重复利用、中水利用等；一个企业的清洁生产、资源综合利用产业发展；社区垃圾分类回收、太阳能利用等，都能产生物质流量降低的系统效果，因而均属于循环经济范畴。

总之，循环经济是一种从发展模式的角度界定的经济活动，用发展的办法解决资源约束和环境污染的矛盾。

循环经济是一种新型的发展模式。其重视生产方式和消费模式的根本转变，从重视发展数量向重视发展质量和效益转变，从线性式发展向资源—产品—再生资源的循环式发展转变，从粗放型的增长向集约型的增长转变，从依赖自然资源开发利用的增长向依赖自然资源和再生资源的增长转变。

循环经济是一种多赢的发展模式。在提高资源利用效率的同时，重视经济发展与环境保护的有机统一，重视人与自然和谐共生。例如，煤矸石发电、粉煤灰生产建材等途径，不仅削减了废弃物的产生和排放，又能产生经济效益，形成新的经济增长点。

循环经济在不同层面上将生产和消费纳入可持续发展框架。传统发展方式将物质生产与消费割裂开来，导致大量生产、大量消费和大量废弃的恶性循环。发展循环经济，是用新的思路去调整产业结构，用新的机制激励企业和社会追求可持续发展的新模式。

2.3.2 与资源综合利用的关系

资源综合利用与循环经济，两者既一脉相承、一体多面，又各有侧重。我国废弃物循环利用一般称为资源综合利用，这也是循环经济的本质特征。据 1996 年国务院批转的国家经济贸易委员会等部门《关于进一步开展资源综合利用意见的通知》（国发〔1996〕36 号）界定，资源综合利用包括三方面：一是在矿产资源开采中对共生、伴生矿进行综合开发与合理利用；二是对生产过程中的废渣、废水（液）、废气、余热、余压等进行回收和合理利用；三是对社会生产和消费过程中产生的各种废旧物资进行回收和再生利用。按照国外分类，前两项内容为产业废弃物的循环利用，后一项为一般废弃物的再生利用。

对于人均资源占有量低于世界平均水平、处于工业化和城市化中后期的我国来说，循环经济首先是一种资源节约战略。循环经济追求的不是简单降低资源消耗总量，而是资源得到尽可能的高效利用和循环利用，达到提高资源利用效率和减少废弃物排放的目的。西方国家工业化以大量生产、大量消费、大量废弃的掠夺性资源开采为特征。我国已经不具备按这种模式来推进工业化、城市化和现代化的条件。在许多重要矿产资源不能自给、不少地区水土资源稀缺的条件下，尤其应将资源节约放在重要的战略地位。原材料利用的减量化及废弃物的回收利用，一直是我国资源节约的重要内容，也是循环经济的重要内涵。

废旧物资回收和综合利用，属"静脉产业"或狭义循环经济，两者不完全相同。一是出发点不同，20 世纪 50 年代的废旧物资回收，是因为物质匮乏，通过节约和废旧物资回收利用来缓解物资供应短缺、解决"有没有"的问题；现在的废旧物资回收强调提高资源利用效率，降低经济发展的资源消耗，创造更好的生活环境。二是范围不同，过去强调的是生产资料（如废钢铁、废玻璃、废橡胶等）的回收利用，而循环经济强调的是废弃物减量化、再利用、资源化和无害化，并从生产领域扩展到生活领域，重点是城市生活垃圾，解决"好不好"的问题；为适应"无废城市"建设的需要，闲置品回收利用也成为重要内容。三是途径不同，过去通过计划实现废旧物资回收再生，现在要在严格执行相关法规和标准的前提下，发挥市场机制在循环经济发展中的决定性作用。

2.3.3　与清洁生产的关系

清洁生产的概念源自工业，其注重过程控制，延伸到全生命周期和设计理念；出发点是减少污染物排放，侧重于企业层面和技术层次，追求"从摇篮到坟墓"的全过程管理。循环经济的出发点是通过废弃物的资源化利用以提高效率，侧重于社会经济活动，追求的是"从摇篮到摇篮"，实现人与自然和谐共生。循环经济比清洁生产有着更广的使用范围、更多的适用场景。

1976年，欧洲共同体在巴黎举行的"无废工艺和无废生产国际研讨会"上，提出"消除造成污染的根源"的思想，这是清洁生产理念的首次表达。1989年5月，联合国环境规划署（United Nations Environment Programme，UNEP）提出清洁生产的概念，含义是通过排污审核、工艺筛选、实施污染防治措施等技术和管理手段，使自然资源得到合理利用、企业经济效益最大化、对人类健康和环境的危害最小化。

清洁生产的核心是以过程控制替代末端治理，从源头减少废弃物的产生，使废弃物在生产过程中得到循环利用，以提高企业的市场竞争力。因此清洁生产成为国内外一些大企业发展战略的有机组成。清洁生产理念已扩展到服务领域，形成清洁消费概念。20世纪90年代，在各国政府大力支持下联合国工业发展组织（United Nations Industrial Development Organization，UNIDO）和联合国环境规划署在约30个发展中国家启动了国家清洁生产中心项目，并与发达国家清洁生产组织构成了一个巨大的清洁生产国际网络。施行清洁生产成为世界各国环境保护的重要措施。

1993年，我国利用世界银行环境技术援助项目"推进中国清洁生产"，在酿造、造纸、化工等行业开展清洁生产试点，拉开了清洁生产的序幕。在政府有关部门、企业、国际机构和社团组织的共同努力下，我国在20多个省（自治区、直辖市）、20多个行业400多家企业开展了清洁生产审核。通过实施清洁生产方案，这些企业取得了较好的效益，有效地提高了企业污染预防能力。2016年，国家发展和改革委员会和环境保护部对《清洁生产审核办法》进行了修订。联合国环境规划署认为，中国是发展中国家开展清洁生产取得较大成果的国家之一。2021年，国家发展和改革委员会等部门联合印发《"十四五"全国清洁生产推行方案》的通知，要求深入贯彻习近平生态文明思想，按照党中央、国务院决策部署，立足新发展阶段，完整、准确、全面贯彻新发展理念，构建新发展格局，推动高质量发展，以节约资源、降低能耗、减污降碳、提质增效为目标，以清洁生产审核为抓手，系统推进工业、农业、建筑业、服务业等领域清洁生产，积极实施清洁生产改造，探索清洁生产区域协同推进模式，培育壮大清洁生产产业，促进实现碳达峰、碳中和目标，助力美丽中国建设。

清洁生产的实施需要各种工具。世界上广泛应用的清洁生产工具有清洁生产审核、环境管理、生态设计、生命周期评价、环境标志和环境会计等。这些工具在实施时无一例外地要求深入组织生产、营销、财务和环保领域。只有这样，才能真正提高一个组织的环境保护绩效。各国使用最早又最多的清洁生产工具是清洁生产审核：这是一套系统、科学和操作性很强的诊断程序，从原材料和能源利用、技术工艺、设备、过程控制、管理、员工、产品、废弃物8个方面循环反复地推进，以克服生产和环保"两张皮"的问题，将污染物消灭在产生之前。

清洁生产强调生产过程中全过程废弃物的控制，这也是企业层面发展循环经济的主要形式。清洁生产与循环经济仍有较大不同。一是清洁生产主要在单个企业内部施行，最初的重点在于过程控制。循环经济可以在更大空间内配置资源；循环经济通过延长产业链及能源梯级利用，将上游废弃物变成下游原料，形成工业共生系统或共生网络，变废为宝，实现保护环境的目的。二是清洁生产强调"从摇篮到坟墓"的全过程管理，在产品整个生命周期中减少对环境的负面影响。循环经济则强调"从摇篮到摇篮"的管理，从产品设计开始就考虑材料的可回收性和综合利用，以减轻对环境的不利影响。三是清洁生产是人们对技术、工艺的描述，而循环经济则侧重于对整个生产活动的分析。当然，清洁生产的内涵也在不断扩大和完善。

2.3.4 与环保产业的关系

我国环保产业一般是广义的，具体包括环保产品的生产与经营、资源综合利用及环境服务3个领域。环保产品的生产与经营是指水污染治理设备、大气污染治理设备、固体废弃物处理处置设备、生态环境保护装备、清洁生产设备、监测分析仪器仪表、环保药剂和材料等的生产与经营。环境服务主要包括环境咨询、信息和技术服务，投融资和风险评估，环境工程建设及污染防治设施运营服务等。在我国许多地方，特别是中西部地区，资源综合利用产业产值是环保产业产值的重要构成。从物质循环融入自然过程的要求出发，环保产业与循环经济存在交叉。欧盟的环保产业报告内容主要包括环保产品和服务，不含资源综合利用内容。

总体而言，末端治理存在较大的局限性。①问题发生后被动应对，因而不可能从根本上避免污染物产生，另外还存在污染物转移风险，即污染物以一种形态转变为另一种形态，如电厂脱硫解决了大气污染问题，但产生的大量脱硫石膏成了固体废弃物污染源；水处理后的污泥也成为局部污染源。②存在收益递减问题，即随着污染物浓度降低，需要的边际投入越来越高。③对已有技术体系的强化而不是创新，有碍技术进步和创新，有碍发展中国家实施跨越式战略、采取现代化生产方式，形成对发达国家的路径"依赖"。④满足于遵守环境法规而不是投资开发污染少的生产技术、设备和工艺，甚至采取各种手段超标排放污染物，影响企业经济效益和竞争力，阻碍企业治理污染的积极性。⑤不能有效遏制生产中的资源浪费。实际上，从优化生产工艺入手，较少的投入可获得明显效果。⑥政府行政监督管理成本高。因此，末端治理是一种只投入而不产生经济效益的措施，发达国家早已放弃了这种费而不惠的治理污染的技术路线。这正是发展循环经济的出发点。

循环经济的一个重要方面，是发展环保产业和绿色产品，增加就业机会，促进经济社会和资源环境协调发展。发展循环经济是环境保护的重要措施，但并不能代替污染末端治理。循环经济的价值在于变废为宝、化害为利，减少污染物排放。人们早就认识到工业生产排放污染物问题的严重性，最初采取的措施是末端治理。虽然这种做法付出的代价很高，但有时也不得不为之，其能产生一定效果。环保产业性质，是一个值得讨论的话题。从地球资源和环境容量的有限性角度看，污水和垃圾处理设备生产的产值在 GDP 中的比例，相对于社会资本存量而言并非"增量"。换句话说，发展环保产业，虽然有利于生态环境质量的改善，从而提高当代人的生活水平和生活质量，但并不增加社会资本和财富积累；环保设备有一定的使用寿命，不一定能为后代所使用，但可以为后代留下发展空间和美好环境。

第 3 章
农业循环经济理念演化与研究进展

3.1 农业循环经济的理念演化

循环往复、生生不息是我国循环经济发展的哲学内涵。循环经济思想古今中外皆有，不仅出现在哲学、宗教或文学作品中，也体现在农业生产和人们的日常生活中，随着时代变迁、社会发展和技术进步，从"必然王国"走向"自然王国"。

3.1.1 传统农业循环观及其实践

中国的农业文明有着数千年历史，劳动人民在漫长的农业生产中形成了自成一体的农耕制度和农学思想，并表现为农业生产中的生态观和循环观。循环观认为，宇宙万物进行周而复始、永不停息的循环运动，事物的产生、发展和消亡是循环的，每个事物及其运动只是自然循环的一个环节，循环是自然系统的普遍规律。

1. 传统农业生产的循环观

中国数千年农业文明源远流长、长盛不衰，其根本原因是受循环观支配，不仅表现在农业生产经营上，也体现在农业生产安排中。

在中国的农业发展中，与哲学思维对应的农耕制度和农学思想广泛存在，如农业生产要遵循人与自然、社会与自然的协调统一；要遵照自然规律，协调农作物与自然环境的关系，并构成传统农业生态循环观的实践基础。中国传统哲学和农业生产实践共同建构了农业生产的循环观，并用于指导农业生产实践。

中国传统农业中的循环包括 2 个层面，一是价值理念层面的循环观，二是农业生产劳作层面的循环实践。传统农业中的循环观和循环实践相辅相成、互相促进，循环理论来源于农业的循环劳作，反过来又指导农业生产的循环实践；与此同时，农业生产在实践中不断丰富、完善传统农业的循环观。

农业是我国传统经济的主角，是农民维持基本收入和生活保障的来源。农民祖祖辈辈固守在土地上，循环往复地从事农业生产。基于对土地和农作物等自然资源的依赖，农业生产必须依据时间节律、气候及自然演替规律，进行周而复始的循环耕作。这是传统农业循环观形成的客观基础。

传统农业循环观体现在周而复始、循环往复的农业生产中。农业生产离不开"土"和"谷";农民从早到晚,守着一块土地,面朝黄土背朝天,日出而作,日落而息。1909年,美国农学家富兰克林·H.金考察了中国、日本和韩国农业后认为,中国人像是生态平衡里的一环。这个循环就是人和土的循环。人从土里出生,食物取之于土,泄物还之于土,一生结束,又回到土地。一代又一代,周而复始。靠着这个自然循环,人类在这块土地上生活了五千年,人成为这个循环的一部分。他们的农业不是和土地对立的农业,而是和谐的农业。农业活动的循环体现在一年四季交替中,严格遵循和反映四季的自然变化。与工业以无生命材料为劳动对象不同,农业对象是有机生命体,是在复杂的自然环境中处于不断循环中的生命体,这就决定了农业生产是需要持久循环的。

传统农业循环观,得益于东方文明的理论基础和农业生产的实践基础。农业生态思想的精髓是"天人合一""三才论"架构下的天、地、人协调统一观。"天人合一"强调人与自然亲和、共生及一体性的关系,追求人与自然平衡、协调与中和,主张以天、地、人融合的整体思维方式建构社会生态系统。这是中国传统思想和哲学主线,也是农业文明的理论基础。在先秦时期,劳动人民就把与大自然和平相处作为行动准则。从君王、达官贵人到平民百姓,爱护动物、尊重自然、精心呵护自然界一草一木的故事,在历史记载中比比皆是。

我国古人爱护动物、尊重自然的认识反映在众多文学作品中。《礼记·月令》是我国儒家经典著作之一,其中规定从天子到百姓在不同季节怎样顺应、利用和爱护自然。政令应以生产规律为依据,有益于生产的发展和民生的日常,而不能站在其对立面。与春季的有关禁令众多,诸如"孟春之月……天气下降,地气上腾,天地和同,草木萌动……命祀山林川泽,牺牲毋用牝。禁止伐木,毋覆巢,毋杀孩虫、胎夭飞鸟,毋麛毋卵。""仲春之月……毋竭川泽,毋漉陂池,毋焚山林。""季春之月……田猎罝罘、罗网、毕翳、餧兽之药,毋出九门……命野虞无伐桑柘,鸣鸠拂其羽,戴胜降于桑。""孟夏之月……毋伐人树……驱兽毋害五谷,毋大田猎。"

《庄子·马蹄》中指出:"至德之世,其行填填,其视颠颠。当是时也,山无蹊隧,泽无舟梁,万物群生,连属其乡,禽兽成群,草木遂长。是故禽兽可系羁而游,鸟鹊之巢可攀援而窥。夫至德之世,同与禽兽居,族与万物并,恶乎知君子小人哉!"这是圣人对田园诗般美好生活的憧憬,对任意破坏自然环境的行为的斥责。当人类认识到错误时,应立即悬崖勒马,与自然和睦相处。动植物不只是为人类提供衣食用住的被驯服者,人类也不是玩弄其他生物于掌股之上的为所欲为的主宰者,人与动植物应成为真正的朋友,达到"天地与我并生,而万物与我为一"的境界。

《论语·述而》中提到,"子钓而不纲,弋不射宿。"意思是说,用杆钓鱼,不能用大网将鱼一网打尽;用系着丝绳的箭射飞禽,不能射栖息林间、繁衍后代的鸟。对动物有怜悯之心,保护生态平衡,可以引申为留给后代更多的资源,使人与自然和谐共处。

孟子曰,"不违农时,谷不可胜食也;数罟不入洿池,鱼鳖不可胜食也;斧斤以时入山林,材木不可胜用也"。自然规律是万物春生、夏长、秋收、冬藏,人和草木鸟兽一样同为天地所生,人类生存依赖自然,应知感恩,节制利用,绝不能暴殄天物,违背自然规律。

用爱心对待自然生态,善待生物,爱护而又有节制地利用自然,是中华民族的传统美德。在生态遭受严重破坏的今天,我们要把优良传统加以发扬光大。

2. 传统农业生产的农时与节气

从"天人合一"的古代生态观到农业生产的精耕细作,本质是不能掠夺式地对待自然。即使在生产力低下的古代,面对"取之不尽,用之不竭"的自然资源,我们的祖先都知道人类应限制自己的欲望,顺从自然,善待生物,不求奢侈,为子孙后代而节流。无度地挥霍自然资源,留给子孙的只能是灾难,甚至是世界末日。

我国古代农业生产形成了以"物候""时候"为基础,以"农时"为核心的精耕细作制度。我们祖先早就认识到要把天地宇宙大循环与农业生产、农事活动小循环紧密联系起来,认为人类生产活动应与宇宙自然节律同步,从而奠定了传统农业生产循环观的思想基础。我国夏代历书《夏小正》按月份把天象、物候、农事活动联系在一起,年年如此,循环往复。《诗经·豳风·七月》、《吕氏春秋·十二纪》纪首及《礼记·月令》等文献,都列出了每个月的气候、物候和农事等,以物候定时节,以时节安排农活,并产生了四季、七十二候、二十四节气等服务于农业生产的节气知识。

在一定的自然环境中,自然地理、四季节律、气候物候循环变化等,关系到农业生产活动,农业生产、农民生活要围绕四时节律来循环往复。费孝通在《江村经济》一书中提到农时对农业的重要性,"时间季节循环对于人们现实生产生活具有重要意义。时间的辨认不是出于哲学的考虑抑或好奇的结果,计时不仅是生产实践的需要,也是一种文化上的需要"。数千年来,中国农民在农业生产中坚持"顺应天时""不违农时"等准则,形成了按照天时、物候等自然规律进行农业运作的循环观念。

传统农业围绕时节、气候等自然因素周而复始地劳作。传统农业生产,是种子—植株—种子的周而复始,包括农作物的播种、萌芽、生根、长叶、开花、结实等环节。农民按二十四节气变换进行农业生产、安排生活。农业生产不是随意进行的，而是要关注自然物候、四季更替、气候变化和日月星辰的位置移动，与农时、季节相对应。也就是说，农业生产活动具有一定的循环节律，与宇宙大系统的循环节律相适应，只有这样才能保证农业丰收。

人类尊重自然，善待自然，就会有良好的生态环境；若无视自然，无节制地任意伤害自然，就会将自己置于恶劣的自然环境中。我们的祖先对此早有认识，并且早就有了奉行的律法。我国古代就有"天人合一"的生态观，爱护自然、爱护土壤，其中的深奥哲理发人深思。这正是我国农业持续发展几千年的理论依据，也是精耕细作的理论基础。在生态观的指导下，我国农业乃至农业文明是唯一在世界上存在数千年而不间断的。

3.1.2 传统农业生产的地力保持

1. 传统农业生产的耕作和土壤改良

在长期的历史进程中，人们将循环观应用到农业生产活动中，创造了多种多样的农业生产循环模式，如水稻栽培、旱作农业、蔬菜、牧草、绿肥、经济作物、水产、禽畜、野生生物及其遗传多样性的巧妙组合。这些模式都是人类经过长期栽培、选择和适应形成和发展起来的。物质循环利用的本质是要求人们在农业种植中，注意地力和生态质量。

第一，轮作轮耕是传统农业生产的重要特征，是历经几千年的实践而形成的。原始农业出现年年易地、多年循环的撂荒耕作和连耕等耕作方式；春秋战国时期出现轮作复种制；随着轮作复种制和间作套种制的发展，出现翻耕、免耕或耨耕相结合的耕作方式。轮作轮耕的种植制度遵循农田循环利用的思想，是农田休养生息的重要方式，目的在于使土壤肥力不至于降低到不能用的程度。

在农业生产中，用三角犁铧耕地使土壤有耕动和未被耕动两个部分。虽然精耕细作的形式多种多样，但必须保持土壤养分平衡。在土壤越种越肥的条件下，用尽可能多的人工植被覆盖地表，可以获得更好的收成。

第二，进行土壤改良。几千年来，中国的地力能保持稳定而不衰竭，很多地方的土壤肥力还能越种越高。中国农业发展的成就，主要归因于土壤肥力的保持和提高，主要做法如下。一是地力常新壮，"若能时加新沃之土壤，以粪治之，则益精熟肥美，其力常新壮矣"。古人认为，可以通过改良土壤来保持地力，很多瘦瘠土地因而被陆续改造为良田。二是废弃物循环利用。富兰克林·H.金在《四千年农夫》一书中指出，中国传统农业长盛不衰的秘密在于中国农民勤劳、智慧、节俭，善于利用时间和空间来提高土地利用率，并以人畜粪便和一切农作物废弃物、塘泥等还田培养地力。中国传统农业构建了一个物质循环的系统，几乎所有的副产品都纳入循环利用过程中去，从而弥补了农田养分的损耗。农民把一切可利用的废物变成肥料返还给土壤，犹如自然生态系统的枯枝落叶归根还给土地变成养分，实现生物质小循环一样，从而能维持地力长久不衰。

2. 传统农业生产中的废弃物循环利用

传统社会中的很多材料可以变废为宝，如秸秆、人畜粪便、灶灰炕灰、菜叶果皮等有机垃圾；古代农家肥涵盖了生产生活中的几乎所有废弃物，并且在空间上突破了农村范围，将城市的粪便、垃圾等返还农田。废弃物循环利用是中国传统农业生产的一大特征。"人畜之粪与灶灰脚泥，无用也，一入田地，便将化为布帛菽粟"，便是这种做法的生动写照。

废弃物还田大致分 3 步：第一步，在每年春耕之前，农民集中时间把人畜粪便等肥料运到田间地头，在耕作田地时直接将粪便掺和到土壤做"底肥"，这是农家肥的主要肥田部分；第二步是在农作物成熟前，农民将生活中的灶灰炕灰、菜叶果皮等不定时地返还到田地，为"追肥"；第三步是在每年秋收之际，农民将剩余的植物秸秆等留在田地让其腐化，以增加土壤肥力。

施肥方法在南北农村大同小异。改革开放前，南北农村每家每户都会饲养一些畜禽，如猪、牛、羊、驴、骡子、鸡等，这些畜禽的排泄物主要用作农家肥。集体土地用肥主要有两个来源：一个来源是沤肥和绿肥，在每年青草茂盛时生产队组织社员到远处割青草，并将青草和水掺到一起，干沤成沤肥、绿肥，夏季会取河里淤泥做堆肥。另一个来源是人畜粪便，除一段时间内的粪便用于自留地外，其他时间生产队组织农民到各户挑粪肥，这也是农田肥料的主要来源。随着农民进城打工，这些做法基本消失了。

重视农家肥，还体现在农民的日常话语中，如"种地肥当家""肥水不流外人田"等。这样做的好处如下：①畜禽粪便施用于农田，不仅可以避免动物粪便的污染，还能提高土壤肥力和粮食产量，实现所谓的"猪多、肥多、粮多"目标；②农民养殖畜禽不像现代规模养殖那样需要专门的饲料，主要靠自家粮食加工后的糠皮和麸皮、山坡上的青草、地里的苦菜等，剩菜剩饭、刷锅水等也是养猪的"泔水"，即养殖家禽家畜的成本较低。农村还将养殖业与渔业结合起来，在鱼塘周边搭建鸡棚或猪圈，用猪粪或鸡粪来喂鱼，塘泥又可以返还到农田。

总之，传统农业生产充分尊重和利用生态系统的物质循环、能量分级利用，保证了自然系统的良性循环。循环利用体现了种植业与养殖业之间在资源、能量上的交换和平衡，使用沤肥和绿肥体现了种植业与自然资源之间的能量循环。

3.1.3 农业生产方式的变迁及原因

随着人类改造自然能力的提高和技术进步，传统农业中的循环系统发生了很大变化，农业不再依靠农业内部或村庄内的物质循环和能量分级利用，循环观及其实践逐渐退出历史舞台。设施农业兴起，农业生产突破了时节、物候的限制，越来越多的农民不再使用人畜粪便、秸秆堆肥、灶灰炕灰等有机肥，而越来越多地使用化肥。

20世纪50年代的生态农业"顺德模式"，如今基本消失；沿海地区一些生态农业典型模式也因耕地用途的改变而不复存在。但是，生态农业在我国中西部地区和山区还大量存在，近年来也得到国家有关部门的重视。这至少说明，生态农业是农业资源得到最有效利用的农业发展模式，是可持续发展的农业模式。从经济学角度看，当单位土地面积的产出不同时，效益好的产业必然要替代效益差的产业（如工业替代农业），这既是生产力的发展结果，也是基本经济规律。

1. 传统循环农业发生变化的原因

我们祖先通过使用农家肥、青肥、土地轮种、套种、灌溉、修梯田等方式，保证了土地永续利用。但是，现代社会，农田已经出现了土地硬化、板结、地力下降、酸碱度失衡、有毒物质超标等一系列问题。传统循环农业的终结，主要有以下原因。

一是观念变化。传统农业生产中农民既要固守在土地上，又要顾及农作物"种子—植株—种子"的生长节律和自然地理、四季节律、气候物候循环，农民为适应这一周而复始的变化必须对农业生产生活做好安排，从而强化了循环观念。顺应动植物生长规律的农作制度因现代科技发展而改变，大棚技术使农作物的生长环境和生长周期不再遵循天时、物候等因素。现代农业生产实践，使农民在几千年来形成的循环观念被不断弱化。

二是轮作轮耕和间作套种等种植制度变化。合理的轮作轮耕和间作套种是农民保持土壤肥力的传统方法；而现代农民不愿在农业生产上花费太多的时间。很多年轻人常年在外打工，只在播种时回家，把庄稼种在地里，或请人帮忙播种、施肥、锄草、灌水等。为节省时间和减少麻烦，农民仅种植单季作物，原来的间作套种及多种作物、蔬菜的配套种植方式消失。北方地区很多农村的农业生产都由以前的一年两熟改为一年一熟，南方农民则将种植双季稻改为种植单季稻，土地的能量循环过程发生了根本性的改变。

三是农林牧副渔循环系统变化。畜、禽、鱼、桑、蚕和菜地、农田、鱼塘、树林、村落等构成生态系统。畜禽粪便可以肥地养鱼，塘泥可以肥林肥菜，菜叶果皮可以喂养畜禽等，物质循环和资源共享构成丰富多彩的生态系统。如今，这一系统不复存在。农村畜禽饲养和有机肥料逐渐减少，化肥农药用量不断增加，导致原本和谐的农业生态系统逐渐恶化。其中的一个重要原因，是农村有机肥在农业生产过程中很少使用了。

2. 有机肥使用减少的原因

在广大农村的农业生产活动中，随着化肥使用量的迅速增加，有机肥使用量逐渐减少，甚至退出农业生产。究其原因主要有 4 个方面。

首先，有机肥来源减少。传统有机肥的来源很多，如人畜粪便、秸秆、家中的灶灰炕灰及使用青草沤肥等。清代农学家杨屾在《知本提纲》中给出"酿造粪壤"的 10 种来源，包括人粪、畜粪、草粪、火粪、泥粪（河塘淤泥）、骨粪、苗粪（绿肥）、渣粪（饼肥）、黑豆粪和皮毛粪。在当下农村，畜禽养殖减少和燃料变化，改变了有机肥在农业生产中的利用和循环。改革开放之后，随着农民外出打工机会的增加，农村每家每户养殖畜禽的习惯慢慢发生改变。农民认为在家散养畜禽会耗费大量时间，不如外出务工。近年来农村养猪养鸡的人越来越少，直接导致农家肥原料的减少。此外，使用农家肥也是一项体力活，不仅要在养殖过程中经常向猪圈、羊圈中垫土以增加粪肥厚度，还要将粪肥运到农田。当下大多数农村只有老人、妇女和儿童，50 岁以下的劳动力大多外出打工，即使有农户仍旧养殖畜禽，也几乎没有劳动力将粪肥运到农田。随着生活水平的逐步提高，农民不再使用秸秆、薪柴等燃料，而大部分使用煤气、液化气等。这样，以前可以肥田的灶灰炕灰和秸秆不复存在。

其次，农民对使用有机肥的态度发生改变。传统有机肥是土壤肥力增加和粮食增产的重要因素。随着现代科技的发展，特别是化肥农药和薄膜等产品的推广应用，农民不再使用有机肥。有机肥的制作和使用比较复杂，如生产有机肥必须养殖牲畜或割青草沤肥，农民不再愿意从事又脏又累的农活。使用化肥直接将化肥撒到农田就行，可以减少很多麻烦。随着农民现代卫生观念的形成，大多数年轻人也养成了爱干净、讲卫生的习惯，不愿意接触粪肥等"脏"东西。这样，在农村，有机肥的使用丧失了主观基础，能量分级利用也成为不可能。另外，我国化肥有效使用率为 30%～40%，其余 60%～70%都挥发到大气或淋溶流失到土壤和水中，对空气和土壤造成不利影响。南方各地的稻田养鱼系统，在化肥农药的大量使用下不断走向终结。

再次，新农村建设的相关政策使农民不得不减少饲养牲畜的数量，也减少了有机肥的使用。新农村建设提出"村容整洁"目标，改善农村脏乱差状况。各级政府出台了关于讲卫生、美化环境的文件，甚至将畜禽列为禁养对象。农民散养牲畜被认为不利于美化环境。村民观念也发生了改变，认为喂养牲畜会对农村环境产生不利影响。这样，"猪没了、狗多了"成为现在一些新农村的新景观。

最后，受现代城市生活方式的影响，有机肥循环终结加快。随着农民外出打工机会的增多，打工成为农民收入的主要来源，也改变了农民的生活方式和对循环利用的态度。现代城市生活方式对循环农业的影响表现在两个方面：一是按照城市生活方式改造乡村，农民把打工挣到的钱大部分用在建设和装修新房上，"依葫芦画瓢"，按城市房屋标准进行装修，安装完整的厨卫系统、下水道系统，并进行院落硬化等。以北京延庆区小浮坨村为例，该村建设了完整的下水道系统和垃圾分类回收系统，约60%的农户安装了抽水马桶，生活污水和厕所都通到下水道，这样，有机循环农业的基础消失了。一些住进楼房的村民不知道下水道的污水排到哪里及垃圾送到何处。二是大量包装物、有毒有害物质随着农民购物的增加进入农村，农村垃圾处理也变得异常复杂。

农村环境污染问题引起国家相关部门的高度重视，农业农村部推广户分类、村收集、镇运输、县处理的垃圾处理模式；各地从实际出发，形成相应的垃圾处理处置方式。无论是南方还是北方，走进农村你会看到到处摆放3个垃圾桶，第一个桶装不可回收但可利用的垃圾，如灰土、菜叶、瓜果皮、厨房废弃物等，村里收集后送到有机肥厂，加工成有机肥；第二个桶装可循环利用的垃圾，如废纸、废塑料、废玻璃、废金属等；第三个桶装有害废弃物，包括电池、荧光灯等。垃圾集中后由镇里统一送到垃圾处理厂处理。另外，农民不愿用由垃圾生产的"有机肥"，因为垃圾的成分太复杂。按照城市的标准和观念，农村环境得到了明显改善，但有机循环系统遭受破坏。农民生活中的生活垃圾、粪便等没有作为农业生产的肥料返还到农田进而实现物质循环利用，现代生活与农业生产系统的分离，使自然循环系统不复存在。

总之，多种因素导致中国传统农业的循环观和循环实践走向消亡，并逐渐被以现代生产资料、现代科学技术和现代经营管理方法为基础的现代农业所取代。借助化肥农药等化工产品，农产品产量提高，劳动力投入减少，传统农业单纯依赖人力、畜力和自然资源的状况改变。现代农业在取得巨大成就的同时也带来一系列问题，如土壤质量下降、环境污染和资源浪费等。由于化学肥料的大量投入，动植物副产品由宝贵资源变成了废弃物。农业系统内部的物质循环也因此中断了。

3.2 农业循环经济的研究进展

自然循环是循环经济之师。世界范围内的生态农业案例不计其数，很难考证哪个地方做得更早更好。《四千年农夫》中指出，4000年前的中国农民就有循环利用废弃物的实践。据经济史学家考证，桑基鱼塘的雏形在唐朝已有记载。

3.2.1 国外研究进展

1. 全球环境保护意识的觉醒

1962 年，美国生物学家卡逊出版《寂静的春天》一书，被认为是人类环境保护运动和可持续发展思想的起源。1968 年，罗马俱乐部以全球眼光审视人类面临的资源、环境等一系列问题，先后出版了《增长的极限》《未来的一百页》等一大批研究成果，对唤起世界环保意识有极大的启蒙作用。

1972 年，在斯德哥尔摩召开的联合国人类环境会议提出"只有一个地球"的口号，指出人类必须保护自然环境，将经济发展与环境保护相结合，这成为人类可持续发展史上的第一个里程碑。20 世纪 70 年代前，世界各国关心的仍然是污染物产生之后的治理以减少其危害，即所谓的环境污染"末端治理"。

20 世纪 80 年代，人们注意到采用资源化方式处理废弃物，但对污染物的产生及能否从生产和消费源头防治污染物等根本性问题，大多数国家仍缺少思想上的洞见和政策上的措施。1980 年，世界自然保护联盟（International Union for Conservation of Nature，IUCN）提出要把环境保护与经济发展很好地结合起来，合理利用生物圈，使之既能满足当代人的利益，又能使其保持潜力以满足后代人的持久需求，该思想成为可持续发展概念形成的基础。

1983 年，联合国大会和联合国环境规划署授命挪威首相布伦特兰夫人组建世界环境与发展委员会（World Commission on Environment and Development，WCED），就人类发展与环境问题进行全面研究。1987 年，该委员会在东京召开第 8 次会议，通过《我们共同的未来》这一著名报告，系统阐明了可持续发展的内涵。可持续发展是指既满足当代人的需要，又不对后代人满足其需要的能力构成危害的发展。该报告呼吁人类要珍惜尚存的、为时不多的改变未来的机会，不要把生态退化问题留给下一代；主张在不危及后代人满足其需求的前提下，寻找满足当代人需要的、确保人类社会平等可持续发展的途径。

为推动可持续发展在全球实施，促进社会经济发展与资源环境的协调，1992 年 6 月，在巴西里约热内卢召开了联合国环境与发展峰会。183 个国家和联合国及其机构等 70 个国际组织代表出席会议，102 位国家元首或政府首脑到会。大会通过了《里约环境与发展宣言》及其行动计划《21 世纪议程》等一系列文件，开放签署了《联合国气候变化框架公约》《关于森林问题的原则声明》等公约。这一系列重要文件的签署，标志着可持续发展成为国际社会的共识，是人类走向可持续发展道路的第二个里程碑。

2002 年南非"里约+10"可持续发展峰会上，将贫困、渔业等与发展密切相关的问题纳入会议议题，提出了经济、社会、资源环境协调发展，经济、社会、资源环境被认为是可持续发展的三大支柱。人与自然和谐是一种理想，是人类的不懈追求。该会议又被称为可持续发展的第三个里程碑。

2012年，世界各国领导人再次聚集在里约热内卢，重拾各国对可持续发展的承诺；找出目前我们在实现可持续发展过程中取得的成就与面临的不足；继续面对不断出现的各类挑战。这次联合国可持续发展峰会（"里约+20"）集中讨论两个主题：绿色经济在可持续发展和消除贫困方面的作用、可持续发展的体制框架。

2015年9月，联合国可持续发展峰会通过了《改变我们的世界——2030年可持续发展议程》，提出17个可持续发展目标（sustainable development goals，简称SDGs）和169个具体目标，覆盖社会进步、经济发展和环境保护三大方面。分领域、分阶段的目标体系是可持续发展问题的核心，消除贫困是2030年可持续发展议程的首要目标。这意味着可持续发展理念已经成为包括中国在内的世界各国广泛接受的全球经济社会发展的核心概念和中轴原理。

2. 国外农业发展研究阶段

在国外，循环农业发展模式的研究主要经历了以下阶段。

第一阶段是20世纪初期，著名学者富兰克林·H.金在中国实地考察之后提出有机农业，这是循环农业的起源。

第二阶段是1930年，英国学者霍华德（Howard）在富兰克林·H.金的研究基础上做了更深层次的分析，他系统论述了土壤质量与动植物生长的相关性，提倡有机农业发展模式（马世铭和Sauerborn，2004）。有机农业不再仅限于理论层面，开始朝着实践迈进。

第三阶段是20世纪70年代，著名学者威廉·阿尔布雷克特（William Albrecht）在研究有机农业时应用了生态学理论，提出"生态农业"这一理念。

在20世纪70年代，各式各样的农业发展协会建立起来。例如，1972年，国际有机农业运动联盟（International Federation of Organic Agriculture Movements，IFOAM）成立，这是最早也是最大的农业民间组织。有机农业的发展历经近70年的时间，成为一个规模很大的全球生产模式。

第四阶段是20世纪80年代，英国农学家沃辛顿（Worthington）就"生态农业"展开阐述，强调生态农业不仅需要自我坚持，降低成本输入，还需要经济的支撑、环境的响应等，这些思想是建立在循环和可持续发展理念之上的，要求立足根本，追求更好、更快的发展。他还指出，生态农业具有可持续性，是个动态的经济模式，是适应"可持续发展"理念的结果。

综上所述，20世纪70年代研究的重点是有机农业、生态农业；80年代向生态农业转型；到90年代，全球的生态农业理论体系初步成型。伴随着全球可持续发展理论的兴起，生态农业得到世界各国的积极响应，实践规模不断扩大，成为重要的实践形态。

自人类发明农药、化肥以来，各种有害物质随着农业生产进入生物圈，所有生物或多或少受到了威胁，人也不例外；人吃了有农药残留的食物而发生中毒的现象并不少见。各种化学物质污染土地，甚至出现耸人听闻的美国"黑风暴"事件。世界人口的增长，特别是农药的过度使用，造成耕地污染严重；生态农业、循环农业应运而生，旨在没有特殊化学物质投入的情况下，生产出完全绿色的农产品。科学家用农业敌害的天敌代替农药，用有机肥代替化肥……一切用生物方式或不污染环境的"纯天然"方式抑制农业敌害的方法，都是生态方式。用生态方式进行农业生产的，便是生态农业，也可以称为循环农业。

世界各国在农业生产中早有"循环"理念的实践。进入工业化以来，通过农业结构的优化整合，实现农业生产中的废弃物循环利用，在循环过程中将危险物过滤，保证农业从种植开始就远离污染和危害，以做到真正意义上的生态循环。在社会各界的努力下，循环农业理念得到推广，为农业发展做出了积极贡献。

3.2.2 国内研究进展

中国的传统文化认为，人是自然界的产物，人在天地间生存、运动。生生之谓易，成象之谓乾，效法之谓坤，极数知来之谓占，通变之谓事，阴阳不测之谓神。"道法自然"是《道德经》中的名言，本意是人的经济活动要效法自然规律。

在我国，有关循环农业经济发展的研究既可以从国内外报刊杂志发表的文章来梳理，也可以从文章观点影响决策的角度来分析，还可以从政府推动的角度进行总结。

肖忠海（2011）、胡志华和秦晨（2012）关于"循环农业"的研究综述，对国内农业循环经济的进展进行了系统综述。

季昆森 2004 年 4 月 29 日在黄山建设生态市动员大会上，提出了农村"系统节约"概念，并概化为"九节一减"，即节地、节水、节肥、节药、节种、节电、节油、节柴（煤）、节粮、减人（减少从事一产的农民）。

国家发展和改革委员会与农业部于 2014 年 11 月 19～21 日，在安徽省阜阳市召开全国农业循环经济现场会。会议强调，构建多功能大循环农业体系，是拓宽农业增值空间、增加农业整体效益、推进农业结构调整、提高农产品国际竞争力的重要手段，也是未来农业循环经济的主要发展方向。

周宏春（2001）围绕城市垃圾问题展开调研，并提供解决思路；此后发表了一系列循环经济的文章。2005 年出版《循环经济学》，对生态农业发展模式进行了系统的研究介绍。

总之，国内外学者基于生态学、资源经济学、发展经济学等相关理论对农业循环经济展开了深入研究，探索出许多符合农业自身特点和社会发展要求的循环经济模式，无论是循环农业、绿色农业、数字农业，还是低碳农业，从根本上，都是基于资源环境刚性约束的条件，寻求一条节约能源资源、保护生态环境的农业可持续发展之路。农业可持续发展不仅具有经济功能，也有生态补偿价值，因而值得进一步深入研究。

3.3　中国对循环经济的研究

周宏春（2005）曾将循环经济内涵概括为 15 个字：效仿食物链、延伸产业链、提升价值链。作家哲夫对此做了评价，认为"此链，藏有先天易数，源起于自然，含天地之玄机，衔阴阳之变化，适万物生长之道"。这个"链"，既有东西方智慧，也有古今人聪明，反映了日月经天以久，江河行地以远，万物生生不息，社会可持续发展。

3.3.1　我国循环经济发展的政策

我国的循环经济发展，是一个认识不断深化、内涵逐步拓展的过程。从 20 世纪 70 年代起，我国积极开展废旧物资回收工作，金属、纸张、塑料、玻璃等物资回收利用率极高。

改革开放以来，我国农业的增长在很大程度依赖于资源开发和化石资源投入的增加。大量使用化肥农药等化学物质，带来环境污染、生物多样性减少或消失、土壤板结、土地自然肥力退化、地下水污染、食品安全等问题。中国用占世界 7% 的耕地养活了占世界 20% 的人口；农业也同时成为不容忽视的重要资源消耗源、资源浪费源，也是一个重要的面状污染源。节能减排、降低污染、保护生态环境、提高资源利用效率和经济增长质量，成为农业义不容辞的责任。

20 世纪 80 年代以来，我国实施了清洁生产计划，在发展中国家率先施行清洁生产。90 年代初期，"资源节约"纳入国民经济和社会发展规划，我国先后颁布《中华人民共和国环境保护法》《中华人民共和国固体废物污染环境防治法》《中华人民共和国节约能源法》等，要求各地加强资源节约和综合利用，促使经济增长方式从粗放型向集约型转变。

20 世纪 90 年代末期，我国引进循环经济理念，并掀起了发展循环经济的热潮。国家环境保护总局积极推进循环经济的发展，从 2001 年开始部署生态工业园和循环经济建设试点。贵港国家生态工业（糖业）示范园区、南海国家生态工业示范园区等先后被列为"国家生态工业示范园区"，辽宁省和贵阳市等地先后被原国家环境保护总局批复为循环经济试点省市。2002 年 6 月，第九届全国人民代表大会常务委员会第二十八次会议通过《中华人民共和国清洁生产促进法》，这是循环经济理念第一次出现在我国的法律中。

中国循环经济的快速发展，得益于国家领导的高度重视。2003年以后，循环经济逐渐上升到国家战略层面。2004年，第十届全国人民代表大会第二次会议和中央经济工作会议明确提出要建设节约型社会，把发展循环经济作为调整经济结构、实现经济增长方式转变和可持续发展的重大举措。2005年，发布《国务院关于做好建设节约型社会近期重点工作的通知》（国发〔2005〕21号）和《国务院关于加快发展循环经济的若干意见》（国发〔2005〕22号），标志着发展循环经济正式上升到国家发展战略层面。

2005年10月国家发展和改革委员会、国家环保总局等6个部门联合选择了钢铁、有色、化工等7个重点行业的42家企业，再生资源回收利用等4个重点领域的175家单位，13个不同类型的产业园区，涉及10个省份的资源型和资源匮乏型城市，开展第一批循环经济试点，目的是探索循环经济发展模式，推动建立资源循环利用机制。

从"十一五"起，我国开始逐步推行循环经济发展理念。"十二五"期间，通过实施农业重点领域清洁生产示范项目，推进农业资源循环利用；通过实施工农复合型产业园区循环化改造，推进循环型农业产业体系构建，总结了已形成的多种农业循环经济典型案例。

2006年3月，第十届全国人民代表大会第四次会议批准《中华人民共和国国民经济和社会发展第十一个五年规划纲要》（简称《纲要》）。《纲要》将发展循环经济作为专门一章，要求坚持开发节约并重、节约优先，按照减量化、再利用、资源化的原则，在资源开采、生产消耗、废物产生、消费等环节，逐步建立全社会的资源循环利用体系。《纲要》还明确规定"十一五"期间的社会发展指标：单位国内生产总值（GDP）能耗消耗降低，单位工业增加值用水量降低，主要污染物排放总量减少等。

2007年9月，国家发展和改革委员会、国家环境保护总局、国家统计局联合发布《关于印发循环经济评价指标体系的通知》（发改环资〔2007〕1815号），认为循环经济指标体系应包含资源产出、资源消耗、资源综合利用和废物排放4类指标。2007年年底，国家发展和改革委员会、国家环境保护总局等有关部门启动了第二批国家循环经济示范试点，围绕实现节能减排目标，对第一批试点进行补充和深化，试点重点行业增加了造纸、纺织、机械制造等，扩展到11个行业，增加试点单位42个；重点领域增加了包装物回收利用等，增加试点单位17个；产业园区以重化工集聚区为主，增加试点单位20个；试点省市增加17个。

2008年8月，第十一届全国人民代表大会常务委员会第四次会议通过《中华人民共和国循环经济促进法》，我国成为继德国、日本之后，世界上第三个专门为循环经济立法的国家。法律规定了减量化优先原则，建立了循环经济的规划制度，构建了抑制资源浪费和污染物排放的总量调控制度，强化了以生产者为主的责任延伸制度，加强了对高耗能、高耗水企业的监督管理，明确了减量化、再利用、资源化的具体要求。《中华人民共和国循环经济促进法》属于专项法律，它与《中华人民共和国清洁生产促进法》《中华人民共和国节约能源法》等法规共同构成了我国的循环经济法律体系。

2009年12月，国务院正式批复《甘肃省循环经济总体规划》，这是我国第一个由国家批复的区域循环经济发展规划，实现了循环经济从理论到实践的重大突破。甘肃将着力打造16个产业链条，重点培育100户骨干企业，积极改造提升36个省级以上开发区，逐步形成七大循环经济专业基地，形成符合当地特点的循环经济发展模式。

2010年12月，国家发展和改革委员会发布《循环经济发展规划编制指南》（简称《指南》），指导各地科学地编制本地区的循环经济发展规划，缓解资源和环境压力，促进经济可持续发展，以促进《中华人民共和国循环经济促进法》的贯彻落实。《指南》要求各地谋划本地循环经济发展的总体布局，大力推动循环型农业发展；优化产业结构，打造循环经济产业链，大力培育和促进循环经济新兴产业发展；构建包括第三产业在内的社会循环经济体系；相关地区建设资源回收利用网络体系，强化废弃物的资源化利用；加强宣传教育，推广绿色消费模式；高度重视循环经济技术、低碳技术的研发和应用。

《中共中央关于制定国民经济和社会发展第十二个五年规划的建议》提出大力发展循环经济。以提高资源产出效率为目标，加强规划指导、财税金融等政策支持，完善法律法规，实行生产者责任延伸制度，推进生产、流通、消费各环节循环经济发展。这是从中国的基本国情出发，加快转变我国传统经济增长方式的重大战略决策。

"十三五"时期，为全面贯彻落实创新、协调、绿色、开放、共享五大发展理念，国家提出循环经济引领发展计划，要求促进一二三产融合发展，把建设工农复合型循环经济示范区作为循环型农业体系构建的重要抓手。随着城乡融合发展进程的加快和质量兴农战略的实施，农业发展面临的问题更为广泛与复杂，亟须进一步对循环农业开展深入研究。

党的十九大报告首次提出实施乡村振兴战略，坚持人与自然和谐共生，以绿色发展引领乡村振兴，以乡村振兴为总抓手推进农村发展。我国农业发展既面临农业增效、农民增收等基本问题，又面临农业资源与生态环境保护压力增大、食品安全事件频发、农村环境压力增大、应对全球气候变化等新挑战。

2021年9月26日，在第二届可持续发展论坛上发布《中国落实2030年可持续发展议程进展报告（2021）》，全面介绍了2016~2020年中国落实2030年可持续发展议程17个可持续发展目标的主要进展。

一是国民经济持续增长，发展韧性进一步增强。2016~2019年，中国年均

GDP 增长 6.6%，对全球经济增长的贡献率保持在 30%左右。2020 年，中国 GDP 历史性突破百万亿大关。

二是居民收入和公共服务全面改善，人民物质和文化生活水平不断提高。公共服务水平持续提升，建成世界上规模最大的社会保障体系，九年义务教育巩固率达到 95.2%。居民消费加速升级，移动电话、互联网、汽车等普及率持续提升。

三是生态环境总体优化，绿色低碳转型稳步推进。坚持绿水青山就是金山银山理念，打响蓝天、碧水、净土"三大战役"，系统治理山水林田湖草沙，环境质量得到明显改善。中国实施应对气候变化的国家战略，坚定落实《联合国气候变化框架公约》及其《巴黎协定》，积极参与全球气候治理，提高国家自主贡献力度。

四是促进高质量共建"一带一路"与 2030 年可持续发展议程协同增效，努力构建人类命运共同体。把支持落实 2030 年可持续发展议程融入高质量共建"一带一路"。在南南合作框架下积极开展务实合作，力所能及帮助其他发展中国家实现可持续发展。

党的二十大报告提出全面推进乡村振兴。坚持农业农村优先发展，坚持城乡融合发展，畅通城乡要素流动。加快建设农业强国，扎实推动乡村产业、人才、文化、生态、组织振兴。牢牢守住 18 亿亩耕地红线，逐步把永久基本农田全部建成高标准农田，健全种粮农民收益保障机制和主产区利益补偿机制，确保中国人的饭碗牢牢端在自己手中。树立大食物观，发展设施农业，构建多元化食物供给体系。统筹乡村基础设施和公共服务布局，建设宜居宜业和美乡村。

循环经济在我国得到迅速的发展，原因如下：第一，国家层面高度重视，政策制度日趋健全，初步建立了以《中华人民共和国循环经济促进法》为主体的法律体系；第二，各级地方政府积极参与，省市级循环经济试点初见成效，部分地区把循环经济作为区域发展的主导战略；第三，生态工业园区发展迅速，成为地区循环经济发展的闪光点和主力军；第四，企业积极实践，创新循环经济技术体系，构建循环经济产业链，推动循环经济在微观层面的实践；第五，公众普遍认同循环经济的理念，在日常生活中重视厉行节约，注重废弃物的回收利用。这些都为循环经济的进一步发展奠定了坚实的基础。

3.3.2 各地循环经济探索成效

我国 20 世纪 80 年代开始实施生态农业工程，21 世纪初建设了大批生态农业试点。2002 年，农业部向全国征集了 370 种生态农业模式或技术体系，通过专家反复研讨，遴选出经过一定实践检验、具有代表性的十类生态农业模式，并将这十类生态农业模式作为农业部的重点任务加以推广。十大典型模式和配套技术是北方"四位一体"生态模式、南方"猪-沼-果"生态模式及配套技术、农林牧复合生态模式、草地生态恢复与持续利用模式、生态种植模式及配套技术、生态畜牧业生产模式、生态渔业模式及配套技术、丘陵山区小流域综合治理利用型生态农业模式、设施生态农业及配套技术、观光生态农业模式及配套技术。

　　根据生态链原理建立起来的生态农业，实现了低层次的物质能量循环，但农业废弃物利用率低，对区域特色生态资源禀赋要求较多，不能完全解决现代农业发展中产生的大量农业废弃物与不断恶化的面源环境污染问题。随着循环经济理论在工业领域的发展，循环经济的战略地位不断提升，发展循环农业逐步得到国家的重视。为推进化肥农药的科学施用，我国制定了一系列补贴政策，推进农业清洁生产技术模式的系统示范；针对农田化肥农药污染，实施测土配方施肥补贴项目、土壤有机质提升补贴项目、低毒生物农药示范推广补贴项目等。

　　不同地区结合自身农业特点，进行了不同层面的农业清洁生产实践。例如，安徽省围绕化肥减量增效，重点推进玉米、蔬菜、水果化肥使用零增长行动，大力推广种肥同播、水肥一体、适期施肥等技术。湖北省围绕畜禽粪污综合利用，推广运用自我消纳、基地对接、集中收集处理等粪污利用方式，推进畜牧业与种植业、农村生态建设协调发展。甘肃省开展了地膜综合利用试点示范，使废旧地膜回收利用率达到75%以上。各地区在探索实践中，形成了以下发展模式。

　　（1）农民自发形成的循环农业发展模式。农民意识到农业污染和农产品安全的隐患，主动采取有机循环式的农业生产方式。一些农民担心大棚蔬菜种植中的农药残留问题，在自家院落或田地使用有机肥种植蔬菜供自己食用。随着有机理念的兴起，一些种植户在自己果园、菜地里施用粪肥，一些蔬菜专业户把"有机"作为品牌。有机肥主要由农户从规模养殖场购买；一些地方的大棚种植户从养殖场购买鸡粪，每亩地每年至少用2推车有机肥。与传统循环农业相比，有机肥使用方式并没有形成"有机肥—农作物—有机肥"的内部封闭式循环系统，而是借助外部资源的开放式循环系统，不能实现资源的互补利用，且存在潜在风险。

　　（2）自上而下组织实施的循环经济发展模式。例如，农村、城镇垃圾分类回收系统和污水处理系统生产有机肥和中水；由于垃圾成分复杂，对其再利用存在很大风险。这种模式具有极强的人工性，其依赖污水处理、垃圾分离与处理等技术，注重高科技要素的投入，但农业的发展规律、农业的生产特点和要求并没有得到应有的重视。

　　北京市在推进新农村建设过程中实施"三起来"工程，"循环起来"是其中之一。"循环起来"工程极大改善了农村人居环境，但在垃圾回收和有机循环利用方面仍存在很多问题。垃圾回收分类的本意是对有机垃圾进行二次利用，但因消费的城市化倾向，农村生活垃圾具有与城市同样复杂的特点，农民很难严格按照分类标准进行处理。这样，在有机垃圾二次利用中就会对农田、农作物造成不良影响。污水处理系统也面临同样的问题。传统农户的生活污水成分是可知可控的，但新农村统一收集处理的污水，成分变得难以控制，如果含有害物质的生活污水被循环利用到农业生产中，会对农业安全构成危害。

因此，要进一步发展农业循环经济，按有关文件精神，应当抓好以下工作。

一是突出"绿色"，调整结构。农业结构战略性调整，要在不断优化升级上下功夫，突出发展绿色食品、无公害食品和有机食品的生产，保护水土，节约资源。

二是优化布局，稳定提升农业产能。按"谷物基本自给、口粮绝对安全"的要求，优化农业生产布局。坚持因地制宜，宜农则农、宜牧则牧、宜林则林，逐步形成农业生产力与资源环境承载力相匹配的农业生产新格局。加强农业生产能力建设。充分发挥科技创新驱动作用，实施科教兴农战略，加强农业科技自主创新、集成创新与推广应用，力争在种业和资源高效利用等技术领域率先突破。推进生态循环农业发展。优化调整种养业结构，促进种养循环、农牧结合、农林结合。因地制宜地推广节水、节肥、节药等节约型农业技术，以及稻鱼共生、猪-沼-果、林下经济等生态循环农业模式。

三是正确引导，有序推动。循环农业事关经济可持续发展，需要政策引导。循环农业发展涉及种植、养殖、加工、能源和环保等部门，要建立多部门联动机制，强化多元扶持，加大政府投资力度，保证其持续发展。

四是保护耕地，提升质量。坚持推广秸秆返田与保护性耕作技术，实现种地与养地有机结合，加强耕地质量工程建设。大力推广生物防治，相关企业要研究、生产低残留农药和可降解塑料薄膜。要推广喷灌、滴灌，杜绝漫灌，发展节水农业。

五是统筹规划、科学引领。发展循环农业，要在充分调研的基础上，有选择、有重点地分别制定省、市、县（区）、乡、村等不同层次不同级别的循环农业发展计划，实现有计划、有步骤、有组织的稳步推进。要特别强调根据不同区域和不同层次农牧业的生产现状和实际需求，依照不同模式的特定优势，进行布局配置、结构调整，延长产业链，确保循环农业模式中各流通量与接口间的相互匹配、协调运行，促进循环农业健康、安全、有序发展。

六是项目带动，企业主体。农村发展农产品加工业或其他相关工业，要做到防污于未然，做到低排污与达标排放。

七是发展沼气，有效转化。各地以户用沼气工程为重点，结合农村改圈、改厕、改厨，大力推广猪-沼-菜（粮-果-渔）等生态模式，实现村庄、庭院废弃物再生利用的良性循环。随着秸秆、畜禽粪便等农业固体废弃物的循环利用，以及测土配方施肥等生态循环生产方式的推广，农产品质量得到提高。实践表明，循环农业与科技、经济、环保可以实现相互支持、良性互动。

八是加强农业资源养护。统筹山水林田湖草系统治理，降低资源利用强度。大力实施耕地质量保护与提升行动，加大东北黑土地的保护力度，将优质黑土地划为永久基本农田，优先将黑土地划为粮食生产功能区和重要农产品生产保护区，探索建立保护奖补政策，选择一批重点县开展整建制试点；以黑土区为重点，集成推广深松深耕技术。加大草原生态保护力度，深入开展大美草原守护行动，组织实施草原资源清查，落实和完善草原生态补奖政策，实施退耕还草、退牧还草等工程，确保提高全国草原综合植被盖度。

强化土壤污染管控和修复，开展耕地质量划分试点，分区域分品种进行受污染耕地安全利用示范，划定食用农产品禁止生产区，启动重金属污染耕地修复治理试点。扩大轮作休耕试点规模，形成技术模式、耕作制度、核实制度、补贴制度。

3.3.3　中国对循环经济研究的推动

随着科学技术的进步，生产力水平不断提高，人类的物质财富得到极大丰富。与此同时，地球资源有限性与人类需求无限性的矛盾日益尖锐，环境污染公害夺走成千上万人的健康和生命，生态破坏产生了数以百万计的生态难民，传统的发展模式到了难以为继的地步。发展循环经济是破解这一矛盾的有效途径。1966年5月10日，美国学者肯尼斯·鲍尔丁在《地球像一艘宇宙飞船》中提出，地球是茫茫宇宙中的一颗行星，是一艘"宇宙飞船"，人类是这艘宇宙飞船上的"乘客"。在这艘宇宙飞船上没有取之不尽的资源，只是在人数很少且技术不发达时，地球才被看成是一个无穷大的资源库；必须发展循环经济，循环利用船舱里的废弃物，经济再生产主要依赖于资源再生产；人不能随意污染环境，不能把地球看成下水道或垃圾场。肯尼斯鲍尔丁因此被认为是循环经济概念的提出者。

人类在探索可持续发展的进程中，具有里程碑意义的会议是1972年斯德哥尔摩联合国人类环境会议、1992年里约热内卢联合国环境与发展峰会、2002年南非"里约+10"可持续发展峰会、2012年"里约+20"可持续发展峰会等。我国是世界可持续发展三次浪潮的见证者和参与者。1972年，我国参加斯德哥尔摩联合国人类环境会议，以借鉴国际环境保护经验。1973年召开了第一次全国环境保护会议。组织这次会议与1972年出现的大连湾污染和北京鱼污染事件有关。大连湾污染事件表现为，涨潮一片黑水，退潮一片黑滩，因污染荒废贝类养殖滩涂5000多亩，每年损失海参约10 000kg、贝类约10万kg、蚬子约150万kg。北京鱼污染事件是指在市场上出售的鱼有异味，经查是由官厅水库受污染造成的。第一次全国环境保护会议审议通过了"全面规划，合理布局，综合利用，化害为利，依靠群众，大家动手，保护环境，造福人民"的环境保护32字工作方针，体现了"预防为主"的思想。由于当时国内还有很多人吃不饱饭（到1978年我国还有2.5亿贫困人口），环境问题不突出，我国并没有形成环境保护的"浪潮"。

随着我国经济的发展，环境污染事件出现的频率加快，寻求经济发展和环境保护的协调，逐步引起决策层的重视。在1992年里约热内卢联合国环境与发展峰会之前，在北京举行了"发展中国家环境与发展部长级会议"，发布了发展中国家环境与发展部长会议《北京宣言》。在 1992 年的《我国环境与发展十大对策》中，可持续发展被宣布作为中国将要实施的战略。1994 年 7 月国务院批准出台的《中国 21 世纪议程》，提出了人口、经济、社会、资源和环境相互协调发展的战略、对策和行动方案。在中国共产党的十四届五中全会和中华人民共和国第十三届全国人民代表大会第四次会议上，可持续发展被列为国家现代化建设的重大战略之一。

发展循环经济是中国可持续发展的伟大实践。我国大力推进循环经济的发展具有以下特点：一是研究者，特别是决策者对环境保护、可持续发展的概念已相当熟悉；二是资源约束和环境污染形势使人们认识到节约资源的重要性及其对降低成本的好处；三是生态环境保护已成为十分紧迫的任务，"环境风暴"及其披露的信息已使很多人认识到环境事关自身利益，而不仅是"造福子孙"。循环经济发展，已经进入经济和贸易的主流。如果说可持续发展战略是一个理念，中央推进循环经济的发展，更多的是从生产的角度、用发展的办法来解决我国面临的资源约束和环境污染的矛盾，从而建立人与自然和谐生活的社会。

循环经济是为有效处理人类发展中人与自然、经济发展与环境保护、短期发展与长久发展等问题而产生的。与传统经济不同，循环经济是在生产环节对废料排放进行高效的回收转化并实现再利用的过程，将传统的粗放式、高能耗、高排放的生产模式进行转化，成为对自然资源高效利用、对自然环境低污染的绿色生态的循环生产模式。

中国的倡导推进了世界循环经济的研究和发展：一是在经济全球化日益推进的情况下，国外学者十分重视"中国发展"问题，中国循环经济的鲜活案例竞相成为外国专家的研究对象；二是参加中国环境与发展国际合作委员会（China Council for International Cooperation on Environment and Development，CCICED）的外国专家，通过与中国专家的合作深化了对循环经济的理论研究；三是外国专家将中国循环经济概念推向了世界，并引起国际组织和外国政府的重视，循环经济因而成为国际合作的重点领域之一。

第 4 章　农业循环经济的科学基础

4.1　产业经济学基础

4.1.1　产业共生理论

"共生"最早出现在生物学领域，是指动植物之间相互利用双方特性在一定区域内共同生存的现象，1879 年由德国生物学家安东·德贝里提出。从 20 世纪中叶开始，共生研究应用于社会、人文、经济合作等领域。西方学者开始尝试从生物现象探索哲学、经济等发展规律，运用共生方法来解决问题。

"共生"的含义，最初是指不同属性的生物为了生存而生活在一起；后来在不同领域被抽象为不同属性的物质之间建立联系，形成共同生存、相互促进或抑制的关系。

共生理论在经济学中的最早应用，主要成果是提出了工业生态理论，"工业共生"和"产业生态网络"是其中两个重要的概念。随着工业的不断发展，共生理论应用在经济系统的研究中，认为区域经济系统之间存在着各种物质和信息资源的联系，从而构成了不同经济体之间相互影响的共生关系。经济系统中企业之间资源和废弃物的相互利用，形成一个产业共生循环系统，因此便出现了产业生态系统和产业共生的相关概念。

共生关系可以分为非利共生关系、偏利共生关系和互惠共生关系，摒弃了物竞天择的生存法则，不反对冲突，也尊重主体的相对独立性和自主性，但强调在互补性竞争中通过结构协调和功能创新来形成新的共同适应、共同发展、互惠共生的合作关系，在促进整体进步的同时，使不同主体单方面也达到最高发展水平。共生的本质是协同进化与发展，表现为共生单元之间通过合理分工与互补促进，以及同类资源共享和异类资源互补，达到主体间的认同平衡、接纳平衡和交融平衡，从而实现对称互惠共生。

共生理论的核心是共生单元、共生模式、共生环境三要素。共生单元是共生体基本的能量生产和交换单位；共生单元在其关联性的基础上以某种形式结合形成共生体，并产生共生关系，即共生模式。共生环境是共生单元所处的外界环境，不同的共生环境对共生模式的发展作用不同。在一定的环境条件下，共生体可以进行有效的物质转换、能量转换及信息传递，达到充分利用资源、降低交易费用、增加共生体总体价值的目的。

20世纪60年代末，美国学者艾尔斯（Ayres）研究工业系统的物质材料流动，提出了"产业代谢"（industrial metabolism）的概念，1972年提出"产业生态学"（industrial ecology）的概念。Frosch和Gallopolos（1989）提出了"工业共生"和"产业生态网络"的概念，指出产业生态网络可以模仿自然界生物种群的相互作用，在企业之间开展相互利用资源的工业共生。《产业共生》一书将产业共生定义为"不同企业间的合作"，从而共同提高企业的生存能力和获利能力及实现对资源的节约和环境的保护。自此，美国、加拿大和日本建设生态工业园来解决经济和环境之间的矛盾。Ehrenfeld（2003）提出了产业生态系统和产业共生的概念，指出企业间可相互利用废弃物，以降低环境的负荷和废弃物的处理费用，建立一个产业共生循环系统。Lowe等（1997）强调产业与环境之间的相互作用。总之，这方面的研究侧重从生态的角度对企业与企业之间的关系进行分析。

郭莉等（2005）运用逻辑斯谛方程，对生态工业园区的平等型、依托型、依赖型和单方获利型4种共生模式的稳定共生条件进行分析并给出政策建议。戴铁军和陆钟武（2006）以自然生态系统的概念和理论为基础，提出了定量评价生态工业园的两项指标——企业间生态关联度和园区副产品、废品资源化率，以衡量生态工业园内企业间相互连接关系及生态工业园副产品、废品资源化程度。总之，不同的学者根据不同的标准对共生模式进行了分类。按照产业共生网络运作模式的差异将共生模式分为依托型、平等型、嵌入型及虚拟型4种模式（王兆华和武春友，2002）；陈凤先和夏训峰（2007）依据系统产业的相互关系及共生单元之间的利益关系，将共生模式分为共栖型、互利型、寄生型、偏利型、附生型和混合型6种。

随着来自实践的认识深化，越来越多的学者认为共生理论不应单纯强调企业之间资源利用、环境保护、废品再利用等，而应该包含更宽的领域。Lifset（1997）拓宽了工业共生的研究领域，指出其不仅关乎共处企业之间的废弃物交换，而且是一种包括基础设施共享、服务信息共享的全面合作。Ehrenfeld（2004）指出工业共生不仅体现在副产品交换上，还应该包括技术创新、知识共享及学习机制等。产业生态与其说是一门学科还不如说是一种"比喻"，把理想、合意运作的产业系统比喻成一个可持续的生态系统，这种比喻对于产业生态学的早期发展意义重大。

产业共生研究以废弃物交换利用和废弃物闭路循环为核心，即通过建立产业实体间的废弃物交换关系实现产业系统物质的闭路循环和能量的梯级利用。

产业共生既是一个完整的产业生态系统，又是一种特殊而复杂的经济关系，既具有经济特征，又具有生态特征。因此，产业共生的内涵有3个要点。第一，产业共生是一种新的产业组织模式，不同企业之间模仿自然系统中的共生作用机理，在产业之间形成生产消费和降解的生态产业链网，通过合作达到经济系统中的低排放目标。第二，产业共生就如同自然界一样，在企业之间不但有合作关系而且还存在竞争关系。在合作中，企业之间物流、信息、技术及资金等都影响合作，存在一定的竞争关系。第三，产业共生是一个大范围内的合作关系，在企业之间不仅有副产品的合作，还存在其他方面的合作。由企业到政府再到其他部门，甚至城市之间，都存在广泛的合作。

4.1.2 产业食物链理论

1. 无机物质循环

生物需要的物质——水和碳、氢、氧、氮、硫、磷、钙、铁、镁、钾、钠、氯等元素，在生态系统中不能单向传递，而是沿着食物链不断合成和分解，反复进行着生物地球化学的循环作用。无机物质循环主要有两种类型：水循环和气体循环。

1）水循环

水循环是自然循环中一个最重要的循环，是生态系统中一切活动的基础。水循环分为大循环和小循环。从海洋蒸发形成的水蒸气，随气流到陆地上空，凝结为雨、雪、雹等落到地面，一部分蒸发返回大气，其余部分成为地面径流或地下径流，最终回到海洋。这种海洋和陆地之间水的往复运动过程称为水的大循环；仅发生在局部地区（如陆地与河湖之间）的水循环则称为水的小循环。人类生存环境中水的循环表现为大、小循环相互交织在一起，在全球范围内和地球上各个地区不停地运行着。需要指出的是，水循环是在太阳辐射作用下完成的；有了太阳能的持续输入，才能有自然界的循环往复，也才能有生生不息的水循环往复。这也是我们在设计循环经济体系时必须考虑的因素。

2）气体循环

自然界中碳、氧、氮等的循环主要表现为气体循环。下面简单介绍碳和氮的循环。

（1）碳循环。大气圈中碳占气体的 0.03%～0.04%。据估计，全世界绿色植物（包括浮游植物）光合作用每年可以将 750 亿 t 碳转化为糖类化合物。太阳能也通过这一途径转化为化学能。植物死后埋在地下通过一系列化学变化形成泥炭，或进一步形成煤、石油、天然气等化石能源。化石能源是地球历史时期植物从大气中吸收 CO_2 储存下来的，现在被不断开采、大量使用，其储存的 CO_2 也被过多过快地排放到大气中，加之森林减少，大气中 CO_2 含量明显上升，导致全球气温升高。据最新估计，到 2040 年，全球气温将上升 2℃。全球气候变化也因此从科学问题演变成全球性国际政治议题。

与碳循环关系密切的概念是植物的光合作用。光合作用是地球上最大规模利用太阳能、把 CO_2 和 H_2O 等无机物合成有机物并放出 O_2 的过程，可以为几乎所有生命活动提供有机物、能量和 O_2，可以为农业可持续发展提供支撑。没有光合作用，就不可能有人类社会的生存和可持续发展。

人类文明所需要的生物燃料，无论是煤、石油还是天然气，都是由古代植物光合作用的直接和间接产物转化而来的。每年地球上通过光合作用合成的有机物约为 2200 亿 t，相当于人类每年所需能耗的 10 倍。植物干重的 90%～95%是植物光合作用的产物。提高作物光能利用效率，是提高作物产量的必由之路。大田作物光能利用效率总体很低，我国主要作物稻田品种的光能利用效率约为 1%，在光合作用过程的多个环节都有提高的潜力。

对光合作用有关代谢途径进行改良，可以有效提高光能利用效率。低浓度的亚硫酸氢钠，可以通过增加循环电子传递及其耦联的磷酸化作用提高作物光能利用效率。通过改变植株的光合能力，尤其是显著提高低光强下植株的光合能力，可以为新一代水稻及能源作物高产育种，特别为西南（如云南、贵州、四川等）光强不足地区的作物高产育种改良提供全新的思路。

（2）氮循环。空气中约含有 78%的氮。某些蓝藻、豆科植物根瘤菌及土壤中的固氮菌，把大气中的氮固定成氨或氨盐，经硝化细菌的硝化作用形成亚硝酸盐和硝酸盐，供植物吸收合成氨基酸和蛋白质。动物从植物中摄取蛋白质，经消化形成动物蛋白质。动植物尸体在腐生细菌作用下，经分解处理，使氮返回自然界。在自然系统中，氮的输入与输出保持平衡。盲目开发草原、砍伐森林，会使土壤有机质暴露分解，加上水土流失，许多土壤的营养物质会流走，含氮量降低，生产力下降。农作物要从土壤中摄取大量的氮，因而要施肥；但施肥过多会破坏生态平衡。化肥和动物粪尿等氮化物进入水体，水体富营养化也是问题。

2. 生态系统中的食物链理论

从物质循环，特别是碳、氮等生物体中的大量元素循环中，可以看到生态系统中的生产者、消费者和分解者三大功能群的相互作用和相互关系。一个生态系统有了吸收外界能量的生产者及使异养生物死亡后腐烂和再循环的分解者，才能组成一个两环的生态系统。

"生态系统"的概念是由美国生态学家奥德姆（Odum）首次提出的。英国生态学家乔治·坦斯利（George Tansley）在 1935 年明确提出生态系统的概念：生态系统是一个系统性的整体，不仅包括有机复合体，还包括形成环境的物理因子复合体，在一定自然地域中生物与生物之间，生物有机体与非生物环境之间在功能上统一。简单地说，生物群落及其与环境之间不断进行物质循环和能量交换形成的整体是生态系统，生态系统具有开放性、稳定性和演化性等特点，也具有能量流动、物质循环和信息传递等功能。

从营养结构看，生态系统包括非生物环境、生产者、消费者和分解者4个成分。

（1）非生物环境。非生物环境是生态系统中非生物因子的总称，由物理、化学因子和其他非生命物质组成，为生物的生命活动提供物质和能量。

（2）生产者。在生态系统中，把简单的无机物转变成有机物的自养生物是生产者。例如，绿色植物通过光合作用把环境中的无机物转化为有机物，把太阳的辐射能转变为体内的化学能。光合细菌和化能合成细菌也是生产者。

（3）消费者。在生态系统中，直接或间接以植物为食、靠吃现成有机物维持生命的那些异养生物，是消费者。直接吃植物的动物，称为一级消费者，如蝗虫、鹿、羚羊等。以此类推得到高级消费者。以一级消费者为食物的动物是二级消费者，如吃浮游动物的鱼类、吃食草动物的鸟兽等。以二级消费者为食物的动物是三级消费者，等等。

（4）分解者。分解者亦称为还原者，是指生态系统中细菌、真菌和放线菌等具有分解能力的生物，也包括某些原生动物和腐食性动物。它们能把动植物残体中复杂的有机物，分解成简单的无机物，并释放到环境中，供生产者再一次利用。分解者是异养生物，其作用是把动植物残体内固定的复杂有机物分解为生产者能重新利用的简单化合物，并释放出能量，其作用与生产者相反。分解者在生态系统中的地位很重要，如果没有分解者，动植物残体将会堆积成灾，物质将被固定在有机质中不再参与循环，生态系统的物质循环将终止，生态系统将会崩溃。分解者的角色不能由一种生物来完成，在不同的阶段需要不同的生物来完成。

在生态系统中，各成分通过一系列"吃"与"被吃"的关系联结起来，形成食物链。生态系统中食物链长度不一。例如，鹰吃蛇，蛇吃蛙，蛙吃蝗虫，蝗虫吃草，构成一条含5个环节的食物链。根据被吃物质的性质，食物链一般分为3类：生食链，又称为捕食链，以植物为起点，经食草动物到食肉动物；腐食链，也称为碎屑链，以动植物尸体为起点，如枯枝落叶→分解者细菌→食菌生物→捕食动物；寄生链，以活的动植物体为起点，形成多级寄生物，如黄鼠→跳蚤→细菌→噬菌体。由于一种消费者往往不只吃一种食物，同一种食物也可以被不同的消费者所吃，各食物链之间相互交错构成更复杂的网状结构，称为食物网。

生态系统的构成，特别是从营养关系来看，存在一些特征：其一，尽管动植物种类不同，但均可以抽象为生产者、消费者和分解者；其二，生态系统中食物链长度不尽相同，为 2～5 个环节，由食物链的性质决定。在生态系统中，通过食物链实现能量流动、物质循环和信息传递。

食物链的每一个环节代表一个营养级，位于同一营养级的生物通过相同的途径，从前一个营养级的生物获得食物和能量。营养级产量逐级递减。一般地，每一个营养级的生物只能利用前一个营养级能量的 10%左右（称为十分之一定律）。最短的营养级包括 2 级，最长的营养级通常也不超过 5 级。食物链越短，距食物链的起点越近，生物可利用的能量也就越多。

处于食物链起点（第一营养级）的生物个体数量，比高一营养级的生物个体数量要多，最高营养级的生物个体数量最少，即第一营养级基数最大，然后呈金字塔形逐级递减，最后一级的数量最小。这种结构称为生态学金字塔。由于研究对象不同，生态学金字塔有 3 种表述：①数量金字塔，以每一营养级的生物个体数目表示；②生物量金字塔，以每一营养级的生物干重表示；③能量金字塔，以进入各营养级的总能量表示。

在生态系统中，能量的传递是单向的，最终转化为热量散失在环境中。所以，能量的传递称为能流而不是能量的循环。从能量的传递规律看，生物群落是一种典型的耗散结构。

如果某个环节的生物减少或消失，将导致以它为食的生物（后一营养级）种群数量锐减，被它所食的生物（前一营养级）种群数量大增。这样，原有生物平衡就被打破了。例如，20 世纪 50 年代我国曾将麻雀视为害鸟，大量捕杀。结果因麻雀大量减少发生严重虫害，反而导致粮食大面积减产。这正是我们不重视生态平衡导致的后果（吴季松，2002）。同样，引入一个新的生物天敌来消灭害虫，也会导致原来的生态平衡被打破。例如，我国引进水葫芦的最初目的是用作猪饲料，后来却成为一些河流或湖泊的入侵生物。如果不遵循自然演化规律，运用"堵"而不是"疏"的措施则难以解决生态失衡问题。

生态学中的食物链理论主要涉及食物链和食物网。食物链是指生态系统中各种生物以食物或能量传递联系起来的连锁关系，食物网则是指生态系统中多条食物链相互交错联结成的复杂营养关系。

通过模拟自然生态系统，构建产业系统中"生产者—消费者—分解者"循环途径和食物链（网）关系，可形成高效共享资源和互换副产品的产业共生网络。

由于生态系统理论被较多地应用到实践界与理论界的研究中，食物链与食物网理论也逐渐受到学者们的关注。食物链理论除了被引入循环经济与生态园区发展，还被一些学者应用到金融与品牌等相关领域理论研究中。

综上所述，生态系统理论的经济或营销领域都可以适当引入食物链理论，而食物链理论多应用于有能力、资源流动的产业内部或企业之间。在产业生态系统内，企业之间存在着类似于生物间的共生、寄生或伴生等依存关系。这种关系使不同企业的生产工序相互衔接，形成高效的产业生态链。

4.1.3　产业生态位理论

"生态位"最早由生态学家格林内尔（Grinnell）于1917年提出。通过生态位表示生命栖息地的空间范围，强调生态位的空间性。由于强调生态位的空间概念，生态位实际上可理解为空间生态位（spatial niche）。动物生态学家埃尔顿（Elton）强调生物有机体在群落中的功能，认为一种动物的生态位表明它在生物环境中的地位及其与食物和天敌的关系，即营养生态位或功能生态位。高斯（Gaulse）把生态位与物种间竞争联系起来，提出排斥原则（彭海和程子卿，2009），认为竞争的结果使两个相似的物种极少占据相似的生态位，即竞争生态位。Hutchinson（1957）将生态位发展成为一个多维空间的概念，把生态位看作是生物单元生存条件的总体集合，将其拓展为既包括生物的空间位置及其在生物群落中的功能地位，又包括生物在环境空间的位置，即所谓的 N 维超体积生态位。生物的生存必然受环境因素的制约，并表现为生物只在特定多维环境（时间、空间、营养、温度、湿度、气候、天敌……）空间的一定范围内生存和繁衍，这就是生态位。

人们对生态位的理解大致分成两大类：一类是将生态位理解为生物群落与其赖以生存的环境之间的相互关系；另一类则认为生态位是该生物群落与一定环境范围内生存的其他生物种群之间的相互关系，这些相互关系即其在群落中的功能、地位及作用。两类观点的分析视角不同，但都是生态位概念的一部分，故可将生态位定义为生物群落在所处环境中所占据的地位，反映其与环境之间的相互作用，刻画物种的生存现状。研究人员常常通过生态位探究物种与外界环境的相互关系，反映物种的生存现状，揭示其对环境的适应能力。

与生态位理论研究不同，学者对产业生态位的研究，没有过多地对概念进行进一步的探究、扩展，而是更多地偏向于应用研讨。产业生态位是用来体现产业在社会经济，特别是国家产业经济中的价值和地位，反映产业与其所处环境之间的相互关系的，其中所提到的环境包括经济、社会、自然资源等。

自然生态系统中的物种或种群首先只有生活在适宜的生态位（微环境）中才能得以生存和延续。在复合生态系统中，生态位不仅适用于自然子系统中的生物，同样适用于社会、经济子系统中的功能和结构单元。社会经济系统是一个广义的生态系统，企业或产业就是该系统中的一类物种或一个种群，这一种群要在社会经济系统中长期存在和发展，就必须具有相称的位置和发挥一定的功能，即占有适宜的生态位（产业生态位）。

产业生态位是指社会经济系统中的某个经济单位（企业、产业或产业群）在特定空间内所需的各种生存条件的总和。对特定的区域来说，其生态位条件包括该地区的原料资源、人力资源、融资渠道、交通通信、市场情况、政府政策、基础设施、公共环境、科学技术、文化背景等，此外还包括企业、产业的竞争对手和合作伙伴及该区域所面临的外部环境等。要使某产业在某区域得以长期生存、发展和繁衍，该区域就必须具有与该产业相适宜的生态位条件。产业生态位的构建和营造，在区域的空间选择上应充分考虑该区域空间能否具有或能否构建和营造出适合该产业生存和群落发展的生态位环境，并着重分析和研究影响该生态位环境的重要因素、限制因子及其相互关系，在资金和政策上向之倾斜，以构建这类产业群生存和发展的良好平台，为产业群的形成打好基础。

4.2 环境经济学基础

政府推进循环经济发展，原因在于外部性。福利经济学告诉我们，如果一种商品的生产或消费带来一种无法在市场价格中反映的成本，就会产生所谓的"外部效应"。外部性是一些产品的生产与消费给不直接参与活动的企业或个人带来有益或有害的影响。其中，有益影响称为"外部经济"，相反是"外部不经济"。

4.2.1 公共产品和市场失灵

1. 公共产品

社会产品，可以分为公共产品和私人产品两类。保罗·萨缪尔森和威廉·诺德豪斯（2012）认为，纯粹的公共产品有这样的特性，即每个人消费这种产品不会导致别人对该产品消费的减少。纯粹的公共产品具有两个基本特征：非竞争性和非排他性。非竞争性是指不会因为消费人数的增加而引起生产成本的增加，即消费者人数的增加所引起的社会边际成本等于零。非排他性是指产品一旦提供，就不能排除社会中任何一个人免费享受它所带来的利益。例如，采取措施使城市的空气清洁了，某人呼吸了清新空气，并不妨碍他人也能呼吸到清新空气。

公共产品的非竞争性和非排他性，在使用过程中容易产生两个问题："公地悲剧"和"搭便车"。1968年，美国环境保护主义者加勒特·哈丁在《科学》杂志中描述了一个动人故事：一片草原上生活着一群聪明的牧人，他们勤奋工作，繁育牛羊。畜群不断扩大，达到了这片草原可以承受的极限，再增加一头牛羊会给草原带来损害。但每个聪明的牧人都知道，增加一头牛羊带来的收益全部归自己，而造成的损失则由全体牧人分担。于是，每个牧民都在继续繁殖各自的畜群。最终，这片草原毁灭了。这便是"公地悲剧"。休谟1740年提出，如果一个经济社会有公共物品，就会出现免费搭车者；如果所有社会成员都是免费搭车者，则谁也享受不到公共产品。由于政府无法了解每个人对某种公共产品的偏好及公共产品的效用，加之公共产品的非排他性，人们可能从低呈报获得收益而减少其对公共产品的出资份额（缴税额），这样做并不会减少其将要获得的收益。在这样的社会条件下，人们完全有可能在不付出任何代价的情况下享受他人捐献产生的公共产品效益，即出现"搭便车"现象。

在很大程度上，环境属于公共产品。作为公共产品的环境，由于消费的非竞争性往往导致"公地悲剧"——过度使用；由于消费的非排他性往往导致"搭便车"的心理——供给不足。政府管制和买单是有效解决公共产品问题的机制之一，但不是唯一的机制。如果通过制度创新让受益者付费，环境保护者同样能像生产私人物品一样得到有效激励。

"公地悲剧"论断问世后，引起许多学者对公地管理的研究兴趣。塞尼卡等认为，环境质量之所以会恶化，关键是由于人们使用的宝贵资源的所有权规定得不够严密、不够周全（董小林，2022）。大气、全部水体和大量公有土地传统上就是公共拥有的财产，人们早已可以随意将这些资源用于各种目的。如果公共财产资源相对于全部需求具有充裕的容量的话，那么，社会分享并利用这些资源时，就不会产生任何经济上的问题。然而，当需求上升到某种程度，利用资源的人们彼此互相施加外部费用，经济效率则不可避免地会遭受损害。

2. 市场失灵

亚当·斯密提出，当个人追求自己的福利时，一只"看不见的手"会导致其他社会成员的福利增加（西方经济学编写组，2019）。其假定是，单个消费者和生产者的经济行为对社会上其余个人的经济福利没有任何影响，单个经济活动主体从其经济行为中产生的私人成本和私人收益，等于该行为造成的社会成本和社会收益。然而，现实中更多的情况是：单个经济单位从经济行为中产生的私人成本和私人收益与其造成的社会成本和社会收益根本不对等，生产太多或生产不足的情形总是存在的，帕累托最优难以达到。

新古典经济学认为，在完全竞争市场的条件下，社会边际成本与私人边际成本相等，社会边际收益与私人边际收益相等，从而实现资源配置的帕累托最优。当然，当理想世界市场经济的任一假设条件不能满足或不成立时，会出现市场失灵。市场失灵有狭义和广义之分。狭义的市场失灵是指资源配置无效率，达不到帕累托最优的状态。广义的市场失灵则是指微观经济无效率，宏观经济不稳定，社会不公平等。例如，当进入市场的卖者和买者不多且存在垄断时，当进入市场的产品存在差别时，当进入或退出市场存在障碍时，当经济活动产生外部影响时，当存在公共产品时，当市场参与者存在不完全信息时，都会导致市场失灵，出现资源配置无效率状态。从经济学角度看，环境污染是一种典型的市场失灵。

当市场失灵时，必须依靠外部力量，即政府干预加以解决。政府通过税收与补贴等经济工具，可以使边际税率（边际补贴）等于外部边际成本（外部边际收益），使外部性"内部化"。例如，政府对造成负外部性的生产者征税，限制其生产；给产生正外部性的生产者补贴，鼓励其扩大生产。这样，生产者会从利益出发，将其产量调整到价格等于社会边际成本之点。通过征税和补贴，外部效应内部化，实现私人最优与社会最优的一致。这是庇古提出的修正税。例如，排污收费制度、退耕还林制度等就分别是征税手段和补贴手段的应用。相对而言，对负外部性的征收手段用得多一些，而对正外部性的补贴用得少一些。要激励人们从事具有正外部性的生态保护行为，补偿机制不能少。

4.2.2 科斯定理与产权理论

经济学家习惯把经济主体承担的成本称为私人成本，把强加于他人的那部分成本称为外部成本，把私人成本与外部成本之和称为社会成本。科斯1960年发表了《社会成本问题》一文，并于1991年获得诺贝尔经济学奖。科斯定理的内容是：在产权明确、交易成本为零或很低的前提下，通过市场交易可以消除外部性。即只要产权明确界定并受到法律的有效保护，那么交易的任何一方拥有产权都能带来同样的资源最优配置结果，通过双方谈判可自然地实现；产权赋予不同的人，只是带来不同的收入分配结果。科斯还认为，即便外部效应涉及多方，即使不把公共资源的产权赋予某一个人，市场也可以自动纠正外部效应。

科斯定理强调产权的重要性，认为解决外部性问题的关键是界定和保护产权。产权是经济当事人对其财产（物品或资源）的法定权利，且是排他的、可转让和永久的。产权包括一个人或其他人受益或受损的权利。产权界定人们如何受益及如何受损。在市场体制中，一切经济活动都以明确的产权为前提。

事实上，产权可以分为私有产权、法人产权、公共产权。公共产权具有不可分性、非排他性、不可转让性特征。公共产权在消费规模上没有限制，在收费上存在外部性（一个成员在对公共财产行使权利时，会影响其他成员利益）。由于公共财产允许每个社会成员自由拥有，平等分享，并获得平均利益，"搭便车"行为和产权拥挤现象就难以避免。像大气、水等资源就是典型的公共物品，应该由所有人对其享有公共产权。

科斯定理也被一些研究者认为是"科斯谬误"。库特在《科斯定理》一文中提出，科斯定理有可能是错误的或仅仅是同义反复。斯蒂格利茨1989年在《关于国家的经济作用》中指出：科斯定理是"科斯谬误"。1994年，斯蒂格利茨指出："科斯定理认为，为确保经济效率而需要做的就是使产权明晰。这一定理是完全不正确的。"

环境问题的产生,就是因为没有所有者;或者虽然有所有者,却只有有限"拥有权"。全球环境资源均属于这种情况,如大气层、海洋、森林和山地等。环境资源缺乏所有权,可能导致对其的忽视或过度使用。由于大气不属于任何人,很容易成为化学废气的排放场所,海洋也同样成为废弃物、石油污染物、核燃料、生活污水及其他废弃物的排放场所。

一种物品进入市场是有条件的,关键是看能否建立起产权。公共物品之所以无法进入市场,按照市场法则组织生产,根本原因是无法对其设立有效的产权;而没有有效的产权也就难以形成价格,难以按照市场法则进行交换,也就无法纳入市场经济轨道。

当企业具有无限地向自然界排放废弃物的权利时,排放废弃物是无须付出代价的,因而也就无须计入企业成本,对企业行为也就难以约束。只有当废弃物排放获得政府赋予的权利(获得一定的排放权)并通过市场交换体现价格时,废弃物排放才有可能计入成本。

4.3 技术经济学基础

技术经济学是研究技术领域经济问题和经济规律、技术进步与经济增长相互关系的科学,也是研究技术领域内关于资源最佳配置、寻找技术与经济最佳结合方式以实现可持续发展的科学,是从经济学角度研究一定条件下再生产过程中采用技术措施和技术方案产生经济效果的科学。

技术经济学主要对经济活动的技术可行性和经济效益进行分析,包括资源合理开发和综合利用,农业优良品种选育,工业原材料选择,能源生产和供应,新技术、新工艺和新装备使用,系列标准制定,产品造型和结构,生产专业化、协作化和联合化,企业规模、布局和结构,建设方式和建设周期确定,交通、邮电、通信方式选择和配合,环境污染防治方法,工艺条件和工艺参数的合理选择,引进技术的合理选择等。

4.3.1 技术经济学的研究领域

技术经济学的研究目的是将技术更好地应用于经济建设,包括新技术和新产品的开发研制、资源综合利用、发展生产力的综合论证等。技术经济学不是研究纯技术问题,也不是研究纯经济问题,而是研究两者的相互关系,即把技术与经济结合起来进行研究,以选择最佳技术方案。科学技术是第一生产力。只有更多的企业家拥有科技创新思维,更了解新的科学技术,才能了解技术经济给生产销售带来的便利。

技术经济学的研究对象是一个有争议的议题,有代表性和有影响力的观点有以下几个。①关系论，认为技术经济学是研究技术与经济的关系以达到最佳配置的学科。②因素论，认为技术经济学是研究技术因素与经济因素最优结合的学科。③问题论，认为技术经济学是研究生产、建设领域技术经济问题的学科。这3个观点显然与20世纪80年代以来引进技术和加大建设项目投资的时代要求有关。④动因论，认为技术经济学是研究合理、科学、有效地利用技术资源，使之成为经济增长动力的学科。这反映了随着经济和技术的发展变化，客观需要进一步深入研究技术进步和技术创新理论。⑤效果论，认为技术经济学是研究技术活动的经济效果的学科。这显然带有学科初创时期对跃进式盲目建设而不讲经济效果的反思。⑥综合论（系统论），认为技术经济学是研究技术、经济、社会、生态、价值构成的大系统结构、功能及其规律的学科。这反映了在更广泛的人类社会大系统中研究技术问题的愿望。

技术经济学把研究对象归纳为技术领域的经济活动规律、经济领域的技术发展规律、技术发展的内在规律三大领域，并把研究对象分为工程（项目）、企业、产业和国家4个层面的技术经济问题，学科构成有基础理论、基本方法及理论方法应用3个方面。这可以看作是对上述观点的归纳、扬弃和提高。

技术经济学是自然科学与社会科学的交叉学科，是用经济学的相关理论研究经济活动中的重要因素——技术活动及其发展的规律。

技术经济学研究技术进步对经济发展速度、比例、效果、结构的影响及其最佳关系；生产力合理布局、合理转移问题；投资方向、项目选择问题；能源开源与节流、生产与供应、开发与运输的最优选择问题；技术引进方案论证问题；外资利用与偿还，引进前的可行性研究与引进后的效果评价问题；技术政策论证、物资流通方式与渠道选择问题等。

从部门和企业范围看，技术经济学研究厂址选择论证，企业规模分析，产品方向确定，技术设备选择、使用与更新分析，原材料路线选择，新技术、新工艺的经济效果分析，新产品开发的论证与评价等。

从生产建设阶段看，技术经济学研究试验、勘测、规划设计、建设施工、生产运行等阶段的技术经济，综合发展规划和工程建设项目技术经济论证与评价等。

4.3.2 技术经济学的研究方法

技术经济学把研究的技术问题置于经济建设大系统之中，用系统观点、系统方法进行各种技术经济问题的研究。技术经济学将定性研究与定量研究结合起来，采用各种数学公式、数学模型进行分析评价，并采用两种以上的技术方案进行分析比较，从中选择经济效果最好的方案。

技术经济学研究内容涉及生产、分配、交换、消费领域和国民经济各部门、各方面，也涉及生产和建设的各个阶段。

技术经济学研究方法有系统综合、方案论证、效果分析。系统综合，即采用系统分析、综合分析的方法和思维方法，对技术研制、应用与发展进行估计；方案论证是技术经济普遍采用的传统方法，即通过一套经济效果指标体系，对完成同一目标的不同技术方案进行计算、分析、比较；效果分析是通过劳动成果与劳动消耗的对比分析、效益与费用的对比分析等方法，对技术方案的经济效果和社会效果进行评价，评价原则为效果最大化原则。

技术经济分析、论证、评价的方法很多，最常见的有决定型分析评价法、经济型分析评价法、不确定型分析评价法、比较型分析评价法、系统分析法、价值分析法、可行性分析法等。

我国技术经济学的创立和发展是基于对忽视技术、发展经济规律的批判；而西方学者发起的技术经济学是基于对当代主流经济学忽视技术要素、难以解释对经济增长的反思。西方经济学家认为，作为当代主流经济学的新古典经济学忽视技术与经济的互动作用，在各种经济学分析中，只把技术要素作为经济系统的外生变量；在经济增长的贡献中，仅把最重要的技术进步因素视为除资本和劳动力投入外的剩余部分，完全背离了通过技术促进经济发展的古典经济学分析框架，对当代经济增长越来越缺乏解释能力。

建立技术经济学，对技术变化进行经济分析，从技术变化分析经济变化，可以增强技术经济学的应用性和对实践的指导性；技术经济学也将伴随经济建设的实践需要而不断发展。随着市场经济的发展，技术经济学方法的应用范围将不断扩大，广泛应用于技术政策、产业政策的论证与评价，生产力布局、转移的论证与评价，经济规模的论证与评价，资源开发利用与有效配置的论证与评价，企业技术改造的论证与评价，技术转移和技术扩散的经济分析及技术引进的论证与评价，企业技术创新、新技术开发、新产品研制的论证与项目评价，企业技术经济潜力的分析、论证与评价，技术发展战略的研究、论证与评价等。

技术经济学方法也将用于环境研究领域，如环境污染与生态破坏的经济损失估算、绿色 GDP 核算体系、环境政策与管理的经济分析。在资源技术经济领域，技术经济学将研究节能技术经济评价，替代能源及新能源技术开发的经济分析，重大能源项目的经济分析，人力资源配置、技术进步、增长方式与就业形势等。

在信息经济领域，技术经济学方法将应用于技术进步与信息化战略、企业信息化技术经济评价理论与方法等。知识经济研究也将把技术与经济互动关系的研究带入一个新的领域，相关研究围绕知识经济的发展背景、概念，知识经济与高技术产业关系，知识经济与工业化现代化的关系，国家技术创新体系等展开。

技术经济学方法还可以应用于以下方面：企业绩效评估，证券投资基金绩效评估，资产评估，资源、生态与环境的价值评估，资本效率与经济增长分析，人力资源开发，政府公共工程项目评价，大型区域开发项目经济分析与社会分析，技术产权交易和金融挤兑的博弈分析等。

　　探讨中国的技术发展与技术创新之路，回答中国如何从加工中心、制造中心转变成为创造中心，将成为技术经济学的研究课题。应用传统技术经济理论方法除研究技术和项目的经济分析与评价，具体企业技术选择、技术创新模式，不同产业技术发展与创新战略外，还需要研究经济全球化时代国际技术转移、技术扩散、技术演化和技术创新的内在演化规律；原创性技术创新、集成创新和引进基础上再创新的适用范围、效果分析；中国未来经济发展中技术演变规律和技术发展战略，中国技术进步走势及所需的经济政策；技术创新动力与国家创新体系；国家科技计划政策，企业科学研究和试验发展政策与激励机制；技术发展与人力资源发展适应性，未来就业趋势；促进经济增长、技术进步和劳动就业协调发展的政策等。在我国未来的经济发展和技术进步中，技术经济学将大有用武之地。

第 5 章

农业循环经济的评价方法

5.1 物质流理论

我国历史上，虽然早就开凿运河将南方粮食运到北方，但将"粮食调运"提升到理论层次并进行实物流分析，主要是在国外发展起来的。国内关于粮食流动研究集中在价格、成本构成等方面。

1978年，艾尔斯提出物质流分析概念。物质流分析（material flow analysis，MFA）最初是用于材料和能量平衡的一种分析工具。在国家层次，奥地利和日本先后完成了物质流核算。此后，物质流分析方法得到迅速发展，不同研究团队采用了不同方法。欧盟基金资助的 ConAccount 项目，成为国际上应用物质流分析方法的第一个合作项目。第二个重要的物质流分析国际合作项目，由世界资源研究所（World Resources Institute，WRI）指导，由 4 个国家物质流分析方面的专家参与，其第一版成果对 4 个工业化国家的材料投入进行了评价，对资源投入指标进行了界定。物质流分析国际工作组第一次完成了经济物质流核算的标准化工作，并由欧盟统计办公室出版发行（徐鹤等，2010）。

5.1.1 一般概述

物质流分析以物理学中的质量守恒定律为基础，应用于经济系统分析。从物质守恒定律出发，物质流分析考虑某种产品或物质从系统输入到输出的整个流程。在进行区域性大尺度物质流分析时，甚至考虑一种产品从产生到消亡的整个过程。分析的物质既可以是化学元素、原材料及产品，也可以是废弃物及向空气、水排放的物质。从本质上说，物质流分析方法是物质循环理论的一个分支。

物质流分析方法在不同层次有不同的研究工具和手段，应用的范围包含不同的实体水平、不同的区域、特定关注元素的整个流程。在分析领域物质流分析既可以包括整个社会经济领域的物质流账户构建，也可以局限在企业或者特定产品的生命周期的分析考察。

实现以资源的可持续利用支撑社会经济的可持续发展，有必要建立一套指标体系以考核资源利用效率。或者说，以尽可能小的资源投入实现尽可能大的经济效益。物质流分析正是经过不断研究开发出来的、可以评价物质利用效率的有效工具。

1. 物质流分析概念与类型

物质流分析方法可以计算一个国家经济活动的物资投入,即经过开采、加工、制造、消费、再利用直至变成废弃物的全过程中各个环节物资的流向和流量。

由于研究尺度不同,物质流分析分为微观物质流平衡分析和宏观物质流总量分析两大类。根据研究范围的不同,宏观物质流总量分析分为企业、部门和地区3类。在给定研究范围内,可以针对不同实物流向和流量进行分析,并分析该范围内物质使用总量对环境的影响。

根据研究物质的不同,微观物质流平衡分析可分别对元素、原料和产品进行核算。元素分析又称为实物流分析,主要分析特定元素在使用过程不同阶段的流向和地理分布,以及在不同时间、地点以不同形态对环境的潜在影响;世界各国主要关注重金属、氮、磷、碳、氯等元素。原料分析主要分析原料在开采、使用、再利用和最终处置等一系列环节中的流向与流量,主要关注能源、金属、木材、塑料等。产品分析主要采用"生命周期评价"(life cycle assessment,LCA)方法,将一个产品看作一个"有机物",如汽车、电池等,对其生命周期各阶段的作用、存在方式、环境影响等做出评价。物质流分析的类型见表 5-1。

表 5-1 物质流分析的类型

微观物质流平衡分析			宏观物质流总量分析		
实物流分析	原料分析	产品分析	企业	部门	地区
镉、氯、铅、锌、汞、氮、磷、碳、CO_2 等	木材、塑料、生物质能等	如一次性尿布、电池、汽车等	单个工厂、大中型企业等	生产部门、化工部门、建筑部门等	生产总量、主要产品产量、物质总需求、物流平衡等

2. 物质流分析步骤

无论是宏观尺度还是微观尺度的物质流分析,大致包括以下几个分析步骤。

(1) 界定对象和范围。先要确定分析对象,根据研究目的确定可能的影响因素,选定可能造成重大影响的研究对象。再根据选定的对象,确定要分析的实物流种类、时间和空间范围。其中,时间范围比较容易确定;空间范围,则要按照研究目的和需要确定,可以选定一个地区、一个部门或一个企业。

(2) 分析各个环节。根据选定对象的性质、特点,划分出各个环节,并分别给出每个环节的投入、产出及过程的定性描述。

(3) 物质流核算与平衡。根据上述的对象、范围界定和环节划分,对各个种类、环节的投入产出数据进行核算并进行平衡，给出各个环节的物资流向与流量。

（4）模型分析与结果评价。对以上定性与定量核算结果进行评价与分析，并用于各种预先设定的研究目的，如分析资源利用效率的变化、确定效率目标等。

根据国内外研究，可形成如图 5-1 所示的物质流分析模型。

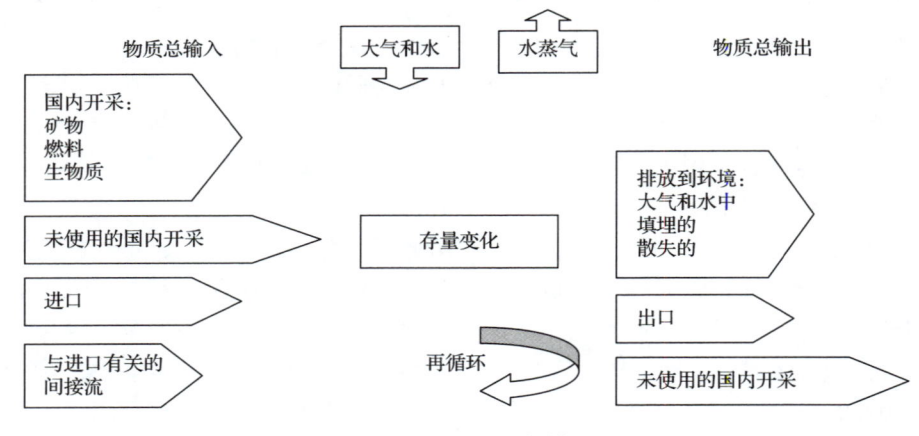

图 5-1　物质流分析模型

5.1.2　物质流核算框架

1. 物质流核算指标体系

根据质量和能量守恒定律，一定时期内一个系统的物质输入量等于储存量的变化与输出量之和。因此，我们通过对输入端、输出端、储存量变化的定量化及指标分解，就可以确定相应的核算或分析指标，从而列出相应的指标体系。

在讨论物质流分析应采用的指标之前，有必要先介绍一下可能用到的术语。

直接流与间接流：直接流是指产品的实际质量，不必计算生命周期中产品的维度。间接流是指产品制造需要的全部物质（上游资源需求），由使用的物质和未使用的物质两部分组成。

使用的物质与未使用的物质：使用的物质是指开采的资源总数量，可以进入经济系统做进一步加工或直接消费。全部使用的物质均在经济系统内部转化。未使用的物质，指的是没有进入经济系统的开采资源，如采煤形成的洗矸、中煤、伐木损失、表层剥离及建筑开挖物等。

国内的和进口的物质：这类物质是指物流起点和/或目的地的物质。

一般说来，国际上目前开展的物质流分析主要是针对固体物质进行的。采用的指标主要有以下几个。

1）主要输入指标

直接物质投入（direct material input，DMI）包含全部物质，有经济价值的和直接用在生产和消费活动中的。在数量上其等于使用的国内开采量（domestic extraction，DE）加进口的物质量。

物质总输入（total material input，TMI）等于直接物质投入加国内非使用开采（unused domestic extraction，UDE）。

物质总需求（total material requirement，TMR），除了物质总输入之外，还包括间接的（使用和未使用的）与进口的物质量。因此，其代表支持一个经济系统运行所需要的物质总量。

2）主要输出指标

直接物质输出（direct material output，DMO）等于国内过程输出（domestic processed output，DPO）与出口物质之和。

国内过程输出等于自然输出，包含向国内或向国外输出的全部使用的物质，其包括排放到空气和水中的、填埋的和散失的物质。

物质总输出（total material output，TMO）包括上面所列的3类物质全部输出量。

3）主要消费指标

国内物质消费（domestic material consumption，DMC），是对经济系统内使用物质数量的测度，不包括间接流。因此，国内物质消费是最接近国民核算体系中的累计收入，即国内物质消费是从直接物质投入减去出口物质。

物质总消费（total material consumption，TMC），除了国内物质消费外，也与进出口的间接流有关。物质总消费等于物质总需求减去出口物质及其间接流。

净增存量（net additions to stock，NAS）是经济系统内的物质累积量，又称为"经济的物质增长"。形成存量的物质大体上由新的基础设施建筑材料和中间品，如汽车和工业机械等组成。

实物贸易平衡（physical trade balance，PTB），这是对一国的资源进出口情况的测度，反映国内物质消费在多大程度上依赖国内外资源的情况。实物贸易平衡的编制可以用直接物质流法，等于一国或地区的进口量减去出口量；综合实物贸易平衡也可以根据与进出口有关的间接流计算。

2. 物质流平衡与校正

从物质流平衡看，直接物质投入等于国内过程输出、净增存量及出口物质之和。但是由于在生产和消费过程中，一些物质中的水分会蒸发到大气中，大气中的氧会参与反应成为废弃物中的成分，使物质平衡变得复杂起来。考虑到这些因素的影响，对于净增存量可以采用两种核算方法。

一种核算方法是间接核算方法，按照直接物质投入、国内过程输出、经济活动中吸收的氧，以及排出的水分进行物质流的质量平衡加以计算，可以表示为

净增存量=直接物质投入-国内过程输出+燃烧和工业过程获得的氧
　　　　-排出的水分

其中，国内过程输出包括当年报废的资产存量。

另一种核算方法是直接核算方法，也就是直接计算当年新增加到建筑物和基础设施中的各类物质流量；制造工业设备和交通运输工具新投入的物质；制成耐用消费品的物质，以及增加库存的物质，再扣除原有资产存量当年折旧的物质。

在进行物质流核算时，利用以下平衡关系式：

直接物质投入=能源消费+净增存量+非耐用消费品+出口物质+工业废弃物

在非耐用消费品中，能源消费产生的二氧化碳和水作为废气排放到空气中，但二氧化碳中的氧和水中的氧不计入气体排放质量；工业废弃物包括当年扣除的资产存量。

这一关系式表示，直接物质投入除了其中的能源消费转变为二氧化碳和水作为废气排放到空气中外，其他的均转成净增存量、非耐用消费品、出口物质和工业废弃物等物质。

食品、衣物、纸张、包装等物质均是消费品，其中食品被人食用，参与人的新陈代谢，人呼出的二氧化碳和水进入空气，排出的粪便进入废水，其余的非耐用消费品则变成城市生活垃圾，以及农村散失的废弃物。

国内过程输出，即为各类废弃物的总和，可以用以下等式表示：

国内过程输出=废气（含能源消费废弃物）+工业废弃物和城市垃圾
　　　　+废水+散失废弃物

其中，在工业废弃物和城市垃圾中，还包括扣除的旧资产存量（如旧机器、旧建筑物、旧家电等）中的物质。

5.1.3　区域物质流核算

1. 国家尺度的物质流核算目的

开展国家尺度的物质流核算，主要目的是考察一段时间内资源利用效率的变化或提高情况，或考察计划目标的完成情况。因此，采用的指标需要具体化。经济系统中物质流账户平衡的主要目的如下所述。

（1）提供经济系统中物质代谢的结构及其随时间的变化。

（2）给出一组资源使用的综合指标，如欧盟的物质流分析框架指标和联合国的可持续发展指标。

（3）得出资源生产力和生态效率指标，反映资源使用与 GDP 及其他经济社会指标的关系。

（4）给出反映生活方式的物质强度指标，表示资源使用与人口及其相关统计指标的关系。

（5）通过现有数据结构与国民核算的综合，组织、构建和整合出基础数据并保证其一致性。

（6）灵活并快速地反映新的政策需求，通过数据结构调整增加额外用途。

（7）分析结果的使用，如物质流评价、进出口引起的土地用途及科技水平的变化，物质结构和最终需求的改变等。

2. 系统的界定与指标体系

物质流分析方法描述人类从自然界获取资源，进行人类生产和消费的经济活动，产生并排放废弃物，以及废弃物的再使用和资源化过程中物质的实物流量和流向。图 5-1 中中间的框，表示系统的边界，其内部是人类生产和消费的经济活动，外部是自然环境。如果物质流核算体系主要用于研究一个国家的物质循环，则以一个国家为边界。

1）直接物质投入

直接物质投入可以从人类经济活动的输入端确定。按照物质流分析核算体系，一个国家经济活动的直接物质投入量主要包括国内开采的自然资源量，也包括从国外进口的资源及资源产品，以及再生资源的利用量。

国内开采的自然资源包括国内开采的一次性能源、矿产资源，以及农产品和森林产品等，具体地说，主要包括以下类型：①一次性能源：原煤、原油、天然气等；②建筑用料：碎石、砂、石块等；③工业用非金属矿石：用于建材生产的砂、石膏、石灰石等，用于化工原料生产的盐、磷矿石、硫矿石等；④工业用金属矿石：铁矿石、铜矿石、铝土矿等；⑤木材制品：建筑用原木、造纸用材、用材林等；⑥农产品：粮食、秸秆、水果蔬菜、奶制品、畜产品、甘蔗、油料作物、棉麻等。

进口资源及资源产品不仅包括从国外进口的一次性能源、矿产品、农产品、森林产品等资源性物质，也包括半成品和制成品的商品类物质，甚至还包括废纸、废塑料、废钢、废铜等可以回收利用的各类废旧物资。

再生资源是指国内产生的废弃物经资源化后的再生物资。

2）隐性物质流（hidden material flow，HMF）

国内资源开采过程中伴生的隐性物质流，主要是指为获取直接物质投入伴随产生的、不能作为商品进入流通领域的物资。隐性物质流主要包括 3 种类型。

伴生物质流主要是指随着矿产品一起开采出来的、在洗选过程中残留下来的尾矿等。

开挖物质流主要是指矿藏的覆盖层、农业生产产生的水土流失及建筑物和基础设施建设必须开挖的土石方等。

农业秸秆和森林残留物主要是指随着农作物一起收割或随着森林产品一起采

伐的，但不进入商品经济活动的下脚料或废弃物。

这些物质流没有商业价值或者价值很小，因而没有进入社会生产和消费活动的经济系统。但是，这些物质对自然生态环境会产生不利的影响，如占用大量的土地，破坏周围的景观，使尘土飞扬，影响空气质量，随雨水冲刷，污染水体等，因此也需要对其进行分析。

3）国内过程输出

投入的物质经过生产活动生产出各类产品和服务，一些物质则成为副产品或下脚料，即废弃物；一些消费品在消费过程中被消耗，变成废弃物。这些废弃物从经济活动中排出，进入自然环境。废弃物进入自然环境的主要去处包括空气、水和土壤。可以根据进入周围环境的第一排放点，对这些废弃物进行分类。

（1）排入空气的废弃物主要是指化石燃料燃烧、工业生产过程、工业和城市垃圾填埋场及垃圾焚烧产生的废气，如 CO_2、SO_2、CO 等。

（2）排到水中的废弃物，如酸、碱、化学品、粪便等。

（3）最终处置的工业固体废弃物和城市垃圾。工业固体废弃物和城市垃圾中，将可利用的废弃物，如废钢、废铜、废纸、废塑料、废玻璃等，经过回收处理变成再生资源重新加以利用。一些发达国家将城市垃圾进行焚烧处理，并对焚烧产生的热进行回收利用。因此，这些物质流要从工业固体废弃物和城市垃圾扣除，其余的固体废弃物则计算为最终处置的废弃物。

（4）散失的废弃物。这是一类难以控制和处置的废弃物，包括农村散落于田间的人畜粪便，施用于农田的化肥农药，用于融化积雪撒到路面的盐等，一些加工过程的损耗，如汽车轮胎摩擦掉的微粒，以及溶解油漆的稀料挥发后进入环境中的物质等。

4）净增存量

人类经济活动生产的产品，一部分产品出口国外，一部分成为消费品，其余的产品构成存量变化，仍留在人类的经济系统中。净增存量主要包括用到新建的建筑物、新的基础设施中的物质，用于制造新的工业设施和交通工具的物质，以及用于制造家电、家具等耐用消费品的物质。具体地说，主要有以下一些资本存量。①建筑物。②基础设施：公路、铁路、港口、航空港、输油管道、电网等。③机械设备和车辆。④耐用消费品：家用电器、家具、服装等。

为了界定净增存量，一般以一年为核算单位，也就是只要在一年内仍留在经济系统中的物质，都可以计入净增存量。同样，使用期一年以上的消费品，可作为耐用消费品，也计入净增资产存量。随着耐用消费品淘汰而抛弃的物质，除了再循环利用的，其余的均算作国内过程输出，在会计上称为资产存量的当年折旧。

3. 国家尺度的物质流核算

建立国家尺度的物质流核算体系，对分析和评价一个国家的经济发展、资源利用效率和环境影响等都有着非常重要的意义。区域（国家或省份）层次的物质流分析主要研究区域经济系统中的物质流入和流出，属于总物质流分析。日本、美国、德国、荷兰、奥地利等国都进行了国家范围内的物质流核算体系研究，欧盟国家先后两次合作编制了物质流平衡表。图 5-2 是 1996 年欧盟 15 国物质流分析结果。由图 5-2 可见，欧盟 15 国 1996 年物质总输入为 18 526 百万 t，物质总输出为 14 806 百万 t。在物质总输入中，其中 20%变成净增存量；使用的与未使用的物质之比为 79%；处置的废弃物占输入的 78%。实际上，这可以看成是一个区域尺度的物质输入、输出及其比例的大致轮廓。

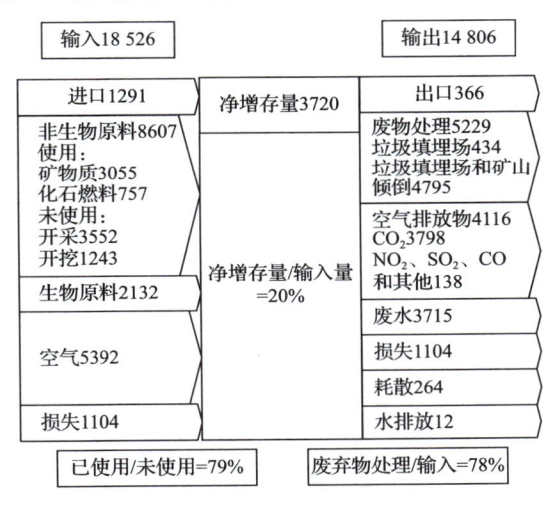

```
输入18 526                           输出14 806

进口1291                             出口366
非生物原料8607          净增存量3720   废物处理5229
使用：                                垃圾填埋场434
矿物质3055                            垃圾填埋场和矿山
化石燃料757                           倾倒4795
未使用：                              空气排放物4116
开采3552              净增存量/输入量   CO₂3798
开挖1243                =20%          NO₂、SO₂、CO
                                     和其他138
生物原料2132
                                     废水3715
空气5392                              损失1104
                                     耗散264
损失1104                              水排放12

已使用/未使用=79%      废弃物处理/输入=78%
```

图 5-2　1996 年欧盟 15 国物质流分析结果（单位：百万 t）

国家物质流核算体系将全面反映整个国家的物资投入数量及其构成，废弃物产生量及其构成，资源利用效率和环境影响，同时可以提供国家间比较分析的数据基础。所有这些，为国家合理利用资源、发展循环经济、制定循环经济的发展规划及主要指标提供强有力的理论基础和数据支持。

4. 我国的物质流核算及结果评价

我国处于工业化和城市化中后期，仍是物质流量很大的时期。无论是高楼大厦的建设还是高速公路或铁路的铺设，都需要消耗大量的物质（资源和原材料）。国家部门和有关研究机构做了大量全国性物质流核算的尝试性工作。

清华大学在承担国家发展和改革委员会的循环经济项目时，进行了国家物质流分析，结果显示：2000 年我国消耗的各种资源总量约为 77 亿 t，资源生产率约为 0.135 美元 GDP/kg。2000 年我国能耗强度（能源的资源产出率倒数）为 1.27kg 标准煤/美元 GDP，而世界平均能耗强度为 0.38kg 标准煤/美元 GDP，经济合作与发展组织（Organization for Economic Cooperation and Development，OECD）国家能耗强度为 0.27kg 标准煤/美元 GDP。这意味着，同样创造 1 美元 GDP，我国消耗的能源为世界平均水平的 3.3 倍，为 OECD 的 4.7 倍。此外，我国的用水量与美国相当，但 GDP 只有美国的 1/8。

我国资源生产率低的原因，首先是我国产业结构偏重。我国 GDP 中能源、资源消耗强度高的工业占比 44%，能源、资源消耗强度低的服务业比重只占 33%，不仅远低于先进工业国家，也低于印度等发展中国家。美国服务业比重为 74%，印度为 48%。我国工业的能耗强度大约是服务业的 2.5 倍，通过产业结构的调整可以显著提高我国资源生产率。

其次是我国产品附加值偏低。我国钢铁、有色金属、水泥，以及家电产品、纺织产品的产量均位居世界第一；但是，高性能、高精度、特种用途、有品牌的高附加值产品较少。生产同样数量产品消耗的资源不会相差很大，而产品附加值可以相差数倍。我国是世界制造业中心，技术含量高的关键零部件大多依赖进口，而资源消耗大的部件则在我国生产；在我国组装成产品，产品附加值中只有一小部分在我国创造。当然，这种情况正在逐步改变。

最后是我国资源的利用效率低。资源的利用效率是实物量的指标，是指生产一件产品投入的资源量中转化为有用组分的比例。由于我国还有相当多的生产设施仍采用落后的技术和工艺，产品的物耗、能耗较高。例如，我国主要高耗能产品的能耗比发达工业国家高 20%～50%。

因此，提高我国资源生产率的主要途径是通过产业结构调整和优化，生产更多附加值高的产品，以及提供更多、更好的服务，提高服务业的比重以提升国民经济的质量和效益。同时，应着力通过科技进步，提高资源的利用效率。

此外，实物流分析主要采用定点观察法和跟踪观察法。选择某种产品生命周期中的一个区间作为观察区，观察其物质流入和流出的变化，得出相应结果。这是定点观察法。如果选择某种产品生命周期的轨迹进行观察，正如乘船顺流而下对选定地点的物质流进行观察，这是跟踪观察法。

5.2　能量流和价值分析

5.2.1　能量流分析

物质流动需要能量，无论物质流是单纯的物理移动还是物理化学变化，其流动过程中都伴随着各种能量的转换、能量的利用及能量的回收等。能量流是各种能量随着物质流动沿转换、利用、排放和回收路径而流动的过程。因为能量来源于能源，所以能量流实际上也就是煤炭、石油、蒸汽等能源物质发生物理化学变化的流动过程。各种能源物质在流动过程中会产生能量的转换、能量的利用、能量的排放和能量的回收，也就是各种能量沿转换、利用、排放和回收的路径形成能量流，如电能、机械能、热能、废热等能量的流动。某种物质从开采地通过公路运输到生产厂家的过程中，交通工具需要汽油等燃料能源物质驱动，发生由化学能转换为热能，再转换为机械能的能量转换过程，热能、机械能的能量利用过程及尾气排放中带走热能的能量排放过程。

　　Goto 等（2005）从能量平衡出发，试图建立一个低环境负荷的循环型社会的最佳方法，利用废弃物排放网站和具有最小废弃物运输距离回收设施的位置分布，可估计能源消耗的恢复过程。Smith（2008）通过构造可逆的化学能源和信息流模型，表明从有机增长和发展水平看，限制最小能量消耗的信息流相对更容易，普遍而复杂的流程模型的生物系统则往往相反。Fürnsinn 等（2007）研究发现，在许多行业过程，创新在确保长期的盈利能力方面发挥了重要作用。蔡九菊等（2008）针对物质流动和能量流动过程，先构造工序流程图，再建立物质流模型和能量流模型。仵浩等（2009）针对我国石化行业中低温热系统一直以来存在的换热网络结构不科学、热源热阱匹配单一的问题，运用㶲经济学目标函数进行系统优化策略分析，从而生成优化的实用低温热网络。

　　能量流分析的理论依据主要是热力学第一定律和热力学第二定律。热力学第一定律是能量守恒和转换定律在热现象中的应用，确定了热力过程中热力系与外界能量交换时各种形态的能量在数量上的守恒关系。热力学第二定律是描述能量转换和利用过程的方向性、不可逆性的客观规律，揭示了一切实际过程能量不断退化和贬值的本质。能量流分析可以分为㶲分析和熵分析。

　　㶲也称为"可以利用的能"，㶲的概念来自热力学第二定律，主要用来评价能量的品质高低，具有能量的属性，是既能反映能量多少也能反映能量品质高低的一个重要参数。能量、物质系统的㶲，是指能量、物质系统在只有环境作用条件下，经历可逆过程达到与周围环境状态平衡时能产生的最大可用功。因此，㶲是系统相对于环境的参数；一旦环境状态确定，任何能量、物质的㶲量都可计算，一定环境状态下物质系统的㶲是状态参数。在研究能源利用效率时，一直困扰人们的是如何将非同质的能源投入要素加总、不同产出之间加总和成本分摊等问题。通俗地说，就是如何将苹果和橘子进行加总的问题。㶲参数的提出解决了此类问题，即㶲为正确评价不同形态的能量、不同状态的物质价值提供了统一的"标尺"。㶲分析法是以热力学第一定律和热力学第二定律为依据，将能量的"量"和"质"统筹考虑的分析法。㶲分析注重能量的质量，以㶲效率为目标函数，通过系统的㶲衡算，发现系统中设备、过程、工序的各种㶲损失。

　　熵是表示系统内部混乱程度的量，是系统无序程度的量度。熵分析法是以热力学第二定律为依据，判断过程中能量的"质"退化程度的分析法。熵分析法通过对热力系统的熵变化量进行分析，找出过程和设备的不可逆熵产量，继而由熵产量间接获得过程的不可逆所引起的可用能损失，即㶲损失。

㶲分析与物体或系统的能量和熵密切相关，因为系统的㶲参数是与系统的内能、熵及环境参数等有关的量。㶲分析法简便且易于理解，而熵概念抽象，且熵分析法比较复杂。因此，在能量流分析中，㶲分析法比熵分析法应用更广泛，发展更快。

5.2.2 价值流理论

1985 年，迈克尔·波特（Michael Porter）首先提出"价值链"的概念，并基于价值链的角度解释了企业盈利来源。James（1997）结合实例深入浅出地分析了信息时代的快速发展给企业带来的影响，提出了"价值流是指相互衔接的、一组有明显存在理由的、实现某一特殊结果的一连串的活动"的概念。德国奥格斯堡大学管理与环境协会于 2002 年设立了"生态效率-材料流动会计"项目，构建了物质流成本会计核算方法，并应用于德国循环经济领域。随后，日本对这种繁杂的成本流转计算方法进行了改进，将物质资源从输入端开始划分为材料类和能源类，输出端则划分为正制品和负制品，从而使物质流成本会计核算方法运用起来更加便捷。在对废弃物外部损害价值的评估方面，国外已经具备比较成熟的数据库，且广泛用于企业的环境成本管理。其中，2005 年日本产业技术综合研究所生命周期评估研究中心研发的环境影响评价法是典型的例子。Kristina 和 Paul（2007）用价值流分析方法对英国的铝行业进行分析，将资源与经济因素结合在一起考虑；Ruud（2014）用价值流分析方法分析美国天然气的价值流动；Lotta 等（2012）运用价值流分析方法分析 2006~2008 年芬兰汽车行业的价值流动。

在价值流分析理论方面，陆钟武（2002）对产品中某一特定元素的循环流动进行了深入研究且绘制了该元素的生命周期物流图。熊菲和肖序（2010）在资源流的成本概念基础上提出 PDCA[计划（plan）、执行（do）、检查（check）、调整（action）]分析方法，融合了资源流内部损失-废弃物外部损害、资源流成本计算、外部损害价值评估 3 种方法，并用于流程制造业领域。戴铁军等（2018）以物质流为基础构建了废纸回收利用体系的价值流，定义其生态成本概念，界定了生态成本的研究内容，并分析基于物质流核算生态成本的可行性。

物质一般被认为是价值的载体，而价值则被认为是物质流动过程计量方式的一种体现，物质流动必然伴随着价值流动，物质流分析局限于"物质"，未能转化为"价值"，无法为经济性分析和决策提供依据。物质流分析刻画了元素流动的路径，而并未涉及元素流动的价值走向及废弃损失成本，使相关的技术改善方案难以做出较准确的成本、效益评估，从而影响了技术决策的经济可行性分析。

价值流分析涵盖了某种特定产品从原材料到成品、从产品的开发设计到销售的全部阶段，通过每一部分价值量的改变，分析物质在整个生命周期各个阶段价值量的变化。价值流分析的最大优势是对某个物质生命周期中各个阶段的价值流活动进行明确计算，能明显看出浪费等不增值活动，从而降低成本，提升产业的竞争优势。

价值流分析的数据来源于物质流分析。物质流分析通过分析、计算企业投入物质和输出物质的种类、数量，跟踪、描绘和计量企业全流程的资源利用情况，为资源价值流分析提供诸如材料种类、物质流动路径和方向、废弃物等详细的物质信息。价值流分析的本质是经济性分析，利用物质流分析所提供的数据，计算企业内部材料成本、系统成本、废弃物处理成本及外部环境损害成本，为企业进行环境管理提供信息基础。

价值流分析应用克服了企业在环境管理中单纯使用物质流分析的局限性，打破物质流单一的技术性分析。价值流分析能充分发掘和利用物质流动的经济数据，对目标企业资源有效利用率、资源循环利用率、废弃物损失成本和外部环境损失成本等进行计算和分析，弥补了企业环境管理中难以计量外部环境损害的局限性。价值流分析采用内部资源损失成本-外部环境损害成本分析方法不仅从企业内部分析成本损失成因和价值，而且兼顾企业活动对社会造成的外部环境影响，从企业自身和社会两个角度进行评估，形成经济-环境一体化分析模式，为未来环境管理体系提供了一个新的解释机制。

5.3 投入产出核算

5.3.1 成本核算

为正确全面地反映、评价清洁生产和清洁产品的成本与效益，国外在 20 世纪 80 年代末开发了总成本核算或全成本核算等主要核算方法。现有的企业财会制度往往难以反映环境成本和效益；在清洁生产实践中，该制度被证明是影响企业实施清洁生产的障碍之一。1995 年，世界资源研究所研究并发现美国 9 个企业中成本核算的问题：一是与环境有关的成本和效益不易区分和识别；二是环境成本和效益在企业内的分配常常是不正确的，因而导致非优化的管理。

1. 总成本核算

总成本核算（total cost accounting）也称为全成本核算。1989 年，美国国家环境保护局和美国波士顿独立智库研究所合作完成的紫皮书——《污染预防效益手册》中首次提出总成本核算，企业总成本费用包括以下 4 个方面：①直接费用，包括基建费用，原材料、运行和维护费用等；②不可预见费用，如监测、报告和审批费用等；③责任费用，如企业所在的被污染场地的恢复费用、相应的罚款等；

④不明显成本和效益,如环境改善后企业的市场形象提升带来的无形资产等。

企业总成本核算常见成本和效益如表 5-2 所示。

表 5-2 企业总成本核算常见成本和效益

层次	分类	细类	主要内容
1	直接费用	折旧成本	基建费用,工程、设备采购、材料、水电气管线的连通、场地费,设施、安装费
		运行费用	启动费、培训、试车的原材料、原料、供应品、燃料、水电气、维修保养、人工费、残值
		运行收入	收入(尚未扣除成本时的收益)、副产品收入
2	不可预见费用	原料储存	储存设施、二级安全防护设施、培训、报告与记录、安全培训、容器和管道的标志
		应急措施	应急反应计划、防止遗漏设备
		污染达标	安全设备、废弃物收集设备、排放控制设备、取样和分析化验、报告与记录、培训、有害与特殊废弃物运输与处置、许可证有关费用、监测、末端治理设施基建、原料与运行费、排污费
3	责任费用		罚款、风险事故可能带来的人员伤亡赔偿,财产损失及对自然环境的破坏,事故责任诉讼费,历史污染责任的赔偿费,恢复污染厂址的费用
4	不明显成本和效益	采购	产品开发研究、法规影响分析、库存控制
		生产	培训、废弃物收集与管理、检查与审核
		市场	企业及产品市场形象、公共关系
		管理	有关法规的分析研究,信息系统、保险、质量与环境管理体系的建立与维持、利息

在一般财务制度中,上述与环境有关的费用往往统一归到企业管理费用中,总成本核算是将这些费用从管理费中分离出来,识别和量化各种不可见、不明显的环境成本,并合理地分配到各个生产环节,以便发现哪些环节最需要改进,重新认识和评价各个产品、流程的获利性,以利于企业实行清洁生产。

运用总成本核算进行方案或项目评估时,采用投资偿还期、净现值法和内部收益率来分析。与传统核算不同,总成本核算可以有效识别进而分配与环境有关的、过去常被忽略或计入管理费的各种当期费用和预期费用。总成本核算面临的挑战是表 5-2 中处于 3～4 层次中的非传统性成本,其值往往难以获得。为了提高总成本核算的可操作性,国外采用了很多种估算方法,如费用的敏感性分析、折现率的敏感性分析、折旧方法的敏感性分析、时间的敏感性分析等。为便于总成本核算的推广和应用,目前已有数种软件可供使用。

总成本核算已经开展的工作主要如下。①改进企业内部管理财会系统,把过去一些较隐蔽的成本与效益定量化,将这些隐性成本合理分配到各个环节。②在项目投资分析时,正确评估获利性,以鼓励清洁生产项目。对于成本转嫁、成本内部分配等问题,尚有待探讨解决。

生命周期核算是将生命周期分析的结论转化为费用形式。生命周期核算不仅包括企业内部，而且延伸到企业外部，即产品生命的每个阶段所涉及的成本效益因素，特别是使用过程中材料和能源的消耗，以及报废后处理和处置的费用。国外一些公司在采购仪器设备或对其产品重新进行生态设计时，常采用此法进行经济评估。

总成本核算比生命周期核算全面，包括生产、使用和处置过程对社会造成的环境损失，如对臭氧层的影响等。该法建立在生命周期分析的量化基础上，根据生命周期分析清单分析得出物质/能源消耗量和污染量，换算成费用指标。

总成本核算针对清洁生产直接有关的成本和费用，是用于企业内部财务核算和投资清洁生产项目时的经济可行性评估。生命周期核算将成本和费用扩展到产品的整个生命周期；全成本核算则将范围进一步扩大到产品链以外，考虑与产品和生产过程间接相关的环境损失和避免环境影响所节省的费用。相比之下，总成本核算和生命周期核算已用于清洁生产和产品生态（重新）设计，总成本核算已逐步在国外很多企业发展的决策过程中发挥作用。

2. 交易成本

交易成本（transaction cost）是在交易中取得信息、互相合作、讨价还价和执行合同等时所产生的各项费用。一般情况下，交易成本与市场交易收益相比是微不足道的。如果交易成本超过市场交易收益，或者买者与卖者数量太少，市场就难以形成。解决环境问题，尤其是全球性环境问题，需要巨额交易成本。交易成本高是市场机制无法成功解决环境问题的主要原因之一。同样，建立和执行产权也有成本。如果这些成本高于产权带来的收益，产权及与之相联系的市场也不会产生。例如，为了建立产权保护渔业资源，一种可能的方案是把茫茫大海分给渔民，但这样做成本太高，因而是不可行的。在有些情况下，找到外部性的来源和大家都同意的解决办法，也需要极高的成本。有时，政府运用权力实现外部性内在化，所花费的成本比市场手段低，这是政府存在的原因之一。

5.3.2 评价模型

1. 可计算一般均衡模型

定价思想：应用市场经济的一般均衡理论，分析自然资源供需达到均衡时的资源价格或自然资源边际贡献。

优越性：可计算一般均衡模型适合当今许多国家混合经济的条件，一般均衡理论更接近经济现实；该模型体现了部门间的联系，克服了投入产出模型忽略市场作用等弊端，既反映了市场机制的相互作用，又突出了部门间的经济联系；该模型能有效应用于包括自然资源和环境在内的各种商品价格的计算；该模型能用于研究和计算某一区域的经济在均衡条件下各部门商品的相对价格,以及了解在均衡条件下各部门的生产和消费情况。

局限性:不仅需要处理的数据量非常巨大,而且在我国目前的经济统计工作中,还没有把各类资源及开发状况作为一个单独的部门来处理,因而,无法把资源商品纳入该模型,直接计算资源产品的相对价格。

2. 影子价格模型

影子价格(shadow price)的含义是,在资源得到最优配置、社会总效益最大时,该资源投入量每增加一个单位所带来的社会总收益的增加量。影子价格是从资源有限性出发,以资源充分合理分配并有效利用为核心,以最大经济效益为目标的一种测算价格,是对资源使用价值的定量分析。

影子价格是由 20 世纪 50 年代荷兰数理、计量经济学家扬·廷贝亨(Jan Tinbergen)和苏联经济学家、数学家坎托罗维奇(Kantorovitch)提出的。我国在 20 世纪 80 年代引进影子价格概念并将之用于经济生活。1987 年,国家计划委员会颁布《建设项目经济评价方法与参数》,要求对建设项目的主要投入物和产出物,必须用反映其真实价值的影子价格计算,以减少和避免决策的失误。自 20 世纪 80 年代以来,我国关于影子价格的研究异常活跃,无论在理论上还是在实践上都取得了长足的发展。

影子价格概念最早源于数学规划。假设经济活动过程涉及几种活动,其水平用 $X=(X_1,X_2,X_3,\cdots,X_n)$ 表示:

从事活动所耗用的资源有 m 种,资源供应为 $b=(b_1,b_2,b_3,\cdots,b_m)$,则使 n 种经济活动达到最优的条件是

$$\begin{cases} \max S = C_1X_1 + C_2X_2 + \cdots + C_nX_n \\ \begin{bmatrix} a_{11} & a_{12} & \cdots & a_{1n} \\ a_{21} & a_{22} & \cdots & a_{2n} \\ \vdots & \vdots & & \vdots \\ a_{m1} & a_{m2} & \cdots & a_{mn} \end{bmatrix} \begin{bmatrix} X_1 \\ X_2 \\ \vdots \\ X_n \end{bmatrix} \leqslant \begin{bmatrix} b_1 \\ b_2 \\ \vdots \\ b_m \end{bmatrix} \\ X_1, X_2, \cdots, X_n \leqslant 0 \end{cases} \quad (5\text{-}1)$$

式中,S 为总收益;C 为目标函数系数;a 为约束条件的系数;b 为资源向量。

当 n 种经济活动达到最优时,定义 m 维行向量:

$$Y^* = C_B B^{-1} \quad (5\text{-}2)$$

式中,Y^* 为资源向量 b 的影子价格;C_B 为对应于基变量 X_B 的目标函数系数;B 为约束条件的系数矩阵,即

$$\boldsymbol{B}=\begin{bmatrix} a_{11} & a_{12} & \cdots & a_{1n} \\ a_{21} & a_{22} & \cdots & a_{2n} \\ \vdots & \vdots & & \vdots \\ a_{m1} & a_{m2} & \cdots & a_{mn} \end{bmatrix} \qquad (5\text{-}3)$$

上述公式可以用简单的实例加以说明。假使某工厂生产 X_1、X_2 两种产品，其资源消耗量见表 5-3。

表 5-3 某工厂资源消耗量

项目	消耗资源 1	消耗资源 2	产品售价	资源限量
X_1	6	2	20	资源 1=100
X_2	1	7	30	资源 2=140

企业收益最大的数学模型是

$\max S = 20\times 1 + 30\times 2$

$6\times 1 + 2\times 2 \leqslant 100$

$2\times 1 + 7\times 2 \leqslant 140$

X_1，$X_2 \geqslant 0$

可以求出企业的最优生产计划量 $X^* = [14/16]$，相应的影子价格为

$$Y^* = C_B \boldsymbol{B}^{-1} = (20,30)[7/40 \; -1/40 \; -2/40 \; 6/60] = (2,4)$$

即资源 1 的影子价格为 2，资源 2 的影子价格为 4。

影子价格在西方常常被称为"效率价格"，苏联和东欧则称之为"最优计划价格"。坎托罗维奇认为，影子价格是对资源使用价值的定量分析，为最优计划价格，企业利用它控制产品的生产成本，社会利用其分配资源。萨缪尔森（2012）从 3 个方面对影子价格做了补充：第一，影子价格是以线性规划为方法计算的价格；第二，影子价格是一种资源价格；第三，影子价格以边际生产力为基础。总之，影子价格是社会处于某种最优状态下，反映社会劳动消耗、资源稀缺程度和最终产品需求的产品和资源的价格。影子价格大于零，表示资源稀缺，稀缺程度越大，影子价格越大，表明增加此种资源带来的经济效益越大；当影子价格为零时，表示此种资源不稀缺，增加此种资源并不会带来经济效益。

假使总效益 S 受 b 的限制，即 S 是 b 的函数，表示为

$$S = f(b_1, b_2, b_3, \cdots, b_m) \qquad (5\text{-}4)$$

根据影子价格的含义，b_1 的影子价格为 Y^*，则

$$Y_1^* = \frac{\partial S}{\partial b_1} \qquad (5\text{-}5)$$

也就是说在经济系统中，资源每增加一个单位时，总效益增加的数值正好等于该种资源的影子价格。

在完全竞争市场中，市场价格就是影子价格。所谓的完全竞争，必须满足以下 4 个条件：①市场中有众多的商品销售者和购买者，任何个人所占比重极小，其经济行为不能影响市场价格；②市场中所有厂商生产出来的商品，在性质和质量上没有差别；③市场中所有的生产资源可以任意流动，即可以随时进入或退出某种产品的生产；④市场中所有的消费者、资源拥有者和生产者对当前及未来的产品价格和成本都具有充分的信息和知识。

实际上，真正符合上述 4 个条件的市场并不存在。因此，影子价格与市场价格存在不同程度的偏差。在实际应用中，影子价格常常通过以世界市场价格为基础，在此基础上调整国内价格而得到。正因为如此，目前流行的影子价格概念已失去数学规划中所定义的那种严格性，而是泛指实际价格以外的，较能反映资源稀缺程度的社会价值的那种价格。

影子价格的获得有多种途径，其中最常用的方法有以下几种。①求解线性规划。影子价格的数学基础是线性规划之对偶规划理论。资源的最优配置可以转化为一个线性规划问题，其对偶规划的最优解就是影子价格。②以国内市场价格为基础进行调整，由于市场的非完全竞争性，价格受到市场机制、经济政策和文化历史因素等的影响，市场价格会不同程度地偏离实际价值；剔除这些因素影响的市场价格就可以作为该商品的影子价格。③以国际市场价格为基础确定。尽管国际市场价格并不是完全理想的影子价格，但由于各种商品价值通常并不受个别国家控制，而是在市场竞争中形成的，可以认为它较好地反映了商品的价值。国际市场的价格比较接近影子价格。

影子价格应用范围很广，主要应用于企业经营决策、价格预测和决策及项目可行性研究等方面。影子价格的提出为解决资源的有效配置、正确反映资源的稀缺程度及资源的有效利用程度提供了正确的价格信号和计量尺度。

影子价格应用的局限性也很明显。①所需资源和经济数据量大，计算复杂，在实践中存在很大困难。②反映的只是静态的资源最优配置价格，不能表现资源在不同时期动态配置时的最优价格。③与生产价格、市场价格差别很大，只反映某种资源的稀缺程度、资源与总体经济效益之间的关系，不能代替资源本身的价值。

3. 边际机会成本模型

在经济学中，"边际"具有特殊含义，一般是指在最后一个单位生产或消费点，边际的单位是某物的增加单位（西方经济学编写组，2019）。通俗地讲，边际就是增加、追加或额外的意思，是指数学中的增量比。边际分析方法是将数学中微积分应用于经济活动的研究。皮尔斯认为，经济主体对经济变量的反映和评价，不是由经济总量或平均量决定的，而由经济变量的增加或边际量决定。

机会成本（opportunity cost）是指在资源有限的情况下，从事某项经济活动必须放弃其他活动的价值。机会成本不仅包括财务成本，而且包括生产者在尽可能有效地利用财务成本所代表的生产要素时所能够得到的利润。

边际机会成本（marginal opportunity cost，MOC）并非上述两个概念的简单组合，而是从经济角度对资源利用的客观影响进行抽象和度量的一个有用的工具，已被广泛地用于分析可消耗的商业能源资源的成本。

边际机会成本理论认为，资源的消耗性使用应当包括下述3种成本。

（1）边际生产成本（marginal production cost，MPC），是指为了获得资源必须投入的直接费用。例如，为了获得水资源，调水而投入的各种费用、水源工程费用、输水工程费用、环保及其他费用等。

（2）边际使用成本（marginal use cost，MUC），是指使用某种方式利用单位稀缺资源时所放弃的、以其他方式利用同一个自然资源可能获取的最大纯收益，即将来使用此资源的人所放弃的净效益。资源是有限的，一个人使用了某种资源，意味着另一个人丧失了使用这种资源的权力，因而给另一个人带来一定损失。这里还存在着这种情况，某人暂时不使用此资源，但将来要使用这种资源，这样现在资源的消耗使用也间接损害了将来使用此资源者的一部分利益，其所放弃的净效益就是MUC。当然，如果资源的使用是在可承受的基础上，MUC就是用于更新资源的费用。

（3）边际外部成本（marginal external cost，MEC），与外部效果（external effects）紧密相关。外部效果是指那些与资源使用无直接关联者所招致的效益和损失。外部成本主要是指所造成的损失，包括目前或者将来的损失，当然也包括各种外部环境成本。上述3项可以用下式表示：

$$MOC=MPC+MUC+MEC \tag{5-6}$$

总之，自然资源的边际成本不仅包括生产者获得自然资源所花费的财务成本，还包括生产者从事生产应该得到的利润，包括因获得自然资源对社会和他人造成的损失，并反映对自然资源的稀缺程度变化的影响。MOC理论认为，MOC表示由社会所承担的消耗一种自然资源的费用，在理论上应是使用者为资源消耗行为所付出的价格P，即$P=MOC$。当$P<MOC$时，会刺激资源过度使用；当$P>MOC$时，会抑制正常的消费。

MOC将资源与环境结合起来，从经济学角度度量使用资源所付出的代价。在传统资源经济学中,往往忽视资源使用付出的环境代价及后代人或者受害者的利益,致使资源价格较低,不能充分反映资源价值,其实质与对资源开发利用进行补贴是等同的。许多研究表明,补贴是生态退化不可忽视的原因之一,导致资源的过度开发,形成经济和环境问题。边际机会成本对资源定价弥补了这种缺陷,试图用统一的分析框架把环境和自然资源管理直接纳入经济和社会发展政策,特别是价格政策中。

另外,MOC可以作为决策的有效判据,用来判别有关资源环境保护的政策措施是否合理,包括投资、管理、租税、补贴及自然资源的控制价格等。

尽管MOC有着上述优点,但也不能忽视它存在着严重的缺陷。

(1) 应用困难。在式(5-6)中,MPC求解较容易,而MUC、MEC的计算比较困难。例如,水资源来源——降水的不确定性、水资源用途多样性、水资源不可替代性、水资源供求区域性及水资源利用对环境的影响目前尚难全面把握,某些水资源的不合理运用导致生态环境的恶化,甚至物种灭绝,其价值难以度量。

(2) 缺乏可比性。由于不同地区MUC、MEC采用不同的计算方法,这样使MOC缺乏可比性,难以进行时空分析和宏观把握水资源的价格变化。

5.4　生命周期评价法

生命周期评价源于工业领域环境与资源研究。所谓生命周期评价是指对一种产品及其包装物、生产工艺、原材料、能源或其他某种人类活动行为的全过程(包括原材料的采集、加工、生产、包装运输、消费和回收及最终处理等),进行资源和环境影响的分析与评价。

20世纪90年代,韦德曼(Weidema)组织第一届农业生命周期评价的学术研讨会(徐湘博等,2021)。Brentrup(2004)借鉴工业领域生命周期评价的研究,建立农作物生产的生命周期评价框架,并进行了实证研究。王明新等(2006)以山东桓台冬小麦生产体系为例,进行了生命周期环境影响评价。梁龙(2009)对中国农业生命周期框架进行了系统梳理。从LCA自身来看,生命周期评价能够适应循环农业诸多模式时间的延续性和空间的变化性,能够把循环农业的诸多要素纳入自身评价体系;对于现代农业循环经济而言,必须采用适当的方法,对其进行全面立体评价,看是否能真正实现"减量化、再循环、再利用、可控化"的目标。因此,借鉴国际生命周期评价理念和方法,构建我国农业循环经济生态评价模型(图5-3),开展现代循环农业低碳生态生命周期评价研究具有可行性。

第 5 章 农业循环经济的评价方法

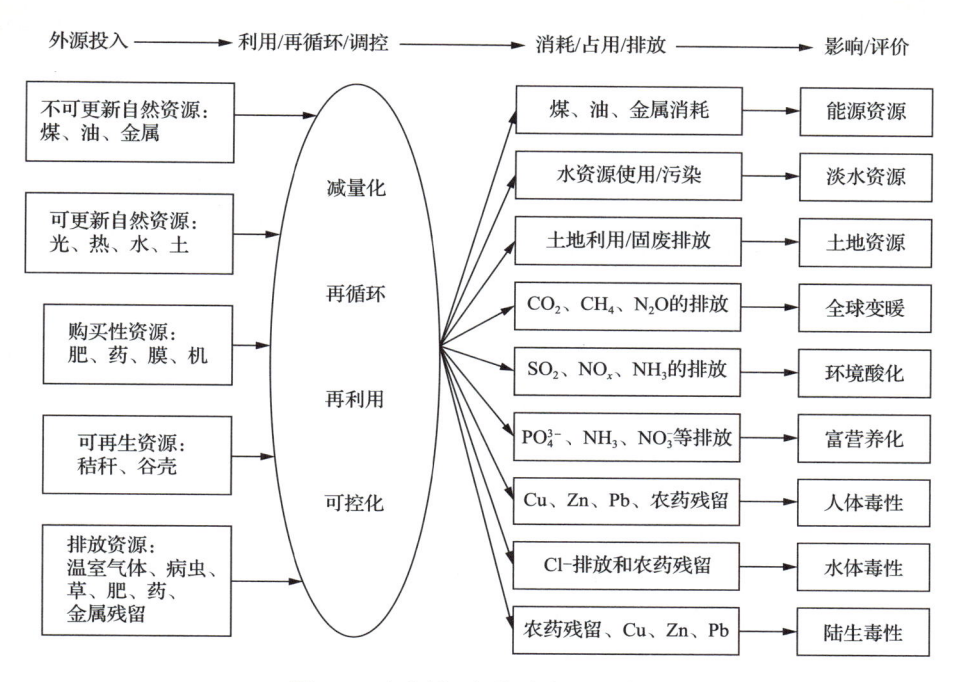

图 5-3 农业循环经济生态评价模型

我国农业专家把农业生命周期评价定义为，由农业生产活动引起的所有物质和能量的投入、产出与可计量的环境负荷之间的关系，以评价农业生产活动的资源消耗、能源消耗及对环境的综合影响。评价的对象可以是一种农产品、一个处理与加工过程，或者是一项农业服务或活动等，并且覆盖了评估对象的整个生命周期。这个生命周期包括农业生产或者农业活动所消耗的物质与资源投入、生产、收获、废弃物回收的全过程。

第 6 章　农业循环经济评价指标体系

对循环经济系统进行评价的目的是为决策提供依据。不同的决策需要的评价结果或内容是不同的。例如，对于国家宏观决策而言，对循环经济系统进行评价的目的是确保整个国家的可持续发展，并体现在经济效益、社会效益和环境效益的有机统一上；需要通过经济评价确定国家应采取的强制性的、行政性的或激励性的措施，这就需要了解哪些活动市场会自动去做，哪些活动市场可做可不做，哪些活动市场不做。对于市场不能自动完成的事情，必须采取相应的措施。同样，对于企业而言，通过经济评价，需要了解做某件事情的成本，会产生什么样的效益等。

6.1　资源环境评价指标体系

循环经济的评价指标体系，评价资源利用的效率和效益、废弃物的产生量和最终处置量，废弃物的再利用和资源化。我国的循环经济评价指标体系包括以下指标。

6.1.1　资源利用的评价指标

资源利用的评价指标主要包括资源消费总量、人均资源消费量、资源消费强度。

1. 资源生产率

资源生产率定义为单位资源投入创造的产出，是资源消费强度的倒数，是单位资源投入量所创造的 GDP。提高资源生产率意味着，创造出相同的 GDP 只须消耗较少的资源。减少资源投入，降低生产的原材料成本，提高经济效益，会相应地减少废弃物的产生量。

资源消费总量可以表示为某一种资源（如石油、钢铁等）、某一类资源（如能源、矿产资源），或各类资源综合消费总量。人均资源消费量可以表示为某一种资源、某一类资源，或各类资源综合人均消费量。人均直接物质投入表示为一国人均资源综合消费量。资源消费强度是指单位社会经济指标的资源消费量，大多以创造单位 GDP 所投入的资源量来表示，可以在国际上用于比较。即

$$资源消费强度=直接物质投入量/GDP$$

国际上经常采用 GDP 的能耗强度、GDP 的水消耗强度等指标，表示创造单位 GDP 的能源消费量、水资源消费量等某一种资源的消费强度。

资源消费强度是一种表示资源利用经济效益的指标，资源消费强度与产业结构、产品结构、资源利用效率等因素有关；其中，资源利用效率属于技术性指标，如生产单位质量产品的能耗、材耗等。

2. 资源循环再利用的指标

资源再利用率的定义为废弃物资源化再利用的资源占直接投入资源的比例。废弃物的循环利用包括废弃物再利用和废弃物资源化再利用。

物质平均使用周期，可作为废弃物再利用的评价指标。物质平均使用周期是指从资源作为直接物质投入进入社会经济活动边界内，直到作为废弃物离开社会经济活动边界为止的年限。物质平均使用周期是衡量资源利用效益的重要因素，延长物质平均使用周期可有效地提高资源的利用效益。

物质平均使用周期可以表达为物质资产存量年淘汰率的倒数，即

$$物质平均使用周期/年=（1/物质资产存量年淘汰率）/（年）$$

6.1.2 废弃物资源化与环境影响的指标

1. 废弃物资源化再利用的评价指标

废弃物资源化再利用的评价指标，可采用如下两类指标。

（1）废弃物回收利用率。废弃物回收利用率为废弃物资源化利用量占废弃物产生量的比例。实际上，废弃物回收利用率包括废弃物回收率和回收废弃物的资源化利用率两项指标。废弃物回收率是回收的废弃物占废弃物产生量的比重，表示废弃物回收工作的成效；回收废弃物的资源化利用率是废弃物资源化利用量占回收废弃物的比重。废弃物产生量可能难以从统计上获得，而废弃物回收量可以由统计获得。

（2）资源循环利用率。资源循环利用率为废弃物资源化利用量占直接物质投入量的比例。

废弃物回收利用率和资源循环利用率两类指标可用于一种物质、一类物质，或各类物质的总和。对于我国而言，更要关注能源资源和铁、铜、铝、森林资源及造纸原料等的循环利用。对这些物质应建立资源化再利用指标，如钢铁物质的回收利用率和循环利用率等。对废弃物等进行焚烧处理时，可通过发电、蒸汽、热水利用等进行热能回收，但所占比例一般不高。

2. 废弃物排放量及最终处置

废弃物排放量以物质流分析国内过程输出量为评价指标。最终处置的废弃物是指废弃物经过资源化再利用后剩余的须加以填埋处置的废弃物。

此外，还需要进行环境承受废弃物能力的评价。

6.2 循环经济评价指标体系构建

6.2.1 我国的循环经济评价指标体系

1. 循环经济技术评价指标体系结构

根据循环经济"减量化、再利用、资源化"的原则，以及指标的可度量性和综合评价性，考虑循环经济技术所影响的经济和社会各个方面，循环经济技术评价指标体系框架分为定量评价指标和定性评价指标两大部分。

定量评价指标选取循环经济"减量化、再利用、资源化"要求的资源和能源利用指标、综合利用指标、环境排放指标及反映技术本身属性的技术特征指标。通过对各项指标的实际值、权重值进行计算和评分，综合考评循环经济的先进性。

定性评价指标主要综合考虑经济和社会、环境效益的定性评价，以及业内专家对循环经济技术的认知和评价情况来设计，用于定性评价技术的情况。

定量评价指标和定性评价指标只给出部分一级指标和二级指标。一级指标为普适性、概括性的指标，二级指标为反映循环经济技术特性的具有代表性的考核指标。在针对具体行业或具体技术时，可以根据实际情况适当改动二级指标，或增设三级指标。

本指标体系依据综合评价所得分值将循环经济技术等级划分为3级，即我国循环经济优先鼓励的技术（占总数的20%），我国循环经济先进技术（占总数的40%），我国循环经济一般技术（占总数的40%）。

第6章 农业循环经济评价指标体系

评价总分计算如下：

评价总分=定量评价得分×60%+定性评价得分×40%

循环经济定量和定性评价指标体系框架图分别见图6-1和图6-2，循环经济技术定量评价指标项目、权重及基准值见表6-1，循环经济技术定性评价指标项目及指标分值见表6-2。

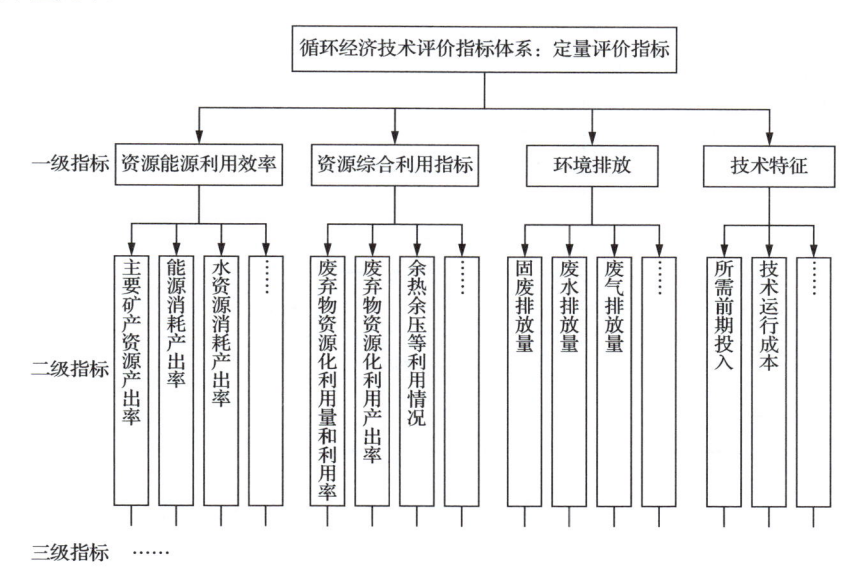

图6-1 循环经济技术定量评价指标体系框架图

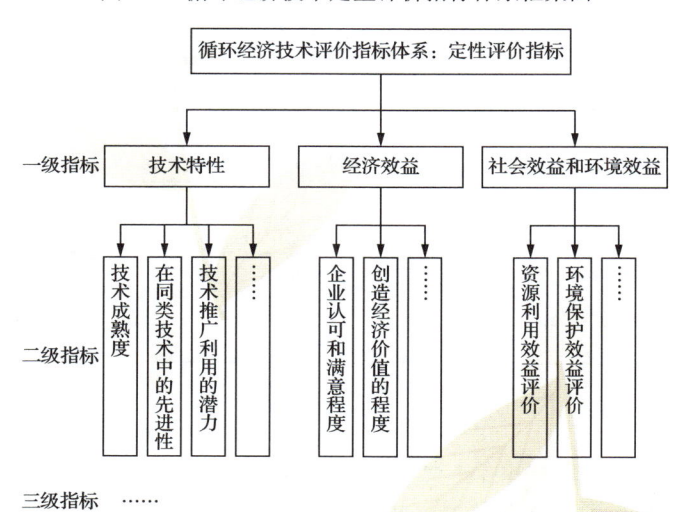

一级指标：资源能源利用效率、资源综合利用指标、环境排放、技术特征

二级指标：主要矿产资源产出率、能源消耗产出率、水资源消耗产出率……；废弃物资源化利用量和利用率、废弃物资源化利用产出率、余热余压等利用情况……；固废排放量、废水排放量、废气排放量……；所需前期投入、技术运行成本……

三级指标 ……

图6-2 循环经济技术定性评价指标体系框架图

一级指标：技术特性、经济效益、社会效益和环境效益

二级指标：技术成熟度、在同类技术中的先进性、技术推广利用的潜力……；企业认可和满意程度、创造经济价值的程度……；资源利用效益评价、环境保护效益评价……

三级指标 ……

表 6-1　循环经济技术定量评价指标项目、权重及基准值

一级指标	权重值	二级指标	单位	权重值	评价得分
（1）资源能源利用效率	30	主要矿产资源产出率			
		能源消耗产出率			
		水资源消耗产出率			
		……			
（2）资源综合利用指标	20	废弃物资源化利用量和利用率			
		废弃物资源化利用产出率			
		余热余压等利用情况			
		……			
（3）环境排放	30	固体废弃物排放量			
		废水排放量			
		废气排放量			
		……			
（4）技术特征	20	所需前期投入			
		技术运行成本			
		……			
合计					

表 6-2　循环经济技术定性评价指标项目及指标分值

一级指标	指标分值	二级指标	分值	备注
（1）技术特性	30	技术成熟度		
		在同类技术中的先进性		
		技术推广利用的潜力		
		……		
（2）经济效益	30	企业认可和满意程度		
		创造经济价值的程度		
		……		
（3）社会效益和环境效益	40	资源利用效益评价		
		环境保护效益评价		
		……		
合计				

2. 定量指标解释

（1）主要矿产资源产出率。主要矿产资源产出率主要是指消耗不可再生矿产资源（包括铁矿石、有色金属矿、稀土矿、磷矿、硫矿、石灰石、沙石等，折合成铁当量值）所产生的经济效益（按不变价计算）。该项指标的比率越高，表明矿

产资源利用效益越好。计算公式为

$$矿产资源产出率 = \frac{创造的产值}{不可再生矿产资源消费总量}$$

（2）能源消耗产出率。能源消耗产出率主要是指消耗能源（包括煤、石油、天然气、火电、水电、核能等，折合成标准煤质量）所产生的经济效益（按不变价计算）。该项指标的比率越高，表明能源利用效益越好。计算公式为

$$能源消耗产出率 = \frac{创造的产值}{能源消费总量}$$

（3）水资源消耗产出率。水资源消耗产出率主要是指消耗水资源所产生的经济效益（按不变价计算）。该项指标的比率越高，表明水资源利用效益越好。计算公式为

$$水资源消耗产出率 = \frac{创造的产值}{水资源消费总量}$$

（4）废弃资源的利用量。废弃资源的利用量主要是指该技术单位时间内利用的废弃资源量，包括工业固体废弃物、工业用水重复利用、城市污水再生利用、城市生活垃圾无害化处理、废钢铁回收利用、废有色金属回收利用、废纸回收利用、废塑料回收利用、废橡胶回收利用等。

（5）废弃资源的利用产出率。该指标主要考虑废弃资源利用的经济价值，主要是指利用单位价值的废弃资源所产生的经济效益。计算公式为

$$废弃资源的利用产出率 = \frac{创造的产值}{所利用的废弃资源的成本}$$

（6）工业废弃物排放量。工业废弃物排放量是指创造单位产值所排放出来的废气、废液和废渣的总量。计算公式为

$$工业废弃物排放量 = \frac{所排放的废弃物量}{创造的产值}$$

（7）COD 排放量。COD 排放量是指创造单位产值所排放出来的 COD 总量。计算公式为

$$COD排放量 = \frac{所排放的COD总量}{创造的产值}$$

（8）技术特征：根据具体技术的特点，设定二级指标。

6.2.2 循环经济评价指标体系构建问题与意义

为贯彻落实《中华人民共和国循环经济促进法》和《中共中央 国务院关于加快推进生态文明建设的意见》的要求，科学评价循环经济发展状况，国家发展和改革委员会会同有关部门完善了循环经济评价指标体系，并就有关问题做了

说明。

1. 循环经济评价指标体系构建问题

1)指标体例

本指标体系从体例角度分为综合指标、专项指标和参考指标。综合指标包括主要资源产出率和主要废弃物循环利用率,主要从资源利用水平和资源循环水平方面进行考虑。专项指标包括11个具体指标,主要分为资源产出效率指标、资源循环利用(综合利用)指标和资源循环产业指标。参考指标主要是废弃物末端处理指标,主要用于描述工业固体废弃物、工业废水、城市垃圾和污染物的最终排放量。参考指标不作为评价指标。

2)具体指标的选择

在专项指标的选择上,资源产出效率指标主要从能源资源、水资源、建设用地等方面进行考察,包括能源产出率、水资源产出率和建设用地产出率。资源循环利用(综合利用)指标的选择,兼顾农业、工业、城市生产生活等。在农业方面,重点从大宗废弃物方面进行考察,包括农作物秸秆综合利用率;在工业方面,重点从工业固体废弃物处理和水循环利用方面进行考察,包括一般工业固体废弃物综合利用率和规模以上工业企业重复用水率等指标;在城市生产生活方面,重点从再生资源回收、城市典型废弃物处理、城市污水资源化等方面进行考察,包括主要再生资源回收率、城市餐厨废弃物资源化处理率、城市建筑垃圾资源化处理率、城市再生水利用率等指标。资源循环产业指标,主要从产业规模方面进行考察,包括资源循环利用产业总产值指标。

3)指标适用范围

本次修正的指标体系适用于国家、省域两个层面。各地应根据指标体系原则制订本省级单位的市县级层面的循环经济评价指标体系。各产业园区和行业企业可针对本园区或行业企业特点,从能源资源减量、过程及末端废弃物利用等角度制订本园区或企业的特色指标。

本次选择的指标尽可能选用现有统计口径和统计范围的成熟指标,对部分新增指标,也列出了具体的计算方法和数据来源。下面对几个特殊数据进行说明。

一是关于区域主要资源产出率核算方法。国家统计局提出省域层面的资源实物消费量统计参考表式,国家发展和改革委员会等部门组织专家提出省域层面的资源产出率核算方法,均将适时加载在国家统计局、国家发展和改革委员会网站,供各地试用。请各地在试用过程中,将发现的问题及时反馈国家统计局、国家发展和改革委员会。

二是城市主要废弃物循环利用率的核算方法。这一指标是加权指标,由一般工业固体废弃物综合利用率、农作物秸秆综合利用率、主要再生资源回收率、城市餐厨废弃物资源化处理率、城市建筑垃圾资源化处理率 5 个指标加权而得。需要在取得上述指标后计算得出。

三是部分需要推算的数据，如各地的主要再生资源废弃量、餐厨废弃物产生量、建筑垃圾产生量等。这些数据主要为估算数据，国家提供了相应的估算方法，各地如缺乏相应的统计口径，可结合本地实际情况调整后使用。

2. 建立完善循环经济发展评价指标体系的重要意义

《中华人民共和国国民经济和社会发展第十四个五年规划和 2035 年远景目标纲要》提出，全面推行循环经济理念，构建多层次资源高效循环利用体系。深入推进园区循环化改造，补齐和延伸产业链，推进能源资源梯级利用、废物循环利用和污染物集中处置。加强大宗固体废弃物综合利用，规范发展再制造产业。加快发展种养有机结合的循环农业。推行生产企业"逆向回收"等模式，建立健全线上线下融合、流向可控的资源回收体系。推进快递包装减量化、标准化、循环化。

为了科学评价循环经济发展进展和成效，建立一套科学合理、操作性强的循环经济评价指标体系非常必要。《中华人民共和国循环经济促进法》明确要求，国务院循环经济发展综合管理部门会同国务院统计、环境保护等有关主管部门建立和完善循环经济评价指标体系，同时提出，上级人民政府要根据主要评价指标，对下级政府发展循环经济的状况定期进行考核，并将主要评价指标完成情况作为对地方人民政府及其负责人考核评价的内容。《中共中央 国务院关于加快推进生态文明建设的意见》也要求建立循环经济统计指标体系。

2007 年，国家发展和改革委员会会同国家环保总局、国家统计局印发的《关于印发循环经济评价指标体系的通知》（发改环资〔2007〕1815 号），对从宏观层面和园区层面评价循环经济发展起到了重要的促进作用，对指导各地开展循环经济实践发挥了不可替代的作用。10 多年来，随着循环经济实践的不断深入，特别是党的十八大把绿色、循环、低碳发展作为建设生态文明的基本路径，有必要根据生态文明建设最新要求，并结合发展循环经济现实需要，对评价指标体系进行修正。

6.2.3 农业循环经济评价指标体系

农业循环经济发展评价必须兼顾社会效益、经济效益、生态效益及其核心技术指标，全面准确地反映农业循环经济系统输入端、输出端和运行过程的复杂内容。

1. 农业循环经济指标体系设计

依据循环经济减量化、再利用、再循环的 3R 原则，针对农业生产实际，在众多因子中筛选评价因子，构成农业循环经济发展综合评价的指标体系。该指标体系分为如下 4 类。

（1）经济社会发展指标。用以反映农业循环经济发展过程中实现的社会经济效益和农业循环经济系统输出端的效果。当然，如果一味强调社会效益和经济效益而忽视生态效益，难免影响乃至阻碍农业循环经济的发展。

（2）资源减量化投入指标。资源减量化投入指标用来揭示区域农业生产系统投入的现状、农业经济成本的控制、资源的合理利用与保护，这些均是农业循环经济发展不容忽视的基础性问题。以破坏生态环境与大量资源投入为代价换取的经济增长，是难以持续的；农业生产系统投入端的现状也是我国生态环境资源利用的现状。

（3）资源循环利用指标。资源循环利用指标用来体现农业生产过程中对系统内资源循环利用的程度。农业循环经济以提高资源利用效率为出发点，利用科学技术及其创新不断提高自然资源利用率，从而达到环境保护与农业经济的稳步持续发展。这就要求我们彻底掌握资源的循环利用，确保资源的合理利用，防止滥用资源来换取眼前利益。

（4）资源环境安全指标。资源环境安全指标反映农业发展对生态环境和资源安全的影响。这是发展农业循环经济的落脚点，应该在保证生态环境可承受并且自动修复能力完全正常的情况下，合理并且最大化利用自然资源及客观存在的经济、科技等资源，保证生态环境和农业经济发展的循环利用持续发展。

农业循环经济评价指标及指标释义见表6-3。

表6-3　农业循环经济评价指标及指标释义

分类指标（B）	B指标权重	单项指标（C）	C指标权重	指标释义
经济社会发展指标（B₁）	0.194	单位面积农业GDP产值（C₁）/（元/hm²）	0.120	农业GDP产值/农作物播种面积
		农民人均纯收入（C₂）/元	0.110	农民人均总收入-农民人均各项费用支出
		人均粮食产量（C₃）/kg	0.171	粮食总产量/总人口数
		粮食单产（C₄）/（kg/hm²）	0.160	粮食产量/耕地面积
		单位禽畜产品率（C₅）/（元/t）	0.148	牧业产值/肉类总产量
		农机总动力（C₆）/（10⁴kW）	0.109	农业机械动力+林业机械动力+牧渔业机械动力
		农林牧渔商品率（C₇）/%	0.182	农林牧渔商品价值/农林牧渔产品总产值
资源减量化投入指标（B₂）	0.245	化肥施用强度（C₈）/（kg/hm²）	0.240	化肥施用折纯量/农作物播种面积
		农业能耗指数（C₉）/（标准煤10⁴t/10⁸元）	0.070	农林牧渔能耗量/农林牧渔业产值
		农业虚拟用水系数（C₁₀）/（t/hm²）	0.410	（单位虚拟用水量×农产品产量）/农作物播种面积

续表

分类指标（B）	B指标权重	单项指标（C）	C指标权重	指标释义
资源减量化投入指标（B_2）	0.245	农药使用水平（C_{11}）/（kg/hm²）	0.140	农药使用量/农作物播种面积
		农膜使用水平（C_{12}）/（kg/hm²）	0.140	农膜使用量/农作物播种面积
资源循环利用指标（B_3）	0.323	化肥有效利用系数（C_{13}）/(元/kg)	0.198	种植业产值/化肥施用折纯量
		秸秆综合利用率（C_{14}）/%	0.256	秸秆利用量/秸秆总产生量
		禽畜粪便资源化率（C_{15}）/%	0.295	禽畜粪便利用量/禽畜粪便总产生量
		复种指数（C_{16}）/%	0.251	农作物面积/耕地面积
资源环境安全指标（B_4）	0.238	森林覆盖率（C_{17}）/%	0.245	林地面积/土地总面积
		有效灌溉系数（C_{18}）	0.230	有效灌溉面积/耕地面积
		乡镇河道污染综合指数（C_{19}）/（L/mg）	0.279	样本河流端面容积/污染物含量
		人均耕地（C_{20}）/hm²	0.246	耕地面积/总人口数

资料来源：农业循环经济发展，https://wenku.baidu.com/view/84dc820bf02d2af90242a8956bec0975f465a479.html。

注：虚拟水为生产单位产品所需的水，包括降水与灌溉用水。该处单位农产品产量所需虚拟用水量为全国平均值。

2. 生态能值及计算

能值理论由生态能量学发展而来。20世纪40年代湖泊学家林德曼（Linderman）对湖泊生态进行量化研究，开创了生态系统生态学。20世纪50年代，奥德姆在林德曼的研究基础上，提出能值理论。应用能值这一科学概念、度量标准和能值转换率，可将生态经济系统内流动和储存的各种类别的能量和物质转换为同一标准的能值，对自然资源利用及其可持续性进行评估，从而为经济发展战略提供科学依据。

能值为环境、资源、人类劳务、信息和发展决策的分析评价提供了新尺度，可用于度量自然系统的"自然资本"和生态服务功能的价值。生态经济系统的能值分析是以能值为共同基准，综合分析评价系统的能物流、货币流、人口流、信息流，得出一系列反映系统结构和功能特征与生态经济效益的能值指标，评价系统的可持续发展性能及决策。

在国际上，美国于20世纪80年代在美国国家科学基金资助下率先开展能值研究，意大利、瑞典、澳大利亚等国于20世纪90年代迅速开展。我国于20世纪90年代初引入能值理论，先后开展了国家与地区、自然保护区和城市的能值分析研究。

在农业生态系统中，农产品在形成过程中直接或间接使用的各种能量总和，即为该产品或服务的能值。能值法就是根据能值分析理论，从农业生态系统角度出发，将自然生态系统与人类经济系统相结合，以太阳能为基本衡量单位，与能量流图相互补，研究分析不同时间和空间尺度下的自然生态系统和人类经济系统的能量经济行为。下面，参照相关资料给出各个项目的能量计算公式。

（1）太阳能=太阳常数×日照时数×面积×（1-反射率）。

（2）风能=高度×空气密度×涡流扩散系数×风速梯度×总面积。

（3）雨水势能=总面积×平均海拔×平均降雨量×雨水密度×重力加速度。

（4）雨水化学能=农业用地面积×平均降雨量×雨水的吉布斯自由能×雨水密度。

（5）潮汐能=总面积×0.5×潮汐次数×潮高的平方×水密度×重力加速度。

（6）地球旋转能（地球循环能）=区域面积×热通量。

（7）土壤流失能=（土壤流失量-土壤生成速率）×区域面积。

（8）表层土损耗能=耕地面积×土壤侵蚀率×单位质量土壤的有机质含量×有机质能量。

（9）其他一些主要原料、燃料、产品能值计算。公式为项目的年消费量或者年生产量×相应的能量折算系数。

第 7 章

农业循环经济发展的国际经验

7.1 日本农业循环经济发展经验

日本农业循环经济，来自农业生产实践，其原理可推广应用到各行各业。日本循环农业典型模式包括再生利用型（以农业废弃物加工再利用为特征）与沼气利用型（以沼气利用为纽带实现农业废弃物的多级循环）。

7.1.1 农业循环经济发展模式剖析

日本农业循环经济的发展，因地制宜、各具特色。下面以日本滋贺县爱东町农业循环经济模式为例，分析其产业链、发展过程和商业逻辑。

从图 7-1 可以看出，日本滋贺县爱东町循环农业以油菜、水稻、小麦等农作物生产为源头，发展形成了两个大的循环经济产业链。

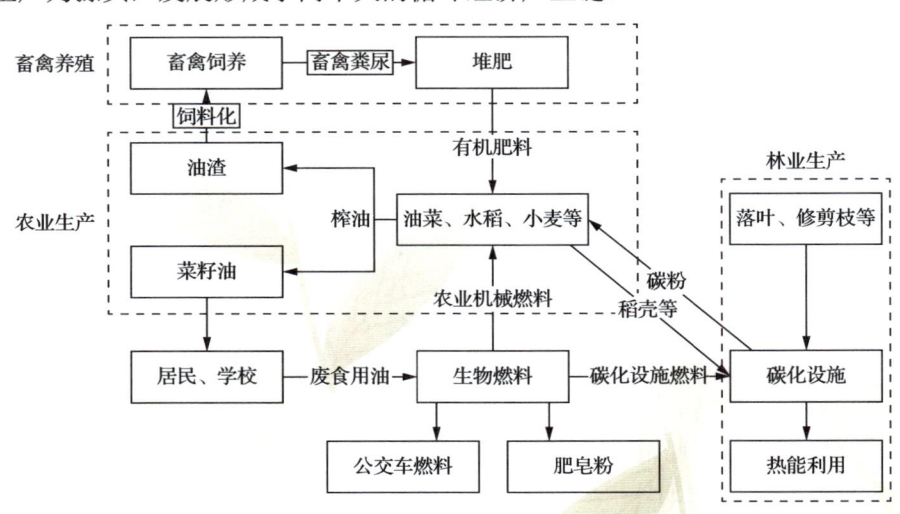

图 7-1 日本滋贺县爱东町农业循环经济模式

一个是以油菜生产、加工、废弃物利用为主线的循环经济产业链。对油菜籽加工的废弃物进行综合利用，部分用于生产优质饲料或肥料，饲料用于发展畜禽养殖，畜禽粪尿用于堆肥并用作有机肥料返田促进农业发展；菜籽油供周边的居民和学校的学生食用，废食用油经过加工转化为生物燃料，用作公交车、农业机械和碳化设施燃料及肥皂粉的原料。每个细分产业都存在巨大商机和价值链。一个是以林业中的落叶、修剪枝等废弃物，以及稻麦加工产生的稻壳等作为原料，进入焚烧碳化设施进行热能利用，灰也就是碳粉可以用作肥料。

日本滋贺县爱东町循环农业，在发展中逐步形成了四大产业：

一是油菜产业。油菜是该地区循环农业的基础。2002年，鉴于油菜延伸产业链的良好局面，该地区大力推行稻田转作油菜生产，并采用有机农业模式确保油菜种植的质量。通过油菜生产大力发展精深加工，把油菜籽加工成菜籽油。

二是养殖产业。油渣加工成饲料产品，辅助畜禽养殖业发展，以油渣为饲料产品可以满足该地区畜禽养殖的需求；将畜禽粪尿进行堆肥形成有机肥，从而又辅助油菜种植，这是该地区循环农业的第一条产业链。

三是食用油产业。油菜加工成的食用油可以满足该地区居民、单位、学校食用；从废弃食用油提炼生物燃料可用于农业机械燃料、公交车燃料、碳化设施燃料，还可以生成肥皂粉等工业和生活用品。这是油菜产业链延伸的第二产业链。

四是热能利用产业。用林业废弃物作为供热（包括供暖和热水供应）的热能利用，构成该地区循环农业的第二条产业链。

日本滋贺县爱东町地区循环农业之所以取得成功，就在于所有的产业都有成功的商业变现能力。其中的3条商业逻辑分别如下。

一是建立单产切入。该地区循环农业以油菜为出发点，形成优质的工业品，并嫁接工业、服务业，完成一产、二产（加工）、三产（居民消费）的有机衔接。油菜产业以生态种植为循环的起点和终点，从而保证了油菜质量。

二是形成产业共性关系。循环农业中有一条主线，以这条主线连接每一个产业或产品。该地区循环农业的菜籽油满足人们食用需要、油渣制作成饲料产品满足畜禽养殖需要，还有有机肥和生物燃料等配套产业。

三是价值实现。循环农业是一种发展模式，细分领域不一定能赚钱，但减少了中间交易成本并形成集成效益，从而获得每个环节都不亏损的效果。该地区油菜并不能赚多少钱，作为原料可以通过畜禽产品、菜籽油产品、生物燃料、有机肥等其他环节产生增值，从而实现整体效益最优。

日本滋贺县爱东町循环农业经历40多年的发展，一步步延伸产业链，每个产业本身也不断完善与进步，大致经历了4个阶段。

（1）起步阶段。1976~1991年，从各类生活废弃物回收利用起步，促进资源循环利用，提高资源利用效率。

（2）探索阶段。1992~1997年，废食用油数量增多，迫切需要寻找出路，将废食用油加工提炼成生物燃油，就是对废食用油的资源化利用。

（3）规模化阶段。1998～2001年，随着油菜产业的发展及其效益的增加，将稻田转作油菜生产、扩大生产规模，这是生物资源循环利用阶段。

（4）腾飞时期。2002年以后，进入生物资源综合发展阶段。

就产业而言，爱东町地区以油菜、水稻、小麦等一产为主，做足了产业链延伸的大文章。20世纪70年代开始，综合利用产业废弃物，90年代后建立废食用油提炼生物燃油的产业，将稻田转作油菜的生产；21世纪初期，以油菜为基础的循环经济模式基本成型。循环农业之所以能成功，主要依靠油菜品质保障，并借助价值转移形成产业溢价和商业特色，从而完成产业的升级与再造。

爱东町地区的"菜花工程"在发展过程中不断完善，发展了关联产业，通过加强资源循环利用发掘了实现环境保护、发展旅游产业、发扬传统文化等多功能的社会经济发展模式，减少了外部资源投入和农业废弃物排放，实现了经济效益、环境效益和社会效益的协调统一。这种一二三产融合发展的模式值得借鉴。

7.1.2　农业循环经济的发展经验

日本农业循环经济走在世界前列，无论是产业探索还是商业模式，或是法律法规均如此。短短的几十年时间，日本滋贺县爱东町地区依托循环农业模式成为日本循环农业的典范，并成为日本区域社会经济发展的重要实践模式。

1. 建立完备的法律体系

政府为发展农业循环经济提供法律保障，早在20世纪70年代，日本政府立法机构相继颁布了环境保护、废弃物综合利用方面的法律。为了建立循环型社会，2000年前后颁布了重要法规，可分为3个层次：一是基本法，即《建立循环型社会基本法》[1]（2000年6月公布）；二是综合性法律，包括《资源有效利用促进法》[2]（1991年公布，分别于1993年、1999年、2000年修订）和《废弃物处理法》[3]（1970年公布，分别于1976年、1983年、1987年、1991年、1992年、1993年、1994年、1995年、1997年、1998年、1999年、2000年修订）；三是专项法规，包括《容器包装物循环法》[4]（1995年公布，分别于1995年、1997年、1998年、1999年、2000年修订）、《家电循环法》[5]（1998年公布，分别于1999年、2000年修订）、《食品循环法》[6]（2000年公布）、《建筑材料循环法》[7]及《绿色

---

[1] 此法的日文直译为《循环型社会形成推进基本法》。
[2] 此法的日文直译为《促进再生资源利用法》。
[3] 此法的日文直译为《废弃物处理及清扫法》，简称《废弃物处理法》。
[4] 此法的日文直译为《促进容器包装物分类收集与再商品化法》，简称《容器包装物循环法》。
[5] 此法的日文直译为《特定家庭用机器再商品化法》，简称《家电循环法》。
[6] 此法的日文直译为《促进食品可循环资源再生利用法》，简称《食品循环法》。
[7] 此法的日文直译为《关于建筑工程材料再资源化法》，简称《建筑材料循环法》。

采购法》①等。这构成了日本循环型社会的法律体系。

与农业循环经济关系密切的法规是《食品循环法》，其对食品生产、烹饪、分送和消费过程中产生的垃圾进行了规定，以减少食品垃圾的产生，并要求通过转化为饲料或肥料方式减少最终处置的垃圾量。20 世纪 90 年代末，在日本的城市生活垃圾和工业垃圾中，食品垃圾年产生量约为 2000 万 t，占城市生活垃圾产生量的 30%，而作为肥料或饲料被回收的垃圾不到 10%，大部分被焚烧。本法规定了企业、消费者和政府（包括地方当局）的责任和义务。具体责任是：食品生产、分送企业及餐饮业有预防垃圾产生和回收垃圾的义务；消费者除预防垃圾产生外，还有义务使用再循环产品（作为饲料或肥料）；政府负责制定促进产品再循环的措施。

2015 年第四次修订《食品、农业和农村基本法》，要求维持和发展畜禽粪便施肥、秸秆利用、生物防病虫害等功能，以温室种植、农业机械化等措施节能减排，推进环境变化的生态适应计划，使农业与环境保护协调发展。

2. 采取必要的经济和行政措施

政府为发展农业循环经济提供支持。日本从经济、技术和理念等方面出台推动农业循环经济发展的政策性保障措施，从政策、贷款和税收上给予支持，并鼓励农民进行生态农业投资。日本每年对循环农业增加 2000 万日元（100 日元约合 6.62 元人民币，2013 年价）投入，采取保证金制度、环境税征收、环保援助资金等措施，为农业循环经济发展提供良好的政策环境。根据政策规定，银行对符合条件的生态农户提供最长期限为 12 年的 10 万～200 万日元不等的无息贷款。实施农业基本设施建设的农户会得到政府或农业协会提供的 5 万～50 万日元不等的资金扶持，此外还减免 7%～30% 的税收。政府和有关部门还将一些生产规模和技术水平高、经营效益好的环保型农户作为发展农业循环经济的典型进行推广，通过典型农户的示范、窗口和辐射作用，引导和促进农业循环经济持续、健康、快速发展。

3. 多渠道的宣传和推广

培养农业循环经济发展的公民意识。发展农业循环经济不仅需要完善的法律法规、政策支持和农户的重视，还需要广大公众和社会团体的积极参与。日本政府非常重视国民农业循环经济理念的培养，利用互联网、媒体优势，将环保意识深入社会各个层面，充分调动国民资源循环利用的积极性，使民众认识到建设农业循环经济的责任。在日本，减量化、再利用、再循环等理念家喻户晓，有 87% 的农户赞成并实行农业经济再循环发展。《食品废弃物循环利用法》等法律，也得

---

① 此法的日文直译为《促进国家机构采购环境物品等的法律》，简称《绿色采购法》。

到社会各界的理解和支持。

综上所述，日本循环型社会的目标是建设具有高科技支撑的、强大竞争能力的可持续社会。为此，采取以下措施：一是减少不可再生资源的使用，大力开发可再生资源；二是积极研究有利于资源梯级利用和循环利用的技术；三是运用再生的方法将国内现有的废弃物循环起来，并创造新的就业机会；四是加快解决传统废弃物处理方法所带来的环境问题，使社会得到可持续的发展。

7.2 古巴农业循环经济发展经验

美国丽贝卡·克劳森发表的《治愈裂痕：古巴农业中的代谢恢复》认为，在全球农业和生态危机日益严重的今天，古巴农业却取得了成功，成为世界可持续农业的典范，其主要经验是社会主义的新型劳动关系、新的决策参与机制、新的土地和粮食分配制度。

马克思在《资本论》中指出，资本主义生产通过破坏代谢的外部环境，强制自然系统服从社会再生产的调节法则。因此，自然生态系统的恢复只有在资本主义生产关系之外才能充分实现。古巴农业生态学的发展，食品生产代谢关系的转变，提供了代谢断裂，是可以治愈的具体实例。

7.2.1 古巴农业的物质循环利用

古巴农业因科学合理地发展有机农业而受到称赞。例如，国际组织因古巴"发展有机耕作方法"而授予其"有机农业的另类诺贝尔奖"。古巴国家资助研发天然杀虫剂和生物肥料，形成常规农业的替代方案。古巴农业的成功，部分在于发现了新的方法（如通过生产可防治害虫的有机物来控制害虫），也在于立足当地的资源优势开发新的供给。

1. 通过养分循环的空间再造以链接生态过程的代谢裂口

农作物和农产品被运送到远离农村的人口集中区并产生废弃物积累，人与土地的分离（农村人口向城市迁移）造成自然与社会之间的代谢断裂。为改善贫瘠土壤的生物结构，资本主义国家的农业劳动者只能使用人造工业品，如不断利用氮肥为农田提供养料。这种食品生产体系割裂了养分的自然循环，并带来了食品远程运输、生产化肥的能源需求及养料在城市下水道沉积等问题。类似地，动物与供给养料的农场分离，肥料与家畜饲料之间的物质交换被打破，同样造成了代谢断裂。动物与供给养料的土地之间物理链接破裂，农作物土壤中的养料和有机质联系进一步降低。由此带来的后果是，农作物生产必须增加施用肥料强度。人、农作物、牲畜分离，打破了养料向土地的回归输送。

古巴农业一直致力于重建养分循环和空间物质交换关系。古巴的农业生态学通过植物与动物的结合，优化当地资源利用，提升农业内部配置；通过改进人、动物和植物之间的空间联系，减少远距离运输养料的需求，通过就近利用养料以增加土壤肥力。

2. 构建甘蔗、奶牛和蠕虫利用的产业链

种植好农作物，土壤肥沃是必要前提。早先，古巴依赖进口复合肥料以保证农作物产量。后来，将人、动物和农业废弃物经自然分解形成养分，为可持续的粮食生产提供了重要保障。土地补充养料的方法除需要远距离运输或密集的能源投入，主要还在于生物的多样性和高效的生态系统。

在哈瓦那东部的一家合作社农场，矩形土堆用来饲养美国加州红虫，以便将有机质转化为腐殖质。利用蠕虫动物废料比植物废料更能快速生成腐殖质，因此农民一般从附近农场收集牛粪。奶牛饲料是当地农作物的副产品，牛粪是当地养料循环的物料。虽然古巴科研中心早就认识到，草料、豆类、农作物残余可以用来养牛，但在东欧剧变以前，因当时的政治气候和便宜的物价，肉类和谷物都从苏联进口。后来研究人员认真研究当地的资源利用发现，甘蔗的副产品，包括蔗糖渣及新鲜甘蔗残渣，可以为牛的生长提供必需品，并且是牛饲料的最主要添加物。

当地农民形成这样一条养料转化的路径：从甘蔗产地到牛槽→从牛粪到蠕虫箱→有机农作物基地，养料通过动物与植物的代谢在区域内连接起来。

3. 构建新型的牧场种养产业链

古巴草原草地研究协会的研究人员发现，农作物生产和牲畜饲养分离，是对能源和养料的浪费。因此，将两者结合起来，是修复粮食生产中代谢断裂的一类范例。

印第奥·阿图埃伊（Indio Hatuey）农场，在合欢树的林地里养牛，奶牛喜欢吃矮矮的合欢树的树叶和枝干，也喜欢吃树下的草。合欢树有固氮作用，可增加土地的肥力；牛粪也可肥地以利于树木和牧草生长。研究人员发现，在农场面积较小、联系程度较高的地方，这种链接技术能保证养料循环和系统功能发挥。

合欢树还能提供阴凉，从而增加牛奶产量。为了充分发挥草的光合作用，牧民将树木按东西方向种植成排，以便照射到地面上的阳光尽可能得到利用。合欢树的树根可以防止水土流失，维持土层结构不被侵蚀。牧民们还重视树林中的放牧数量以防止土壤板结。研究人员发现，用这种办法放牧可使每年每公顷草原产3000~5000L 牛奶，并且牛奶脂肪和蛋白质含量都有提高。

应用混合放牧方法，人们还研究绵羊、山羊、猪和兔子等生物种类的综合养

殖；同时研究橘子园里养马的问题。马吃橘子园地里的野草，不仅减少除草剂的使用，而且能提供有机肥料促使土地肥沃。

这种农业生产方式的意义，超越了科技本身。通过使用当地资源以提升养活自己的能力，直接或间接地对小农场农民的经济、社会、文化产生了影响。正是古巴农民和研究人员的共同努力使养料循环起来。通过新的劳动关系、新的决策机制、新的土地和粮食分配模式等，古巴人不仅用可持续的方式维持自己的生活，还从根本上改变了社会代谢方式。

7.2.2 粮食生产中的资源优化配置

1. 土地是宝藏，劳动是钥匙

马克思的新陈代谢理念，植根于劳动过程。劳动是人调节、管理、控制人与自然物质交换的过程。土地和劳动构成了财富的两个来源：土地是财富，劳动是关键。古巴的合作农场种植农作物并为社区提供有机农产品，是马克思新陈代谢理念的生动体现。土地是提供必需原料的"宝藏"。人们不能为短期利益过度开发利用土地，而要理性地运用生态学原理保持土地肥沃。劳动，是获得财富的"钥匙"，其在肥沃的土地上生产健康的食物并公平地分配给当地居民。

马克思提出的新陈代谢，有两层含义。第一层含义是调节人与自然的复杂交换，特别是养分循环；第二层含义是指管理分工和财富分配的制度性准则，具有广泛的社会意义。从生态意义上讲，马克思认为资本主义农业不再是自我持续的，因为它不能再在自身找到生产的自然条件。养分的获得必须依靠远程贸易和农业领域之外的产业。这就造成了土壤肥力和废弃物堆积的自然循环断裂。从广泛的社会意义来看，人类和自然界之间的代谢裂痕是由雇佣劳动和资本之间的关系导致的。自然资源的私有、脑力和体力劳动的分工及城乡对立导致社会层面的代谢断裂。在资本主义社会，这种断裂还体现在很多方面，如公司对房地产的炒作，小农户对专业技师的依赖，人口从农村向城市迁移等。

古巴在不使用石化产品的情况下生产并提供丰富的食品，而石化产品是全球多数商业化粮食生产的关键因素。古巴农业发展模式将养分循环融入自然循环。社会代谢关系的再造，使生物多样性成为有利于粮食生产的资源。例如，为益虫提供栖息地，而不是视之为挑战；新的所有权和分配体制，使种植、收割和消费环节的主体参与决策；当地农民和训练有素的农艺师互动，使农作物生长尽可能适应当地的自然环境、气候和地理环境。

2. 劳资关系重构

社会代谢需求和关系受劳动分工和财富分配规则支配，不是养分转换的物理规律，而是劳资关系和财产所有权的转变。

古巴的传统农业依靠化石燃料和机械化，占国家耕地面积63%的国有农场大抵如此。20世纪80年代末以前，国有糖料种植面积是粮食种植面积的3倍多，60%的粮食从苏联进口。苏联解体及紧接着的美国经济封锁，导致粮食极其短缺，给古巴人民带来了严重危机。农村土地使用权和分配制度的改革成为度过粮食危机的关键。

1993年9月，古巴将国有农场改为合作农场。把41.2%的国有农场改为2007个合作社，配有12.2万名工作人员。合作社生产并拥有农产品，劳动者靠劳动而不是工资合同得到报酬。土地使用权的变化，不仅有利于更好地使用有机耕种方式，而且把劳动者和土地重新联系起来。农业体系的设计，还考虑了稳定农村人口和扭转农村向城市移民潮的需要。

古巴还将约17万hm^2的土地交给农民。这体现了《资本论》（第三卷）观点——理性的农业是农民自给自足。农民免费使用土地并得到政府补助，土地所有权由政府所有。很多家庭将农场耕作视为离开城市变为农民的机会。古巴小生产者协会宣称，其成员从1997年到2000年增加了35 000名。新增成员多是有年轻子女的成年人（大多受过本科教育）、早期退休人员或有着农业生产经历的工人。

古巴还重新利用城市废弃地进行粮食生产。曾经的垃圾场、停车场、建筑废弃物堆放场地等，都被用来为周围居民生产并提供有机农产品。城市菜园可以满足古巴60%的蔬菜消费需求。古巴政府看到城市农业的发展潜力，成立了城市农业部。国家承认城市居民可以拥有$1/3hm^2$的空地，前提是使用有机耕作方法。

古巴农业模式将参与式决策融入新的耕作模式中。例如，小的合作社可以得到古巴人民理事会的帮助，古巴的15个省成立了人民理事会，其成员由当地的粮食生产者和技术人员组成，为当地农民提出最适合本地条件的生产建议。受过培训的农艺家与当地农民共同选择最适合本地生产条件的技术。

农民的知识得到尊重，被吸收在农业会议和学术报告中。古巴的一个关于城市农业的省级会议提交研究报告105份，53份来自粮食生产者，34份来自科研技术人员，12份来自理论专家。年轻一代参加学校的农业俱乐部，老师开设生态学课程。新的劳资关系使填平脑力劳动和体力劳动之间的人为鸿沟成为可能。

与农业社会代谢相关的问题是财富分配。为保证人们可持续地分到粮食，每个古巴人都有一张配给卡以得到最低限量的粮食。孩子、孕妇和老人的日供餐量尤其受到密切关注。政府有意降低学校和工地的膳食价格。医院三餐是免费的。

邻里小菜市场从附近有机农业种植园购进产品，以远低于较大社区菜市场的价格为负担不起高价的人们提供新鲜蔬菜。2000年年初，古巴城市505个菜市场的菜价比农户自由菜市场低50%~70%。尽管私营菜市场按照市场供需规律运营，但政府要进行管制以防止价格欺诈和相互勾结。一旦确认为低收入群体，政府则建立社会救助方案以保证他们的粮食供应。

7.2.3 拉丁美洲推广运用古巴农业模式

资本主义条件下粮食生产的社会代谢，因土地私有、脑力劳动与体力劳动的严格分工、劳动成果的不公平分配而导致裂痕加剧。古巴农业模式，通过合作生产、参与式决策和多样化的分配让农民与土地再次联系起来。这种生态可持续和社会公平的经验推广到拉丁美洲。

古巴农民前往拉丁美洲和加勒比国家，帮助当地农民建立与古巴类似的粮食生产体系。古巴也接待很多美国和其他地方前来参观的农民和农业技术人员。古巴农技师教授海地农民有机耕作方法，也帮助委内瑞拉推进新型的城市农业运动。

拉丁美洲的农民也回归传统的耕作习惯，并要求重新分配土地以保障生存进行食品生产。拉丁美洲农业生态学院于 2005 年 8 月在巴西帕拉纳建立，其宗旨是把农业生态学规律普及到拉丁美洲的所有农村社区。在农业生态学基础上构建一个新范式，小规模生产与国内市场相结合，尊重自然，为农业建设做出贡献。

古巴农业的发展向人们展示了代谢裂痕愈合的可能性是存在的，而且已经做到了。向拉丁美洲其他地区推广这些经验将有望带来更深远的变革。

7.3 各国农业发展特色及其对我国的启示

7.3.1 美国农业发展的主要做法

美国是资源消耗大国，其人口数量约占世界人口数量的 5%，但原油消费量接近全球的 25%。美国经济与资源之间矛盾十分严重，必须从世界各地不断地获取资源，才能维持其庞大的经济体系，保障其国民的高水准生活。为了缓解经济与资源矛盾，美国采取了很多类似循环经济的措施。

1970 年，美国土壤学家阿尔布雷奇（Albreche）提出"生态农业"的概念。美国颁布了促进废弃物处理的法律，大量运用再生资源，甚至推动世界贸易组织取消有关再生产品的非关税壁垒，以促进美国回收物资的出口。20 世纪 80 年代中期，新泽西、罗德岛、俄勒冈等分别制定了促进资源再生循环利用法规，其他各州也陆续跟进。但是，大规模发展有机农业、生态农业的可持续性存在很大争议，发达国家开始深入思考"去增长"经济发展模式，从社会代谢角度思考"农业去增长"成为研究的热点。

20 世纪 90 年代以来，美国将 GPS 技术成功应用到农业生产领域，广泛应用于玉米、小麦、大豆等生产领域的生产管理过程。统计表明，通过 GPS 指导施肥的农作物产量比采用传统方法施肥的农作物产量提高近30%,经济效益相当可观。

以美国为代表的工业发达国家,尤其是信息工业发达的国家,通过集成现代高新技术实现农业资源最优的投入产出比,减少资源投入与废弃物产出,提高农产品产量与质量。精准农业是其重要途径之一,即根据土地、气候等方面的条件,通过实施精准化管理,最大限度地减少农药、化肥、水等资源的投入,实现农业经济效益与生态环境效益的统一(图7-2)。美国60%~70%的大农场依托精准农业信息系统,制定最佳生产方案,采用GPS指导施肥的作物产量比传统平衡施肥的作物产量提高30%左右,而且减少了化肥施用总量,经济效益明显提高。

图7-2 美国生态农业发展模式

美国在将科学技术先进成果用于农业领域的同时,制定相关法规来严格控制农药、化肥等化学物质的施用量,保护农业生态环境,维护生态环境资源的自然属性,以获得长期经济效益。从20世纪30年代的罗斯福新政,到2014年农业法,经过几十年的发展与完善,美国形成了涵盖环境保护、鼓励科技发展、激励农产品出口贸易与农业税收等各方面内容的先进农业政策体系,极大地促进了美国循环农业的发展,显著提高了美国循环农业的国际竞争力。

美国建成了比较系统的循环经济体系。首先,政府部门率先垂范,各级政府必须实施绿色采购,延长物品使用期限,并以环境友好方式处理废弃物。其次,鼓励非政府组织及行业机构发挥作用，美国废弃物回收协会（Institute of Scrap Recycling Industries，ISRI）的成员达到 3200 余家，该协会在推动立法、建立行业标准等方面发挥了重要作用。再次，引导各类企业共同参与，要求企业对自身产品生产和消费过程中产生的废弃物尽可能回收利用，树立良好的企业形象。最后，引导公众参与，通过宣传教育提高人们的节约和环保意识，并用法律和经济手段对影响环境的消费加以约束。政府鼓励公众在周末开展家庭现场旧货销售，由售卖者把家中多余闲置的物品放到自家庭院廉价出售，使资源得到了重新利用。

7.3.2 以色列节水农业

以色列属地中海型气候，有漫长而又炎热、少雨的夏季及相对较为短暂而又凉爽、多雨的冬季。从海拔 2814m 的黑门山到海拔 392m 以下的死海，各地高度、纬度，以及与地中海的距离不同，以色列各地气候区域性特点相当明显。

为适应气候的区域性差异，有效保持水资源与生态环境长期、稳定的发展，以色列形成了以节水农业体系为特色的循环农业发展模式。节水农业是提高用水有效性的农业，是水、土、作物资源综合开发利用的系统工程。节水农业灌溉方式主要为喷灌和滴灌，相比传统沟渠漫灌方式主要有以下优点。

（1）节约土地，增加种植面积。传统沟渠漫灌方式需要在水源和田间建造各种传水沟渠，并且在田间需要配备田埂、畦进行灌溉，这些沟渠、田埂、畦等水利设施直接导致土地有效种植面积减少 20%~30%。采用喷灌或滴灌方式，可以直接取消沟渠、田埂、畦等水利设施，增大有效种植面积。

（2）保护环境，渠道防渗。田间实行节水滴灌技术，水可以直接输送到农作物根部，比传统灌溉方式节水 1/5，可以有效减少灌溉淡水资源的使用量；同时降低灌溉过程中引发土壤次生盐碱化的风险。

（3）减少农田水利建设投入，有效防止水土流失。采用传统地面沟灌、畦灌、自流漫灌，要平整土地，农田水利基本建设成本投入增大；采用喷灌或滴灌，土地可以保持其自然状态，无须平整，不仅可以大幅减少农田水利建设投入，更有利于大型农业机械连续作业，有利于大面积产业化种植；在坡度较大的耕地应用滴灌还能够防止水土流失。

（4）增加产量，提高经济效益。采用节水灌溉可以根据土壤干湿程度、作物生长需求对作物进行适时、适量灌溉，确保作物科学生长，显著增加作物产量，提高经济效益。

节水农业属于农业可持续发展的有机组成部分，其本质是根据水资源条件、土壤干湿程度及农作物生长的需水规律，高效运用水资源，提高农作物产量和经济效益。

7.3.3 各具特色的循环农业模式

以德国为代表的欧盟国家以生态农业理论为指导，最大限度减少资源投入，保护农业生态环境。其综合型循环农业发展模式，主要遵循清洁生产理论，在农业生产过程中通过控制投入品种及数量保护生态环境，并实现土壤保护与土质优化目标。例如，禁止耕种者使用化肥、化学农药等，严禁使用易溶化学肥料。采用传统喂养方式的畜禽粪便做有机肥料，采用轮作或间作，保持土壤肥力；采用自然放养，严格控制牧场载畜量，采用天然饲料喂养，不得使用抗生素与转基因技术。

德国绿色能源农业是指人们利用农作物（绿色能源型）将太阳能转变为有机能，并储存于植物体内，再通过相关科学技术手段，将有机能转化为人类所需能源的一种农业生产活动。德国科学家通过对甜菜、油菜、玉米、马铃薯等农作物进行定向培育，从中成功制取了甲烷、乙醇等绿色能源。目前，德国可以用油菜籽提取植物柴油，以代替化石燃料柴油用作动力燃料，通过技术转换还可用作化工原料。

绿色能源农业具有如下特点：①通过农作物（绿色能源型）将太阳能转变为有机能，属于绿色可再生能源；②通过相应科学技术将有机能转化为替代能源，被人类充分利用；③绿色能源农业的生产过程，主要吸收大气中的 CO_2 和水，从生态系统能量流动和物质循环的角度来讲，可以降低大气中的 CO_2 浓度，减轻地球表层温室效应，有利于保持地球生态系统的碳平衡。

第二次世界大战后，德国致力于经济恢复和发展，生产和消费不断扩张，生态环境日益恶化、自然资源日趋短缺，德国政府不得不关注资源的使用效率和废弃物的科学处理。1972 年，联合国人类环境会议通过《人类环境宣言》和罗马俱乐部发表《增长的极限》后，德国率先发展废弃物经济。1972 年颁布《废弃物处理法》，开展固体废弃物的焚烧和填埋。1991 年，通过《包装条例》，确立"资源—产品—再生资源"的发展思路，企业自发建立双元回收系统（duals system deutschland, DSD），掀起了包装废弃物再生利用的革命。1994 年，德国制定《循环经济与废弃物管理法》，将原有的物质闭路循环思想从包装问题扩展到所有的生活废弃物方面，确立废弃物管理的基本原则，明确约束和激励机制。

此后，德国在企业和园区两个层面推进循环经济。企业层面，大力实施清洁生产，加强资源和能源的综合利用，促进企业内各部门之间的原料循环，延长生产链条，减少生产过程中原料和能源的使用量，最大限度地降低废弃物和有毒物质的排放，并最大限度地利用可再生资源。园区层面，在公司间建立物质流网络，把一方的废弃物作为另一方的原料，并实现废弃物零排放。德国注重循环经济技术的开发和引进，通过技术创新基金、专利局补贴等方式鼓励企业引进新技术、改进产品设计、改善工艺流程。德国利用绿色消费促进循环经济发展，在政府建立绿色采购制度，在民间鼓励绿色消费。此外，德国鼓励公众参与循环经济发展，确保循环经济的顺利实施。

循环农业起源于循环经济理论在农业经济系统中的应用。德国实施了高于欧盟《关于生态农业及相应农产品生产的规定》的标准，对农产品统一实行生态标识制度。2014年，欧盟正式通过循环经济发展战略的决定，通过发展循环经济，提升区域经济竞争力与创新力。在农业食品领域的消费环节，欧盟倡导食品生产全系统资源节约，建设再生性农业系统与食品系统成为欧盟农业食品领域循环经济发展的重要主题。

循环农业的内涵丰富，世界各国在石油农业向可持续农业转型过程中，依据各自不同的自然条件、经济发展水平、产业优势等特点，结合本国国家战略，形成了各具特色的典型循环农业模式。

丹麦是世界上最早使用秸秆发电的国家，目前丹麦能源消费量的24%以上依靠秸秆发电等可再生能源。丹麦秸秆发电厂均采用丹麦 BWE 公司率先研发的秸秆生物燃烧发电先进技术。秸秆经收储站统一组织收储与预处理，秸秆发电用于家庭生产用能，秸秆燃烧后的草木灰用作农田肥料。此外，丹麦也是欧盟普遍采用集中式厌氧消化沼气工程的首创国家。其采用的多元发酵原料，一部分来源于畜禽养殖粪污、污水处理厂剩余污泥，一部分来源于就近城乡区域的工业及家庭有机废弃物。经中高温发酵与巴氏消毒后，沼渣、沼液分离用于农田施肥，沼气用于热电联产。集中式沼气工程模式受能源政策、优质原料供给的影响较大。

英国的永久农业是一种土地使用和社区建设行为，目的是将人类居住、区域气候、一年生和多年生植物、动物、土壤和水和谐融入，并形成稳定又有生产力的社区。

菲律宾玛雅农场最初只是一个面粉厂，从20世纪70年代开始，经过10年建设，形成了一个农林牧副渔良性循环的生态系统。面粉厂产生大量麸皮，为了不浪费麸皮，建立了养殖场和鱼塘；为了增加收入，建立了肉食加工和罐头制造厂，对畜产品和水产品进行深加工。到1981年，农场拥有36hm^{2}的稻田和经济林，饲养2.5万头猪、70头牛和1万只鸭。为了控制畜禽粪肥污染、循环利用加工厂的废弃物，农场建立起十几个沼气车间，每天生产沼气十几万立方米，能满足农场生产和家庭生活所需的能源。从产气后的沼渣中还可以回收一些牲畜饲料，其余用作有机肥料。产气后的沼液经处理后送入水塘养鱼养鸭，最后再取塘水、塘泥用来肥田。农田生产的粮食由面粉厂加工，进入下一次循环。玛雅农场不从外部购买原料、燃料、肥料，能保持高额利润，没有废气、废水和废渣的污染，充分实现了物质的循环利用。

7.3.4 发达国家经验对中国的启示

1. 建立健全农业循环经济政策法规

农业循环经济是政府导向型经济，政府有责任建立良好的法律和制度环境，使农业经济步入可持续发展之路。首先要构建支持体系，完善农业投入政策、土地承包政策、环境保护政策、社会保障政策等。其次要充分发挥政策的调节作用，适时采取税收、信贷、财政扶持等手段，鼓励农户发展农业循环经济，保障农业循环经济健康快速发展。发展农业循环经济，还要在法律、法规和制度上给予保障。中国现有的一些促进循环经济发展的立法实践和探索，尚未形成体系，要加快制定农业循环经济发展法规，确保农业循环经济发展有法可依，有据可循。

2. 完善适合农业循环经济发展的财政体系和市场体系

在市场经济条件下，农业循环经济的发展离不开财政税收的支持和健全的市场体系。从财政角度，一要加大对农业和农村的资金投入，二要建立国家、集体、个人多渠道融资结构，三要发挥私人资本的作用，鼓励并引导私人资金投资，发展循环农业。从市场角度，要积极推进农业产业化经营，充分发挥市场作用，优化配置农业资源，引导各地因地制宜地选择适宜的农业循环经济发展模式，优化调整产业结构，避免农业循环经济的盲目性和滞后性。同时，不能忽视日益稀缺的自然资源，要建立合理的价格机制，如水资源、电资源价格机制，通过建立公共物品的使用付费制度，解决经济发展与环境恶化之间的矛盾。

3. 构建科技创新体系，加强人才培养

各级政府要高度重视技术创新对农业循环经济发展的增速器作用，人才是发展农业循环经济的关键。实现技术创新，首先要保障科研经费投入充足，加强农业科研人才的培养，为我国发展农业循环经济提供充足的人才保障。其次要完善农业科技推广体系，优化农业科技推广队伍，加强各类科研机构、大专院校、农户之间的交流合作，建立产学研一体化的发展模式，加速农业科技向生产力的转化。最后要建立并发展农业循环经济体系，如绿色高效生态畜禽养殖技术、立体种植和间作套种技术、一体化循环养殖技术等，巩固并提高农村可再生资源的综合循环利用水平，促进农业循环经济的发展。

4. 转变传统观念，发展农业循环经济

集中各方力量，加强农业循环经济的宣传、教育和培训，使社会各阶层、各群体了解并认可循环经济，切实推进农业循环经济建设稳步发展。以科学发展观为指导，辩证地认识经济发展与环境保护之间的关系，促进农业循环经济的协调

发展。加快建立绿色经济核算制度，尽快在全国范围内实施世界银行推出的绿色 GDP 国民经济核算体系（绿色国内生产净值，environmentally adjusted domestic product，EDP），促进各级政府转变片面追求 GDP 高增长的传统观念，以新发展理念指导实践。通过农科频道、农业电台、宣传画册等进一步宣传发展农业循环经济的益处，让老百姓成为发展农业循环经济的忠实践行者和拥护者，不断推进我国农业循环经济的快速稳步发展。

传统农业"高投入、高能耗、高污染"的经济发展模式造成了资源的巨大浪费和生态环境的不断恶化，严重制约社会经济的可持续发展。农业循环经济以循环经济理论为核心，倡导低消耗、低排放、高效率，是对传统经济发展模式的根本变革，对我国的粮食安全、食品健康，"将饭碗端在自己手上"意义重大。

第 8 章 农业循环经济发展模式

经济学史研究发现，在 900 多年前中国珠江三角洲就出现"基塘系统"的雏形。然而，与"天人合一"思想一样，世界何时出现农业循环经济雏形难以说清，因为人的思想是从实践中得来的。随着人们实践的增加和知识的积累，农业循环经济复合系统不仅类型增多，功能和稳定性也逐步增强。

8.1 循环农业模式的物质代谢

从物质代谢和能量流动特点看，种养殖农业生态系统存在着物质代谢和资源共享。其中，以基塘模式为代表的循环经济模式，表现为物质代谢或"上游废弃物变下游原料"的过程；以稻鸭系统为代表的循环经济模式，表现为营养物或要素共享，又分为平面和立体形态的营养物共享。

农业循环经济是将种植业、畜牧业、渔业等与加工业有机联系，利用物种多样化和微生物等核心技术在农林牧副渔多模块整体生态链中形成系统、协调和良性循环，力求优化产业结构，节约农业资源，保护生态环境，提高产出效果效益，形成新的农业循环经济发展模式。

8.1.1 物质代谢模式

在我国热带、亚热带地区，可以发现众多农业循环经济发展的物质代谢模式。其中，种在地上的植物类型因地而异；养在塘里的鱼也有很多品种。但抽象出来的物质循环方式和原理是一样的（图 8-1）。

新中国成立以后，中学地理课本上就出现珠江三角洲地区桑基鱼塘模式的介绍。近年来，全国各地围绕资源节约集约利用、投入减量与生产清洁、生态环境保护、污染治理与废弃物利用，积极探索农业循环经济发展模式。从物质代谢和能量利用角度出发，农业循环经济类型可分为以下几类。

图 8-1　农业生态循环示意图

1. 桑基鱼塘模式

桑基鱼塘模式是最基本的农业生态系统的物质代谢类型。研究表明，桑基鱼塘模式在我国珠江三角洲北部、杭州等地均有分布。

这种模式在各地的实践中，出现一些因地制宜的变化。

（1）蔗基鱼塘。这种系统结构较简单，有一定的水陆相互作用，嫩蔗叶可以喂鱼，塘泥肥蔗，主要起催根作用，使甘蔗生长加快；塘泥含大量水分，对蔗基有明显作用。一些地方在蔗基养猪，嫩蔗叶、蔗尾、蔗头等废弃部分用于喂猪，猪肥用于肥塘。

（2）果基鱼塘。从已有资料看，全国各地在塘基上种的果树种类很多，有香蕉、大蕉、柑橘、木瓜、杧果、荔枝等；同一地点的果树品种也有不同，主要看市场需求和生长情况，一般均能产生较好的经济效益。一些地方在高秆植物基部放养鸡、鸭、鹅等家禽，家禽既可以吃草、虫，又可以增加经济收入，家禽粪便还可以肥地，可谓一举多得。

此外，还有花基鱼塘、杂基鱼塘等类型。前者是在塘埂上种养各种各样的花草，后者则在塘埂上种植蔬菜、花生等经济作物。

在江苏北部地区还有很多类型，如鱼-桑-鸡模式。池塘内养鱼，塘四周种桑树，桑园内养鸡。鱼池淤泥和鸡粪作桑树肥料，蚕蛹及桑叶喂鸡，蚕粪喂鱼，桑、鱼、鸡形成物质代谢或循环。高邮、建湖等地的试验表明，每5000kg桑叶喂蚕，蚕粪喂鱼，可增加鱼产量25kg；年产鸡粪1200kg，相当于给桑园施标准氮肥18kg，磷肥17.5kg。

又如"生物链"模式。建一口8～10m³的沼气池，饲养100只鸡、3～5头猪，养3亩水面的鱼，种5亩农田作物。以沼气为中间环节，连接鸡、猪、鱼和农作物，形成封闭生物链循环系统。饲料→养鸡（喂猪）→鸡粪（猪粪尿）进沼气池，沼气作为生活用能，沼液、沼渣喂鱼→鱼塘泥和部分沼渣肥田。这种模式具有多业并举互补的特点。

2. 以废弃物利用为主线的产业链延伸

产业链延伸，是指对农、林、牧产品加工中的副产品和废弃物等进行重复利用或深加工，以促进农产品增值，以最大限度地提升农产品资源的利用率，实现经济效益与生态效益的有机统一。

产业链延伸技术被我国的农户广泛使用，并成为农民致富的途径。产业链延伸技术简单地说是指施行清洁生产，综合利用能源及其废弃物的生产活动过程。其倡导经济与环境协调发展的理念，实现资源使用减量化、产品循环利用、废弃物资源化的目的。产业链延伸技术主要有以下类型。

（1）将粮食加工成饲料养殖畜禽进行动物转化。例如，把玉米、豆粕、鱼粉等按比例配成饲料用以喂养畜禽，通过对饲料配比、加工饲养、管理和疫病防治等一系列科学技术的运用，促成产业链的物质循环和产值提高。对粮食进行科学转化，可提高粮食的附加值，使农业生产的综合效益实现倍增，实现农业生产的持续健康发展。

（2）将禽粪经过处理后喂猪。将没有受到污染的禽粪收集起来，经检化、密闭发酵、干燥等加工处理，并配以一定的精料用以喂猪。针对相异发育期的生猪，按期调节饲料配比，依靠科学喂养、经营与疫病防治等技术措施，形成产业链的次级物质循环利用。将禽粪加以循环利用，不但能降低生产成本，还能提高资源利用率，在同等养殖投入的情况下，通过运用食物链的物质循环利用技术，每头猪均能获利。

（3）充分利用猪粪制取沼气。收集猪尿液和粪便等制取沼气，既能净化环境，又能利用沼气满足居民日常生活的能源需求，还能为农业生产提供大量能源。沼气能用来照明、做饭、发电、农产品加工，还能为大棚提供作物生长需要的CO_2等。

（4）利用沼液浸种、浇菜及养鱼和育菇。沼液是营养全面的溶肥性液体，含有许多沼气发酵的生化产物，如含有 2.61%的必需氨基酸，2.71%的非必需氨基酸，含有大量的氮、钾、磷、铁、锌、铜等微量元素，还含有维生素B_2与酶类、蛋白质，能对生物的生长代谢起营养和调节作用。施用沼液浸种还具有催芽、壮苗、预防病虫害发生等功效，用沼液养鱼能增产25%，用沼液喷洒果树，可产生果形好、着色佳、大小均匀且产量高等功效。

（5）用沼渣作肥料。沼渣能提高土壤有机质含量，减少农药用量，降低成本，提质增效，生产出无化肥和农药污染的无公害食品或绿色食品。在沼气发酵原料充足的情况下，沼液、沼渣可用作农业生产或种植所需的肥料，从而极大地减少农田化肥农药的使用量。

（6）把猪舍与沼气池建在塑料大棚中，形成猪舍-沼气池-蔬菜模式。这可以解决冬季沼气池产气少、养猪半年不长的问题，亦可促进蔬菜生长。每年10月到翌年3月太阳能猪舍温度比普通猪舍温度高10～15.6℃，在相同条件下每头猪每天能增重0.61kg，假若料肉比为3.5∶1，每头猪每年冬季可节省约65kg饲料，节约200元的养殖成本。冬季猪在太阳能猪舍中生长更快，沼气池亦可正常产气供气，猪呼出的CO_2还能被太阳能暖房内的蔬菜吸收，使蔬菜快速生长，农户不仅能获得更好的经济收入，也能实现蔬菜生产的无公害化与绿色化。这与"富碳"农业异曲同工。

产业链延伸技术在各地的实践中，出现了众多的形式。

牛-鱼模式。将杂草、稻草或牧草氨化处理后喂牛，牛粪发酵后喂鱼，塘泥作农田肥料。2头牛的粪可饲喂1亩塘的鱼，年增产成鱼200kg。

鸡-猪模式。用饲料喂鸡，鸡粪再生处理后喂猪，猪粪作农田肥料。每40只肉仔鸡1年的鸡粪可养1头肥猪（从仔猪断奶至育肥到75kg）。

鸡-猪-鱼模式。用饲料喂鸡，鸡粪再生处理后喂猪，猪粪发酵后喂鱼，塘泥作农田肥料。以年养100只鸡计算，将鸡粪再生处理后喂猪可增产猪肉100kg，将猪粪发酵后喂鱼可增产成鱼50kg，加上塘泥作肥料，合计可增收1000元。

鸡-猪-牛模式。用饲料喂鸡，鸡粪再生处理后喂猪，猪粪处理后喂牛，牛粪作农田肥料。这样可大大减少人、畜、粮的矛盾，有效地降低饲料成本。

家畜-蝇蛆-鸡-牛-鱼模式。家畜的粪便喂蝇蛆，蝇蛆是鸡的高蛋白质饲料，鸡粪发酵后喂牛，牛粪发酵后喂鱼，塘泥是优质有机肥料。

牛-蘑菇-蚯蚓-鸡-猪-鱼模式。利用杂草、稻草或牧草喂牛，牛粪作蘑菇的培养料，用蘑菇采收后的下脚料繁殖蚯蚓，蚯蚓喂鸡，鸡粪再生处理后喂猪，猪粪发酵后喂鱼，塘泥作肥料。

家畜-沼气-食用菌-蚯蚓-鸡-猪-鱼模式。秸秆经过氨化、碱化或糖化处理后喂家畜，家畜粪便和饲料残渣制沼气或培养食用菌，食用菌下脚料繁殖蚯蚓，蚯蚓喂鸡，鸡粪发酵后喂猪，猪粪发酵后喂鱼，沼渣和猪粪养蚯蚓，将残留物养鱼或作肥料。

值得一提的是，由于公众环保意识的提高，农业物质循环的传统做法受到极端环保主义者的攻击。这就需要认真研究对待，公正、客观地传承我国的优良传统和文化，顺应发展的潮流。

8.1.2 资源共享模式

在我国南方一些水网地区，水稻是主要粮食。在长期的实践中，劳动人民探索出丰富多彩的稻田生态模式，如稻田养鱼、养鸭、养蟹、养虾等。

稻田养鸭是一种"人造"共生系统。利用动植物间的共生互利关系、空间生态位、时间生态位、鸭的生态学特征（主要是杂食性），运用现代技术措施，将鸭围养在稻田，让鸭和稻"全天候"地同生共长，以鸭捕食害虫代替农药治虫、以鸭采食杂草代替除草剂、以鸭粪作为有机肥代替部分化肥，从而实现以鸭代替人工为水稻防病、治虫、施肥、中耕、除草等目的。

从物质代谢、能量利用角度看，资源分享模式可以分为"五配套"等类型。

1. 西北"五配套"生态农业模式

"五配套"生态农业模式是解决西北干旱地区用水、促进农业可持续发展、提高农民收入的重要模式。每户建一个沼气池、一个果园、一个猪圈、一个蓄水窖和一个看营房，实行人厕、沼气、猪圈三结合。猪圈下建沼气池，沼气池上养殖畜禽，除养猪外，猪圈内上层还可以放笼养鸡，形成鸡粪喂猪、猪粪产沼气的立体养殖和多种经营系统。

该模式以土地为基础，以沼气为纽带，形成以农带牧、以牧促沼、以沼促果、果牧结合的配套发展和良性循环体系。产生的效益为"一净、二少、三增"，即净化环境，减少投资、减少病虫害，增产、增收、增效。每年可增收节支 2000～4000 元。

我国还存在诸多资源共享型的农业循环经济发展模式。

猪-沼-果（林、草）模式的基本内容是户建一个沼气池，人均年出栏 2 头猪，人均种好一亩果。通过沼气综合利用，可以创造可观的经济效益。大量实践表明，用沼液加饲料喂猪，猪毛光皮嫩，增重快，可提前出栏，节省饲料约 20%，大大降低了饲养成本，激发了农民养猪的积极性；施用沼肥的脐橙等果树，比未施沼肥的年生长量高 0.2m，可多长 5～10 个枝梢，且植株抗旱、抗寒和抗病能力明显增强，脐橙等水果品质提高 1～2 个等级。另外，每个沼气池每年可节约砍柴工 150 个。作为南方猪-沼-果能源生态农业模式的发源地，江西省赣州市和广西壮族自治区恭城瑶族自治县给全国提供了发展小型能源生态农业模式，特别是庭院式能源生态农业模式的思路。

畜禽养殖是一个重要农副产业，一段时间内在全国得到迅速发展，为"菜篮子工程"和增加农民收入做出了重要贡献。但是，在畜禽养殖业发展中，也存在布局不合理、畜禽粪便污染严重、管理不到位等弊端。由此一些地方通过探索形成了良性循环发展模式。

为解决畜禽养殖污染问题，一些地方不断总结、探索，形成了不少典型模式。在各地的实践中，也出现一些变异模式，主要有以下类型。

（1）猪-沼-菜模式。户建一个 6～8m³ 沼气池，养 2 头以上的猪，配套 1 亩左右的露地菜。猪粪入池，沼肥种菜，以沼渣作底肥、沼液作追肥，通过沼液叶面喷施抑虫防病。也可采用猪-沼-大棚蔬菜模式，在 0.8 亩塑料大棚内建个 8m³ 沼气池，饲养 3~5 头猪。人畜粪便进入沼气池，沼气烧饭或为棚内生产照明、升温，为蔬菜生产提供肥源；沼渣、沼液做肥料改良土壤；棚内蔬菜生产基本不施化肥，用药量大大减少，增产幅度达 20%~30%，且品质大幅提高。由于猪舍沼气池建在日光温室内，猪生长快且节省饲料，增加了养猪的经济效益。

（2）猪-沼-果（鱼）模式。户建一个沼气池，年均出栏 3~5 头猪，种 1~2 亩的果树，用沼渣、沼液作为速效有机肥用于果树追肥，能使果品品质提高 1~2 个等级，增产幅度达 15%以上，生产成本下降 40%。也可采用"猪-沼-鱼"模式，该模式主要在养鱼户中发展，人畜粪便入沼气池发酵后喂鱼，沼渣作为鱼塘基肥，沼液作为追肥，从而降低饲料成本，减少鱼塘化肥施用量，控制鱼类疾病。

2. 立体种植模式

江苏高邮等地，经探索发展形成"一环""双链""三流""四水"模式（图 8-2）。"一环"（生态农业产业环）、"双链"（食物链+产业链）、"三流"（物质流、能量流、效益流）、"四水"（水禽、水产、水生蔬菜和水稻）模式，建成了集生产、观光、休闲、养生保健于一体的生态农业产业基地。

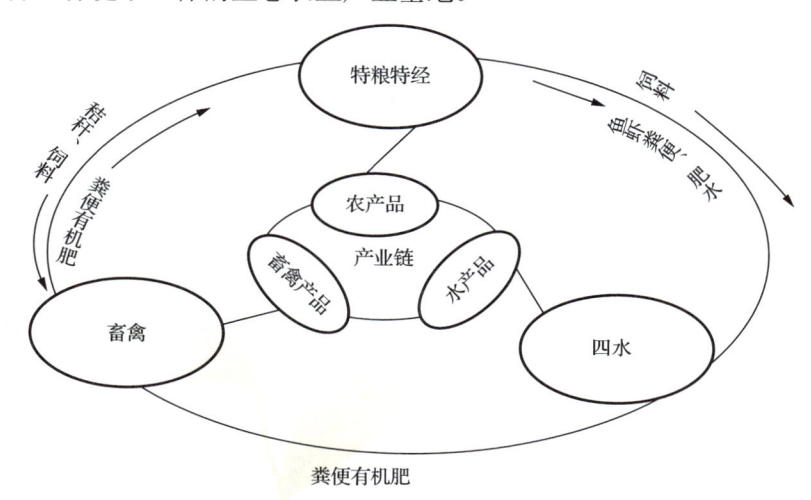

图 8-2 "一环""双链""三流""四水"模式

1）生态种植模式

生态种植模式包括特粮特经+畜禽、特粮特经+畜禽+水产、四水等生态种养模式。双链型生态种养模式，如图 8-3 所示。

双链型生态种养模式是在农业集约化经营中，以生态经济学理论为指导，在整体、协调、循环、再生、无污染、可持续原则下组织生产，促成无公害、绿色或有机农产品等生态经济链的循环，即利用生物食物链形成生态农业经济链。

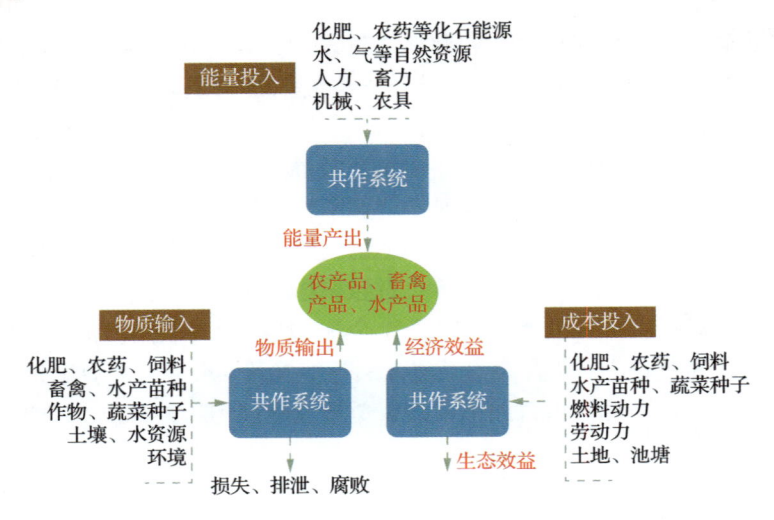

图 8-3 双链型生态种养模式

2）双链型生态种养模式

（1）种植业。有机稻米种植的品种为南粳9108。采用天然的有机栽培方式，种植面积达400多亩，年产有机稻米15万kg。稻米经过加工、包装，以公司自主品牌进行销售。同时开展稻田养鸭、稻田养虾的生态种养模式的技术研究与示范。

（2）经济林果。经济林果的种植品种为梨树，还可以继续增加果树种植品种，为发展休闲观光农业、采摘做前期铺垫。同时，还可以发展林下种草养鹅、种草养羊等循环农业。

（3）水生蔬菜。种植莲藕、慈姑、茭白、芡实、空心菜、菱角等，根据基地低洼水田、池塘等条件因地制宜地种植，生产健康绿色水生蔬菜食品，提高土地和水面利用率。

（4）鲜食玉米。种植甜糯型鲜食玉米，其具有甜、糯、嫩、香等特点。随着人们对健康饮食要求和市场经济的快速发展，鲜食玉米的种植生产具有良好的前景。

（5）高邮鸭。蛋鸭存栏近万只，年产鸭蛋120万枚，可以批发新鲜鸭蛋和生产高邮双黄蛋、松花蛋、咸鸭蛋等传统蛋制品并进行销售。同时发展稻-鸭、鸭-渔共作等循环农业，提高鸭蛋品质和经济效益，提高资源利用效率。

（6）各种蛋类。通过循环农业模式，生产无公害绿色农产品，打造各种绿色优质蛋品，主要包括鸡蛋、鸭蛋、鹅蛋等，同时进行蛋品加工，开发咸鸭蛋、松花蛋等蛋制品。

（7）水产业的小龙虾。技术依托单位从1998年起研究小龙虾的人工繁育和养殖技术，拥有江苏省海洋与渔业局认证的江苏省水产良种繁育场。小龙虾繁育无论是技术水平还是产业化水平，在国内均处于领先地位。公司从湖北潜江、江苏盱眙等地引进优质小龙虾亲本，进行了良种选育和苗种生产。

（8）泥鳅。技术人员在泥鳅人工繁育、高效养殖技术等方面有成功经验，并制定了相关技术规程，以进一步扩大泥鳅苗种的规模化生产，提高育苗成活率和效益。

（9）四大家鱼。主要养殖品种为青鱼、草鱼、鲢鱼、鳙鱼等，其中草鱼、鲢鱼、鳙鱼已经获得无公害农产品认证。

抽象地看，农业产业间相互交换废弃物，不仅使废弃物得以资源化利用，还减少了水稻化肥农药使用量，控制了农业面源污染，保护了生态环境，增加了经济效益。

在技术进步的推动和影响下，稻田养殖品种得到改良和更新，包括胡子鲇、罗氏沼虾、淡水青虾、河蟹、牛蛙、鳖、泥鳅，甚至鸭子和食用菌等新品种。稻田生态种养异常活跃，稻田养殖业高产高效。

此外，在全国各地农业产业化实践中形成的"市场+公司+科技园、基地+农户"的模式，不仅实现了贸工农一体化，产加销一条龙，而且还出现了各具特色的生态农业模式。在这些模式中，以资源高效利用和循环利用为核心，形成了种-加-肥-种、菌-肥-种的生态农业产业链，形成了可持续农业的经济增长模式。

8.2 不同空间尺度的农业循环经济

与我国现有发展阶段相对应，空间尺度的农业循环经济发展模式逐步成型，大致可以分为庭院、乡村、园区、县域乃至省市层面几个类型。

8.2.1 庭院农业循环经济模式

庭院农业循环经济是生态农业的一个重要组成部分，一般在广大农村农民住地庭院及其周边范围内进行，是以保护、建设、利用庭院生态系统及其资源，提高庭院生态系统综合生产能力为目的进行的农业生产活动。

1. 模式结构分析

我国庭院农业循环经济的空间结构可分为平面结构和立体结构两类，构成一个互相联系、相互协调的有机整体。

庭院是农户的独立单元，界线清楚、面积较小，具备生态功能与经济功能，是可以同时获得生态效益和经济效益的微型生态系统。庭院农业循环经济利用植物、动物和微生物间的相互依存关系，形成群落内的生物共生、物质的循环与再生，有机物在食物链各个营养级上均能得到充分利用，种养加有机结合，提供尽可能多的绿色产品，提高了农业生产力和物质能量的转化效益。庭院农业循环经济合理充分地利用光照条件，兼顾空间位置和动物物种之间的相互关系。其分解者，即微生物种类和数量十分丰富；除栽培食用菌和药用菌之外，利用甲烷菌生产沼气，沼气将生产者、消费者、还原者有机联系起来，构成庭院式农业循环经济生态结构中的纽带。

庭院农业循环经济的平面结构，是庭院二维水平结构和布局，即庭院生态系统中诸多相对固定组分在庭院平面的合理布局。庭院的平面结构布局合理与否，不但会影响其他物种结构，还直接影响庭院生态系统的环境质量、景观结构及生产功能的充分发挥。庭院平面结构布局应遵循的原则是：立足当前，考虑长远；主次分明，层次有序；趋利避害，统筹协调；排水通风，兼顾四季；前低后高，有利光照；方便生活，利于生产；先易后难，逐步到位。

庭院农业循环经济的立体结构，是在平面结构布局基础上的立体空间布局与自然资源多层次利用。在十分有限的庭院空间里，要实现庭院功能最大化、效益最优化，必须通过立体结构的科学构建与调控来实现。庭院立体结构是一个复杂的庭院农业生态系统。应优化庭院的立体结构，以便使有限的庭院自然资源、社会资源得到多层次、多方位的充分利用，获得最佳的生态环境质量和最大的经济效益产出。庭院立体结构包括空间层次利用、屋顶利用、地下利用、"附壁栽培"、廊道利用、阳台利用、复层结构窗台利用等；庭院立体结构利用方式包括塔式栽培、柱式栽培、架式栽培等，以及温室、厕所、厩舍、沼气复合结构。可以利用生物种群间的"相生"原理，提高庭院生态系统的稳定性；也可以利用物种间"相克"原理治理病虫害。作为一个完整的庭院农业生态体系，需要技术工艺集成，形成一个人为的复合技术工艺体系，实现整体效益最优。

2. 效益分析

庭院农业生态系统是农业生态系统中物质和能量高度密集的重要系统，庭院是农业生产活动的重要场地。农业生态系统中生产的大部分农副产品的晾晒、储藏、保鲜、加工和转化，几乎都要在庭院中进行。庭院农业生态系统的经济效益，是整个农业生态系统中经济效益的重要组成部分。在农业生态系统的经济效益中，庭院农业生态系统的经济效益占重要比例。合理发展庭院农业循环经济，可以变废为宝，将秸秆和动物粪便转变成沼气，增加农村能源供给，减少面源污染，显著改善农村环境。

农业生态系统80%以上的农产品暂时聚集在庭院农业生态系统中，大量有机质的不合理富集成为环境污染的潜在来源。例如，庭院堆积的大量农作物秸秆腐烂、牲畜和人排泄物的积累、农副产品加工的"三废"，都可能给庭院生态系统造成污染。因此，必须利用食物链结构和人工食物链加环、解链原理，使富集在庭院农业生态系统里的大量有机质得到多层次转化利用,化害为利。利用农业副产品既能生产生态产品,又能消除农村环境污染源。

庭院农业生态系统的社会效益,表现在以下几个方面。

(1) 加速农村剩余劳动力的转移。开发利用庭院生态农业的特定土地资源、生态空间和农副产品资源,农忙时下田,农闲时进行庭院生产,开展庭院种养加实践,既可以利用农村剩余劳动力资源,增加农民收益,也可以建设村风文明。

(2) 改善农村部分孤寡老人和病残人员的福利水平。随着老龄化的到来和"一孩化"后"一对子女养活四个老人"情形的出现,农村老年人和残疾人基本丧失了繁重劳动能力,地方政府因增加对老年人和残疾人的必要安置和照顾,财政负担越来越重。如果老年人和残疾人能在庭院中从事一些力所能及的劳动,并由此增加一定的经济收益,将会减轻子女和地方各级政府的经济压力,也能在一定程度上改善生活水平,这样自己也心情舒畅,并对社会有所贡献,生活更加充实并有幸福感。

(3) 加快形成文明的农村风尚。农村的"两个文明"(物质文明和精神文明)建设,是建设我国社会主义新农村的重要内容。通过示范户带动,力争做到庭院清洁卫生,文明美化,"鸡有栏、猪有圈、花红果香、葡萄满架",既增加物质生产又美化居住环境,还可以改善人们的精神面貌。

(4) 促进农业农村可持续发展。庭院实际上是农民的农业试验场。一些在庭院里取得成功的成套技术,可进一步在农田里推广运用。因此,庭院经济的发展,对推动农民主动积极地学科学、用科学十分有利。

在"养猪为过年,养牛为耕田,养鸡生蛋换油盐"的时代,主要从事自然经济再生产,年年"耕牛一头,肥猪一只,孵鸡一窝",循环往复,概不例外,偶尔失误则会影响一个家庭的基本生活。在商品经济时代,牛不但可以耕田、拉车,还有奶牛、肉牛和比赛用牛等品种。养猪不再是为过年,还可以出售;不再是一头,可以是几头、成百上千头。鸡不再用于换油盐,还可成批外运;不是一窝而是无数窝。换言之,庭院经济已经由自然经济的简单再生产发展成为商品经济的扩大再生产。

庭院生产的产品,只有经过市场交易才能产生经济效益。"货畅其流",庭院产品才能成为"流水"和"活水",不然就是"腐水"和"死水"。"畅"的关键:一是信息,哪里需要就运到哪里去;二在货源,要靠收集;三在物流。要防止"货到地头死",在考虑"货流"时需要特别注意这一点。概言之,信息要准,经营方式要妥,生产技术要精,货流畅而不死。

庭院商品经济的扩大再生产,必须以庭院自然经济的简单再生产为基础,在此前提下发展起来的商品经济,才是庭院经济;超越了这个前提而发展到大田甚至乡镇,就是庭院促大田、促乡镇企业发展,而非庭院经济范畴了。

8.2.2 乡村循环农业模式

1. 模式系统结构

乡村农业循环经济发展模式，在构成要素的数量和类型上均要比以农户为单元的庭院农业循环经济模式复杂。其在空间上比庭院大得多，是一个由相互依存、相互制约的各种因素构成的复合系统，各组分之间存在着复杂的相生相克关系。乡村农业循环经济，既可以看作是庭院生态系统的放大，也是一个完整的农业生态系统。从构成要素看，乡村农业循环经济可以分为两类，一类是构成要素相对单一的简单生态农业系统，另一类是构成要素相互关联的复杂生态农业体系。

简单生态农业系统，结构单一。在村级工农业总产值中种植业占比较高，畜牧业、工副业、林业及渔业等比重较低，生态系统结构简单。由于产业结构单一，以种植业为主，一级生产者在系统中占主要地位，缺少有效利用一级生产副产品（秸秆等）的二级生产。秸秆还田率较低，只有10%左右，小麦秸秆在地里烧掉，宝贵的碳、磷、氮全部损失。畜禽量较少，家用小沼气池稀有，沼气池使用率和产气率不高，生物能利用率和物质循环利用率均很低，大量沼渣、沼液白白流失，有机肥使用不多，种植业靠大量化肥和物化劳动来维持。长期大量使用化肥，造成土壤板结、土壤细菌微生物减少和环境污染。农林牧副渔各业没有全面配套发展，没有跳出单一经营的圈子，劳动力利用不充分，制约了劳动生产率的提高和人均收入的持续增长，制约了农林牧副渔的相互促进、协调发展，也难以实现经济发展与生态环境的良性循环。由于产业结构简单，食物链数量少，对突发事件应变能力也差。

复杂生态农业系统，是以自然地理为边界，以人类活动为中心，自然与人工作用叠加的复合系统。组成要素包括生命系统（如作物、林木、家禽、家畜、水生生物、人口等）及非生命系统（如大气、水、土壤、建筑物等）。系统外部环境是影响系统并与系统成分相互作用的主要因子。村级生态农业系统的生命系统可分为初级生产者（绿色植物）、初级消费者（植食动物）及次级消费者（肉食动物）和分解还原者（微生物）。乡村生态农业系统还包括一些人工子系统，如饲料加工厂、豆制品厂、沼气系统等。初级生产者包括水稻、小麦、大麦、青贮作物、棉花、蔬菜、油菜、果木、蘑菇等；初级消费者包括奶牛、鸡、鸭、牛、猪、马、鱼等；食品加工和深加工，如饲料和食品加工等；以及以沼气池为纽带的废弃物利用系统。

乡村生态农业系统改变了原有以种植业为主的单一生产结构和简单的物质循环关系，形成了多种物质循环利用、重复利用和能量分级利用的立体结构。

例如，种植业-养殖业-林业系统。种植业为养殖业提供饲料，利用林地发展林下经济并为林业提供资金；养殖业又为种植业和林业提供有机肥料；而林业又为养殖业提供饲料，从而构成物质循环。

又如，种植业-养殖业-沼气-渔业系统。种植业为养殖业提供饲料；养殖业、种植业为沼气提供原料；沼渣、沼液是鱼的饲料、种植业的有机肥料；畜禽粪便还能直接进入鱼塘；塘泥又是农田的肥料。

再如，养殖业-饲料加工厂及豆制品厂-种植业-沼气-渔业系统。种植业为饲料加工及豆制品生产提供原料，豆制品厂产生的豆渣是养殖业的饲料；养殖业产生的粪便是沼气原料，又是种植业的有机肥料；沼渣、沼液既可以是养鱼的饲料又可以是种植业的肥料；鱼塘的塘泥也可以用作肥料。

这些立体结构，均通过系统内能源、物质的循环利用、分级利用，形成一个以沼气生产为中心的物质循环，有利于植物资源充分利用，提高系统内废弃物的再循环利用率，从而增加系统的经济效益；系统结构的多样化，系统要素彼此以对方为前提和基础的相互利用，使系统具有更高的生产率和更大的抗逆应变能力，也增强了系统的稳定性、协调性和可持续性。

2. 典型模式

乡村生态农业，是我国农业循环经济在乡村单元的一种重要实践形式。20世纪80年代以来，我国生态农业建设由自发实践转向有理论指导的可持续农业生产，由农业部（现为农业农村部）推动开展的全国循环农业村试点多达2000个以上，一些试点或模式的性质已发生很大变化。以下简要介绍北京留民营模式，并对山东淄博市临淄区西单村乡村循环农业进行分析。

1）北京留民营模式

北京留民营模式按照生态学原理，通过调整生产结构，大力植树造林，开发利用新能源和可再生能源，已从单一的种植业发展到农林牧副渔全面发展。种植区，在保持粮食生产的前提下又发展了标准化蔬菜大棚、果园和苗圃生产；畜牧区，蛋鸡饲养量、年出栏商品猪数量、奶牛饲养量、养鱼水面面积相对稳定。为充分利用现有资源，生产结构开始向深加工、立体化发展，先后办起了烤鸭厂、酸奶厂、饲料厂、面粉厂和食品加工厂，使经济效益进一步增值，既服务了首都，又富裕了农民（图8-4）。

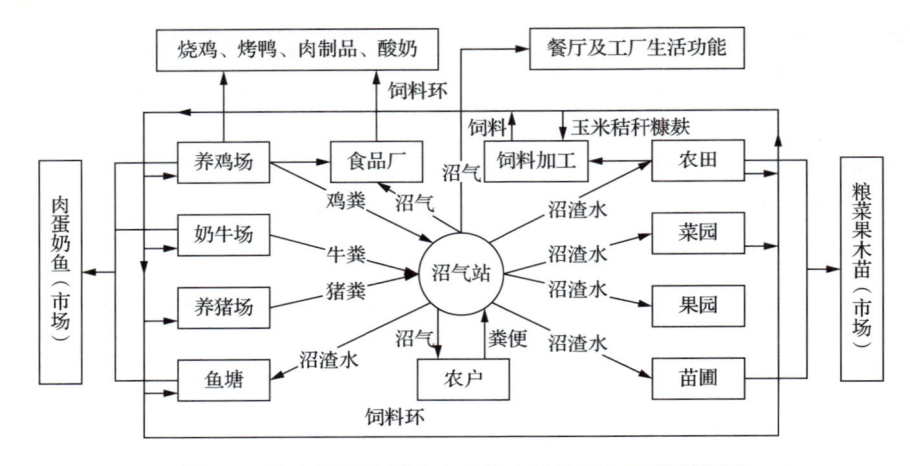

图 8-4 北京留民营模式农业生态系统综合利用循环图

2）山东西单村乡村循环农业

山东西单村位于淄博市西北，属暖温带半湿润半干旱的大陆性气候，光照充足，热量丰富，雨热同季，年均气温 12.7℃，年降水量 589.2mm，日照 2687.6h，无霜期 200 天左右，具有适于多种动植物生长发育的自然地理气候条件。西单村地势平坦，可耕作土层较厚、较肥沃，土壤有机质含量为 1.25%，速效氮含量为 61.5mg/kg，适于生物生长。在灌溉设施方面，全村拥有良好的喷灌系统，农田旱涝保收，抗御自然灾害能力强。此外，交通便捷、设施齐备，村内外柏油公路四通八达，具备与外界联系交流的必要条件。

1987 年以来，西单村开始实施生态农业建设，积极调整产业结构，发展庭院经济。在不适宜种粮的荒地种植优质葡萄，建设优质苹果园，种植大蒜，先后投资 200 万元建成 5000 头规模的养猪场、6000 只规模的养鸡场和 500 头规模的养牛场，购入大型秸秆青贮机，建成青贮池及 2200m³ 的大型沼气发酵工程。畜禽粪便全部入沼气池发酵，沼气用于村民做饭和取暖，沼渣、沼液用于肥田、喂猪，不仅使农业废弃物得到多层次利用，又彻底改善了农村生活生产生态环境，实现了农业生产的良性循环。通过以农养牧、种养结合，形成了种养加一体化、粮菜果沼多种经营的全面协调发展的乡村生态农业模式（图 8-5）。

西单村建了一个 7200m³ 的青贮池，可以消化本村的全部玉米秸秆，每年还要从外村购买 150 万 kg 玉米秸秆，以此青贮才能满足畜牧业发展的需要。奶牛粪、生猪粪和鸡粪等全部进入沼气罐，经过发酵后，每天约 1 万 kg 的沼渣进入农田，单位面积农田平均年施沼渣约 2.6 万 kg/hm²，实现了废弃物的资源化利用。粪便经过发酵后，平均每天可以产出沼气 295.98m³，基本可以满足全村农民 8～10 个月的生活用能需要，相当于户均节能折标准煤 1.6t，克服了户用小型沼气池出料难、利用率低、利用时间短等问题。经济效益显著，户均年收入可达 2000~6000 元。沼气工程的建设使农村能源结构发生很大变化，其替代了化石能源，改善了农村肥源结构，增加了肥源，降低了生产成本，促进了农业生态系统的物质循环。西单村庭院的小气候也得到改善。西单村以农业初级产品为原料的加工业，确保劳动力全部得到充分利用，提供了近 400 人的就业机会，具有良好的社会效益，整体实现了 3 个效益的有机统一。

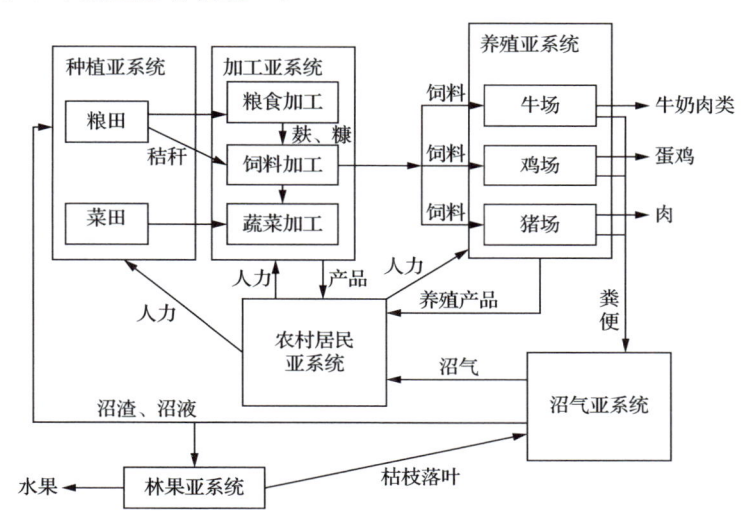

图 8-5　西单村乡村循环农业结构示意图

8.2.3　农业循环经济产业园

1. 产业园的系统构成

从规模出发，我国农业循环经济产业园可以分为两类，一类是以家庭为单元的小型循环农业园，另一类是大型循环农业园。园区的共同特点是，运用现代科学技术和管理方法，把种植业和林业、牧业、渔业及相关加工业有机结合在一起，形成相互促进、相互协调的关系，不仅能实现农产品的优质及生产的高效、低耗，提供绿色食品和其他生物资源，还能发挥重要的生态调节作用。我国已有 5 种比较成熟的循环农业园在不同地区运行。

1）种养殖与沼气池配套的循环农业园

在一定规模面积的土地空间种植农作物，同时建立适度规模的家畜养殖场和沼气池（图 8-6）。农作物秸秆和家畜排泄物进入沼气池生产沼气，向农户提供生活能源；沼气池出料口通向农田或蔬菜棚，有机物经过发酵成为高效肥料。农作物果实、秸秆和家畜排泄物都能得到循环利用，生产各种优质农产品，还能提供清洁能源，综合效益非常可观。这种模式在全国各地都有分布。

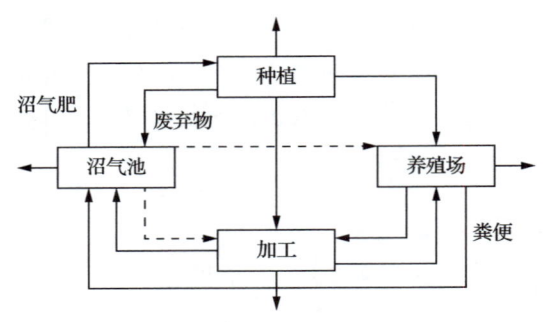

图 8-6 种养加和沼气配套的循环农业园结构示意图

2）稻鸭共生的循环农业园

根据动植物之间的共生性和互利性进行共育和混养，并建立循环农业园。例如，稻-鸭、稻-鸭-萍等循环农业园。整个过程不使用化肥农药，明显减轻了农民劳动强度，生产出的产品可达到无公害、绿色乃至有机食品标准，不仅水稻增产、品质提高，养鸭收入也很可观（图 8-7）。

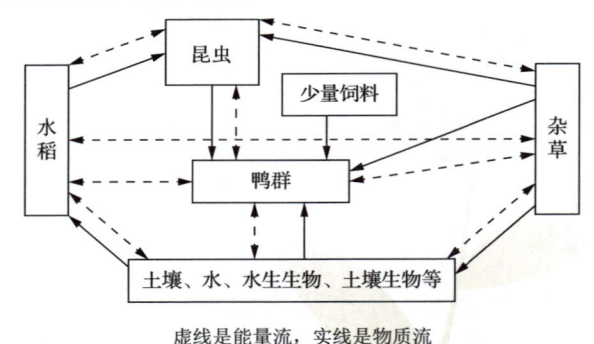

虚线是能量流，实线是物质流

图 8-7 鸭稻共生系统的食物链结构示意图

3）以基塘为载体的循环农业园

以基塘为载体的循环农业园主要表现形式包括桑基鱼塘、蔗基鱼塘、果基鱼塘及花基鱼塘等。桑基鱼塘在塘基上种桑树，桑叶养蚕，蚕沙、蚕蛹喂鱼，塘泥肥塘基上的植物，形成一个良性循环（图 8-8）。

类似地，蔗基鱼塘中嫩蔗叶喂鱼，塘泥肥蔗。果基鱼塘的果品是香蕉、柑橘、杧果、荔枝等。花基鱼塘塘基上的植物主要为茉莉、白兰、菊花、兰花等，以塘泥培育花。

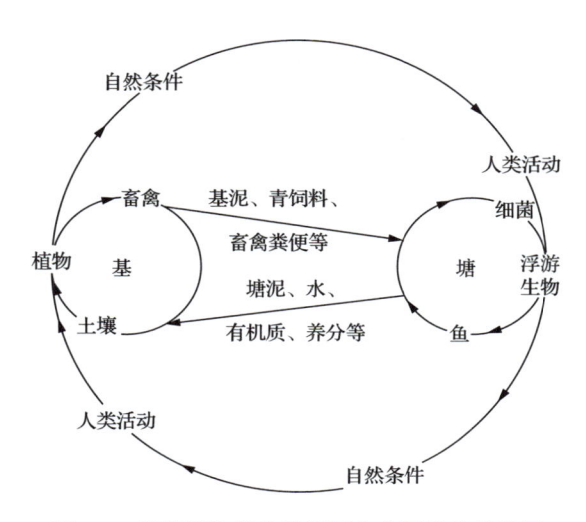

图 8-8 以基塘为载体的循环农业园结构示意图

4）山林基地种养结合的循环农业园

这种模式适用于山区荒坡地。山上种植经济林、果树或其他经济作物，利用高秆作物下面的空间，培育香菇、木耳，放养鸡等家禽或养殖其他牲畜，输入饲料和一些农牧用生产资料，生产木材、水果、香菇、木耳，以及畜、禽、蛋等产品，资源可以得到综合利用和循环利用（图 8-9）。

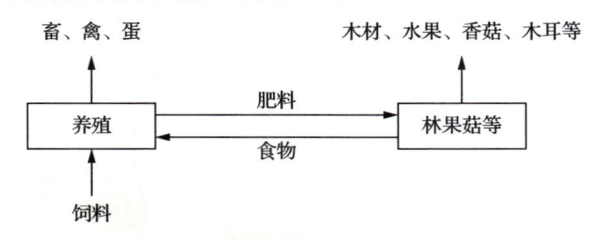

图 8-9 山林基地种养结合的循环农业园结构示意图

5）种养加游一体化的循环农业园

北京蟹岛绿色生态农庄，是这种模式的典型代表。该系统包括 5 个部分：①农田亚系统，包括稻田、温室大棚和大田 3 个子系统。稻田子系统是稻蟹混养田，水稻种植和蟹苗养殖具有相同的边界；从营养结构来看，二者分属生产者和消费者。②养殖业亚系统，包括畜禽养殖和水产养殖两个子系统。③沼气亚系统。④污水处理亚系统。⑤以宾馆为载体的会议、旅游服务亚系统。

6）长清循环农业园

济南长清循环农业园（图 8-10）主要由种植、养殖和加工 3 个亚系统构成，形成农业循环经济产业链。

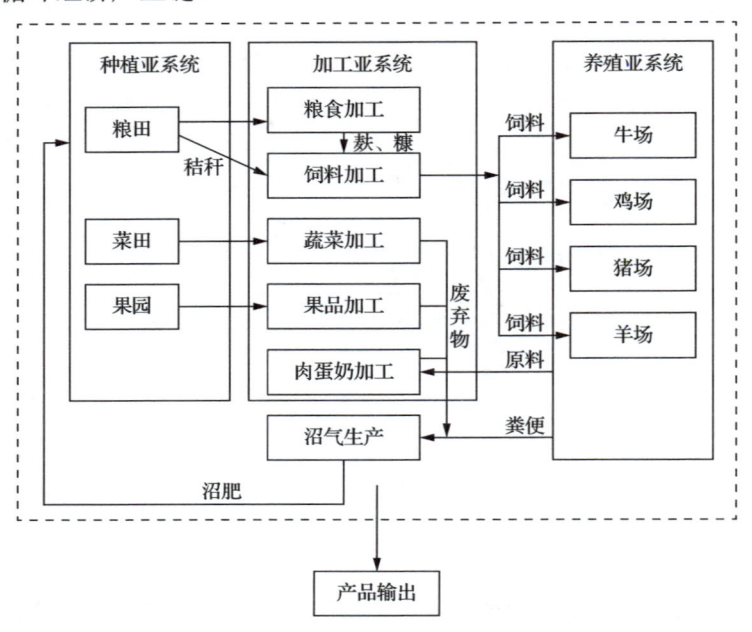

图 8-10　济南长清循环农业园结构示意图

种植亚系统包括粮食作物、蔬菜、水果等，养殖亚系统包括肉牛、肉羊、蛋鸡、肉鸡、奶牛等，加工亚系统包括农产品加工、肉蛋奶加工、饲料加工、沼气和沼肥生产等。粮食、蔬菜和水果的生产为加工亚系统提供了农产品加工原料，也为饲料加工提供了原料。肉蛋奶为肉蛋奶加工提供初级产品；畜禽粪便为沼气系统生产提供原料。加工亚系统通过对种植亚系统和养殖亚系统初级产品的加工提高了产品的附加值，为种植亚系统提供了沼肥，为养殖亚系统提供了沼气等能源。长清循环农业园还有许多从事技术指导和培训等的服务机构，优美的环境使长清循环农业园成为生态旅游点。除种养加 3 个亚系统之间的循环外，各亚系统内部还有小循环，如种植亚系统的秸秆直接还田（尽管比例较小），加工亚系统蔬菜加工、果品加工和肉蛋奶加工的废弃物作为沼气生产的原料而形成的循环等。产品的输出则均经过加工亚系统输出到循环农业系统外。

2. 效益分析

通过农业循环经济产业园园区内能源、物流的多重循环和分级利用关系，形成以农业发展为主的循环，既有利于充分利用第一性生产的植物资源，提高废弃物循环利用率，提升系统的经济效益，也为彼此创造了有利的条件，使系统具有更高的生产效率和更大的抗逆应变能力，系统的稳定性增强。

在种养殖与沼气池配套的循环农业园内，由于沼气发酵产出物的多样性及可利用的多面性，沼气发酵工程带动了园区的多种经营：沼气作为能源，既可以作为生活用能用于炊事，也可作为生产用能或发电；沼气所含及燃烧产生的大量CO_2，是农作物高产优质所必需的气体肥料；沼渣含有经生物降解后重新合成的营养物质（如氨基酸、菌体蛋白、矿物质、维生素等），去除异味就可以成为猪、牛等的饲料。因此，以沼气为纽带的种养殖与沼气池配套的循环农业园，实现了废弃物资源化利用和高效化利用，变废为宝。

在稻鸭共生的循环农业园中，稻田为鸭提供了充足的水分和无污染、舒适的活动场所，田间的害虫（如飞虱、叶蝉、蛾类及其幼虫、象甲、蝼蛄、福寿螺等）、浮游和底栖小生物（小动物）、绿萍，为鸭提供了丰富的饲料，并减少了对水稻的危害；稻的茂密茎叶为鸭提供了避光、避敌的栖息地。鸭在稻丛间不断踩踏减少了杂草，产生人工和化学除草效果；鸭在稻田活动，既能疏松表土，又能促使气、液、土三相交融，把不利于水稻生长的气体排到空气中，氧气等有益气体进入水体和表土，促进水稻分蘖、生长和发育，形成扇形株形，增强抗倒伏能力；鸭的排泄物和羽毛落入稻田，相当于给水稻施用追肥。这种模式的优势在于：一是中耕除草，鸭在稻田活动起中耕耘田的作用，是典型的"护田工"；二是除虫；三是培肥土壤；四是抑制无效分蘖，提高成穗率；五是减少肥料、农药使用量；六是增产增收，实现生态效益、经济效益和社会效益的有机统一。在稻鸭共作基础上引入绿萍，形成稻-鸭-萍模式，绿萍是优质青饲料，还是覆盖作物和指示作物，既能固氮富钾除草，又能抑制水稻纹枯病，从而实现水稻、水禽低投入、高产出、低污染、可持续生产。稻-鸭-萍模式与稻田养鸭（鱼、蛙、螺、蟹）及稻-鱼-萍模式比较，鸭的效果要大得多，而田间工作量却小得多。总体上，其物质能源投入更少，物质利用效率更高，时空利用更充分合理。

在以基塘为载体的循环农业园中，鱼塘养鱼，定期挖出塘泥用于养花、种植蔬菜和水果，鱼、花卉和蔬菜销往市场，从外面购进部分鱼饲料和其他必需品，实现资源综合利用和循环利用，生态效益和经济效益也很显著。以桑基鱼塘为例，该系统由桑、蚕、鱼3部分构成，而桑、蚕、鱼也各成系统，由大、小循环系统构成层次分明的相互作用的人工生态系统。从种桑开始，养蚕，养鱼，桑、蚕、鱼紧密相连，桑是生产者，利用太阳能、CO_2、水分等长桑叶，蚕吃桑叶是初级消费者，鱼吃蚕沙、蚕蛹是第一消费者。鱼塘里的微生物将鱼粪和有机物质分解为氮、磷、钾多种元素，混到塘泥里，又返还到塘基。微生物是分解者和还原者，系统的能量交换和物质循环比较清晰，各部分紧密联系、相互促进、协调发展。其他类型的基塘系统虽然表现形式不同，但都是由基塘两个子系统构成的水陆相互作用的人工生态系统。

在山林基地种养结合的循环农业园中，养殖的动物（如鸡、鸭等），以林地的野生植物或小动物为食，可以节约大量饲料，生产优质的畜禽产品，畜禽的粪便还可以为林地提供有机肥料。通过物质的循环利用，园区的生产力显著提高，产品质量更佳，经营者收益也显著增加，具有显著的经济效益、生态效益和社会效益。

在种养加游一体化的循环农业园中，种植业、畜禽养殖、水产业并存，种植业为养殖业提供饲料来源的同时，也解决了种植业废弃物处理的问题，而养殖业的排泄物可用作种植业的肥料；另外还运用共生互利原理形成稻田养鱼（蟹）模式，水稻可为鱼（蟹）遮阴，稻田杂草、浮萍、病虫及昆虫等是蟹的优质饵料；而鱼（蟹）能疏松土壤和水稻根部，具有除草、灭虫、保肥、造肥、中耕等作用，促进水稻生长发育，达到增产增收的效果。同一园区的多业联合生产和消费，减少了农产品和半成品的中间运输环节。通过沼气系统的连接转换作用，形成了物质循环利用的立体网络结构：农田系统作为初级生产者分别为初级消费者（畜禽养殖、水产养殖）和次级消费者（人）提供饲料和食物，消费者的废弃物又通过分解者（沼气发酵）的作用为农田提供有机肥料，同时获得新的能源——沼气。这样的循环系统充分利用了生产者的植物性资源，提高了系统内部的废弃物循环利用率，也加强了各亚系统之间的联系，增强了系统的稳定性。据此，可以构建农业旅游结合模式，使农产品的生产者和消费者集中在一个园区，减少中间运输环节，就近消费后的废弃物再次返回农田，以补充农田流失的养分，形成物质输入和输出的相对平衡。此外，农业旅游的形式可以通过服务业提高农业附加值，降低农业风险，相对于单纯的农业生产或单纯的旅游活动，具有更高效益、更低风险的优势。

以长清循环农业园园区为核心的济南农业高新技术开发区以建设国内一流水平的农业园为总目标，引进农业科技企业和高等院校 23 家，初步形成了种子种苗、兽药饲料和奶业三大产业，开发出一批在国内有一定影响的名牌产品，成为园区经济增长的重要力量。其先后与中国科学院、中国农业科学院、山东农业大学、山东农业科学院等国内一流院校建立了长期合作关系，承担国家火炬计划、科技攻关计划项目和省级火炬计划、科技攻关计划、高新技术产业发展计划及市级科技计划项目，成为山东省农业综合开发的重点示范区，吸纳、转化国内外农业高新技术成果的基地，提升改造传统农业的辐射源和济南对外开放的重要窗口，建立了较稳固的农业高新技术辐射传播体系，辐射带动"济北分区""蔬菜高科技园""优质种苗示范园""林果示范园"4 个示范区，先后组织名优蔬菜、作物良种、食用菌、脱毒良种苗、优质苗木、新型兽药、绿色肥料等技术示范和推广应用；引进名优特农作物及蔬菜、林果、花卉、畜禽良种，建立脱毒草莓、脱毒甘薯、脱毒马铃薯、脱毒林果苗、组培花卉和其他苗木示范基地。先后被评选为"全国农业科普示范基地""国家农业信息化示范基地""省级农业科技示范园区""省级引进国外农业高新技术成果示范园""市级农业高新技术示范园区""市级科普教育示范基地"。

3. 农业循环经济产业园与产业链延伸评述

农业循环经济空间布局，既要考虑基础，也要考虑趋势，更需要有创造性。一个空间可以看成是一个生态系统，不能到处规划布局产业链，而要遵循生态规律和经济规律，没有"放之四海而皆准"的生态产业园模式，生态学研究文献中找不到现代农业产业园中的组成要素在生态学中的地位，因而需要创造性的工作。在涉农企业生态设计中，要顺应绿色发展潮流，符合国家产业政策，加强顶层设计，以"局部反映整体"，让细节决定成败，规划能落地，工作有抓手，结果能考核。每一新的时刻或新的产业链接均是一种新的创造，一个组织再生产也是一种新的创造，一个组织的每个行为都是一个创造的机会。每个成功的企业都是相同的，但难以复制或批量生产。

在进行空间布局和生态产业园规划时，不仅要用系统论、控制论和信息论等方法论，还要吸收混沌、突变论、自组织新三论思想。将一个组织的生态系统特性应用到规划设计中的战略、模式和运作层面，并提供一个改良结构、拓宽关系和产业联系的机会。

产业链延伸应科学合理，结构的作用极为重要。在自然系统中，食物链的层级非常有限，最多也不过三五个层级；单靠一种方式或单一食物源非常危险，一旦正常物质循环被打断，将导致物种的死亡或新生；对企业使用的原料也应当如此考虑。企业新生和死亡是正常现象，只有对外部变化敏感并逐步适应，才能增加生存和发展的机会。当一个企业进入复杂的商业生态系统，要自我调节以适应新情况，与其他企业形成共生关系，有计划地不断解决问题，确立核心价值和商业目标并为之努力。对于一个生态系统而言，部分的简单叠加不能形成整体功能，相互作用才能形成核心价值。即生态系统中的结构是决定性的，重视过程有时远比重视部分更为重要。只有抓住系统变化而又不失解决局部问题，才能避免"千里之堤溃于蚁穴"。

8.2.4 区域循环农业模式

1. 一般概述

区域循环农业模式结构更加复杂，含有更多的子系统，可以包含若干农户庭院循环农业、乡村循环农业和园区循环农业（图8-11），是上述3个层面循环农业在区域的集合。

```
                      ┌ 农户庭院循环农业模式
                      │
                      │                  ┌ 农户庭院循环农业模式
区域循环农业模式 ┤ 乡村循环农业模式 ┤
                      │                  └ 其他乡村循环农业模式
                      │                  ┌ 农户庭院循环农业模式
                      └ 园区循环农业模式 ┤ 乡村循环农业模式
                                         └ 其他园区循环农业模式
```

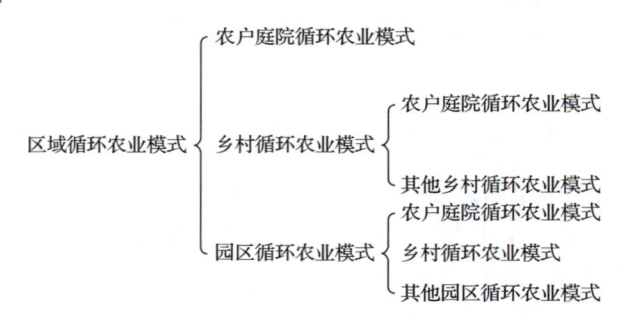

图 8-11　区域循环农业的构成

区域循环农业系统，是一个以自然地域范围为边界，以人类活动为中心，自然与人工复合作用的系统，包括生命系统（如作物、林木、家禽、家畜、水生生物及以此为生而又在系统中起主导作用的人等）及非生命系统（如大气、水、土壤等）。系统外界为影响系统并与系统成分相互作用的各主要要素。作为一个生态系统，区域农业生态系统无论在构成还是功能上都比庭院生态农业、乡村生态农业和园区生态农业的人工子系统要复杂得多。区域可大可小，小到一个乡镇，大到全省范围。由于各地生态条件、经济条件和社会条件不同，各区域生态农业模式也不尽相同。一般地，种植业、果园林地、畜牧业、加工、能源供应等多个或全部系统组成综合系统。其中，种植业系统包括水稻、小麦、大麦、青贮作物、棉花、蔬菜、油菜、蘑菇等子系统；果园林地系统包括苹果、梨、桃、葡萄、杏、枣及各种经济林和防护林等子系统；畜牧业系统包括奶牛、鸡、鸭、牛、猪、马、鱼等子系统；加工系统包括饲料和食品加工等子系统；能源系统包括利用秸秆等农业废弃物生产沼气、发电等子系统；以及该区域内各类人群组成的农村居民子系统。

2. 五莲县县域农业生态系统

五莲县位于山东半岛东南部，是典型农业大县，其林业所占比重甚小，主要作物为小麦、玉米、花生、棉花、蔬菜等。

五莲县组织实施了一些重点生态农业工程，形成种植业生产、林业果园生产、畜禽养殖、农副产品加工、农业生物资源循环利用等有机结合的生态农业模式（图 8-12）。

（1）以种植业为依托的畜牧养殖生态工程。2021 年五莲县规模养殖场、养殖小区和养殖大户分别达到 877 处、208 处和 8000 户，规模化养殖量占全县畜禽养殖总量的 60%以上。

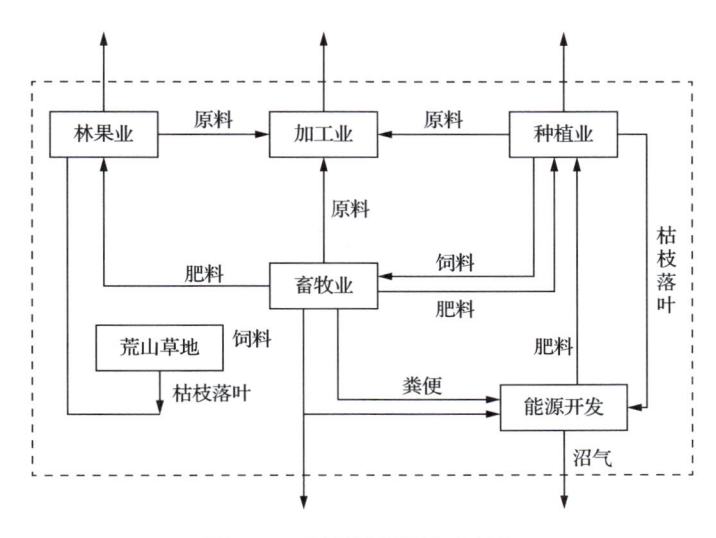

图 8-12　五莲县循环农业结构

（2）林果业绿色食品保障工程。2019 年五莲县种植林果 1.8 万亩，河滩造林 7.5 万亩，改造残次林、低价林 47 万亩。林果业面积从 1994 年的 94.5 万亩发展到 2001 年的 120 万亩，全县林木覆盖率达到 48%，水土流失面积减少了 63 万亩，农业生态环境显著改善。

（3）以种养业为基础的农业产业化工程。全县形成了粮油、果品、蔬菜、畜产品、石材、木材六大农副产品加工体系。

（4）农业生物资源再生循环利用与农村能源建设工程协同推进。将农业生物青贮氨化后用作饲料、栽培食用菌、发展沼气等，对其进行多层次利用，取得良好效果。同时，全县农村能源建设发展迅速，在农村的覆盖率达到 26.3%。

这种模式具有 6 个特点。一是多样性。系统内有植物产品（果、瓜、菜、粮等）、动物产品（家畜、家畜产品），农副加工产品、林业产品及运输、服务业等成分，各成分在不同空间结合起来，系统结构向多组分、多层次、多时序、多产品和高效益方向发展，具有生产和保护双重功能。二是增值性。在充分利用食物链及生态链原理促进农林牧业协调发展的基础上，实现了农林牧产品多级加工利用增值，并向纵深方向发展。三是稳定性。具有多种组合形式和较完善的功能，因而具有很强的生态稳定性。四是生态因子相互作用的非线性。系统内各因子间、能量投入产出间呈现非线性关系。五是高效性。通过集约经营，保护和加强了各要素的互利共生、协调发展，维持了生产稳定性和高效益。六是劳动密集型。体现了生态农业属劳动密集型产业的特点，对合理安排和解决农村剩余劳动力就业问题，具有十分重要的现实意义。

8.2.5 种养殖模式的比较

在新时代下，生态养殖、循环利用受到重视。为提高产量，天然饵料供应方式已不适应要求，以草食和杂食为主的养殖品种被更有经济价值的品种所替代。不仅出现人工投饵，而且配合饲料投入和精养技术也不断涌现，同时以猪、牛粪培肥水质，在田埂种草养鱼（如稻-萍-鱼体系）。稻田养殖模式呈现多样化，各式稻田人工生物圈模式大量涌现，如稻-鱼（虾）-蟹模式、稻-鱼-菌模式、稻-鱼-鸭模式、稻-蛙模式。

资源利用、食品安全、产品供给及农业转型也受到重视。在应用中，一方面实施生态循环，使稻田内水资源、杂草资源、水生动物资源、昆虫及其他物质能源被养殖水生生物充分利用，形成田面种稻、水体养鱼、鱼粪肥田共生互利的人工生态平衡；另一方面通过产业化、标准化、规模化保证稳粮增效（表 8-1）。

表 8-1　传统稻田养殖与稻田生态种养比较

内容	传统稻田养殖	稻田生态种养
稻田田间工程	设鱼溜，鱼沟占稻田的 10%～20%	无鱼溜，设宽沟，养殖沟占稻田<10%
水稻栽插技术	常规，1.1 万～1.2 万穴	大垄双行，1.3 万～1.5 万穴，一穴不少，一行不缺
养殖对象	鱼类（鲤、草鱼）	特种水产（小龙虾、河蟹、黄鳝、泥鳅等）
化肥农药	使用化肥、农药	以有机肥料作基肥，以虾、蟹、鱼粪便作追肥，少用农药，重视无公害生产
稻谷产量	有所减产	不减产
产品	常规	无公害绿色食品或有机食品
效益	低	水稻+水产，"1+1=5"
规模	小	连片、规模生产，合作经营
体制	小生产，单一结构	种养结合，复合结构，"种养加销"一体化、产业化，龙头企业参与
范畴	农耕社会	现代农业

注："1+1=5"是指"水稻+水产=粮食安全+食品安全+生态安全+农业增效+农民增收"。

8.3　农业循环经济的典型案例

8.3.1　安徽生态区与农业循环模式

安徽省位于我国东南部，地处 114°53′～119°38′E、29°22′～34°40′N，分为皖北、江淮和江南 3 个区域，由平原、山区、丘陵相间排列，长江、淮河横贯境内，生态环境较好。地处北亚热带与南暖温带过渡地带，地形地貌分异特征明显。按照地貌和水热等自然条件，安徽省分为五大生态功能区：沿淮淮北平原生态区、江淮丘陵岗地生态区、皖西大别山生态区、沿长江平原生态区和皖南山地丘陵生态区。

1. 沿淮淮北平原生态区模式

沿淮淮北平原生态区包括淮河以北及沿淮地区，包括亳州、阜阳、淮北、宿州、蚌埠、淮南6市，六安市霍邱县、寿县，合肥市长丰县，滁州市凤阳县、定远县和明光市的部分地区。该生态区总面积为4.36万 km²，占全省面积的31.1%；土壤以砂姜黑土、潮土为主；属华北暖温带半湿润季风气候，年均日照时数为2300~2400h，年均气温为14.0~15.0℃，年降水量为1250~1400mm，年蒸发量为1600~1900mm。这一地区是我国历史悠久的农业耕作区之一，人为开垦种植程度高，农业耕作制度一般为两年三熟或一年两熟制，北部萧县一带有成片果树分布，是重要的粮、油、棉和水果产区之一。该生态区主要模式有立体农业模式、两淮煤矿塌陷区生态复垦与利用模式、沿淮行洪区适应性循环农业模式、城郊生态循环模式、"四位一体"循环经济模式、"供产销"一条龙循环农业模式、农业副产物再利用模式。

2. 江淮丘陵岗地生态区模式

江淮丘陵岗地生态区位于安徽省中部，包括合肥市辖区、长丰县中南部、肥东县、肥西县，滁州市市辖区、凤阳县和明光市南部、定远县大部、全椒县、来安县、天长市，六安市霍邱县与寿县南部，无为市、含山县及和县北部地区。该生态区总面积为3.18万 km²，占全省面积的22.7%；土壤主要是黄棕壤，属北亚热带湿润季风气候，年均日照时数为2100~2200h，年均气温为14.7~16.0℃，年降水量为900~1100mm，年蒸发量为1400~1700mm。人口密度大，农业生产历史悠久，工业与城镇集中，生态系统受人为干扰明显。农业耕作制度一般为一年两熟或一年三熟制，是我国重要的粮、油产区之一。该生态区主要模式有立体农业、区域循环、农业副产物再利用、水源节约型循环模式，畜禽产品深加工产业链循环模式，"九节一减"循环农业模式，城郊生态循环农业模式，资源再利用循环农业模式，休闲观光型和农村庭院型循环农业模式等。

3. 皖西大别山生态区模式

皖西大别山生态区位于安徽省西部，包括六安市的金寨县和霍山县全部、舒城县部分，安庆市岳西县、潜山市、太湖县大部分及宿松县部分地区。该生态区总面积为1.39万 km²，占全省面积的9.9%；土壤类型主要是黄棕壤和山地黄棕壤，属亚热带湿润区与暖温带半湿润区过渡地带，年均日照时数为1900~2100h，年均气温为 14.0～15.0℃，年降水量为 1250～1400mm，年蒸发量为 1400mm 以下。人口密度较小，多数为山地，人口主要集中于山间盆地及沟谷平坦地带，是重要的林果生产区之一。农业耕作制度一般为一年两熟或三熟制，是我国重要的粮、油产区之一。该生态区主要模式有立体型农业模式，区域循环模式，农村庭院型循环农业模式，休闲观光型模式，绿色、有机（菜、果、蔬、茶）循环农业模式，农资减量化模式，"供产销"一条龙循环农业模式，"九节一减"循环农业模式，区域大循环农业模式等。

4. 沿长江平原生态区模式

沿长江平原生态区位于安徽省中南部，沿长江两岸呈南西-北东走向，包括合肥市庐江县南部，铜陵市南部，马鞍山市区，宣城市宣州区和郎溪县大部，芜湖市辖区、湾沚区、无为市、南陵县与繁昌区北部，池州市贵池区、青阳县和东至县北部地区，安庆市辖区、怀宁县、望江县全部、宿松县大部，桐城市、潜山市、太湖县南部地区。该生态区以湖积平原为主，水网、圩区、岗地交错，湖泊星罗棋布，沙洲较为普遍。该生态区总面积为 2.32 万 km^2，约占全省面积的 16.6%；土壤类型有黏盘黄棕壤、红泥土、黄红壤等，属华中亚热带湿润季风气候带，水热丰沛，年均日照时数为 2000～2100h，年均气温为 15.7～16.6℃，年均相对湿度为 75%，无霜期为 230～250 天，年降水量为 1050～1400mm，年蒸发量为 1500～1800mm。在广大湖沼水域中，水生、湿生植被（如芦苇、菱笋、莲等）群落分布较多。城镇密集，经济相对发达，人为活动频繁，土地利用率高，是安徽省重要的农业产区，也是安徽省沿江工业城市集中分布区域。农业耕作制度为一年两熟和三熟制，是我国重要的粮、油和棉花产区之一。该生态区主要模式有农牧、农水结合型循环农业模式，秸秆直接还田，矿区废弃土地生态复垦与利用模式，区域循环模式，绿色、有机（果、蔬、茶、菜）循环农业模式，农村庭院型循环农业模式，"供产销"一条龙循环农业模式，立体种养模式，区域循环农业模式等。

5. 皖南山地丘陵生态区模式

皖南山地丘陵生态区位于安徽省南部，包括黄山市全部，宣城市广德县、宁国市、旌德县、泾县、绩溪县的全部及宣州区的南部，芜湖市南陵县南部，铜陵市南部，池州市青阳县、贵池区和东至县中南部和石台县全部。该生态区总面积为 2.76 万 km^2，约占全省面积的 19.7%；土壤为红壤、潴育型水稻土和石质土、黄壤、暗黄棕壤等，属中亚热带湿润性季风气候，四季分明，雨量充沛，一般年均气温为 15.4～16.3℃，年降水量为 1200～1700mm，年蒸发量为 1200～1400mm，无霜期为 230 天左右，年均日照时数 1800～2100h。自然植被保存较好，自然与人文景观丰富，是安徽省旅游资源最丰富的地区。山间盆谷地区农业耕作制度以一年两熟制为主，主要农作物为水稻、油菜、玉米、大豆、山芋、苎麻等，是安徽省乃至全国著名的茶叶产区，还有香菇、石耳、笋衣、蕨菜等独具特色的绿色食品。该生态区主要模式有循环型生态观光模式，休闲观光型发展模式，特色古民居村落模式，绿色、有机（果、蔬、茶）循环农业模式，农业副产物再利用模式，村庄中循环经济模式，"九节一减"循环农业模式，区域循环农业模式和农村庭院型循环农业模式等。

8.3.2 石首市鸭+蛙+稻产业模式

石首市地处长江中游岸边，两湖平原（江汉平原、洞庭湖平原）地理中心，湖北省中轴线南端，为长江经济带城市。南邻湖南省安乡县、华容县，北抵湖北省江陵县，东靠湖北省监利市，西接湖北省公安县。

石首市是一座山水园林式的城市，以"有石孤立"在城北石首山为名。石首市属平原，兼有山岗。江南为高亢平原，中间以平地为主，江北为平原。整个地势略呈西北高、中间低、向西南倾斜，地面海拔一般在 31～36m。石首市有湖北长江天鹅洲白鳍豚国家级自然保护区，也有湖北石首麋鹿国家级自然保护区，被授予"中国麋鹿之乡"称号。2017 年 10 月，石首市被住房和城乡建设部命名为国家园林城市。

1. 模式简介

稻+鸭+蛙模式分鸭蛙再生稻、五彩鸭蛙稻两种。水稻生产前期、中期利用稻鸭共生，后期利用稻蛙共生，全程开展病虫草害绿色综合防控，实现多效合一。该模式突出生态优先、绿色发展理念，技术核心集成应用 10 种绿色防控措施。省农业厅专家指导更名鸭蛙稻模式为稻+鸭+蛙绿色生产模式，所产稻、米称为"鸭蛙稻""鸭蛙稻米"。

经过 3 年发展，全市鸭蛙稻生产面积达 1 万亩。生产基地有 4 个，团山寺镇长安村和过脉岭村示范区面积有 5000 亩，高基庙镇百子庵村示范片有 1000 亩，喻家碑村示范片有 2000 亩，高陵镇三字岗村示范片有 1000 亩。有长生水稻种植、四生水稻种植、霞松水稻种植、鑫津源水稻生态、广众水稻种植 5 家专业合作社；有金祥米业、荆襄九郡、洞庭（鹭米）生态农业、宗尧集团 4 家稻米加工、品牌营销企业；有稻鸭蛙产销协会 1 家专业社会服务机构；已形成金晏、鹭米、鸭蛙稻、五彩鸭蛙稻 4 个系列品牌，开展有机认证品牌 1 个、绿色食品认证品牌 3 个。

2. 模式特征

示范片连片规模发展，助推土地规模经营、集并流转，带动鸭子、青蛙等健康养殖产业发展，培育鸭蛙稻公共品牌，有效延长产业链条和助推一二三产融合发展。百子庵村、喻家碑村带动低收入户发展鸭蛙稻，水稻持续增产、农户持续增收，对比一季中稻亩平均增产250kg左右，亩平均增收1500元左右，助农成效显著。

该模式与水稻"一种两收"模式相结合，以水稻生产为主，水稻产能大幅度增加，符合国家"藏粮于地"战略。与稻虾共作破坏水田结构、开挖虾沟、生育期推后、重虾轻稻等因素导致虾田水稻产能大幅度降低相比，该模式有明显优势。

该模式全程运用病虫害绿色防控集成技术，包括投放工作鸭、助养投放青蛙等五大核心农业措施和杀诱、性诱等五大配套技术措施，化肥深度减量80%以上，农药深度减量100%，核心区杜绝化学农药、化学肥料。据测算，核心示范区每亩减少化学农药68g、化肥68.4kg。

历经3年有机转换，过脉岭村五彩鸭蛙稻有机检测报告显示，100项检测全部合格。所有示范区内生态明显好转，农田生物多样性逐步修复，沟渠明显可见小鱼、青蛙等，空中白鹭等鸟类数量也增多。

稻+鸭+蛙模式立足生态保护，推行绿色、有机生产，以绿色水稻为代表的绿色生产和模式由点到面扩展，带动全市绿色发展，为欠发达农区绿色发展提供研发动力，为国际交流提供平台。

8.3.3 农业循环经济特点

现代生态农业有显著特点，具有生态优先、学科交叉、物质循环、产业融合、产品安全与创新发展六大发展特点。

生态优先。现代生态农业从创造良好的生态环境出发，实行种养加，供销整体生态良性循环。

学科交叉。现代生态农业运用可持续发展战略思想，涵盖生态学、经济学、工程学、技术学及微生物学、营销学、信息学等领域。

物质循环。现代生态农业通过优化全程设计形成循环链，使上一级废弃物成为下一级生产环节的原料，实现有序循环。

产业融合。现代生态农业集循环经济、创意经济、服务经济于一体，科技、文化、金融配套支撑，实现一二三产融合发展，发挥各产业功能，整体实现较高的经济效益、生态效益和社会效益。

产品安全。现代生态农业提供给消费者的农产品达到安全质量标准，不断满足消费者对无公害、绿色、有机食品的需求。

创新发展。生态循环农业是总结国内外经验发展起来的新农业发展模式，十大生态农业模式是跨学科产业的新模式，是现代战略性新兴产业。

第 9 章 农业循环经济的技术支撑

发展农业循环经济，是一门跨行业、跨学科的复杂系统工程。应加大科技研究力度，注重农业循环经济技术研发，解决农产品生产过程中废弃物、废弃油、废弃原料回收和综合利用问题；注重开发新资源，研制新产品，真正做到"变废为宝"，实现资源高效利用和环境友好的农业发展。

9.1 技术支撑体系

9.1.1 技术支撑体系概述

农业循环经济技术支撑体系是指农业各部门及其内部各类技术的有机组合和配套集成，是技术各个环节的整合，即技术应用研究、基础研究、技术推广研究、技术开发研究、技术应用及技术发展条件之间的相互制约、相互促进的有机结合体。

技术研发和创新是农业循环经济发展的驱动力。通常，农业循环经济的技术支撑体系主要由资源化技术、再利用技术、减量化技术与系统化技术集成，包括：①生态农业技术和生态改良技术；②提高产出效率的品种改良技术；③农业清洁生产技术；④农村能源开发与循环利用技术；⑤资源综合利用与农产品精深加工技术；⑥降低技术成本和提高管理效率技术；⑦副作用小的技术；⑧环境无害化技术；⑨自然灾害防治和减缓技术。

农业循环经济技术支撑体系的基本特征，主要包括以下方面。

（1）具有"节约"特征。资源循环与高效率利用是循环农业的核心，再利用、减量化与再循环是循环农业的基本原则，高效率、低消耗及低排放是循环农业的主要特征。

（2）具有"现代"特征。只有强劲的现代农业作为其有力的支撑，才能真正实现由传统农业向循环农业的转变。

（3）具有"可持续"特征。农业循环经济技术体系的主要功能如下：①保护生态环境功能；②提高社会经济功能；③生态修复和综合防治功能；④综合节能功能；⑤提高系统整体功能。农业循环经济技术体系较为显著的功能，是提高经济效益与保护生态环境，并表现为提高土地生产率，减少能量消耗，降低生产成本，生产过程无害化，对环境零破坏及增加劳动者的经济效益，进而实现农业的可持续发展。

9.1.2 农产品精深加工技术

我国是农业大国，农产品年产量相当可观。但受多种因素影响，农产品多以初级加工品或者原产品形式消费与出口，附加值低，因而亟待加强农产品精深加工技术的研究和开发。

农产品精深加工是对动植物和物料进行加工，以符合消费者需要和市场需求。其不仅包括对农林牧渔产品的加工，也覆盖对野生动植物的加工。加工产品广泛应用于衣食住用行、医药、饲料及生产生活的方方面面。从生产、运输、储藏到销售全程无毒、无害、安全、优质的绿色农产品（如无公害农产品、绿色食品、有机食品等）尤其受人们喜爱。农产品精深加工的先进技术如下所述。

（1）计算机视觉技术。该技术也就是用传感器获得物体图像，再把图像转化为数据矩阵，利用计算机分析图像，完成与视觉相关的任务。在农产品的分级处理方面，如鲜果等农产品表面缺损的监测，可根据形状、大小、颜色，对农产品进行自动分级。这项技术可以大大节省人力、物力与财力。

（2）超高压杀菌技术。该技术是把食品置于液体介质中，将食品原料填充到柔软盛器中进行密封，再投到高压装置中进行高压处置，加压杀灭微生物的技术。该技术的优点是能保持食品的色泽、味道和营养价值，无污染、操作安全，均匀灭菌，延长保质期。

（3）超微粉碎技术。该技术就是将物料粉碎至直径 100μm 内进行研究与运用。微粉体拥有大的比表面积、空隙率与表面能，具备许多活性及物理化学方面的新性能。该技术在食品工业中应用具有效率高的优势，能最大限度地保留微粉体中的活性成分，制成高质量产品；营养成分容易保留，并且节省原材料，提高效率，降低污染。

（4）膜分离技术。该技术是采用自然的或经合成的高分子农膜，以外部能量抑或以化学位差作为推力，对双组分、多组分溶质溶剂进行细心的分离、分级、提纯与富集的技术，具有无残留、无污染、无毒害、分离效率高的特征。其广泛应用在以下几个方面：一是大豆乳清中功能性成分分离、谷物蛋白分离及谷物油脂的精炼；二是果蔬汁浓缩、无菌化和澄清；三是用于醋、酱油的除浊、除菌，解决低度白酒、保健酒的沉淀及生啤酒的除酵母问题等；四是乳制品浓缩、乳清蛋白分离和乳清脱盐、乳糖浓缩、牛奶杀菌、乳品标准化等。

（5）微波技术。该技术是利用能量对物料加热并达到生产要求的一种新技术。

其对水分子尤其有效,能使物料中的水分散失,达到较好的干燥效果。利用微波加热干燥食品,食品的营养成分及其色、香、味接近天然品质。微波技术具有微波杀菌、微波解冻、微波烹饪、微波焙烤、微波膨化等功能。

(6)超临界萃取技术。该技术具有分离效率高、使用安全、防止萃取物热劣化及抗氧化与净菌等作用。该技术主要用于4个方面:一是提取色素,脱除异味;二是提取风味物质;三是提取或脱除农产品中部分特定成分;四是灭菌防腐。

9.2 资源化技术

资源化技术是将生产、消费过程中的废弃物再变成产品或资源的技术。农业循环经济要求将农业生产和消费中的废弃物转化为有益产品和资源,构成一个物质流的闭环。在传统农业中,农产品生产、消费是循环的,如食品、棉、麻、丝、皮革等的可循环性很大。现代农业不管是产前、产后或产中,皆有大量加工过程,科学有效地利用农产品从生产到消费中的废弃物,把生产、消费中的资源、能量损失降到最低限度,成为资源化技术的重点。现有资源化技术主要有稻壳及玉米穗芯资源化技术、用秸秆或稻壳制一次性全降解环保餐具及移栽育苗技术、作物秸秆资源化利用技术、农业废弃物生产糠醛技术、生物质汽化发电技术、污水处理和中水利用技术、畜禽粪便的资源化等废弃物利用技术等。

9.2.1 减量化技术

在农业生产中,需要用较少的物质、能量和资源消耗获得较大的效益,包括降低资源消耗,减少污染物和温室气体排放等。季昆森将节约技术归纳为"九节一减":节地、节水、节种、节肥、节药、节电、节油、节柴(煤)、节粮和减人。

1. 节地技术

土地是农业循环经济发展的重要载体。节地主要有以下几种途径。

(1)土地节约与集约利用。例如,在种植业方面,有轮作、套种、混作、植物间作、邻作等技术。在养殖业方面,轮养、混养、套养能很好地节约土地。还可以将种植业和养殖业结合起来,应用立体技术。

(2)开发利用边际土地。可以采取技术手段使大量的退化土地、荒山荒坡、盐矿地、荒漠、戈壁滩、湿地、废弃矿山等,变为有用的土地。这一过程采用的主要技术有坡耕地高效农业技术、退耕还林还草技术、盐矿地综合治理技术、矿山复垦技术、沙漠固定技术、土地整理技术、绿洲农业技术等。

此外,村镇建设、修路、建厂、建民居等基础设施建设要注意节约集约用地。要大力发展节能省地型住宅。农业的高产优质也属资源的高效利用。

2. 节水技术

农作物生长离不开水。归纳起来,农业节水技术主要包括以下几种。

(1)渠道防渗技术。渠道防渗技术可使水资源利用系数下降。渠道防渗,在很大程度上取决于所用材料,可采用混凝土衬砌、预制混凝土、裁砌等形式。

(2)管道输水技术。把低压管道放在地下或地面,将水直接输送至地头。输水管多为软、硬塑管。该技术具有投资不高、省水、省地、节能和省时等优点。

(3)沟灌、畦灌技术。沟灌、畦灌技术是对漫灌方式的改进,以达到节约灌溉用水的目的。沟灌是耕地平整后开出一定距离的一条条输水沟进行灌溉。畦灌是耕地在平整后充分利用畦梗将耕地分为小块进行灌溉。由于技术简单实用、投资少、农民容易掌握,在我国已大面积推广应用。

(4)喷灌技术。通过给灌溉水加压由管道喷水嘴把水喷洒至所要灌溉的耕地。在我国普及的喷灌技术主要有轻小型喷灌、大型喷灌、固定式喷灌、卷盘式喷灌等。该技术不仅省时省力,也有利于机械化、产业化。与地面灌溉相比,喷灌技术不须平整耕地,也不须修建毛渠或打埂,一般可节水 50%~60%,节省土地 10%~20%,作物产量增幅可达 20%~30%,特别适用于平原与山区。山区大多用移动式,尤其是地势变化大、土地透水强及灌溉体系难以铺设到的地区。

(5)微灌技术。微灌技术主要包括滴灌、微喷灌、渗灌及小管出流等。先将灌溉水加压、过滤,然后通过管道与灌水器具将水灌到作物根系旁。微灌是局部灌溉,仅润泽根系附近的部分土壤,主要用于果树等,一般可节水 50%~60%。微灌技术可用于大棚种植,及时为农作物补充养分,增产效果明显;可用于各种地形和土壤,尤其是干旱缺水的地方。

(6)集雨节水的灌溉技术。先修建集雨场地,可以将雨水集聚到小水窖、小水池中,再用滴灌等节水技术进行灌溉。集雨节水灌溉工程可以使干旱缺水地区发展"两高一优"(高产、高效、优质)农业。

(7)抗旱保水技术。在耕地普施抗旱剂,并用麦稻覆盖农膜等措施来增强土壤对降雨的蓄积与保水能力,尽量减少作物蒸腾作用,增强抗旱能力。

(8)管理节水技术。通过科学灌溉管理,最大限度地满足作物对水分的需求,以达到节水的目的。

3. 节种技术

种子是农作物增产的关键,节种技术是农业生产的重要支撑。节种技术主要包括工厂化育秧技术、种子优选技术、种植机械化技术等。

(1)工厂化育秧技术是指统一软盘育秧、供种与催芽,调配营养土及营养液,统一控温、施肥和防治病虫害,以育出好秧苗,为水稻丰产提供质优秧苗,变传统育秧为集中育秧。具有省种、省田、省时、省工的特点，能实现规模化生产、市场化经营，前景良好。

（2）种子优选技术。健康、优质的种子是节种技术的关键和首要的环节。不同的作物种子具有不一样的生态特性与生长要求，因而在优选作物种子时，应根据土壤肥力、水分、积温、气候等条件来确定。

（3）种植机械化技术。要严格遵照农艺要求，通过机械完成田间种植作业。不同的地区对株行距、种子在土壤中的位置、籽种播后均匀度、播种量、覆盖层厚度及密实度等有各自的技术要求，对种子用量有细致的考虑。实施农作物种植机械化技术，可以得到良好的经济效益与社会效益。例如，一些地方推广水稻旱育稀植和抛秧技术，每亩可节约稻种 6kg，节约杂交晚稻种 1.5kg，从而起到降低生产成本的作用。

4. 节肥技术

"作物一枝花，全靠肥当家"，肥料对作物的重要性不言而喻。节肥技术是从肥料配方配量计算、降低肥料损失、有机肥替代等方面综合考虑降低化学肥料的耗用量而不降低产量的技术。节肥技术包括测土配方技术、缓控释肥技术、化肥替代技术等方面。

（1）测土配方技术。该技术是以土壤鉴定及土地测试为基础，依据作物对土壤养分需求、土壤养分供应能力与肥料效应的不同，合理施用有机肥料，进而制定氮、钾、磷和中微量元素肥料施用量、施用方法、施用期等技术体系。使用这项技术，可以达到大幅降低用肥量、节本增效之目的。

（2）缓控释肥技术。该技术使用通过化学、生物原理，利用新材料、新设备所制造的有缓释功能的肥料。肥料的释放速度如果与农作物吸收肥料的需求同步，就能提升肥料利用率，增强作物的抗逆性、土壤的缓冲性。在通常情况下，缓释控释氮肥利用率可以比速效氮肥利用率提高 10%～30%。进行一次大量施肥，无须追肥，即可大幅度提高生产力。

（3）化肥替代技术。化肥生产要消耗大量化石能源，大量使用化肥势必带来环境污染与食品安全等问题，因而大力开发、利用环境友好型的替代化肥具有十分重要的意义。这些技术包括农业废弃物的堆沤技术、生物肥料技术、沼肥生产技术、生物固氮技术、有机无机复合肥技术等。

化肥特别是氮肥的大量使用，不仅影响肥效的发挥，还会造成土壤中氮、磷、钾和微量元素比例失调，造成土壤板结、地力下降，破坏土壤微生物。因此，要大力推广测土施肥、配方施肥等先进适用技术，提高化肥使用效率。

5. 节药技术

农药是石油农业的标志，改变农药使用过多、农药残留威胁人体健康的状况可以先从节药入手。节药技术是指在保证农业病虫害防治效果的前提下，采用提高农药利用效率、增强药效等措施，降低化学品耗用量的技术，包括降低农药用量技术、机械节药技术、化学农药替代技术等，具有防治农业污染、提高农产品质量，以及节能减排等功效。

（1）降低农药用量技术。根据病虫害发生规律，加上对病情、虫情与防治条件的趋势预测，确定合理用药量及施药时间，实施精准施药方案，尽可能采用低毒、高效、低残留的生物农药，以降低农药用量。

（2）机械节药技术。采用农药施用机械精准喷雾，以免用药中的跑、冒、漏、滴等现象，减少农药用量，提高农药利用率。例如，采用低量静电喷雾机，可节约用药30%~40%，自动喷雾机可节约50%，防飘喷雾机可节约70%，循环喷雾机可节约90%。

（3）化学农药替代技术。化学农药替代技术包括物理防治技术、生物防治和生物农药技术、生态综合防治技术等。物理防治技术，采用物理方法捕杀、防除病虫害，通常分为捕杀法、诱杀法、遮断法和温度调节法等。捕杀法即刺杀、黏捕、用捕虫网捕等。诱杀法是利用昆虫生活习惯诱杀昆虫，常见方法有伏诱法、器诱法等。遮断法用防虫网、套袋等。温度调节法是用日晒、火烧或加热等方法消灭害虫、病菌。温度调节法一般有浸水调节、干燥调节等。生物防治和生物农药技术是利用生物及其代谢物控制有害动植物种群或降低其危害的方法。用自然界中害虫的天敌防治害虫颇为有效，成本低、效果佳、节约农药、环境友好。在天敌数量少的情形下可以人工繁殖并释放大量天敌以提高密度，达到控制病虫害的目的。生物农药的施用还可降低化学农药施用量。生态综合防治技术是从区域景观、农业生态系统、农田和物种等层面采用生态技术，对病虫害进行综合防治的技术，包括农田生物多样性保护和利用技术、农业自然环境系统设计与农作物组配技术等。

总之，要科学合理地使用农药，严禁生产与使用高毒、高残留农药和过量用药，大力推广综合防治、生物防治办法，减轻农药残留对人体健康的影响。

6. 节电技术

在工厂化养殖、设施栽培、现代高科技农业、农产品加工等一系列耗电项目生产中，要全面推广先进适用的节电技术、产品、工艺、设备和科学管理方法。以下重点介绍"浇灌庄稼"的节电方法。

（1）把大水漫灌改为畦田浇灌。多数农户种植高粱、谷粟、小麦、玉米等作物时，都用大田块，一亩或半亩一块，少则二三分地。这么大的田块，很难整理得像镜子一样平坦。在浇地时因为土地坑坑洼洼、凹凸不平，费水费电。研究表明，把大田块改为 2~5m² 的小畦地，可以节省 1/3~1/4 的水电费。

（2）清理渠道。承包户要格外重视离机井比较远的田块，渠道长意味着渗漏损失多。浇地前，先要清除渠道中丛生的杂草、树枝叶、石头、泥沙等障碍物，使水流能够畅通无阻，保证有限的水资源得到充分利用。

（3）巡回检查渠道。在浇地时要有人在田间看着。可以持一把铁锹从机井到田间的渠道巡回检查，重点检查是否有蚁穴、鼠洞等漏水渗水现象。如果渠道决口，水流入相邻农田还好，流到其他渠道或者路边则造成浪费。

（4）与农户相约同时浇地。一般地，田埂上下的种植农户使用同一条渠道；如果种植同一种农作物，可以相约在同一天浇地，自上而下，上游的地浇完接着浇下游的地。如此一来，每户可以节省一渠道的水，积累起来就是不小的量。对于那些渠长地远的种植农户来说，则更为节省。

（5）充分利用自然降水。至于山坡梯田下、田间公路旁的田块，要设法引用山洪水来浇地。路边田块可以横向堆一个或多个田埂，引雨水至田里。山坡田块则要修渠筑坝，阻拦山洪水，变废为宝，化害为利。

总之，要大力推广各种先进的节电技术、设备、产品、工艺和科学管理方法，节约广大农村的生产和生活用电。

7. 节油技术

运输设备和农业机械设备大量耗用汽油、柴油，其节约潜力亟待挖掘。节约燃油量不仅能提高农业机械使用的经济效益，也能提升农业机械的生产效率。汽油、柴油是机械的血液，正确使用燃油对机器性能与使用寿命有着重要意义。随着农业机械化的迅速推进及农机使用燃油的价格上涨，必然要增加农业机械的作业成本。因此，节约用油、降低油耗成为农业机械使用者的必然选择。使用正确的操作、恰当的措施，可以达到节约用油的目的。无论从经济角度还是从农业生态角度出发，降低农机油耗大有益处。相关技术如下：

（1）合理配套与组合机械。农机作业是覆盖面广的复杂的系统工程。农机作业情况比较繁杂，农机特点各不相同，机具所需要的扭矩、功率和速度也各不相同。耕作机械是油耗最多的作业，拖拉机要与水田耙、稻秆还田机及旋耕机等合理配套。配套科学与否对机具油耗影响很大，在作业中既不能"大马拉小车"，也不能"小马拉大车"，两者都会造成浪费。

（2）制订科学的农机作业计划。要从实际出发，制订详细的作业时间、作业地块、作业顺序、作业路线等作业计划和其他辅助措施。这些环节要求有序进行，只有尽量减少机具的空转、空行时间，才能有效提高农机作业效率，大幅降低耗油量。

（3）细致观察、熟练操作。相同的作业项目、作业面积和机具，由不同人员操作，耗油量不同。熟练操作的员工，故障率低，作业质量高，耗油量少，农机作业效率高。对于有经验的农机使用者来说，凭观色、听声、闻味、摸松动等经验可以及时发现并解决问题。

（4）保持机具的完好状态。农机使用一定时间后，部件磨损会导致机具耗油量上升。长时间使用的农机，必须做好保养与维护工作，不能带病运行。要力争做到不漏气、不漏油、不漏水，以免在操作中因为机具漏油带来较大的油料损耗。一台拖拉机每分钟漏油十滴，每昼夜就会漏失 1.2kg 的柴油。要检查车轮的螺栓固定与否、轮胎气压正常与否。当轮胎气压比标准气压低时，轮胎变形量会增大，油耗也会增加。

此外，用甲醇等替代汽油，也是降低我国油气资源对外依存度的重要途径。

8. 节柴（煤）技术

在农村用的节柴（煤）技术，要根据直接用稻秆、柴草与煤等的燃烧情况，按热力学原理，科学设计适合取暖、炊事等生活用能设备，主要有节能炕、炕连灶、省柴灶、节煤炉等。与炕、炉、灶等传统方法相比，节柴（煤）技术不仅要改变设备内部结构以提高燃烧效率，还要减少废气排放，获得更加方便、卫生、安全的效果。以下重点介绍省柴灶与节煤炉。

（1）省柴灶。与传统柴灶相比，省柴灶不仅全面优化了灶膛、锅壁间的距离、吊火高度、通风和烟道等的设计，而且新增了余热利用装置和保温措施，可以达到 20%以上的热效率。省柴灶的优点是不仅省料、使用便捷，而且安全卫生。

由于不同的经济条件、生活习惯和传统文化，我国各地农村有着不同种类的省柴灶。根据建造手段不同，省柴灶分为商品化灶和手工砌筑灶；根据不同的通风助燃方式，分为强制通风灶和自拉风灶；根据灶门和烟囱的位置，分为后拉式风灶和前拉式风灶；根据锅的数目多少，分为单锅灶、双锅灶、多锅灶等。

（2）节煤炉。随着节煤炉的普及，手工砌筑的煤炉灶的发展受到了限制。相同师傅砌出来的煤炉灶，各项热性能指标也存在较大差异。许多地方采用工厂化的生产方式，把原先不能动的煤灶改变成能移动的商品煤灶。我国农村使用的节煤炉形式多样：①按制作方式不同，分为手工砌筑式节煤炉和商品化炉；②按安装方式不同，有组装式节煤炉和整体节煤炉；③依照燃煤方式不同，有散煤炉和型煤炉；④按照使用方式不同，分为炊事取暖多用炉和炊事炉；⑤按照应用领域不同，分为集体食堂节煤炉和家用节煤炉。

总之，要坚持和推广先进实用的省柴灶和节煤炉，北方广大农村冬季取暖也要重视散煤替代，减轻散煤取暖带来的环境污染。

9. 节粮技术

粮食是重要的农产品，也是重要的原料。以粮食为原料的加工业，节约潜力非常大。采用科学养殖法，可以使畜牧业增大肉料比，从而节约大量的粮食。

（1）强化草原建设。我国草地辽阔，草地面积约占国土面积的 2/5。因地制宜地对草地进行重耙松土、围栏封育、浅翻轻耙、松土补种、恢复草场植被、种星星草等，可以提高 1～2 倍的草地生产力。

（2）在草原种植含有大量蛋白质的沙打旺、秣食豆及苜蓿等。紫花苜蓿含有 20%左右的粗蛋白质。与普通玉米相比，用高赖氨酸玉米籽粒喂养的猪日增重高达 10%以上，可以节省 8%～12%的饲料粮。

（3）人工草地建设是培育改良草地的重要措施。在草原上种植高产西粘谷、青贮玉米、籽粒苋等，每亩鲜草产量可高达 3000～6000kg。这些绿色饲料含维生素多，营养丰富，可以促进畜禽的生长发育，饲养奶牛可以提高 20%～25%的产奶量。

（4）充分利用河、湖、海面资源，生产水生饲料（如萍、藻等），不与粮争地。每亩水面可以产鲜绿萍 20 万～25 万 t，用来饲养猪可以节省 20%的精料。

（5）应用先进适用的饲养管理技术与饲料生产相配套，营养标准化与全价饲养相适应，以大幅提高畜禽生产性能，节省大量饲料。我国的饲养水平虽在不断提高，但与国际先进水平相比，还有很大的差距，有很大的潜力可以挖掘。

我国养畜基本以豆饼、麦麸及玉米等作为基础饲粮，使用不同饲料添加剂的畜产品差异悬殊。例如，用全价配合的饲料喂养肉鸡，料重比是（1.8～2.0）：1.0，而用不全价饲料的料重比是（2.5 或 2.5 以上）：1。饲料添加剂可增产 5%～30%，提高 3%～25%的饲料利用率。绵羊日粮中含 2～4g 的谷氨酸，32.6g 的蛋白质，可产出 8.0～9.0kg 的公羊毛量。若每日喂养蛋白质 199.2g 和谷氨酸 0.48g，产毛量达 5.6kg，可节约大部分蛋白质饲料。

（6）注重畜禽品种改良。随着牛、羊等草食性动物饲养量的增加，畜牧业的发展要结合地域特点，不断改良品种，合理利用杂交优势，并进行冻精配种，以培养高产奶牛的核心畜群；引进澳美羊，改良本地种羊。对蛋鸡、肉鸡品种也不断更新，去劣存优。应用猪禽配套的杂交品系，既可以提高 10%～20%的生产性能，也可以降低饲料的消耗。

总之，采用科学养殖方法，可使畜牧养殖业提高肉料比、节约大量的粮食。此外，推行"光盘行动"，也可以减少消费中的浪费。

10. 减人技术

提高劳动生产率是农业循环经济发展的重要内容。用少耕免耕技术、农业生产全过程机械化生产技术及生态节劳技术，可以节约农业生产中的人力资源。

（1）少耕免耕技术。免耕是指前作收获后并不立刻深耕，而是将秸秆残茬覆盖地面过冬，等到翌年播种时用联合机组一次性完成破茬、下种、覆土、施肥及镇压等工作。少耕是指一种缩小土壤耕耘面积或减少耕耘次数的耕作制度，也称为留茬播种法。用局部深松代替全面深耕或隔年全方位深松，采用轮耕、间隔条状耕作及以耙茬、旋耕代替翻耕等，都属于少耕的范畴。少耕免耕均有利于减少劳动力，节省作业时间，降低生产成本，有效增加土壤有机质含量，使菌物活力增强，进而有益于土壤团粒结构生成，增加土壤肥力。

（2）农业生产全过程机械化生产技术。该技术包括机械化整地技术和栽插技术、工厂化育秧技术和播种技术、机械植保技术和施肥技术、机械化收获技术和节水灌溉技术、农产品机械化干燥技术及养殖技术、农副产品机械化加工技术等。机械化生产技术的应用虽然可以省时省力，但却提高了能源消耗。所以，应当根据情况选择使用节能又环保的农业机械。

（3）生态节劳技术。利用生态农业技术通常也能起到省时省力的效果。例如，稻田养鸭、稻田养鱼等循环农业模式，充分利用鸭与鱼吃虫吃草和肥田的功能，达到节药、节肥和节力的目的。

此外，还应当根据市场对各种技能型劳动力的需求开展技术培训，不断提高农民的素质和技能。

9.2.2　畜禽粪便资源化利用技术

畜禽粪便的资源化利用技术主要包括以下几种途径。

1. **粪便直接利用**

鸡粪可以直接利用。因为鸡的消化道较短，食物从进食到排出大概需要 4h，消化不够完全，饲料中约 70%的营养不能被吸收，就排出体外。依据干物质计算，鸡粪中粗蛋白质含量为 20%～30%，氨基酸含量相当于玉米等谷物饲料。因而，可以利用鸡粪替代一部分精饲料养牛、喂猪，但也存在一些问题，如添加鸡粪的比例还不能确定，而且鸡粪成分较为复杂，容易发生畜禽间传染病交叉感染等，这制约了这种方法的推广使用。可用一些化学药剂，如与甲醛含量为 37%的福尔马林溶液混合，24h 后可去除相关病菌，再用于饲喂猪、牛。

2. **青贮**

碳水化合物在粪便中的含量不高，粪便通常与青饲料一块青贮。粪便与青饲料的搭配比例是青贮成功的关键，再把握好含水量，即可保障青贮质量。青贮饲料不但能防止粪便中的粗蛋白质过多损失，还可以将一些非蛋白氮转化为蛋白质，几乎能杀死全部的有害微生物。青贮饲料还具有酸香味，具有较好的适口性。

3. 干燥

干燥法处理粪便的效率最高，且设备简单，主要是利用热效应和喷放机械，投资较小。粪便干燥后成为鸡肮粉可制作高蛋白质饲料，还能除臭、杀虫卵，符合商品饲料生产的要求。因鸡粪在夏天不易保鲜，批量处理时有臭气产生，处理臭气及其产物成本高，该法的推广使用受到制约。研究表明，在处理时加光合细菌、乳酸菌、细黄链霉菌等具有良好的除臭效果。

4. 分解

利用优质的蝇、蜗牛和蛆等动物分解畜禽粪便，既能提供动物蛋白质，又能处理畜禽粪便，不仅成本较低，而且生态效益也较明显。蝇蛆与鱼粉、蚕蛹、肉骨粉齐名。蝇蛆、蚕蛹等是动物性蛋白质饲料，鲜蛆的蛋白质含量为10%～14%，可作猪、鸡饲料。养殖蝇蛆是解决动物性蛋白质饲料来源的途径之一。由于畜禽粪便灭菌、脱水及收集蝇蛆、蜗牛和饲喂蛆的技术难度大，所需温度条件较为苛刻，难以全年生产，也难以大范围推广应用。

5. 好氧堆肥

好氧高温堆肥技术，是在有氧情况下，利用粪便里好氧微生物的作用，将粪便里能降解的有机物转变成稳定的腐殖质的技术。好氧高温堆肥技术一般由预处理、一次发酵、二次发酵、污水处理、臭气处理、固态肥加工和储存等工艺技术构成，主要产品是固态肥。一次发酵是堆肥工艺的关键。一次发酵堆肥温度通常控制在60℃左右，通风量要依据堆肥温度调节，强制通风量的经验数据为0.05～0.2m³/min，堆肥周期为5～12天。

6. 厌氧发酵

厌氧发酵，依据发酵温度可分为常温、中温和高温厌氧发酵。工艺一般由预处理、污水处理、沼气收集、沼气利用、液态肥加工及储存等构成，主要产品是沼气、液态肥。高温发酵温度为（53±2）℃，发酵时间为10～20天；中温发酵温度（37±2）℃，发酵时间为20～30天；常温发酵温度大于10℃，发酵时间大于30天。

9.2.3 农膜回收利用技术及对策

废塑料已经成为全球性问题。解决废塑料引起的"白色污染"问题，国内已有许多成熟的做法，如废旧农膜的能源化利用。废旧农膜经过催化裂解制成燃料，经过高温催化裂解获得低分子量的聚合单体、汽油、柴油和石蜡等，不仅可以把旧棚膜与地膜等再生为油品、石蜡等能源产品,出油率高达 40%～80%,转化成的汽油、柴油符合车用燃油的标准及环境排放标准,还可以提高农业可再生资源的利用效率。另一个途径是农膜材料化。我国废旧农膜回收后用于造粒,只更改其外观形状,未改变化学特性,产品仍具备不错的综合材料特质,广泛用于塑料制品生产。我国许多中小企业回收废旧农膜造粒、生产的粒子作为原料供应给塑料制品公司,用以再生产农膜,制造垃圾袋、化肥包装袋、栅栏、树木支撑、桶、盆、垃圾箱、农用水管、土工材料、鞋底等。此外,废旧农膜回收加工后还可以作为混凝土原料及制土木材料。下面,按"限制一批、替代一批、规范一批"要求,对生产、流通、消费中的废塑料提出相关对策,以变废为宝、化害为利,协同解决白色污染和能源化利用问题。

1. 从源头减少塑料袋等一次性塑料制品的生产和使用

2008 年 6 月 1 日,我国"限塑令"正式实施,各地采取"回收利用为主,替代为辅,区别对待,综合防治"的措施。通过加强管理,因乱扔塑料餐盒引起铁路两侧"白色污染"的问题得到改观;"环保袋""菜篮子"使用有所增加。随着快递、外卖等新业态的发展,包装废弃物、一次性餐具使用量猛增。根据中国塑料加工工业协会统计,我国塑料废弃量每年超过 300 万 t,消耗一次性餐盒 150 亿个,快速消费品零售行业每年消耗塑料袋约 500 亿个。总体上看,由于涉及商品生产、流通、回收等环节,生产商、销售商和消费者等主体对"限塑令"实施效果有争议。因此,我国出台政策,推进塑料制品技术进步,加强顶层设计,按减量优先原则,继续从源头控制一次性塑料产品的生产和使用。一是扩大禁塑范围,超市、商场、集贸等商品流通场所一律不得免费提供塑料购物袋、包装袋、快餐盒等用品。二是禁用"问题"塑料产品。全面禁止生产和销售无法回收利用、只能成为垃圾的塑料产品,如化妆品中虽重量不大但数量大、极易通过食物链进入人体的微塑料颗粒。三是实行总量控制,控制"打包"外卖及快递行业的塑料包装物的使用总量,并将相关指标分解到主要电商,并逐年减少指标。探索推广"无包装商店",改变以往一次性外卖餐具使用量猛增、沾上油污而基本无人回收的状况。四是设定减少塑料垃圾的目标和时间表。塑料垃圾管理涉及原料供求关系、产品和包装再设计、回收体系的再构建、循环技术的创新、利益分配的调整等方面,须多部门协同,制定实施方案。"限塑令"的实施是一个长期过程,只有采取行政的、技术的、经济的手段,进行综合治理,才能由政令变为民众习惯。

2. 推进生活垃圾分类,完善回收体系

废塑料回收是资源化利用的前提。按国务院办公厅印发的《禁止洋垃圾入境推进固体废物进口管理制度改革实施方案》要求,2017 年年底前,我国禁止废塑料、未经分拣的废纸及纺织废料等的进口。国内回收点和回收体系尚不完善，因"有碍市容"其未被纳入城市规划，常常被要求搬迁。除广州、深圳等城市，废塑料回收者基本得不到补助。正规经营者由于没有进项抵扣，没有增值税退税，实际税负高于一般加工业。鉴于此，要做好以下工作。一要做好垃圾干湿分类，降低废塑料回收利用成本，提高回收率和回收量。我国再生塑料产品质量参差不齐，大多被"降级再生"，最终不是进入回收体系，而是进入垃圾处理体系。因此，应制定优惠政策，激励塑料垃圾分类回收利用。二要规范可降解塑料的回收行为，分类收集"可降解"或"不可降解"塑料，确保一次性塑料包装物在材质100%可回收再利用及回收渠道通畅的情况下，能上市并进行回收。三要实施生产者责任延伸制度，将废塑料回收和综合利用责任落实到塑料包装物的生产、经营、消费等环节，明确生产者、销售者和消费者的义务和责任。四要鼓励企业，特别是利用企业自建回收体系，逐步减轻塑料的"潜在危害"，提高废塑料、包装物等的回收利用率，实现资源节约、综合利用与环境保护的有机统一。国内不少地方已经开始行动。例如，山东省经济和信息化委员会、发展和改革委员会、财政厅、环境保护厅等九部门联合出台《关于支持重点企业先行先试建设废塑料回收利用体系的意见》，促进再生资源产业向集聚化、专业化方向发展。

3. 推进生态设计，实现废塑料的高值化利用

废塑料的用途众多，包括用于拉丝、造粒等循环利用，与秸秆、有机质等材料一起生产木塑材料，以及能源化利用等。原则上应以物质循环利用优先，鼓励能源化利用，然后进行无害化处置。鉴于此，要做好以下工作。一要加强生态设计，引导塑料生产者在材料设计之初就考虑回收利用，鼓励废塑料包装物的"减量化、资源化、无害化"，或以政府购买方式鼓励再生塑料制品生产。二要延伸产业链，生产高附加值产品。对散、乱、污回收加工企业和经营户进行集中治理，鼓励引导一批龙头企业对具有回收条件的企业兼并重组，规范再生资源行业有序发展。三要发展循环经济产业园，从随地、小规模、低水平建厂转向集中化、规模化、高水平的园区建设，提高分拣技术水平，增加废塑料再生品的科技含量，真正发挥废塑料行业节约资源和保护环境的作用。四要促进"互联网+"废塑料回收利用产业发展，通过信息技术，优化资源，减少中间环节，降低运营成本。五要开始试点示范，在高质量、高标准建设废塑料回收利用体系基础上，促进废塑料再生行业从小而散、脏乱污向高值化利用方向发展，并将废塑料回收利用体系与产业发展纳入标准化管理轨道。

4. 规范可降解塑料市场投放

2017年11月2日，国家邮政局、国家发展和改革委员会、科学技术部等十

部门联合发布《关于协同推进快递业绿色包装工作的指导意见》(简称《指导意见》),要求到 2020 年,可降解的绿色包装材料应用比例将提高到 50%。但对绿色包装的定义和标准、可降解包装材料的环保性能等没有规定。政府应当规范可降解塑料市场投放标准,凡投放到市场中的可降解塑料制品,应与垃圾收集和处理体系相容,以免有毒有害物质的产生和排放,销售商不得将可降解塑料标为"在环境中可降解",减少公众对绿色包装、可降解包装的质疑。对现有可降解材料生产、使用、回收、降解等情况进行系统调研,研究提出有针对性的解决方案。可降解塑料可优先用于农用地膜。生物可降解塑料如果仍是一次性使用,随意丢弃,将增加回收量和垃圾处理成本。为减少碰撞,快递包装使用的诸如气袋、泡泡膜、白色泡沫壳等塑料填充物,由于占据空间大、重量轻等原因不易被回收,可考虑用一些纯天然替代品,如松针、秸秆、玉米苞叶等。应开展可降解塑料对环境和社会影响的生命周期评价,并与化石塑料进行对比,以最大限度地减少塑料对环境和经济社会的负面影响。

2020 年 1 月 16 日,《关于进一步加强塑料污染治理的意见》发布,要求禁止生产和销售厚度小于 0.025 毫米的超薄塑料购物袋、厚度小于 0.01 毫米的聚乙烯农用地膜。禁止以医疗废物为原料制造塑料制品。全面禁止废塑料进口。到 2020 年年底,禁止生产和销售一次性发泡塑料餐具、一次性塑料棉签;禁止生产含塑料微珠的日化产品。到 2022 年年底,禁止销售含塑料微珠的日化产品。到 2020 年年底,直辖市、省会城市、计划单列市城市建成区的商场、超市、药店、书店等场所及餐饮打包外卖服务和各类展会活动,禁止使用不可降解塑料袋,集贸市场规范和限制使用不可降解塑料袋;到 2022 年年底,实施范围扩大至全部地级以上城市建成区和沿海地区县城建成区。到 2025 年年底,上述区域的集贸市场禁止使用不可降解塑料袋。鼓励有条件的地方,在城乡结合部、乡镇和农村地区集市等场所停止使用不可降解塑料袋(国家发展和改革委员会,2023)。

5. 制定激励政策,形成治理"白色污染"的长效机制

应制定和实施激励和约束性政策,促进废塑料回收利用产业发展。微观上,一要开征塑料袋税。按商家每年的塑料用品重量及数量,以累进税制征收;设一个逐步提高售价的过渡期,以激励人们摆脱对塑料袋的依赖,也使商家从塑料包装用品的积极提供者变为控制者。二要试行抵扣制度。顾客在大型超市等场所购物时没有购买塑料包装袋的,年底可以凭购物单据一次性抵扣部分个人所得税或退费。三要推行押金制度。鼓励消费者参与塑料包装用品回收。为解决人们忘带购物袋的问题,可在使用塑料袋时收押金,在自带购物袋时归还以往的押金;对快餐盒等一次性塑料包装用品,在回收中返还押金,促进快递行业和餐饮行业的消费群体积极参与回收一次性塑料包装用品。四要开展试点。以优惠政策扶持可

重复使用外卖餐具的解决方案（餐具设计、回收方案、清洗方案等）的开发和推广应用。在宏观上，对再生资源回收体系给予政策扶持。目前，只有某些类型的废塑料加工利用企业可获得50%的增值税退税；而混合垃圾焚烧处理方式，享受着众多优惠政策。如焚烧厂享受中央财政每吨垃圾280kW·h、0.25元/(kW·h)的可再生能源补贴；地方政府还要承担垃圾处理（渗滤液处理、飞灰处理）的相关费用；垃圾焚烧发电企业享受营业税免征和增值税退税，作为城市基础设施享受免费的划拨用地并有城市规划保障。政策不匹配是大量废塑料混入垃圾并进行处理的一大原因。因此，应将再生资源回收体系纳入规划，并给予划拨用地、补贴、退税、无息贷款等方面的政策扶持。

6. 加大研发和推广力度，推广成熟的先进适用技术

传统的废塑料处理办法存在收集成本大和污染隐患等难题。应严格禁止用废塑料"土法炼油"造成污染环境等行为。禁止进口政策从本质上改变了原料进口的多样性。因此，要组织科研力量，加强相关领域的专题研究，对先进适用技术和企业给予扶持。沧州临港福海蓝天环保科技有限公司历时多年，成功研发出劣质废塑料柔性油化技术，其特点如下。①设备先进可靠，工艺流程简单，自动化程度高，实现了连续化、规模化生产。②合成的催化剂适用范围广、催化性能好，提高了废塑料的资源化率；在450℃时将废塑料还原成油品，出油率高达80%。③自供热设计，生产中产生的气用作燃料，不需要外供能源。④对环境友好，有害成分被充分氧化，经有关部门检测全部工序几乎不产生"二次污染"。⑤生产的原料油比进口原油的质量好，经过精炼可以成为燃料油，企业的经济效益较好。该技术通过了河北省工业和信息化厅的新产品新技术鉴定，是高效利用废塑料、节约能源、不排放污染物的创新性成果。为解决我国一些垃圾填埋场实际存在的废塑料堆积问题，能源化利用值得探索。塑料垃圾能源化利用（waste-to-energy），是国际社会的通行做法，提高了产品的附加值；一头连着塑料垃圾，一头连着燃料油，既是解决"白色污染"、变废为宝的最佳技术，又为国家提供紧缺的油品。

7. 强化监督管理，提高公众认知水平和参与能力

加强"限塑令"实施监督，加大对使用违规标识塑料袋的罚款。按照《中华人民共和国产品质量法》第五十四条规定，产品标识不符合，情节严重的，责令停止生产、销售，并处违法生产、销售产品货值金额百分之三十以下的罚款；有违法所得，并处没收违法所得。2016年广州市工商行政管理局检查14 766户经营商，发出63份违规使用超薄塑料袋的《责令改正通知书》，罚款640元，平均一次仅10元，没起到应有的惩戒作用。因此，建议《商品零售场所塑料购物袋有

偿使用管理办法》第十七条违反第九条规定,"由工商行政管理部门依据《中华人民共和国产品质量法》等法律法规予以处罚",修改成"由工商行政管理部门责令改正,并可视情节处以 20 000 元以下罚款"。

"白色污染"防治是一个系统工程,需要各地方各部门各行业共同努力,需要全社会的积极参与和共同行动。应强化管理,促使塑料制品生产企业与废塑料包装物回收利用企业的联合,以减少城乡生活垃圾中的废塑料为重点,促进资源化、能源化利用,发展废塑料综合利用产业,既创造就业机会,又有化害为利、变废为宝之效。加强宣传教育,提高公众对"白色污染"危害的认识。自觉分类家庭使用的塑料袋,并扩大到垃圾分类以便循环利用;对旅游景区、公共场所出现的"白色污染",发挥公众及志愿者的积极作用,积极参与捡垃圾、爱卫生活动,改正无人负责、无序堆放、随意抛弃废塑料的行为。此外,在相关行业(如包装、工业设计等)的教育中,融入环境保护和可持续发展理念,培养创新性人才,承担企业社会责任,为"白色污染"治理做出贡献。

8. 开展国际合作,解决"白色污染"和废塑料的能源化利用问题

"白色污染"不仅是我国的突出环境问题,其影响也由陆地延伸到海洋,成为一个世界性难题。在过去的 40 多年时间里,太平洋北部海域形成一个相当于中欧面积大小的垃圾带,被称为"第八大洲",对海洋生态系统造成极大破坏。《2014 年中国海洋环境状况公报》显示,近岸海域海滩、海面和海底垃圾主要是塑料类。2018 年 1 月 16 日,《循环经济中的欧洲塑料战略》提出,到 2030 年前,欧盟市场上的全部塑料包装都要实现重复使用或循环再生。2018 年 1 月 17 日,欧洲议会投票决定取消混合垃圾焚烧的可再生能源补贴。这些均说明,应对塑料污染,是全世界面临的共同挑战。我们应以国际视野、世界眼光看待塑料垃圾问题,开展塑料垃圾处理和资源化利用的国际合作。解决"白色污染"问题,不仅会改善全球环境,特别是海洋环境,也将会对我国经济发展模式转型,乃至国际竞争力、影响力提升,起到积极作用。我国应当抓住这一重要机遇,成为全球生态文明建设的重要参与者、贡献者和引领者。

发展绿色包装也可以减少废塑料的产生。绿色包装是无污染、无公害、易回收利用或再生的包装制品,或用绿色包装材料,在包装中采用绿色生产工艺,废弃物尽可能减少、可循环使用与再生利用、容易自然降解,在生命周期全过程中对环境和人体健康不构成危害,有害物质在标准内适量包装。

只有全社会共同努力,堵疏结合,治理"白色污染",发展循环经济,废塑料才能变废为宝,化害为利。

9.3 系统化技术

循环农业系统化技术是从系统工程和生态学角度出发，在农业生产中，通过农产品的科学组合，实现农业相关能源、物质、资金和技术优化组合的技术。循环农业系统化技术是在社会效益、经济效益和环境效益整体优化的前提下将 3R 技术（减量化、再利用、再循环）和生态农业技术进行科学组合的技术体系，如轮作、间作、以沼气为纽带的果-沼-牧三位一体、大棚-养殖-沼气-蔬果等北方"四位一体"的农业生产模式和稻田立体生态养殖等技术。循环农业在不断提高农业产业化水平的基础上，从系统工程的角度来构建农业及相关产业的产业体系。

9.3.1 农作物轮作技术

轮作是在相同土地更替种植不同作物的一种耕作方法。例如，一年一熟作物在年间进行单一轮作；一年多熟作物，有年间轮作，亦有年内换茬，也称为复种轮作。中国早在西汉时就有休闲轮作的制度。长期以来，我国旱地作物大多以谷类为主，或经济作物、豆类作物和谷类作物轮作，或绿肥作物和谷类作物轮作，还有旱作物与水稻田轮换种植等。科学轮作产生的经济效益与生态效益非常可观。

1. 可以防治草害和病虫害

大部分的作物病害，如西瓜的蔓枯病、烟草的黑胫病、蚕豆的根腐病等，都是以土壤为介质侵染的。如果将感病的非寄主作物与寄主作物进行轮作，则可以减少甚至消灭土壤病菌，遏制作物病害。对危害农作物根部的害虫，轮种一种或多种不易长虫的农作物后，可以减少虫卵在土壤中的数量，减轻作物虫害。

合理轮作是防治杂草的一条途径。例如，密植谷类作物，在封垄后会在一定程度上抑制杂草。对棉花、玉米等中耕作物，中耕会有灭草的作用。一些寄生或伴生性杂草，如豆科作物间的菟丝子、小麦间的燕麦草，轮作后没了寄主或伴生作物，会受到一定的抑制作用或被消灭。旱种可以抑制水旱轮作中的草害，而水淹则迫使一些旱生型的杂草丧失发芽的能力。

2. 有利于作物均衡利用土壤养分

每种作物在土壤中吸收的养分数量与比例是各不相同的。例如，豆科作物对硅质成分的吸收极少，而对钙质成分的吸收较多。因此，两种类型的作物轮换种植，可以避免土壤特定养分的消耗，保证土壤养分的均衡利用。

3. 能够提升土壤的肥力

多年生牧草与谷类作物根群，能疏松土壤、改良土质；油料作物和绿肥作物可增加土壤的有机质含量。此外，根系伸长程度不同的作物轮种，深根的作物能利用浅根作物溶脱下来的养分，还能吸收深层土壤养分再转移到有着密集根系的耕作层。

轮作还可以利用根瘤菌能固氮的特性，添补土壤的氮素。例如，大豆与花生可以固氮 6～8kg/亩，多年生的豆科牧草可以固定的氮的数量就更多。水旱轮作还能改良土壤生态环境，增多水地的非毛管孔隙，提升复原氧化电位；对土壤的通气及有机质的分解也十分有益，还可以增加土壤的有益微生物的繁殖数量。

9.3.2 农作物间套种技术

作物间套种是指两种或多种农作物在土地复合种植的一种方法。与这种方法有关的还有单作、立体种养和立体种植等。

1. 间作

在同一季节，在相同土地里实施两种或多种作物的一种种植方式。特点是群体间结构复杂，个体间有种间关系，也有种内关系，在种管收时不是很方便。

2. 套种

这是在一个生长季农作物生长后期进行移植或行间种植后一季作物的一种种植方式。套种生长季不一样的两类作物，一先一后结合起来，两者互相补充，使田间的叶面积指数始终保持稳定，也能尽量利用空间、时间和光能，从而起到提高全年总产量的作用。

3. 间套种的效益

间套种能显著增产增效，其基本原理是品种间的竞争和互补，体现在生物间、水分、养分、时间和空间互补等方面。间套种技术要点主要有以下 3 个方面。

（1）选择合适的品种和作物。①要求对大环境的适应程度在共处期间基本相同。例如，甘薯、花生和水稻等对水分的要求不同，不能运用间套种技术。②要求农作物形态与生育特征相互适应，以便充分利用环境。例如，植株要高低搭配、株型要松紧对应，植物根系要求疏密深浅结合，植物的生育期要求前后交错，耐阴和喜光结合。当然，也要求植物搭配组合能产生更高的收益。

（2）建立合理的田间配置。田间合理配置对农作物种间、种内矛盾的解决都有益。

（3）农作物发育的调控技能。间套种时，尽管田间种植安排合理，但作物争水、光、肥的矛盾依然存在。为达到高产高效目的，作物栽培技术要注意以下问题：①适时播种，以保证全苗，并促苗早发；②增施适当肥料，科学施肥，在共生时间内尽早间苗、早追肥、早补苗、早治虫、早除草；③喷洒植物生长调节剂，以控制高层作物生长，确保低层农作物生长，达到各类作物的共同生长；④及时治理并综合预防病虫害；⑤早熟必须早收。

9.3.3 稻田立体生态养殖技术

以稻田轮作模式与"稻鱼共生理论"为基础，通过田埂固化、加高以提高水位，从而改善稻田种养的生态环境。稻田养殖有两类：①稻鱼共生；②种养轮作。

1. 改造种养设施

养鱼的稻田要保水性强、不渗漏、水源充足、水质好、光照条件好、进排水方便并尽可能集中连片，以便于管理。必须夯实田埂，石砌的田埂用水泥勾缝或浆砌，以防田埂倾塌。田埂要高出水田 0.4～0.6m，能蓄水 0.3m。设一些拦鱼栅以防鱼逃离。水源较差的稻田，可在进水口做个 10～20m 的鱼溜，高出水田 0.5m。

2. 水稻品种选择和插秧要求

在养鱼的稻田种植单季稻，要选择茎秆粗壮、株形中偏上、抗病虫与分蘖能力强的优质水稻品种，品种要根据各地种植条件来定。插秧要适度疏种，丛间密度以 35～40cm×35～40cm 为佳，可丛插 1～2 株。

3. 放养

鱼苗或鱼种，以适合稻田环境为主，秧苗返青后放养鱼种。亩均放养冬片鱼苗每尾重 15～100g，数量为 300～800 尾。如果用套养方式，放养的冬片鱼苗为 500 尾，夏花鱼苗为 800～1000 尾。养小龙虾有 3 种方法。一是把亲虾放到稻田，让其自行繁殖，通常亩均放养 20～30 尾/kg 的亲虾 20～50kg。二是直接把人工捕捉或从市场购买的幼虾放到水稻田，一般亩放养 260～630 只/kg 的幼虾 65～125kg。三是以放养人工繁殖的稚虾为主，时间在 7～9 月，亩放养稚虾 1.5 万～3.5 万尾。养河蟹时，在直播期或移栽定植 7～10 天后放养蟹种，通常每亩投放 4～8kg 质量的 60～160 只/kg 的蟹种。同块水田要放养体质优质、规格一致的蟹苗。

4. 饲料选择与投喂

除稻田天然饵料外，投饲是增效增产关键。用麸皮、米糠与颗粒饲料等与青饲料等进行定时、定点、定量和定质投喂。稻田养鱼，上下午分别喂养 1 次，日均投饲量为鱼总质量的 5%，并根据气候、吃食等酌情增减。前期投喂以颗粒饲料为主，辅以农家饲料；后期多喂农家饲料，逐渐减少颗粒饲料投饲量。小龙虾，7～9 月以植物性饲料投喂为主。10～12 月多投喂动物性饲料，每日投喂饲料量是虾体重的 6%～8%，早晚各一次，晚间投喂饲料量是日饵量的 7/10。冬季每 3～5 天 1 次，在日落前后投喂，投饲量是体重的 1%～2%，翌年 4 月，逐渐增加投饲量，以保证小龙虾能吃好。

5. 种养管理

①施肥。种养前施基肥，喂养鱼虾蟹后，不要追加施肥，更不要施氮肥；如果需要，要按少量多次的原则施氮肥。②用药。稻田生态养殖病症少，很少出现水稻病虫害。预防病虫害，水位控制在 30cm 以上。按无公害农产品要求防治病虫害。要控制农药用量，严格执行休药期。③管理。要每天巡田以确保水质清新，设置防逃设施，清除老鼠、水蛇等敌害。④控制水位，在秧苗返青前水位保持在 5～10cm；在放养鱼种后水位逐渐提升到 10cm 以上。

6. 稻田大垄双行养蟹技术

距离田埂内侧 100cm 处开环沟，宽 60～100cm、深 15～70cm、坡比 1∶2，开沟面积占种养殖面积的 7%～15%。连通沟宽 50～70cm、深 30～40cm，形状为"日"字形、"田"字形、"目"字形、"十"字形。水稻大垄双行边进行密植栽培，垄宽 40cm、垄距 20cm，与边垄双行配合，大垄双行的透光通风性好，利于水稻的生长。

第 10 章
土肥代谢是循环农业之基础

"但存方寸地，留与子孙耕。"保护和合理利用土地，是中国古人的智慧。大自然以新陈代谢的方式不断运行着，动物和人类呼出的 CO_2 能被植物吸收并促进植物的生长。在农业社会初期，游牧民使用的东西几乎都取自自然，用完丢弃后很容易被自然界分解和"消化"。早期农业将废弃物返回土壤以补偿养分，实行轮作让土地休耕闲置以恢复地力。人们从土壤中攫取越来越多的养分，而将废弃物丢弃，并超过自然界的吸收和同化能力，甚至不再以"自然回归"方式返回营养成分。

有关研究表明，1cm 厚的土壤形成需要 1000 年的时间，污染却在几十年乃至几年之间。近年来，土壤污染、地力退化敲响了全球粮食安全、食品安全和人体健康的警钟，治理土壤污染、改善土壤状况刻不容缓。绿色是农业现代化的重要标志，我们要践行"绿水青山就是金山银山"的理念，坚守耕地红线，加强水资源节约高效利用，提升农业可持续发展水平。

10.1 中国农业与土壤分布

地少人多是我国的基本国情，人地矛盾一直存在。稳定耕地面积是农业循环经济和可持续发展的基础。应实行最严格的耕地保护制度，稳定粮食作物播种面积，严控新增建设占用耕地，确保耕地保有量在 18 亿亩以上，将城镇周边、交通沿线、粮棉油生产基地的优质耕地优先划为永久基本农田，实行永久保护。坚持耕地占补平衡数量与质量并重，全面推进建设占用耕地的耕作层土壤剥离再利用。

此外，国家有关文件还提出，采取秸秆还田、增施有机肥、种植绿肥等土壤改良措施，增加土壤有机质含量，提升土壤肥力。恢复和培育土壤微生物群落，构建养分循环通道，促进农业废弃物和环境的有机物分解。加强东北黑土地保护，减缓黑土层流失。开展土地整治、中低产田改造、农田水利设施建设，建成集中连片、旱涝保收的高标准农田，以土地资源的可持续利用支撑农业可持续发展。

10.1.1 土壤类型及其分布

我国自然条件复杂多样，冬季在西北气流的控制下，广大地区寒冷干燥，夏季受东南、西南季风的影响，东部和中部地区高温多雨。土壤类型不同，农业生产方式多样，农业生产方式可以分为南方农业区、北方农业区、东北农业区、西北农业区和青藏高寒农业区。

1. 总体概况

土壤是地球表面的一层疏松物质，由各种颗粒状矿物质、有机物质、水分、空气、微生物等组成。固体物质包括土壤矿物质、有机物质和微生物通过光照抑菌灭菌后得到的养料等；液体物质主要是指土壤水分；气体物质是存在于土壤孔隙中的空气，这3类物质构成了土壤的统一体。它们互相联系、互相制约，为作物生长提供了必要条件。受成土母质和气候等因素的综合影响，土壤类型各种各样，五颜六色（五色土），以下进行简要介绍。

（1）东部地区主要是青色土壤。东部邻近大海，又是江河入海口，土壤长期处于淹水状态，其中的氧化铁（Fe_2O_3）被还原成氧化亚铁（FeO）而呈灰绿色，就成为青土。

（2）南部地区主要是红色土壤。南方闷热潮湿而多雨，大量易溶于水的土壤矿物质，受雨水冲刷流失，最终剩下氧化铁和氧化铝（Al_2O_3），因而呈红色。

（3）西部地区主要是白色土壤。西部地区气候干旱，土壤以盐土和碱土为主，土壤中富含碳酸钙、石膏等白色物质，加上可溶性盐在土壤表层聚集，所以变成了白色。

（4）北部地区主要是黑色土壤。东北地区气候湿润而寒冷，黑色腐殖质在土壤表层大量积累而且降解非常缓慢，长年累月的积累导致土壤黑色不断加深，因此称为黑土。

（5）中部地区主要是黄色土壤。黄土主要分布在我国西北的黄土高原，黄土的有机质含量不高，但其颗粒细腻适宜耕作，其所在的黄河流域是中华文明的发祥地。当然，5种颜色只是我国土壤颜色的总体概况而不是全部。

在各种自然力的综合作用下，我国土壤呈明显的水平地带分布和垂直地带分布：东部呈现纬向排列的湿润森林植被下的土壤系列，中部表现为自东北向西南延伸、以干润森林草原和干草原为主植被下的土壤系列，西部主要是荒漠化草原和荒漠植被下的土壤系列，东部沿海是湿润海洋性土壤地带谱系，中部表现为过渡性土壤地带谱系，西部属于干旱内陆性土壤地带谱系，等等。

2. 秦岭-淮河以南的土壤特征与分布

秦岭-淮河以南属亚热带至热带地区；受湿润季风影响，热量和雨量自北向南递增。土壤类型带随纬度变化而变化，自北向南出现黄棕壤、红壤、黄壤、砖红壤性红壤和砖红壤。受区域地形影响，土壤类型在同一纬度地带内也出现分异情形。例如，在中亚热带，由于湖南、湖北山地地势较高，云雾多、雨量大，土壤以黄壤为主；在云贵高原，由于东面和西南受海洋性季风影响较大，气候比较湿润，而高原中心具有较干热的高原型亚热带气候特点，土壤水平分布有别于亚热带东部地区，在黔中高原（贵阳）一带分布黄壤，在滇中高原（昆明）一带为红壤，往西至下关逐渐过渡至褐红壤，继续往西南在芒市镇分布砖红壤性红壤。

南方棕黄土适合种植水果。水果种类很多，有香蕉、杧果、榴梿、阳桃、火龙果、橙子、橘子、柚子、猕猴桃、荔枝、龙眼等，这些都可以在南方种植。当地有种植水果的基础和经验，水果不仅质优价廉，也深受广大消费者喜爱。

3. 秦岭-淮河以北地区的土壤分布

中国东部土壤地带性分布规律基本上与纬度带相一致，由南向北依次分布有砖红壤、砖红壤性红壤、红壤、红棕壤、棕壤、暗棕壤、灰化土。

中国东部为季风气候，热量和雨量自南向北递减，南方降水量多，温度高，故南部的土层风化淋溶作用强烈，易溶性无机养分大量流失，铁、铝残留在土中，土壤颜色发红，质地黏重，肥力较差，并呈酸性至强酸性。越往北降水量越少、冬季温度越低，土层风化淋溶作用越弱，土壤质地越加黏重，肥力淋溶程度也不很强烈，有少量碳酸钙淀积。东北地区的土壤呈中性、微碱性，其中钙、镁、钾、钠等无机养分和腐殖质积累较多，腐殖质层较厚，土壤颜色以黑色为主，土壤肥力较高。

黑土地主要分布在黑龙江、吉林、辽宁和内蒙古东四盟等地，主要包括黑土、黑钙土、草甸土、白浆土、棕壤和暗棕壤等。

东北是我国重要的商品粮生产基地。东北黑土地的粮食产量占全国粮食总产量的1/4，商品粮数量占全国粮食总产量的1/4，调出粮食数量占全国粮食总产量的1/3，是国家粮食安全的"压舱石"。北方黑土和灰化土也适合种植各类水果，如苹果、梨、枣、桃、核桃、山楂、桑椹、柿、西瓜、葡萄、蓝莓、杏、栗、李、无花果、石榴、哈密瓜、甜瓜、香瓜、棠梨子等。

东北黑土地在高强度利用下已经出现不同程度的退化，大于20°的坡耕地水土流失导致黑土层变薄，其面积约占黑土地总面积的1/3；坡度小于20°的耕地用养失调导致耕作层变浅、变瘦，犁底层变厚、变硬，其面积约占黑土地总面积的2/3；还有自然土壤形成过程中存在的障碍层（如白浆土）等问题。

4. 暖温带至温带地区的土壤分布

我国暖温带至温带地区十分广阔，位于季风交替区。其土壤分布规律与欧亚大陆西部明显不同，主要是地处温带季风气候区，夏季湿热气团活跃，气温普遍较高，高温多雨；冬季盛行西北风，干燥寒冷，气温普遍较低。

水热条件由东南向西北变化，土壤类型相应地由东南向西北变更。东部沿海表现为湿润海洋性土壤，西部为干旱内陆性土壤。

暖温带土壤演替顺序：东部棕壤向西北更替为褐土、黑垆土，进入半干荒漠地带则更替为灰钙土，向西延伸至欧亚大陆的干旱中心，则为棕漠土。

温带土壤演替顺序：东北部东辽平原的黑土、白浆土自东向西排列，向西气候干旱，相继出现黑钙土、暗栗土、栗钙土、淡钙土及棕钙土、灰漠土、灰棕漠土。

相应地，在不同温度带出产的水果不同。以下列出不同温度带的主要水果品种。热带：香蕉、椰子、菠萝、杧果等。亚热带：香蕉、柑橘、葡萄、柚子、甘蔗、洋蒲桃、阳桃、油桃、樱桃、草莓、木瓜、圣女果等。暖温带、中温带、寒温带：苹果、梨、桃、枣、杏、黄桃、草莓、西瓜、香瓜、哈密瓜、猕猴桃等。

5. 东南部湿润土壤系列

大兴安岭-太行山-青藏高原边缘一线以东的广大地区，气候湿润，干燥度<1，温度由南向北随纬度增加而递减，分布着各类森林植被下的土壤。自南向北依次出现的主要土壤组合是，湿润铁铝土-湿润富铁土，湿润富铁土-湿润铁铝土，湿润富铁土-常湿雏形土，湿润淋溶土-水耕人为土，湿润淋溶土-潮湿雏形土，冷凉淋溶土-湿润均腐土，寒冷雏形土-正常灰土。

东南部湿润土壤系列分布区也是我国传统农业区和主要林区。暗棕壤的腐殖质含量高，表层微酸性，是肥力较高的土壤。在我国是名贵木材红松的中心产地。平缓坡地可辟为农田，适于种大豆、玉米，也可发展果树业及栽培人参。黑土主要用于种植棉花、小麦、玉米、高粱、水稻、糖蔗或作为牧场，用于放牧的土地面积最大。

6. 中部干润土壤系列

自西南向东北，依次出现的土壤组合为干润雏形土-干润淋溶土-黄土、干润正常新成土-干润淋溶土/雏形土-干润均腐土-冷凉淋溶土。

这个土壤系列范围以旱地为农田的基本形态。因此发展了一套以经营旱地为主的节水农业生产管理机制。只有在有灌溉的地方才可以发展水稻，故水田呈斑块状分布。

西南紫色土和黄棕土适合种植的水果为蓝莓、柚子、葡萄、猕猴桃、杨梅、李、柑橘、无花果、核桃。

7. 西北部干旱土壤系列

中国的土壤由南到北、由东向西虽然具有水平地带性分布规律，但北方的土壤类型在南方山地往往也会出现。

随着海拔增高，山地气温不断降低，一般海拔每升高100m，气温降低0.6℃，自然植被也随之变化，土壤也会发生变化。随海拔增加，土壤呈垂直地带性分布。土壤由低到高的垂直分布规律，与由南到北的纬度水平地带分布规律近似。

西北灰漠土、灰钙土、灰棕漠土地区出产的水果主要有西瓜、葡萄、猕猴桃、石榴、哈密瓜、红枣、白兰瓜、香梨、番茄等。

10.1.2 主要农作物分布

水稻是我国的主粮之一，也是全球约50%人口的主粮，近90%的水稻生长于亚洲，发展中国家是其消费主体。世界水稻种植面积约为15 500万 hm^2，印度水稻种植面积约为4400万 hm^2，居世界首位；我国水稻种植面积为3100万 hm^2，约占世界种植面积的20%。

中国水稻集中分布在热带或亚热带的高温多雨地区，如长江流域、珠江三角洲和四川盆地、中南半岛等。我国水稻主要有六大产区，分别为华南双季稻作带，华东、华中单双季稻作带，西北干燥稻作带，华北单季稻作带，东北早熟稻作带，西南高原稻作带。

新中国成立以来，中国的水稻种植取得了巨大成就，也经历了以下几个发展阶段。

第一阶段（1949～1961年）：大力开展以治水改土为中心的农田基本建设，同时进行了单季稻改双季稻、籼稻改粳稻等耕作制度的改革，推广了先进栽培技术，对提高水稻产量起了重要的作用。

第二阶段（1962～1979年）：继续选育普及矮秆优良品种，采用与之相配套的优化栽培技术，在改善生产条件的基础上，恢复和发展了双季稻生产。

第三阶段（1980年至今）：杂交水稻三系配套，配制了一系列高产组合，大面积应用于农业生产；东北大面积种植水稻，是我国水稻总产大幅增加的地方，并由过去只注重单一栽培技术，发展成为利用相关物种共生规律，在不同生态条件下创建一些综合配套高产高效栽培模式，对提高水稻单产起了重要的作用。

与此同时，依靠科技创新，大力发展可持续旱作区农业，既可保障我国粮食安全、助农致富和保护生态环境，也可解决国际社会长期面对的共同科学命题。

旱作农业是主要依靠和利用降水进行生产的农业，其核心是综合运用生物、农艺、农机、田间工程及信息等技术，最大限度地提高降水利用率和利用效益。我国旱地农业范围主要包括沿昆仑山-秦岭-淮河一线以北的干旱、半干旱和半湿润易旱地区，覆盖15个省（自治区、直辖市）的965个县（市），旱作耕地10.1亿亩，占耕地面积的56%，提供了40%以上的粮食生产能力，原来分布着全国80%以上的低收入人口和70%左右的生态脆弱区。

此外，玉米在我国分布很广，主要集中在东北、华北和西南地区，大致形成一个从东北到西南的斜长形玉米栽培带。

10.2 精耕细作与科学用肥

中国是世界上最早进行农耕的民族之一。中国农民对土地有着深厚的情感，在几千年农业生产中已经深刻认识到土壤对于农业发展的极端重要性。在社会尚未组织大规模灌溉的古代，为解决供、需水的尖锐矛盾，劳动人民精耕细作，发明了以保墒为核心的耕作体制。近代以来，化肥和农药的过量使用，为土壤和生态环境带来危害，治理土壤和生态环境的需求迫切，以便为粮食安全奠定基础。

10.2.1 中国的传统耕作制度

中国农业历史悠久，土地复种指数很高，地力却没有枯竭。许多欧美研究者认为，保存地力并使之永久适于耕作是一件难事。地力衰竭、消失的原因很多、很复杂，可以从犁铧和土地用养等方面加以探讨。

1. 精耕细作是中国农业的优良传统

数千年来，我国劳动人民在生产实践中总结出丰富的经验，直到今日仍有很高的价值。根据《中国农业百科全书·农业历史卷》的定义：精耕细作，是指用以概括历史悠久的中国农业，在耕作栽培方面的优良传统，如轮作、间作套种、三宜耕作、耕耨结合、加强管理等。精耕细作内涵博大精深，充满科学道理。我国古代的很多精耕细作农业成果，正被现代国家所认识、接受，并在生产中加以应用。可以说，当今世界的有机农业耕作方式是对我国精耕细作的发扬光大。

西方的休闲农作制度存在地力消失的风险，不是一种好的农耕制度，在理论上用草田农作制较理想，实际上很难行得通。中国既不单纯靠农家肥，也不单纯靠豆科植物，而靠精耕细作，包括轮耕（翻、松、免耕合理组合）、轮作，轮施肥包括用有机肥、豆科作物、厩肥、绿肥养地，同时大规模采用水利设施灌溉、排水等。

《欧美农业史》作者格拉斯（Gras）认为，五千年的中国农业实践为世界农业可持续发展提供了极有意义的思路。中国土地面积大，各地土壤、气候条件差异很大，采用一种耕种方式不能在各地都取得相同成果。在气候适宜条件下，每年种两季或三季作物，采用大规模的灌溉和排水措施，把能收集到的动植物及人类的废弃物制成肥料，一律还田。把两种或两种以上的作物种在一起，田间全部由人工植被覆盖，土地种植得像鱼鳞一样，没有裸露的地方。中国并不是只用干旱使地力不衰竭，因为中国干旱很少，也不是单纯靠豆科作物养地，而用集约耕作制度保持这个国家的土壤不至枯竭。这是外国学者对我国传统农业的客观评价。

2. 中国传统采用三角犁铧翻地

中国的传统犁铧是三角犁铧。这从新石器时代的石犁，西周后的古代铜犁头，到战国、汉代及唐、宋、元、明、清等历代考古发掘与现代犁铧头的形状，可以得到证实；1958年教育委员会审查通过的教科书《农具学》和1962年刘仙洲的《中国机械工程发明史》中都有记载。因为工具入土由向下的掘入改为向前的穿入就把前端制成两等边三角形。两等边所夹的角度虽有大小不同，但是这一形状，则自开始有犁铧以来就定型下来。

用三角犁铧耕地，使土壤分耕动和未被耕动两个部分，产生了虚实相间结构，虚部（动土部分）因孔隙大，好气性微生物活动旺盛，为作物生长提供速效养分；实部（未翻动土的部分）因孔隙小，土壤紧实，嫌气性微生物活跃在土壤中并进行腐殖质合成，以保存土壤有机质。日积月累的土壤用养结合，才使我国并不优越的土壤条件历经几千年而能"地力常新壮"。其中隐含着先进适用的技术原理、包含丰富的内涵和哲学思想、有着深厚文化底蕴的传统耕作，与天人合一的思想如出一辙：人类是自然的组成部分，要顺应自然规律，有节制地去开发利用自然资源，而虚实并存的耕作核心是用养结合，符合可持续发展原理。

美国只有200多年的建国史和农耕史，一直采用铧式犁耕翻土地，创造了多为大孔隙的土壤耕层，农田土壤全面疏松，但弊端也很快暴露出来：易风蚀，消耗了大量有机质。美国人少地多，土壤有1~3年的休闲期，有雄厚物资发展农业，但在20世纪30年代出现震惊世界的"黑风暴"。使用铧式犁的结果是全部翻动土壤，出现问题用另外一种极端方法解决：全耕不行就全部不耕，免耕法应运而生。换句话说，免耕法是从全耕的一个极端走向全不耕的另一个极端。

如果在中国五千多年的农耕过程中，200年就刮起"黑风暴"，肥沃的土壤早就被刮得荡然无存了，五千年文明也就无从谈起。有研究发现，新中国成立前也偶有用西方铧式犁翻耕土地的，从1958年全国大搞深翻开始大批引进推广铧式犁。虽然用铧式犁耕翻土地的时间不长，却带来土壤的很大变化，北方黑土有机质下降，开始变黄，向人们发出了"黄牌警告"。这也充分说明，中国传统耕作工具并不是铧式犁。

3. 耕作模式变化带来水资源浪费

松土保墒是我国农民劳动实践经验的总结。保墒是我国农业的一种耕作方式，本质是水分管理，即通过深耕、细耙、勤锄等措施来尽量减少土壤水分的蒸发，让尽可能多的水分满足作物蒸腾的需要。然而，自包产到户后，小农生产者纷纷扔掉手中的锄头，撇开祖辈用了两千多年的松土保墒的经验和做法。有关实验证明，从精耕细作、保水耕作到只管种、浇、收的"懒汉耕作"，导致大量水分蒸发散失：加大了"1/2 的棵间土壤蒸发"或"1/4 的田间总蒸腾"。

如果考虑东北在内的北方，由此损失的水资源更多。黄淮海流域年均降水566mm；灌溉面积为 3.46 亿亩，2005 年灌溉用水为 915 亿 m^3；7 亿亩农田包括降水和灌溉用水在内的总"受水"为 3556 亿 m^3。因放弃松土保墒每年加大的田间水分蒸发量为 3556 亿 m^3×1/4=889 亿 m^3，这一天文数字揭示了中国北方干旱的最直接、最根本原因。

包产到户终结了中国传统农业松土保墒的做法，改变了新中国成立后形成的"灌溉保水农业"方向，加大了农田水分蒸发量。主流观点认为，造成"大水荒"的原因是降水减少、气温升高，工业与城市用水增多，森林植被减少等。其实，主要原因也不排除中国农业耕作模式变化，北方广大干旱、半干旱农业区，作物年需水量为 1000mm 左右，年降水量仅 200～600mm，而且降水的季节时间极不平衡。根据实验成果，仅黄淮海流域，因放弃"保水耕作"而加大的农田水分量蒸发高达 889 亿 m^3，接近 1 条黄河再加 2 条海河的流量，相当于 10 条"南水北调"中线的调水量，这也可能是"大水荒"的最根本成因。

10.2.2 化肥使用弊端呼唤科学施肥

1. 国外施用化肥对生态环境的影响已经显露

发达国家为防止化肥对土壤和水体的危害，于 2019 年设置了 225kg/hm^2 的化肥安全使用上限。我国化肥使用量达到 400kg/hm^2 以上，远超出发达国家的化肥安全使用上限。与此同时，我国化肥使用量与农作物产量并不成正比，过度使用化肥还造成了一系列问题，甚至是土壤肥力下降。在全球高氮肥用量国家中，我国是唯一的"增肥低增产"型国家。2000～2008 年，我国化肥总用量较 20 世纪90 年代增长了 35%，粮食单产增加了 315kg/hm^2。国际上，有"减肥高增产"型国家，如德国、以色列、荷兰，2000～2006 年氮肥总用量较 20 世纪 90 年代下降了 9%～26%，粮食单产增加了约 500kg/hm^2。"减肥低增产"型国家，如韩国、丹麦、英国、法国等国家，在氮肥用量下降了 17%～33%的条件下粮食单产增加较低（同比增加 211～296kg/hm^2）。"增肥高增产"型国家，如越南、孟加拉国、埃及、智利等，同期化肥用量增加了 20%～69%，粮食单产增加超过 400kg/hm^2，最高达 1173kg/hm²。

氮元素是构成植物生命的脱氧核糖核酸和蛋白质的必需元素，过多的氮却是一种污染元素。空气中的氮含量很高，但气态氮不能被作物吸收，要经过微生物加工将氮转化成作物能吸收的速效养分。化肥可以通过各种形式散布到环境中，进入人类不希望它散布的地方。世界上出现致命的蓝色婴儿病，追根溯源是田间施用的化肥一多半没有被作物吸收利用而渗透到地下水中，再循环到空气中或通过小溪流入湖泊，在特定情况下过量的氮（硝酸盐）污染水源。饮用这种水，其中的氮化物能够在婴儿的血液中取代氧的位置而使儿童患上该病。

哈佛大学哈佛森林研究中心曾立项研究氮污染对树木的影响。相关学者阿伯尔认为，马萨诸塞州的树木得到的氮过多，相当于空气污染沉降氮的20倍。植物没有吸收的剩余氮大多附着在土壤矿物质中，因而不能被树木根系吸收。有证据显示，较少的氮，即使比酸雨和烟尘中的氮还少，就足以对森林造成伤害。

康奈尔大学生物学家豪沃斯认为，密西西比河三角洲氮浓度高的水流入大海，使浅海水域海藻迅速生长，海藻死亡和分解时会消耗水中的氧，导致鱼类缺氧死亡。大量农田水汇集在密西西比河。在密西西比河下游，氮污染造成一个大约2万km²的污染区，这个面积比整个新泽西州都要大，那里的许多较高等生物由于氮污染而不复存在。他还认为，2/3的美国沿海水域都遭受不同程度的氮污染，并带来损失。地面上的生物也同样受到威胁。含化肥的水从农田蒸发，在天空与汽车尾气、工厂烟囱排出的氮化合物混合在一起，随风漂流形成酸雨和灰尘降落在地面，污染环境。

美国生态学家蒂尔曼在研究氮污染对草原的影响时，对自己的研究发现感到非常震惊。明尼苏达州大气中每年新排出氮，年复一年，20年后就足以使试验场约30%的草原植物物种消失。本地草与其他植物一样，适应了低含量土壤养分的生长环境，不能利用土壤中过量的氮；而那些能利用氮的植物，如从欧洲移植来的一种草会迅速生长蔓延，完全取代本地草，发生所谓的"外来物种"入侵，渐渐侵害当地动植物的多样性。因此，要想保留美国土地的生物多样性，美国的工厂、农场就必须减少氮排放造成的污染。

2. 我国化肥施用量及其对环境的影响

我国数量庞大的人口每年要消耗大量粮食。为保证14亿人吃饭，我国以占世界9%的耕地，6%的水资源，养活了21%的世界人口，消耗35%的世界化肥量，成为世界上化肥用量最大的国家，走了一条种植作物大量施用化肥农药，养殖大量使用激素的化学农业道路。

随着耕地面积减少、成本上升，特别是大量劳动力进城打工，施用化肥提高作物产量成为大部分农民的选择。生产同样多的食物，现在的用水比保墒耕作多了近 10 倍，土地流向资本投入高的农业，种子成了专利，消耗的化肥越来越多，农药也带来健康危害。中国化肥使用量与粮食产量变化如图 10-1 所示。

图 10-1　中国化肥使用量与粮食产量变化

中国农业科学院农业资源与农业区划研究所在全国的田间定位试验与调查显示，我国各主要农区广泛存在不合理耕作、过度种植、农用化学品大量投入和沟渠设施老化等问题，导致农田耕作层普遍变薄，养分非均衡化问题严重，土壤板结，土壤生物性状退化，土壤酸化、潜育化、盐渍化增加，防旱排涝能力较差，土壤基础地力不断下降，并带给农民"化肥依赖症"。同时，75%的湖泊和 50%的地下水遭受污染。

2014 年 4 月，环境保护部和国土资源部发布全国土壤污染状况调查公报。公报显示，实际调查土壤面积约为 630 万 km^2，全国土壤总的点位超标率为 16.1%，其中农村耕地土壤点位超标率高达 19.4%。可以预见，农村土壤污染修复治理的难度很大，主要有以下几个方面。一是土壤污染具有隐蔽性和滞后性。大气污染和水污染一般比较直观，通过感官能察觉到，而土壤污染则要通过土壤样品分析、农作物检测，甚至对人畜健康的影响研究才能确定，从产生到危害显露的时间通常较长。二是土壤污染具有累积性。与大气污染和水体污染相比，污染物更难在土壤中迁移、扩散和稀释，因此容易在土壤中不断累积。三是土壤污染的不均匀性。由于土壤性质差异较大，污染物在性质各异的土壤中迁移慢，土壤中污染物分布不均匀，空间变异较大。四是可逆性程度较低。由于重金属难降解，重金属对土壤的污染基本上是一个不可完全逆转的过程。土壤中许多有机污染物需要较长时间才能降解。因此，土壤污染一旦发生，仅仅依靠切断污染源的方法很难恢复土壤的本来性质。总体来说，治理土壤污染的成本高、周期长、难度大。

农药的不合理使用是造成土壤污染的重要因素。我国是世界第一农药消费大国，单位面积的农药平均用量比世界平均用量高 2.5～5 倍。年使用农药量达 120 万 t 以上，利用率不足 30%，其中 10%～20%附着在植物体上，其余散落在土壤和水中，对土壤、水源、空气及农副产品造成了极大危害。农药残留超标成为我国食品安全的主要问题之一。农药使用不合理导致永久性有机污染物残留，土壤中的有益细菌大量减少，土壤质量下降，土壤自净能力减弱，影响农作物的产量与品质，危害人体健康，进而出现环境报复人类的情形。农药使用不合理表现为生态系统失衡，并引起生态环境质量恶化；土壤质量下降，农作物减产降质；重金属病开始出现，对人体健康和农业可持续发展构成严重威胁。

此外，中国农膜使用面积已突破亿亩。我国每年约有 50 万 t 农膜残留于土壤，残膜率达 40%。大部分农膜不易分解，不但破坏了土壤团粒结构，降低了土壤肥力，阻碍作物根系对水分的吸收和生长发育，造成地下水难以下渗，而且残膜分解过程中析出铅、锡、酞酸酯类化合物等有毒物质，会造成新的土壤环境污染。

联合国 2015 年发布《世界土壤资源状况》指出，土壤面临严重威胁。例如，土壤侵蚀每年导致 250 亿～400 亿 t 表土流失，导致作物产量、土壤的碳储存和碳循环能力、养分和水分明显减少，土壤侵蚀造成谷物年产量损失约 760 万 t。如果不采取行动减少侵蚀，预计到 2050 年谷物损失量将超过 2.53 亿 t，相当于减少了 150 万 km^2 的作物生产面积。

3. 测土配方施肥为何实施难

随着人们对食品安全的重视，有机食品开始走向消费者的餐桌，"有机"成为农产品的一大卖点，成为一种健康生活方式的标志。很多企业开始涉足农业。

1）测土配方施肥的推广碰到困难

使用测土配方施肥，能有效降低农民投资，提高化肥利用率；能精确施用以提高农作物产量，还能降低因盲目超量施用化肥带来的面源污染，减轻土壤酸化程度等。2010 年国家确立了 2498 个测土配方项目县（场、单位），以提高农民使用测土配方施肥比例，但基层使用测土配方施肥的情况不尽如人意。

一是经销商没有配方肥可卖。"庄稼一枝花，全靠肥当家"。我国部分地区农业施肥品种相对单一、低效、盲目，致使化肥用量日益增加，已经带来一系列问题。改变的途径是测土配方施肥：作物需要什么营养就施用什么，需要多少就补多少。这样既能提高作物产量，又能改善作物品质，还能降低农民投入，是一举多得的好事。在现实中，尽管专家呼吁、政策支持、农民盼望，但相关工作成效不大。据有关研究，美国测土配方施肥技术覆盖面积在 80%以上，肥料有效利用率达 60%。中国真正能实现测土化验、配方施肥的农户比例很低，如山东五莲县不足 10%。春作物主要是春花生、红薯及零散大豆，而市场根本没有这些作物的大配方肥，就不用说更细化的测土配方肥了。

二是宣传推广无人做。国家每年都要投入大量资金给测土配方施肥项目。虽然农民看到宣传标语知道测土配方好，却没有看到详细信息，又不了解谁在推广，更不知道自家地的具体情况。

三是配方肥变了味。不少地方农业部门每年都会联合各乡镇政府，让各村向农民收款、预订测土配方肥，然后再根据统计数量把化肥发放到农民手中。但是，无论土壤测试还是配方设计，全由职能部门操作，缺乏针对性。

2）让测土配方施肥顺利推广

农业高质量发展需要配方肥，农民也喜欢用能带来效益、降低投资的好配方肥，能真正给农民带来效益和实惠的配方肥和企业必然会获得市场的青睐。因此，想让测土配方施肥受欢迎，政府和企业要各司其职，形成政府、企业和农民协同治理结构。

政府必须建立一整套行之有效的测土配方施肥的政策及其推广、监管体系，大张旗鼓地宣传配方施肥的好处，使之家喻户晓。应建立起全国性的、区域性的耕地测土配方数据库，让全社会共享；严格监督各地测土配方项目的有序推进。此外，应大力扶持有实力的企业严格按照测土配方数据生产和推广配方肥。

测土配方施肥最终要达到全覆盖，还要由化肥生产企业来实施。这是我国化肥产业转型升级的一个机会。因此，有志于此的化肥企业应该积极行动。例如，建立信息采集备案制度，按区域分片推进，循序渐进；信息采集工作一旦完成，建立完备的数据库，并对症下药地生产出真正受农民欢迎的配方肥。

如果政府、企业协同，政府利用政策、技术优势，企业利用资金和销售渠道，各尽所能、各司其职，一定会使测土配方施肥这项利国利民利农的项目顺利推广。

4. 土壤污染呼唤绿色化学

土壤可以为人类提供生存空间和重要的生态系统服务，可储存和过滤水、改善粮食安全功能，在供应干净的水、抵御洪水和干旱方面发挥着关键作用。经过土壤渗透的水可以过滤污染物，以免地下水污染。土壤碳循环意义重大，有助于抵御和适应气候变化；肥沃的土壤是天然的"储水箱"，可以为植物提供养分，促进植物生长，并保持地球上 1/4 的生物多样性，在 $1m^2$ 的森林土壤中，可以发现 1000 多种无脊椎动物。

我们应当明白，没有健康的土壤，地球上的生命就不可能生存。土壤是农业可持续发展的基石。保护土壤刻不容缓，绿色化学应运而生。绿色化学于 20 世纪 90 年代兴起，核心是利用最经济的化学原理和技术防治环境污染，从源头上避免和消除有毒有害原料、催化剂、溶剂和试剂对生态环境的危害，尽可能实现废弃物零排放。

绿色化学也称为无害化学、环境友好化学和清洁化学，在此基础上发展起来的技术称为绿色技术、环境友好技术和清洁生产技术。绿色化学有助于跳出先污染后治理的怪圈，抛弃发展经济以牺牲环境为代价的模式，而采用环境友好的绿色发展模式，满足现代农业、地球及人类可持续发展的绿色愿景及时代要求。绿色化学可以使原料绿色化、反应选择性提高、催化剂绿色化、溶剂绿色化。绿色化学是发展生态经济、生态工业及生态农业的关键，是实现农业可持续发展的组成部分。

（1）生物质化学转化。生物质包括植物、微生物，以植物、微生物为食物的动物及其废弃物，如农作物、农作物废弃物、木材、木材废弃物和动物粪便等。目前95%以上的有机化学品来自煤和石油，环境负面影响巨大。地球上的绿色植物每年产生的碳氢化合物高达300亿t以上，能量储备相当于8万亿t煤或800亿t石油，且在自然环境中降解，将生物质用作化学原料和能源是绿色化学的目标。生物质中90%的有机物可转换为沼气，用作燃料或照明。可以将秸秆制作成饲料，用动物粪便制取沼气，沼渣用于食用菌栽培，沼液用作无公害液体肥料。生物质综合利用制取沼气及其副产物，可以明显提高经济效益。

（2）可降解塑料。塑料在农业中用作地膜，使农作物在任何季节均能收获，丰富了农产品供应，可满足人民生活多样化的消费需求。然而，塑料属高分子化合物，极难降解。随着使用地膜栽培年限的延长，残留地膜越积越多，成为"白色污染"，对农业可持续发展构成严重威胁。由此，能在光和生物双重作用下降解的塑料，也就是可降解塑料的开发利用引起广泛关注。随着科技发展、生产和生活方式的转变，一些发达国家和国际组织强调，绿色化学及其发展理念是环境管理体系中的一个关键环节和重要组成部分。人类必须重视环境与人类社会发展的协调性，人类需要从工业文明的发展模式转向生态文明模式，并最终形成可持续发展模式。

总之，我国农业发展面临众多问题，如盲目使用农药和化肥，土壤贫瘠化加剧，水体富营养化，废弃塑料"白色污染"，水源及土壤重金属污染等，严重制约我国人民生产和生活水平的提高，制约我国经济社会的持续健康发展。治理环境污染的根本出路在于依靠科技创新开发高利用率、无污染的生态肥料和高效低毒农药，储粮于地、储粮于技，依靠绿色粮储、加工及农副产物高附加值等转化技术，实现农业健康、可持续发展，实现社会、经济、资源与环境良性循环。

10.2.3 嘉博文治理土壤污染的案例

土壤污染问题直接影响我国十几亿人的食品安全。2016年5月28日，国务院颁布的《土壤污染防治行动计划》提出，到2020年受污染耕地安全利用率达到90%左右，污染地块安全利用率达到90%以上；到2030年，受污染耕地安全利用率达到95%以上，污染地块安全利用率达到95%以上。2017年中央一号文件和政府工作报告都把耕地修复、食品安全作为工作的重要内容。一些地方公布了地方"土十条"，陆续出台了系列文件，释放出重视土壤修复的信号。

案例1：蒲江耕地质量提升"5+1"综合服务模式

四川蒲江是国家级有机农业示范县，其柑橘、猕猴桃、茶叶三大主导产业产地面积占农作物面积的95%。为打造与国际接轨的有机农业基地，嘉博文编制了《耕地质量保护与提升三年行动计划》，将耕地质量提升与有机农业生产有机地结合起来，投资15亿元，用3年时间，对蒲江柑橘、猕猴桃和茶叶三大主要作物用地实施耕地质量提升"5+1"综合服务模式（图10-2）。

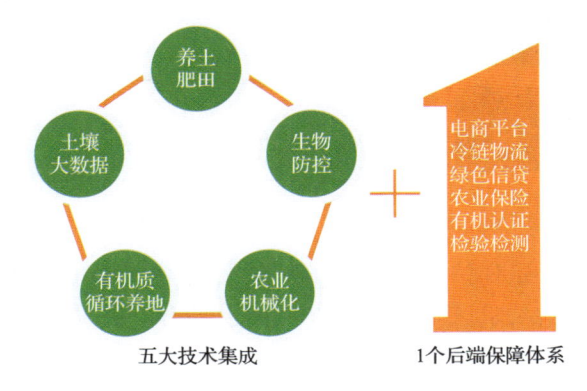

图10-2 蒲江耕地质量提升"5+1"综合服务模式

在成都市政府支持下，蒲江县政府与嘉博文合作，积极探索财政金融支农方式，以保护和提升耕地质量为核心，构建了优质农产品一条龙服务体系，创造了耕地质量保护、农业产业发展、农民增收致富"三赢"的首批农业PPP（Public—Private—Partnership，公共私营合作制）模式。2015年进行10万亩示范，2016年拓展到20万亩，2018年实现三大作物25万亩种植面积的全覆盖，使全县50%的耕地有机质含量年均提高0.2个百分点，化肥使用量年均降低10%，蒲江县猕猴桃区域公共品牌价值两年翻了10倍，从12亿元提升到102亿元。蒲江县耕地质量提升"5+1"综合服务模式中的相关主体作用见图10-3。

（1）构建耕地质量保护与提升技术集成体系。对标健康土壤，以养土肥田为基础，构建了适应优质农产品生产需求的土壤环境和标准化栽培技术体系，包括养土肥田、生物防控、农业机械化、有机质循环养地和土壤大数据五大技术集成及1个后端保障体系，开展耕地质量提升"5+1"综合服务，涉及电商平台、检验检测、冷链物流、农业保险、信贷服务、有机认证等，以快速提升耕地质量，有

效监测土壤环境,发展农业循环经济,反向拉动有机质废弃物资源利用,最终实现减化肥、减农药、增品质、防污染,促进有机农产品品牌提升,带动农民致富增收。

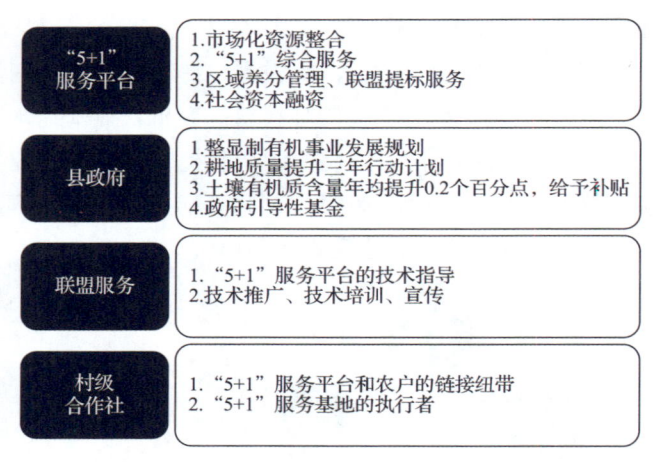

"5+1"服务平台	1. 市场化资源整合 2. "5+1"综合服务 3. 区域养分管理、联盟提标服务 4. 社会资本融资
县政府	1. 整县制有机事业发展规划 2. 耕地质量提升三年行动计划 3. 土壤有机质含量年均提升0.2个百分点,给予补贴 4. 政府引导性基金
联盟服务	1. "5+1"服务平台的技术指导 2. 技术推广、技术培训、宣传
村级合作社	1. "5+1"服务平台和农户的链接纽带 2. "5+1"服务基地的执行者

图 10-3　蒲江耕地质量提升"5+1"综合服务模式中的相关主体作用

(2)搭建耕地质量保护与提升综合服务平台。在运行机制上,蒲江县政府按照农业可持续发展的要求进行顶层设计,确定一定时间内耕地质量改良的总体目标;通过政府购买土壤质量提升服务的 PPP 模式,委托嘉博文进行资源整合,为农民提供耕地质量提升"5+1"一条龙管家式服务;通过政府、企业、农民与合作社多主体协同合作,实现优质农产品规模化、设施化、生态化、品牌化、标准化经营,实现农业服务信息化、社会化、市场化。蒲江耕地质量提升"5+1"综合服务模式的一个特点是,在当地政府和承担 PPP 模式的主体企业共同确定的期限内,必须达到提升土壤质量的服务目标,企业才能全额获得政府承诺的财政资助。

案例 2:郧阳水土共治生态模式

湖北郧阳上接汉江经济带,下接长江大保护,肩负北京供水的政治责任。为保一库清水北送,郧阳打造湖北第一个环水有机农业示范区,把流域环境治理、有机废弃物资源化利用、环水有机农业、产业助农、农业供给侧结构性改革协同管理,形成水土共治环农一体化模式,为长江大保护、乡村振兴开辟了高质量发展新路径。

从 2014 年开始,郧阳引入中关村高科技企业嘉博文,大胆探索水土共治、环水有机农业示范区的实施路径。通过"环农共举、政社共参、以土为本、水土共治、平台共建、利益共享",从末端治污方式向源头利用方式转变,形成"有机废弃物资源化利用—精准测土三级配肥—健康土壤培育—品牌农产品订单销售"全价值链发展模式,实现了好水、好田、好品质、好收益,由 100 亩到 10 万亩,由

第 10 章　土肥代谢是循环农业之基础　　161

点到面、整村有机、整镇推进、全域生态，全产业链品牌管理，形成了可复制的水土共治生态模式（图 10-4）。

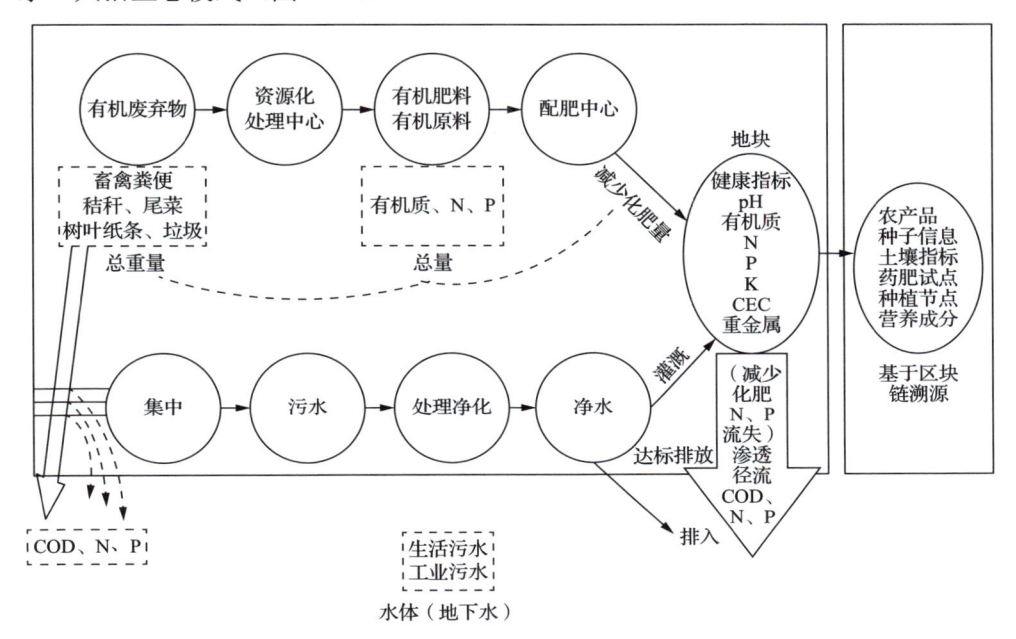

图 10-4　水土共治生态模式

中国环境科学院席北斗认为，郧阳以环农一体理念为指导，以发展环水有机农业为突破点，以面源污染治理为切入点，用优质农产品反向拉动废弃物利用，协同解决了畜禽粪便入水氮消减、化肥利用率提高和土壤氮承载能力增加问题，水环境治理成本显著降低，对长江大保护具有极大的示范意义。2017 年对郧阳实施 3 万亩环水有机农业评估结果显示，通过改良土壤、减少化肥利用，拉动种养殖废弃物资源化利用，与末端治理相比，总投入只有末端治理的 1/7，却达到同样的氮消减效果。郧阳环水有机农业模式见图 10-5。

郧阳通过政企合作、平台共建方式，与嘉博文共同成立绿道农业服务平台，引导社会资本向环境投资，搭建"科研院所+科技公司+区镇农技站+企业技术人员"的共同服务体系，搭建"农户+合作社+技术公司+销售企业"的供给侧平台，让农民、社会、环境、企业共同享受生态环境与农业健康协同发展的好处。

2018 年 12 月 7 日，国家发展和改革委员会资源节约和环境保护司与保尔森基金会在湖北十堰市郧阳区联合举办"长江流域借鉴国际经验推进环境保护国际研讨会"，会上提出，长江大保护的难点在于面源污染治理，突出问题在于单打独斗。面源污染治理的突破点在于农业生态转型，难点在于利益链条问题打不破。希望长江流域借鉴郧阳模式，用生态农业方式进行水土共治，实现循环发展。

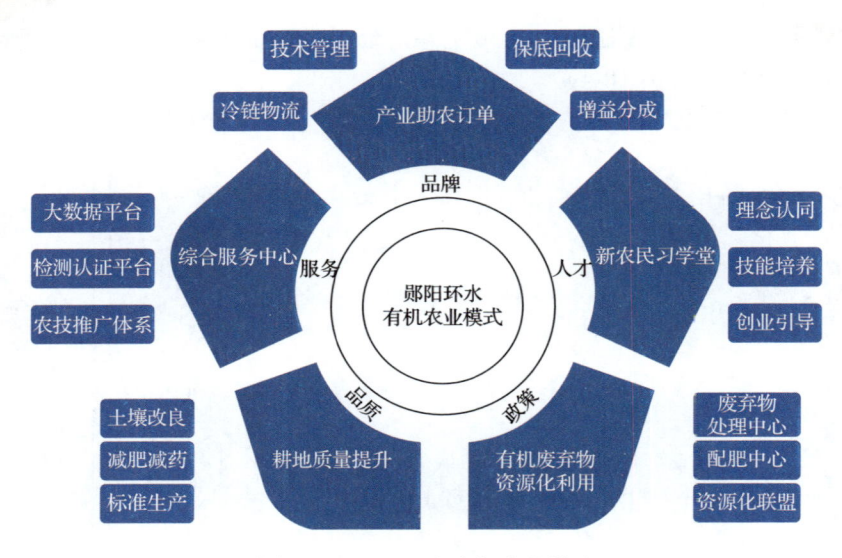

图 10-5　郧阳环水有机农业模式

10.3　产权改革是提高土地生产力之必然

粮食历来都是国家长治久安、百姓幸福生活的保障。我国每年进口粮食 1700 万 t 左右。数据显示，2019 年，中国进口粮食 1785.1 万 t，进口大豆 8851.1 万 t，进口食用植物油 953.3 万 t。1997 年以后粮食进口的最大变化是小麦进口数量和比例急剧下降，而大豆进口数量和比例急剧上升。"把饭碗端在自己手上"仍须努力。

10.3.1　现有体制不利于农业现代化

1. 个体经济不利于公共工程建设

个体经济虽然能调动个体劳动者的积极性，但缺点也显而易见。首先，个体经济难以支撑公共工程建设。个体农民难以承担水利等公共工程建设，也无力购买大型机械设备。其次，个体经济无法缩小城乡差别。"公司+农户"模式如果不解决好利益分配机制，农民就会吃亏；久而久之农民利益受到损害，城乡居民收入差别就会扩大，并导致农村凋敝。个体经济也不利于民生改善。个体经济不仅难以兴办医疗卫生等福利设施，而且恶性竞争必然会导致农民贫富悬殊、两极分化。

农民以个体参与社会竞争，完全失去话语权。农民各自为战，相互帮扶的局面一去不返；垃圾遍地、污水横流，公共基础设施（尤其是水利设施）常年失修的情景难免出现。碎片化的农业生产模式将中国农业挡在现代农业大门之外，机械化、农业基础设施维护、精密化的农业田间管理均难以真正落地。单位农业生产效率长期维持在较低水平，进一步拉大城乡差距、工农差距。个体农民面对资本组织的流通渠道没有任何优势，流通领域蚕食了绝大部分农业收益，造成农民低价生产、城市消费者高价消费的局面。

2. 农村劳动力难以承担好的生产方式

农业收益下降、成本节节攀升，农民外出务工现象普遍，农业劳动投入不足，田间管理缺失。

随着我国城市化水平的不断提高，农村青壮年劳动力向城市转移，农村剩余劳动力不多，特别是在山区等经济落后地区，农村人口迁移多、剩余劳动力基本殆尽的情况普遍存在。中国农村剩余劳动力无限供给的时代已经过去。在充分市场化、经济效益较好的劳动力密集型农业领域（如设施农业、果业生产），劳动力非农收入高于农业收入，农业经营者理性地弃种粮选买粮，造成新的土地撂荒。

农业结构调整减少了劳动投入少、资本投入少的粮食作物生产，劳动投入多、资本投入多的经济作物生产、养殖业生产成为农业剩余劳动力在农村就业、增加收入的有效途径。人工成本由低转高使依赖大量劳动投入的农业技术成为昂贵技术而受到排挤。我国传统的精耕细作、松土保墒的田间管理模式逐渐消失；用工多的北方区田法、南方桑基鱼塘已经消失；作为传统农业精髓的技术，如保持地力的施用有机肥、除草保水的土壤中耕，提高土地生产力的套种、间作等，陆续退出农业生产体系，复种指数持续下降。传统精耕细作迅速退化，代之以机械、化肥农药、免耕少耕的替代劳动力技术。

3. 分散的耕地加大机械化的难度

集体经济时的大面积耕地分成了小块耕地且比较分散，不利于机械化的推广运用。例如，北方一些农村的农业机械，可以自动完成从施肥、平土、播种、除草、收割、烘干到入库的全部过程。机械作业的劳动效率明显提高，成本大幅降低。但土地分为无数的小块分给单个农户后，机械化不得不让位于间歇性的个人原始耕作，农民只好重新扛起锄头。近年来，在广大农村常见装载稻谷收割机的卡车车队，即所谓的"出租收割机队"。由于一些青壮年劳动力到城市打工，在收割季节农村经常出现收割人手不足的情况。"出租收割机队"开展有偿服务，可解决青壮年劳动力到都市打工的"后顾之忧"，但组成和服务地区不均等。在贵州、四川等机械化水平较低的省份，由于原油价格居高不下和远距离成本高等因素，"出租收割机队"到这些地区的积极性不高。机械化水平成为地域差距的新特征，并呈不断扩大的趋势。广大农民缺乏议价权，进一步摊薄了农民收入，使农业生产收入越来越沦为一项农民的副业，农业生产积极性进一步下降。

4. 农产品竞争力呈下降趋势

新形势下，农业的主要矛盾已经由总量不足转变为阶段性的供过于求和供应不足并存的结构性矛盾。近几年，中国农产品供给出现结构性矛盾。由于种植成本偏高和优质农产品偏少，农民种地收入低；农业受农产品进口的冲击越来越大，无形中也增加了国内农产品的有效供给，谷贱伤农在各地不断上演。究其原因，肥料中营养元素的失衡与用户不合理的施用，带来耕地质量的下降，影响农产品产量和质量。我们要开发既满足作物生长需求又利于培肥改良土壤的产品，指导农民合理应用，提高农民对农产品质量和人体健康关系的认知，树立食物链营养的观念，做到平衡施肥，生产出优质农产品，提高农产品竞争力，增加优质农产品的有效供应，使农民效益不断增加，农业生产的环境效益和经济效益不断提升。要推进农业供给侧结构性改革，提高农业综合效益和竞争力是当前和今后一个时期在农业政策改革和完善方面的方向，目标是增加农民收入、保证有效供应，特别是增加优质绿色农产品的供给。

10.3.2 农村集体产权制度改革

农村集体产权制度改革是对农村生产关系的进一步调整和完善，要着力推进农村集体资产确权到户和股份合作制改革。2016 年年底，发布《中共中央 国务院关于稳步推进农村集体产权制度改革的意见》（简称《产权改革意见》），对全面深化农村改革、培育农村经济发展新动能具有重要意义。

1. 推进农村集体产权制度改革的必然性

推进农村集体产权制度改革，是历史的必然要求。

一是产权保护的需要。农村集体资产是农业农村发展的重要物质基础和动力源。要发展壮大集体经济，增强农业农村发展活力，迫切需要管好用好集体资产，形成归属清晰、权能完整、流转顺畅、保护严格的集体产权制度，建立符合市场经济要求的集体经济运行机制。随着农村集体资产规模的日益庞大，如果不尽早将其确权到户，就会存在流失或者被侵占的危险；如果不抓紧推进产权制度改革，就会错过历史的重要机遇，再过若干年，集体资产的主人是谁、边界在哪都可能不清楚。这种情形显然不利于农村社会经济的稳定和发展。因此，改革农村集体产权制度十分必要、十分紧迫。

二是社会发展的需要。全面建成小康社会，关键在于增加农民收入。改革农村集体产权制度，对于农民增收意义重大。大多私有制国家的农民只有一个土地权利，而中国农民有两个权利，一个是家庭承包地带来的土地权利，另一个是集体所有资产带来的财产权利。开展土地制度改革，赋予农民一家一户的一块土地权利；赋予农民一家一户的集体资产权利，让农民分享集体资产收益。在农民的收入中，现阶段财产性收入比例较低，仅为 3%～4%，增长潜力和空间很大。将集体资产确权到户，集体收益按股份或按份额分红，农民可以尝到改革的甜头。先行改革的广东南海区、上海闵行区的农民收入构成中，股份分红的财产性收入已占农民可支配收入的 20%左右。

三是完善双层经营体制的需要。统分结合的双层经营体制是具有中国特色的农村基本经营制度。目前，家庭经营的积极性已得到充分调动，但集体统一经营的功能发挥得还不够，模式和经验还不多，需要对其有效实现形式进行深入的探索。当前推进农村集体产权制度改革，为探索集体经济有效实现形式提供了一条新路径。从以前的集体所有、集体统一经营，到现在的集体所有、股份合作经营，不仅是经营方式的转变，更是可以在更大范围推广的实现形式革新，是一项管长远、管根本、管全局的重大制度创设。农村集体产权制度改革真正体现了中国特色，是具有"四梁八柱"性质的重大改革，对于完善农村基本经营制度具有重要理论和现实意义。

2. 农村集体产权制度改革的关键点

农村集体产权制度改革涉及面广，十分复杂，推进这项改革，需要抓住改革的重点环节，解决改革的关键问题。

一是成员确认。把成员边界搞清楚，是农村集体产权制度改革的重中之重，也是改革最为复杂的工作。与土地承包到户的权利主体确认相比，这次改革的成员身份确认是一个难题。需要开展经营性资产改革的地区，往往是经营性资产积累比较多的村镇，也是人员流动频繁、户籍人口与常住人口不一致的地区。科学确认成员身份，不仅涉及农民的财产权益，也事关农村社会和谐稳定。为此，中央要求按照尊重历史、兼顾现实、程序规范、群众认可的原则，既要维护多数人的利益，又要照顾少数人的权利。

二是股权设置。从各地实践看，集体资产股权主要有成员股和集体股两种类型。根据调研了解，一些村干部希望改革后保留集体股，以解决可能存在的集体债务和公共支出，而多数群众希望改革不留尾巴，不再保留集体股，以免今后围绕这块"蛋糕"产生新的矛盾。中央明确提出，股权设置要由集体成员民主讨论决定，总的原则是以成员股为主。

三是股权管理。既要有随着人口变动而调整股权的动态管理，也要有不随人口变动调整股权的静态管理。大部分完成改革的地区实行静态管理，生不增、死不减，入不增、出不减。例如，广东南海提出"确权到户、户内共享、社内流转、长久不变"的股权管理办法，明确新增人员只能分享户内股权，集体经济组织总股权数不随人员增减而变动。从制度设计看，各类集体资产的产权制度安排应当相互衔接。由于农民的土地承包关系要求保持长久不变，集体资产股权关系也应当实行长久不变。中央提倡实行不随人口增减变动而调整的股权管理方式，究竟是动态管理还是静态管理，具体要由群众决定。

四是股权流转。长期以来，各方面对股权流转范围是实行封闭还是开放状态，一直没有定论。《产权改革意见》出台后，社会上出现了一些新的声音，认为改革后城里人可以去农村买地买房。对此要予以澄清。经营性资产的股份合作制改革，不同于工商企业的股份制改造。坚持成员集体所有，实行封闭型管理，是这次改革的典型特征。为了维护农村集体经济的社区性，防止外部资本侵占集体资产，中央明确了两点要求，即改革的范围严格限定在集体经济组织内部，股权的流转不能突破集体经济组织的范围。这两点要求是符合现阶段农村实际情况的，在改革过程中一定要坚定不移地执行。

3. 致力于发展壮大农村集体经济

从微观层面看，体现双层经营体制的优越性，要靠发展集体经济、强化集体经济；从宏观层面看，发展社会主义公有制、全面建成小康社会与集体经济高度相关。发达地区发达的原因多种多样，集体经济发达是其中的一个重要原因。发展集体经济，发达地区有自己的做法，不发达地区也可以大有可为。既要有利于盘活各类集体资产，拓宽农民增收渠道，也要为完善双层经营体制、逐步实现共同富裕蹚出一条新路。

在经济发达地区，改革历史长、样板多、经验多，发展集体经济有很多选择，而在欠发达地区则存在困难。通过积极探索，欠发达地区也找到了一些发展模式，主要有3条路径：一是通过土地入股、农户入社，组建土地股份合作社，以解决土地细碎化和产出能力低下等问题。贵州六盘水探索开展的资源变资产、资金变股金、农民变股东的股份合作制改革，提供了很好的借鉴。二是以集体林场、土地、水塘等资源性资产及财政补助形成的资产等作为出资，引入工商资本或其他外来要素，发展农村混合所有制经济。三是将助农致富的财政补助资金、各级财政投入到村集体的建设项目资金，作为村集体经济组织或农户的股金。总之，发展壮大集体经济的路径很多，关键要立足实际、充分挖掘、不拘一格，多总结、多归纳、多推广好经验、好模式。

党的二十大报告指出，我们经过接续奋斗，实现了小康这个中华民族的千年梦想，我国发展站在了更高历史起点上。谷物总产量稳居世界首位，十四亿人口的粮食安全、能源安全得到有效保障。未来五年是全面建设社会主义现代化国家开局起步的关键时期，居民收入增长与经济增长基本同步，劳动报酬提高与劳动生产率提高基本同步。巩固和完善农村基本经营制度，发展新型农村集体经济，发展新型农业经营主体和社会化服务，发展农业适度规模经营。深化农村土地制度改革，赋予农民更加充分的财产权益。保障进城落户农民合法土地权益，鼓励依法自愿有偿转让。完善农业支持保护制度，健全农村金融服务体系。

第 11 章

食品行业循环经济

食品行业循环经济，是农业循环经济理论和实践不可或缺的一部分。种养加农业循环经济模式是一个普通模式。这里的加工是指农产品加工。食品是由各类食物原料经加工而成的，食品行业是从原料、加工到消费全过程的行业。

11.1 食品行业内涵及分类

11.1.1 食品行业与食品分类

根据《中华人民共和国食品卫生法》，食品是指供人食用或饮用的各种成品和原料，以及按照传统认识既是食品又是药品的物品，但不包括以治疗为目的的物品。这一定义包括了食品的所有内容，第一部分是指加工后的食物，即供人食用或饮用的成品；第二部分是指通过种植、饲养、捕捞、狩猎获得的食物，即食品原料；第三部分是指食药两用物品，既是食品又是药品的动植物原料，但不包括药品。食品科学家把食品的定义简述为有益于人体健康并能满足人们食欲的物品。

食品行业分类非常广泛。食品分类方法通常有 5 种。

1. **根据食品加工分类**

根据食品加工将食品分为原料食品和加工食品两大类。

（1）原料食品。原料食品是由各生产部门（如农业、林业、牧业、渔业等）提供的未经再加工的各种产品，主要分为 3 类。①植物性食品。陆生植物性食品的主要种类有谷类、杂粮、薯类、豆类、糖类、植物油料类、蔬菜、果品、茶叶、咖啡、可可等；水生植物性食品的主要种类有海产藻类和淡水藻类，如海带、鹿角菜、裙带菜、紫菜、石花菜和螺旋藻等。②动物性食品。陆生动物性食品的主要种类有畜类、禽类、蛋类、奶类等；水生动物性食品的主要种类有鱼类、虾类、贝类、蟹类、鳖类等。③矿物性食品。矿物性食品是来源于非生物界的食品，如各种矿泉水、食盐等。

此外，根据生理生化特点和品质特征的不同，原料食品可以分为鲜活食品、生鲜食品和粮豆类食品 3 类。①鲜活食品。鲜活食品一般是指具有呼吸作用的新鲜食品，如蔬菜、水果、鲜蛋和水产活品等。植物性鲜活食品呼吸作用的强弱与其生命活动及储藏性能密切相关。②生鲜食品。生鲜食品一般是指含有多种酶类但不具有呼吸作用的新鲜食品，如鲜畜肉、鲜禽肉、鲜奶和水产鲜品等。生鲜食品的各种生化作用不断进行，外界环境条件对其质量变化有很大影响。③粮豆类食品。粮豆类食品主要包括稻谷、小麦、玉米、高粱、小米、大豆、绿豆、小豆等，收割后经晾晒或烘干，水分含量较低，呼吸作用十分微弱，可以储藏较长时间。

（2）加工食品。加工食品主要是指原料食品经过加工后所得到的各种加工层次的产品，种类和品种多种多样。其中包括以下几种。①根据加工技术和方法的不同，加工食品可分为冷冻食品、干燥食品、发酵食品、膨化食品、烘烤食品、浓缩食品、结晶食品、蒸煮食品、罐头食品、消毒食品、腌制食品、熏制食品、辐照食品等。②根据原料的不同，加工食品可分为粮食制品、淀粉制品、蔬菜制品、水果制品、肉制品、禽制品、蛋制品、乳制品、糖果、茶叶、酒等。③根据形态的不同，加工食品可分为固态食品、液态食品、凝胶食品、流体食品、悬浮食品等。④根据加工程度的不同，加工食品可分为成品和半成品。

2. 根据食品营养成分的特点分类

不同食品具有不同的营养价值，据此可以将食品分为以下 6 类。

（1）谷类食品，主要提供碳水化合物、植物性蛋白质、B 族维生素和尼克酸等。在以植物性食品为主的食物结构中，谷类食品是热能的主要来源。

（2）动物性食品，主要提供动物性蛋白质、脂肪、无机盐和维生素 A、维生素 B_2、维生素 B_{12} 等。

（3）大豆及其制品，主要提供植物性优质蛋白质、脂肪、无机盐、B 族维生素和植物纤维等。

（4）蔬菜、水果及其加工品，主要提供膳食纤维、无机盐、维生素 C 和 β-胡萝卜素等。

（5）食用油脂，主要提供脂肪、必需脂肪酸、脂溶性维生素和热能等。

（6）糖和酒类，主要提供热能。

3. 根据食品在膳食中的比例不同分类

在膳食中所占比例大的食品通常称为主食，比例小的称为副食。

（1）主食。目前，我国大多数居民的主食是各类粮食及其加工品。

（2）副食。主食以外的食品通称为副食，包括菜、果、肉、禽、鱼、蛋、奶、糖、酒、茶及其加工品，各种调味品。

随着我国人民生活水平的不断提高，主食在膳食中所占比例逐渐减少，而副食所占比例逐渐增大，主食和副食的界限逐渐模糊甚至消失。

4. 根据食品的食用对象不同分类

根据食用对象不同，可以把食品分为普通食品和专用食品两类。

（1）普通食品，是适于大多数人食用的食品。

（2）专用食品，是适于特殊人群食用的食品，如婴幼儿食品、孕妇食品、产妇食品、老年人食品、运动员食品和宇航食品等。

5. 其他食品

随着科学技术的进步、人民生活水平的提高、人们环保意识和营养保健意识的不断增强，各种新型食品不断问世。近年来，出现了以下一些新型食品。

（1）方便食品，是指略作加工处理即可以食用的食品，特点是经济快捷、食用便利，如方便面、方便饭、微波食品、软硬罐头等。

（2）保健食品，又称为功能性食品，是指具有特定保健功能的食品，适于特定人群食用，可增强免疫力、调节机体功能，但不以治疗疾病为目的，如调节血脂和血糖、补充矿物质和微量元素、补充维生素的食品及减肥食品等。

11.1.2　中粮集团的食品类型

基于市场的品牌管理和渠道控制能力，中粮集团不断提升创新研发能力，推动上游板块和价值链发展，向越来越多的消费者提供健康营养的食品，具体食品包括如下类型。

米：主要有福临门、五湖等品牌小包装米，在中国市场领先，连续多年在同类产品市场综合占有率方面名列第一。

面：向市场供应 600 余种产品，包括香雪等品牌的系列民用粉和适合家庭消费的面条、面包粉等，在中国专用粉领域市场份额排名第一。

油：福临门等品牌小包装油年销售量份额接近 10%，在中国排名为行业第二。

酒：中国第一支干红、干白和起泡葡萄酒诞生在中粮集团，其长城葡萄酒是主要的葡萄酒品牌。中粮集团也将全球最负盛名的各类葡萄酒引入中国。

茶：中茶品牌有 60 余年历史，是最具代表性的中国茶叶产品。遍布中国茶业主产区的自有茶园，为中茶茶叶的高品质提供了保障。

肉：家佳康品牌生鲜肉和肉制品，是 2012～2019 年中国奥林匹克委员会、中国体育代表团唯一指定的肉类食品。

牛奶及奶制品：中国是全球最具潜力的乳品消费市场。中粮集团携手国际乳业巨头，整合全球资本力量，打造中国最大的国际乳业运营平台，提供品质好、营养丰富和健康的乳品。

11.1.3　目标导向的栖霞苹果革命

"中国苹果之都""世界苹果之城"的山东栖霞位于苹果栽培的黄金地带，是部分优良品种引进和现代生产技术的先导区、创始地，是烟台苹果的核心产区。栖霞苹果栽培面积达到128万亩，年产量22亿kg，居全国县（市）之首。

为解决苹果产业发展瓶颈问题，特别是老果园改造、从事老果园种植的农民因老龄化无力也无意投资等问题，栖霞市政府在"政府引导、企业运营、农民主体不变"的原则指导下，与嘉博文合作，联合国内先进的种苗公司、百果园等八家单位成立产业园平台运营公司——山东果都现代农业有限公司，并与合作伙伴及农户一起，开展苹果"四良"全产业链升级服务，辐射并带动了全域苹果产业升级，被农业农村部、财政部认定为首批国家级现代农业产业园，被誉为"栖霞苹果革命"。

以科技创新支撑产业振兴，提高"四良"苹果高端优质品牌竞争力，解决了栖霞的种地问题。以老果园改造、土壤修复为突破口，充分利用土壤治理、科学种植、智能检测、智能管理等先进技术和管理，打通了"健康苹果、生态苹果、智慧苹果"全产业链，实现苹果种植产业化、标准化、品牌化。通过构建"四良"品牌标准体系，打造优质高端品牌"四良"苹果。

"栖霞苹果革命"以创新引领组织振兴、人才振兴，解决了谁来养老、谁来种地问题。其"八助"的含义是：政府引导是关键、企业运营机制好、组织领办合作社、二次分红来养老、农民主体不能变、新型职业领风骚、三产融合兴乡村、共享经济看今朝。通过构建联农惠农机制，成功地解决了农民二次养老问题；通过搭建新农人参与产业园创建体系，成功地吸引了"农二代"回乡创业，解决了谁来种地的问题。

所有经过改造的栖霞果园成为高产优质的有机苹果生产基地，参与合作社的农民成为无后顾之忧的职业新农民。这种模式兼顾了生态保护、乡村振兴、农业发展和农民富裕等多种目标，也兼顾了政府、企业、农民等多方利益，不但会为当地带来健康的生态环境，也会为解决农村养老和农田种植主体问题提供一种全新的思路，为乡村振兴战略提供一份建设性的方案。

为了推广栖霞苹果种植模式，嘉博文发起成立了北京四良苹果产业集团有限公司，并在新疆、丽江等苹果优势产区布局，托管果园100万亩，打造全国最好吃的苹果全产业链运营公司。

11.2 食品工业循环经济发展现状与任务

食品工业是国民经济的支柱产业和保障民生的基础产业,承担着为我国 14 亿人口提供安全、放心、健康食品的重任;食品工业是引导农业生产结构调整与优化,提高农产品附加值和国际竞争力的重要途径;食品工业是增加农民收入和解决就业的一个主要渠道,对发展中国家的经济增长起着重要作用。

相对于工业、农业等行业的废弃物,食品加工业的废弃物成分复杂,治理成本较高;食品工业对安全性具有特殊要求,产品质量要求较高,食品工业废弃物难以处理;废弃物分散,回收成本大;废弃物规模较小,难以形成废弃物利用的规模效益等。食品加工领域主要面临如下问题:小企业多,企业分散,难以形成产业链;机制不健全,管理难度大,技术水平普遍不高,资源再利用的普及率较低,废弃物利用难度较大,会出现"一地鸡毛"现象;生物再利用成本较高,技术不成熟等。

11.2.1 食品工业发展的 SWOT[①]分析

1. 主要成就

食品工业在节能降耗、发展循环经济等方面努力探索,取得了一定的成绩。总体看,我国食品工业继续保持快速增长,带动了农业、流通服务业及相关制造业的发展,对"扩内需、增就业、促增收、保稳定"发挥了重要作用。食品企业围绕"减量化、再利用、资源化"原则,发展以节能降耗、清洁生产、资源综合利用为特色的食品工业,循环经济取得了前所未有的进展。随着工业化、城镇化和农业现代化的持续推进,废弃物产生量仍将增加,经济增长与资源环境之间的矛盾更加突出,发展循环经济的要求也更为迫切。

在国家宏观政策引导下,食品工业各行业做了很多有益尝试。选择 18 个循环经济发展模式的案例和多个食品工业循环经济示范园区,对食品工业 10 多个重点行业进行评价,结果发现,食品工业循环经济稳步发展。这些企业和园区通过技术革新、模式探索,初步形成了以企业为主体的内部资源循环利用模式,以园区为载体的资源循环利用模式,促进了节能减排和资源综合利用。

(1) 重点行业发展循环经济取得显著效果。食品工业通过发展循环经济,大力推进清洁生产和废弃物循环利用,认真落实节能减排目标责任制要求,促进了节能、减排及资源的综合利用。味精行业吨产品水耗、柠檬酸行业吨产品水耗能耗、淀粉糖行业吨产品水耗能耗明显下降;制糖企业全面推广甘蔗渣造纸、废糖

---

① SWOT,strengths, weaknesses, opportunities and threats analysis,态势分析。

蜜制备生物产品等技术，实现了甘蔗资源全利用；啤酒行业积极推广酒糟生产动物饲料、酵母泥高值化利用、煤渣煤灰制砖及瓶渣回收等综合利用措施，基本实现了固体废弃物的全部利用。

（2）技术支撑不断增强。我国不断加大食品工业投入，各行业技术装备水平得到不同程度的提升，科技支撑能力显著增强，对推进食品工业循环经济快速发展起到积极作用。在食品物性修饰、非热加工、高效分离、风味控制、大罐群无菌储藏、可降解食品包装材料等关键技术研究方面取得了重大突破。自主装备水平与国际差距缩小，研发了用于冷冻干燥、油菜籽冷榨、高压杀菌、高速贴标和中小型螺杆挤压膨化等一批具有自主知识产权的食品加工关键装备。苹果浓缩汁生产、马铃薯淀粉和全粉生产、生猪自动化屠宰、中小型乳制品生产及饮料冷灌装等成套技术与装备实现了从长期依赖进口到基本实现自主化并成套出口的跨越。

2. 存在问题

在充分肯定食品工业循环经济发展取得明显成效的同时，也应当看到，食品工业循环经济发展存在以下问题。

（1）服务体系尚不完善。我国食品工业循环经济统计基础工作比较薄弱，统计制度尚不完善，评价体系尚未建立，对市场激励体制尚无研究，循环经济能力建设、宣传教育、服务体系等有待加强。

（2）技术水平有待提升。我国食品工业面临技术水平低、工艺落后、技术设备老化的局面，在清洁生产技术、替代技术、减量化技术、再利用技术、资源化技术、无害化技术、系统化技术、环境检测技术等领域研发创新滞后的情况下，这些因素都对循环经济的发展十分不利。

（3）行业集中度不高。技术创新和技术改造升级是循环经济发展的重要支撑，我国食品行业内中小企业占比很高，投资能力有限，研发能力低下，高级人员匮乏，严重制约了循环经济发展。食品行业大部分小企业小作坊的管理水平低和技术革新所需资金匮乏，制约了食品工业循环经济发展水平的提升。由于企业集中度较低，资源较为分散，即使具备相应的技术设备也无法形成规模效应，导致发展循环经济的企业比例低、总量小。

3. 发展机遇

（1）粮食产量连年增收，食品原料供给充足。农业是食品工业发展的基础，是食品加工业的原料，农业全面健康发展保障了食品工业的快速发展。在中央一系列强农惠农措施推动下，农业生产克服自然气候重大变化和国际经济不确定性的双重影响，仍然实现稳定发展，粮食连年增收，肉蛋奶菜供应充足，农产品质量安全不断提升。我国粮食实现连续增长，为促增长、保民生做出了重要贡献，为食品工业的发展提供了保障。

（2）消费需求刚性增长，市场空间持续扩大，绿色消费成为趋势。改革开放以来，国民经济取得快速、健康发展，消费在国民经济中的占比迅速提高，人民生活水平和生活质量普遍提高，绿色消费理念深入人心。随着工业化和城镇化的深入推进，城乡人口格局发生重大变化，新增城镇居民将成为食品消费增长的生力军，他们将带动食品工业的发展，促进绿色消费的增长。食品工业主要产品的产量相应提高，导致资源需求大幅提升。实现资源的综合利用与开发，提高资源利用率，已成为食品工业发展需要解决的一个重要问题。

（3）企业结构不断优化，产业集中度有所提高。食品工业规模化、集约化深入推进，龙头企业发展壮大，生产集中度快速提升，是发展循环经济的前提。随着产业的聚集和合理布局，产业链延伸，企业通过内部循环和外部循环实现废弃物综合利用、资源节约和污染物排放减少，初步实现了"减量化、再利用、再循环"目标。

（4）装备水平逐步提高，高新技术应用加速。中国食品工业快速增长和经济效益明显提升，都离不开技术进步的推动。凭借高新技术的研发和推广应用，对传统食品工业的改造升级，必将有力地推动食品工业生产技术水平和综合利用水平的提高，大大降低各项能源指标的消耗。

（5）各级政府高度重视，宏观环境继续改善。国家大力倡导发展循环经济，为食品工业循环经济发展指明了方向，提供了政策保障。食品工业的循环经济发展日益受到企业、政府和社会的重视，外部宏观环境日益向好。

4. 面临挑战

（1）食品安全。食品质量和食品安全成为全社会关注的焦点。循环经济发展带来的新产品、新材料、新技术、新工艺的广泛应用可能会增加食品安全风险，而食品工业在产品标准、技术设备、管理水平和行业自律等方面还存在较大差距。

（2）技术装备。技术创新体系和先进适用技术推广机制仍不健全，创新能力亟须加强。

11.2.2 食品工业主要任务与发展模式

从企业内部和食品工业园区两个层面，全面推动食品工业循环经济的科学、安全和可持续发展。依靠科技进步和制度创新，逐步淘汰落后工艺和设备，提高粮食的利用水平和单位生产要素的产出率，保障粮食安全。大力提升食品工业企业的深加工和综合利用水平，使粮食加工、食用植物油加工、屠宰及肉类加工、果蔬和坚果加工等行业的固体废弃物综合利用率不断提高；减少食品加工过程中的能耗与水耗，降低单位工业增加值能耗和用水量，使主要污染物排放总量、化学需氧量（COD）、二氧化硫排放总量、二氧化碳排放量明显减少，实现食品工业低排放、低污染。

在全行业推广原料节约化、废弃物资源化再利用工程，建设食品工业循环经济发展的标杆企业。选择重点企业和重点项目作标杆，建立具有循环经济特色的食品工业园区和示范区域，开发农工一体化的资源循环利用模式，提升循环经济质量和安全性，保障食品安全。按照"分类放置、资源共享"的原则，选择基础较好的乡镇和特色食品工业园区，建设循环经济示范乡镇工程和产业集聚示范工程。重点培育一批食品龙头企业，引导建设"以食品加工为核心，上下游延伸发展"的工农复合型循环经济示范工程。

1. 主要任务

面对日趋强化的资源环境约束，食品工业必须增强危机意识，树立绿色、低碳发展理念，以节能减排为重点，健全激励机制和约束机制，加快构建资源节约、环境友好的生产方式，增强可持续发展能力。

（1）提高精深加工能力和废弃物综合利用水平。建设资源综合利用标杆企业和食品工业园区（市、县、乡镇）。通过运用高新技术对食品生产过程中的废弃物进行二次开发，变废为宝；延长产业链，提高资源综合利用水平，减少废弃物排放，实现废弃物无害化排放。

（2）引导发展农工一体化循环经济模式。建设农工复合型循环经济示范工程，优化农业产业结构，延伸农业产业链条，提高农业资源利用效率。将食品加工废弃物用于制作农业生产的饲料、肥料或用于发电、产生沼气等；再将农业产品用作食品加工的原材料，发电和沼气产生的能源用于食品生产，形成一个以节能减排及资源再利用为目的的封闭循环。

（3）加快淘汰落后产能。坚决淘汰食品工业中的落后生产力，推动产业改造升级。采用国内外先进生产技术和成套装备，提高食品加工技术水平，从根本上提高食品加工过程中粮食资源利用率和产出率。限制技术水平落后、污染严重、水耗能耗严重的新建项目，重点淘汰小型味精生产装置、柠檬酸生产装置、玉米淀粉湿法生产线和酒精生产线等。

（4）推广节能节水新技术、新工艺。在食品加工企业中加快推广节水型、节汽型、节电型生产设备和工艺，建设节能降耗标杆企业，培育节能型园区（市、县、乡镇）。大面积采用电机变频控制技术，降低电机磨损，延长电机与设备的使用寿命，降低设备电能消耗；优化生产工艺，实现生产中水和热的循环利用；采用先进工艺，缩短加工周期，降低水耗、煤耗、人力消耗等。

（5）推进"两化"（工业化、信息化）融合与循环经济发展。以信息化为支撑，探索资源节约和环境友好的食品工业可持续发展模式，建设"两化"融合标杆企业和信息化食品工业园区（市、县、乡镇）。推进信息化与技术、工艺、装备、产品、流程、业务等生产经营活动的有机融合，实现企业节能减排；利用信息化手段对高能耗、高污染重点领域和企业的能源消耗过程进行跟踪，掌握用能和污染物排放情况，为能源管理和污染治理决策提供支撑。

（6）建立具有食品工业特色的循环经济评价体系。利用相关数据信息资料，建立一套设计合理、操作性强的循环经济评价体系，为管理及决策提供数据支持。建立以企业工业增加值能耗、工业增加值用水量、固体废弃物综合利用率、废旧可再生资源回收利用率等为主要考核评价指标的食品工业循环经济评价体系；针对不同行业的特点和发展阶段，分别建立相应行业的循环经济评价标准。初步建立包括专家资源库、关键技术数据库、资源综合利用基础数据库、循环经济综合评价体系等信息资源库。

2. 发展模式与布局

（1）企业内部循环模式。从生产加工中副产物和废弃物多的行业（如酒精、粉丝、油脂等行业）选取龙头企业，发展以企业内部资源综合利用、清洁生产为特色的循环经济。

益海（佳木斯）粮油工业有限公司摸索了"良种选育—订单种植—精深加工—产品名牌化—副产品综合利用—高科技产品研发"的循环经济产业发展模式，该模式为中国水稻加工业实现质的提升起到示范作用，为我国从农业大国向农业强国转变、为"三农"和新农村建设探索出一条可行之路。

（2）以食品工业园区为载体的循环经济模式。按"分类放置、资源共享"的原则，选择若干特色食品工业强县或园区进行布局，将同类上下游企业集中放置、集群发展，形成规模效应。依托产业集群优势建设基于循环经济的生态产业链，建立副产品交换网络和资源共享机制；逐步发展形成企业内部小循环、企业之间中循环、区域产业大循环的循环圈，着重打造区域型蛛网式集中处理中心示范工程。投资建设区域性"循环经济发展公司"，借助政府和相关行业主管部门的引导能力，集中区域内所有企业的资源，充分发挥"循环经济发展公司"技术优势和资源优势，集中发展循环经济。

武汉烁森生物科技有限公司，以周边500km范围内能够采购到的啤酒糟、白酒糟、味精糟、糖糟及农副产物等食品工业副产物为主要原料，利用现代生物工程技术，结合现代动物营养学和微生态理论，通过第四代多底物、多菌种混合固体发酵的工艺，生产出可用于农业和工业的原料肽（酶菌功能营养小肽）。该原料肽属国际首创，既可用于养殖业、饲料业，给养殖业带来新的发展机遇，也可以给新型高效益蛋白质原料带来了巨大的市场空间。

（3）农工复合型循环经济模式。农工复合型循环经济是集成的农业和工业循环经济,是共生生态链组成的产业生态系统。该系统仿照自然生态系统物质循环方式,使农业、工业之间形成资源共享,使工业生产过程中产生的废弃物成为农业种植、养殖的原料,反过来,农业生产又为工业生产提供原料,以达到相互间资源的最优化配置。重点培育一批食品龙头企业,将种植业、养殖业、农产品加工业、食品加工业、废弃物再生利用等产业高效集成,形成农工复合型循环经济产业体系。

广西贵糖(集团)股份有限公司,是中国制糖综合利用示范企业。其资源利用采用先进的资源循环型或者生物循环型生产模式,将制糖过程中产生的液体和固体副产物全部回收作为造纸原料和农业肥料使用。形成的理想模式是:从 23 万亩甘蔗田收获 70 万 t 甘蔗,在制糖工厂生产 15 万 t 白砂糖,同时得到 20 万 t 甘蔗渣和 8 万 t 糖蜜作为发酵工厂的原料;甘蔗渣用于造纸制浆,得到纸张 15 万 t;从 8 万 t 糖蜜中生产酒精 1 万 t,同时得到 2 万 t 的副产物;对 2 万 t 的副产物进行资源化处理,得到有机质肥料 2 万 t,作为化学肥料投放于 23 万亩的甘蔗田中。

鼓励食品工业向上下游产业延伸,建立从原料生产到终端消费的全产业链,促进各领域各环节的有效衔接。推广以种植、养殖、加工一体化为特征的农工复合型循环经济模式。落实工作责任,完善工作机制,加强协调配合,进一步加大工作力度,采取切实有效可行的措施,确保完成各项目标任务,全面提高食品工业循环经济发展水平。

总之,鉴于食品工业产业链和原料生产周期较长,加工过程中存在资源浪费现象,大力推广实施循环经济模式,取得了明显成效。

11.3　食品行业循环经济的典型案例

本节主要介绍中粮集团以肉食为基础的产业链,以及益海(佳木斯)粮油工业有限公司基于水稻的食品循环经济产业链。

11.3.1　中粮集团的肉食循环经济

1. 中粮集团以肉食为基础的产业链

中粮集团产业链覆盖从田间到餐桌的各个环节,涉及员工、客户到股东及消费者等主体。产业链延伸有助于促进食品和农产品行业的繁荣,丰富消费者的生活和选择。中粮集团的强大系统将从农产品原料到食品销售的全部步骤——种植、收割、仓储、贸易、养殖、屠宰、加工和销售有效地组织在一起,改善了千家万户的生活。

（1）坚持保护生态，智享生态，坚持"自然之源"理念。在保护、改善农业生态环境的前提下，所有原材料均取之于自然，并循环利用农业生产中的废弃物。通过近 20 万 m^2 的室外蔬菜、果树种植，增加空气湿度，改善、调节空气，改善小气候，提高生态承载能力、绿色增长能力和可持续发展能力。

（2）坚持安全环保。在农产品生产过程中，采用防虫网、黄板诱杀、生物灯防护等植保技术，无公害、无农药、无激素，生产的农产品绿色、安全、营养、健康，确保广大人民群众"舌尖上的安全"。

中粮集团标准化生猪规模养殖示范区，对中粮肉食（江苏）有限公司东台分公司生产养殖产业链基地进行集中部署，分生猪养殖板块、屠宰深加工板块、循环经济园板块等，彰显了全产业链发展理念，并成为江苏东台现代农业旅游的一道亮丽风景。

中粮肉食产业链基地，为华东地区最大的生猪肉食供应和肉食熟制品生产基地、全国最先进的健康肉食品全产业化综合利用基地、世界精品牛羊肉深加工分包装基地。项目总投资 40 亿元，注册资本 5000 万美元，全力打造养殖规模、加工水平、产品质量、肉食品牌、沼气清洁能源五项"全国第一"，建成国家级农业产业化龙头企业。

中粮肉食产业链基地围绕"年出栏 200 万头、年加工 500 万头"的目标，实施"三步跨越"战略。第一步跨越，投资 5 亿元，引进世界上最先进的丹麦屠宰生产线，从事生猪屠宰加工，2012 年 9 月投产运行，年销售超 30 亿元。第二步跨越，引进美国、日本和大洋洲等地精品牛羊肉进行深加工，打造世界精品牛羊肉深加工分包装基地。第三步跨越，与日本三菱商事株式会社开展合作共建，计划投资 10 亿元，上 5 万 t 低温、中式速冻肉制品生产线，瞄准日韩、欧美等国际市场，开发系列健康肉食熟制品。全面投产后，可实现销售突破 100 亿元、利税超 5 亿元。

2. 中粮集团规划建设的智慧农场

中粮智慧农场，地处"中国北京农业生态谷"核心区，规划面积 1178 亩；由中粮集团与中国农业科学院联手打造，定位于现代农业科技示范和都市农业生态样板，注重生态、环保、节约，拥有世界先进水平的垂直农业旋转追光系统、漂浮水培系统、H 支架栽培系统，解决农业发展中的能源、水资源、土地资源及生产水平低等问题；保障农产品安全与营养，通过示范国际先进适用的农业节水技术，建立生鲜蔬菜瓜果标准体系，规范安全食品生产管理，提供高质量、安全、美味的生鲜食品，为食品安全树立标杆；集成国际农业先进技术和模式，探索中国现代农业出路，引领现代都市农业，为解决"三农"问题提供有益探索和示范，打造现代化农业和具世界领先水平的都市型现代农业。

中粮智慧农场坚持"农业科技高精尖，农业休闲高品位"发展，规划"一心六园"。"一心"为智慧农业中心，运用7项世界领先技术、11项国内领先技术和9项中国农业科学院专利技术，精心打造花田漫步、牧场悠歌、乡野记忆、田园拾萃、林间采薇、伊甸寻芳（"六园"），辐射到户外大田作物良种实验、都市休闲农业体验区。"六园"提供高品位的农业休闲，体现农业之美、农业之乐、农业之奥妙，为都市居民提供一个亲近自然、体验农业、愉悦身心的好去处，并着力打造以农业为核心的4个平台（农业创业平台、惠农利农平台、营销推广平台、交流研发平台）。

中粮智慧农场的智慧农业中心由7个温室系统组成，其采用中央控制室精准环境控制系统，以智慧农业应用示范中心（智能温室群）为核心，开展蔬菜（含蘑菇）、瓜果、花卉等农产品的高精尖农业科技示范及科普，打造集智能化、工厂化、自动化于一体的农业创新平台，引领世界水平的农业科技创新与转化，积极推动技术研发创新与国外技术本土化，加快中国农业技术发展，在国内推广节约水土资源、低耗能低污染、高效高产的农业种植系统；引进以色列、日本及国内先进品种，提高居民生活质量；还应用物联网技术，全程可追溯确保食品安全，努力成为国际农业交流展示的窗口，为北京建设世界城市提供有力支撑。

3. 中粮集团的产业链全球布局

中粮集团着力构建全球布局、上下游一体的全产业链，并实现从低成本、稳定的客户、供应商和物流中受益。在全球进行农产品贸易，将农产品进行初加工和深加工，在为食品加工商提供原料的同时，打造具有影响力的品牌食品业务。通过一系列复杂而有效的风险管控，将世界1/4以上人口的餐桌与全世界的农场紧密联系在一起；将世界主要粮油产地的产品运往最需要的地方，变成餐桌上物美价廉的食物。产业链全球布局，有助于有效降低运营成本，更好地管理风险，给消费者带来更多更好的产品。

在国内，中粮集团已与1/10的农民合作，除采购农产品外，还提供资金、管理、信息、技术、金融等全方位的社会化服务，甚至成为生产的组织者和运作者。推广"订单农业"，通过各类服务与农民结成伙伴关系。以稳定的产销关系，连接千家万户的小农户和千变万化的大市场，构成利益共享、风险共担的共赢机制，实现双赢和农业可持续发展。在中国稻谷主产区——黑龙江、辽宁、吉林、江苏、江西等地广泛开展订单农业，规模达327.5万亩，带动农户1200万户，给农民带来16.3亿元的增收。

在美洲，中粮集团开展种子业务、化肥业务和融资服务，与农民形成一对一的商业关系并确保谷物及油籽采购。中粮集团的大豆和玉米种子业务在南美市场的份额排名前列，在阿根廷、乌拉圭和巴拉圭等国的份额排名第一，占巴西市场份额的 25%。中粮集团的农作物技术产品销量达到 95.4 万 t。

中粮集团深耕世界粮食产区，并与当地农民结成密切的合作伙伴。通过各种方式支持农民，推动行业进步与农业产业化水平提高。在世界核心粮食产区建立种植、养殖基地，组织农民引入优良品种，提升种植、养殖效率。只有提供尽可能多的支持与服务，才能促使当地农民生产出更优质、更丰富的农作物。

在仓储和物流方面，不断加大投资力度。通过布局遍及世界各地的网络和仓储物流节点，构建粮食物流体系；将来自世界各地的农产品运到区域市场，形成稳定供给，用最便捷高效的方式将之变成消费者餐桌上物美价廉的食物，将最富当地特色的农产品推广到世界各地。遍及世界 140 个国家与地区的粮源产地，仓储、码头等物流设施，加工网点，分销网络形成中粮集团的全球运营网络。利用全球市场，服务世界各地客户，实现农产品资源在全球的合理配置，在日益激烈的市场竞争中拥有难以比拟的竞争优势。

中粮集团的贸易、仓储与转运能力在亚洲、南美洲和黑海地区均处于领先地位。在世界各地拥有仓储物流设施，在巴西最大的出口港——桑托斯港，中粮集团拥有转运终端；在阿根廷的主要大豆出口区罗萨里奥周边地区，中粮集团配备大豆中转压榨设施；中粮集团在黑海地区的仓储能力接近 20 万 t；在澳大利亚，中粮集团建设有 100 万 t 年转运能力的码头。

中粮集团是连接全球粮食主产区与需求增长最快市场的一条粮食走廊，以及一条贯穿中国南北的粮食流通大走廊。中国人赖以生存的主食稻谷、小麦、玉米，1/10 以上经由这条走廊，源源不断地从北方的产区运往南方的销售区。国内粮食走廊由 4 条运输通道组成，分别位于东北地区、长江中下游地区、西南地区和京津地区。还有 2 条粮食运输渠道，一条使用铁路、水路联运的方式进行运输，另一条使用铁路对进口散装粮食进行运输。北良港是位于中国东北地区的粮食进出口港口，也是中国粮食南北输送的枢纽。

作为中国农业"走出去"的领军企业，中粮集团积极同各方国际力量合作，力求拓宽在农业和食品方面的合作，增强全球粮食产业链的韧性。在南美、黑海等粮食主产区与亚洲新兴市场之间，搭建稳定的粮食走廊，形成了覆盖谷物、油籽、蔗糖、咖啡、棉花、航运六大品种线；北美、巴西、南锥体、黑海四大产区、中国、亚太、非洲三大销售区的贸易网络。截至 2021 年，中粮集团以 1.9 亿 t 的经营量再创历史新高，成为构建全球农粮产业链的深度参与者和畅通全球农粮供应链的坚定推动者。

11.3.2 益海嘉里的循环经济模式

长期以来，中国水稻处于分散种植、粗放加工、产能低效的状况，"小、散、低"的加工格局严重制约了水稻产业发展和市场竞争力。实践证明，中国粮油加工产业只有走"转型升级、三产融合、综合利用、环境友好"的循环经济发展之路，才能越走越宽、越走越远。益海嘉里金龙鱼粮油食品股份有限公司（简称益海嘉里）致力于粮油领域科技创新，积极探索循环经济产业模式，推动中国粮油行业转型升级，并在水稻、大豆、油脂副产品等领域取得明显成效。

1. 水稻循环经济发展模式

从 2006 年起，益海嘉里在黑龙江佳木斯建立第一个水稻加工生产基地，在不断探索发展中确立了"科技创新引领产业升级、名牌带动确保产品质量、综合利用保持技术领先、循环经济驱动绿色发展"的稻米加工发展战略，构建了"精深加工、变废为宝"的产业模式，实现了对一粒稻谷的"吃干榨净"，如图 11-1 所示。

一是大米美味与安全技术研究和优化。通过订单基地保证水稻品种的纯正和大米质量最佳。订单基地从市场需求出发，让企业和农户成为利益共同体，不但保证了农民的收益，也有利于中国农业供给侧结构性改革的实现。

二是凭借米糠保鲜技术，提升稻米油得率和质量。全国年产 2 亿 t 水稻可产出副产品米糠 1600 万 t，如全部用来榨油，可出米糠油 230 万 t，相当于约 1300 万 t 大豆出的油，等同于为国家节约 1.1 亿亩大豆的种植耕地，这将大大提高中国食用油的自给率。从稻米油副产品和米糠粕中提取的脂肪酸、米糠蜡、谷维素、阿魏酸、香兰素被广泛应用于专用油脂、油脂化工、化妆品等行业，宝贵的米糠资源得以充分开发利用。

三是将水稻加工废弃的稻壳用来燃烧发电，实现工厂热电供应完全自给。益海嘉里每年燃烧稻壳约 60 万 t，替代化石燃料，不仅节约能源，还能减少二氧化硫等污染气体排放；相当于节省煤炭约 35 万 t，节省发电成本约 7200 万元，减少二氧化硫排放量约 3500t。中国每年 2 亿 t 水稻可产出 4140 万 t 稻壳，如果都用于发电，可节省煤炭约 2600 万 t，节省发电成本约 49 亿元，减少二氧化硫排放量 30 多万 t。

益海嘉里的稻壳发电，既可以有效解决稻壳的黄色污染，又能创造巨大的经济效益和社会效益，对解决能源消耗与环境保护的矛盾具有重大的现实意义。

第 11 章 食品行业循环经济

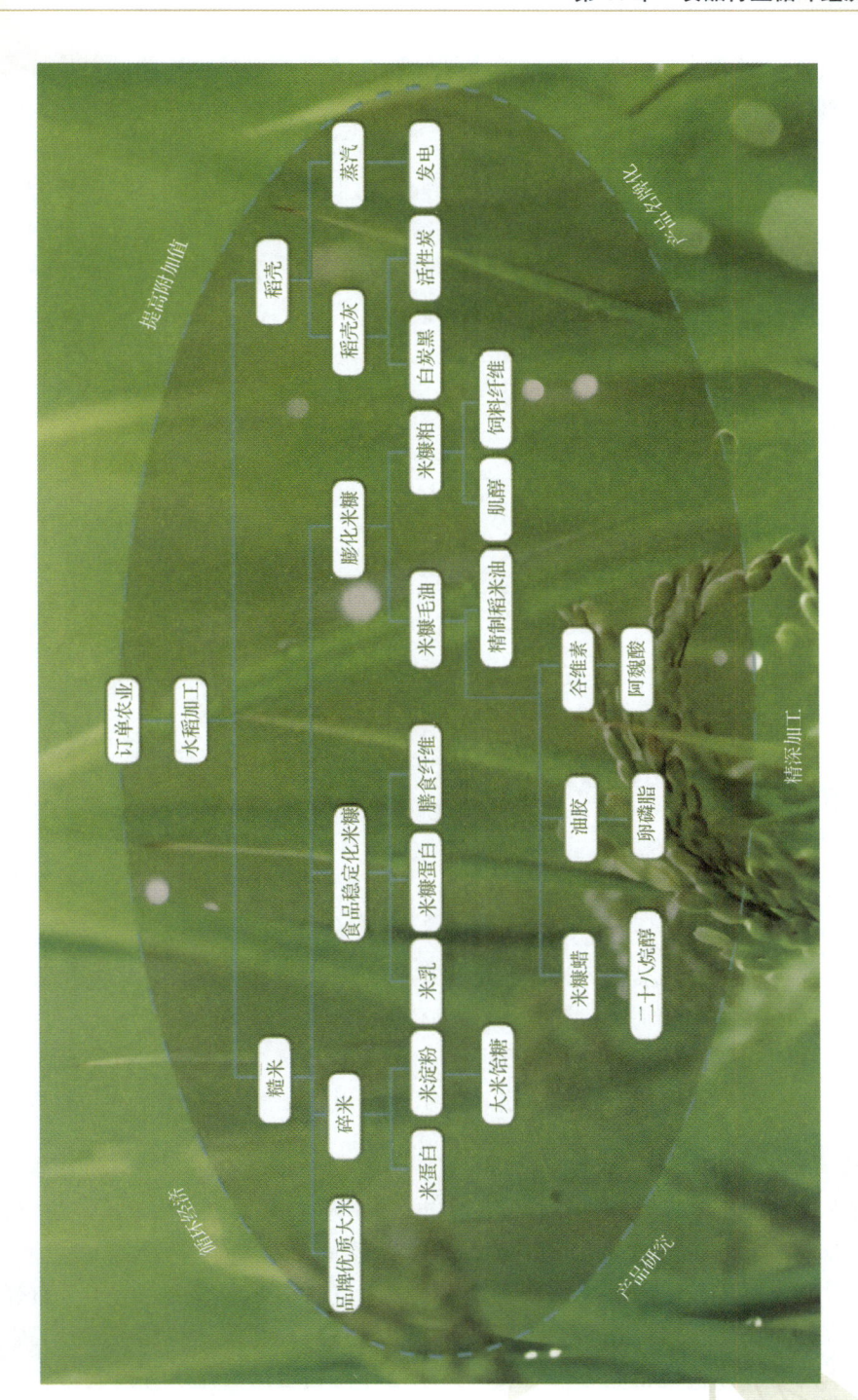

图 11-1 水稻循环经济加工模式

用稻壳灰制取活性炭和白炭黑，是水稻循环经济模式的最后一环，也是技术难度最大和科技含量最高的一项成果。1t 稻谷的稻壳可以制取 0.03t 高附加值的白炭黑。白炭黑是橡胶、塑料、涂料、油墨、牙膏等化工产品生产的优良助剂。传统沉淀法生产白炭黑的工艺主要以石英砂为硅的来源，将石英砂与纯碱混合经高温煅烧生产玻璃状硅酸盐；经加热溶解获得硅酸盐水溶液，再经酸沉、过滤、干燥等工序处理得到白炭黑。这一工艺中的石英砂煅烧，不仅耗能高，还会释放大量的 CO_2。稻壳灰中含 70% 以上的二氧化硅，加烧碱溶解反应后可作为硅的来源，无须高温煅烧，反应过程也不排放二氧化碳。稻谷白炭黑及其生产工艺，如图 11-2 所示。目前，益海嘉里已与轮胎生产巨头实现跨行业合作利用废弃物，在全球范围推广应用。

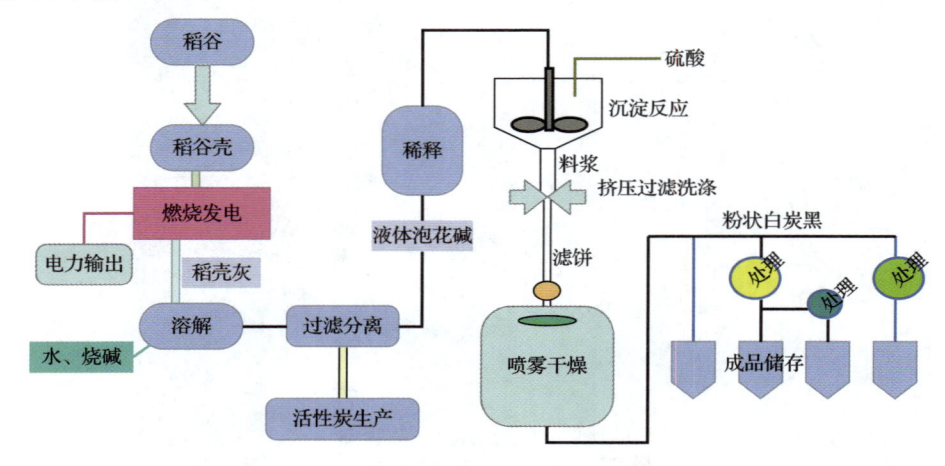

图 11-2　稻谷白炭黑及其生产工艺

稻谷不仅可以化身为品牌大米，生产卵磷脂、米糠蜡、谷维素、米粞粉等高附加值产品，还能发电、制油、变身为绿色环保的轮胎。

益海嘉里的水稻循环经济模式立足于产业可持续发展，可操作、可复制，对中国乃至世界粮油产业转型升级具有引领、示范作用。

2. 基于大豆的循环经济

益海嘉里以优质本土大豆为原料，开发世界上产业链条最长、技术水平最高、产品种类最多的大豆精深加工产业模式。大豆经过不同生产线分别被加工成豆油、食用磷脂、糖蜜豆皮、酱油豆粕、食用豆粉、浓缩蛋白、分离蛋白、组织蛋白等 200 多种精深加工产品。即使是精炼豆油产生的废白土、皂脚、脂肪酸等副产品，也会被集团内的油脂科技企业悉数回收，完成循环再利用。依靠这种模式，中国本土大豆的独特优势被充分开发，内在价值实现了 100% 的转化增值（图 11-3）。

第 11 章　食品行业循环经济

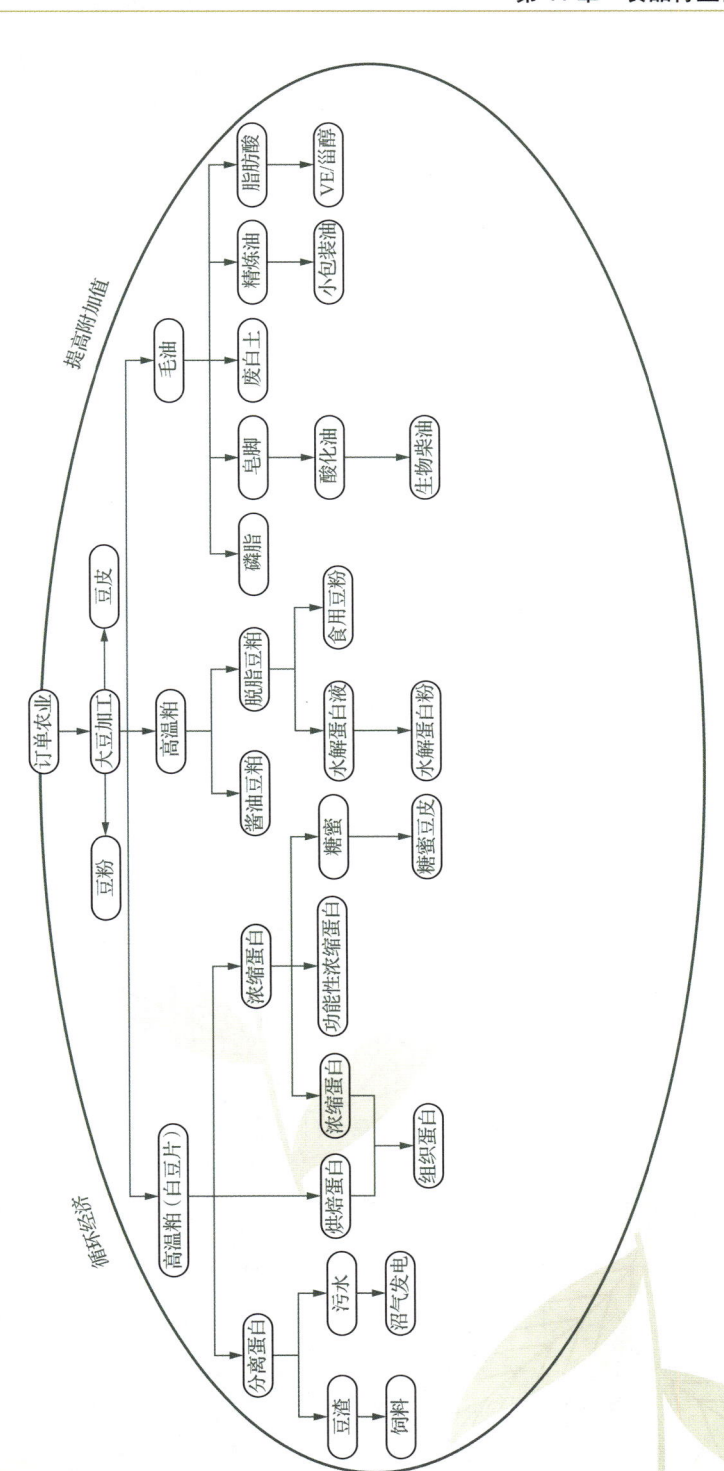

图 11-3　益海嘉里大豆循环经济模式

益海嘉里生产不同特性的大豆蛋白质品类，其加工技术处于世界领先地位，在国内外市场的不同食品领域应用广泛。功能性大豆浓缩蛋白、营养型浓缩蛋白、注射性浓缩蛋白等产品被广泛应用于肉制品、鱼糜制品、烘焙食品、婴儿食品等行业。纯天然的植物组织蛋白产品广泛应用于肉制品、冷冻食品和休闲食品等行业。食用大豆磷脂被世界各国列为安全的、多用途的食品添加剂及乳化剂，在医药、食品、化工、轻工等行业有广泛应用。酱油豆粕是高蛋白质的食品级发酵原料，广泛用于调味品、酶制剂、水解蛋白和生物医药发酵等行业。

益海嘉里探索豆粉产品多样化，衍生出豆腐花、豆乳布丁、豆酸奶等多种产品。2019年，益海嘉里旗下丰益（佳木斯）食品工业有限公司的豆粉经过客户严苛的筛选，顺利进入食品质量安全以严著称的日本市场。其致力于持续为国内外客户提供健康、安全、优质的产品。

3. 油脂副产品循环利用

益海嘉里旗下丰益油脂科技有限公司发挥天然油脂产业链优势，发展天然、低碳、可持续的绿色油脂化学品，以替代目前大量使用的石油化学品（图11-4）。

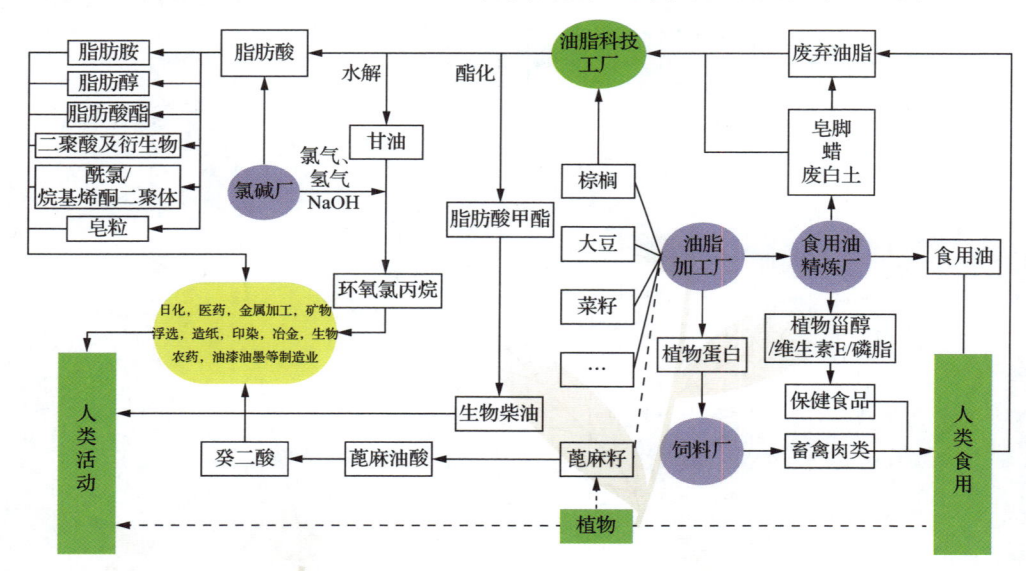

图 11-4　油脂副产品循环利用

丰益油脂科技有限公司采用棕榈油生产的"无甲苯中性施胶剂"，可用于符合欧盟标准的食品专用纸张生产；采用蓖麻油衍生物生产的尼龙，可用于安全度更高的儿童牙刷生产；采用豆油、甘油衍生物生产的人造树脂，是环保油漆不可或缺的原料；在化妆品等个人护理产品中，甘油、脂肪酸酯、脂肪醇醚等天然油脂衍生品扮演着更为重要的角色。在石油化工垄断的能源领域，飞机和车、船的石化燃料也可以由天然油脂生产的生物燃料替代。

除了使用天然植物油脂作为原料，丰益油脂科技有限公司还可以同时使用粮油加工的副产品作为补充原料，在节约资源、保护环境的同时，进一步提升粮油的产业链价值，实现从压榨、精炼、小包装油到油脂化工等的油脂全产业链科学循环运行。

丰益油脂科技有限公司在全球首次采用超临界技术，从食用油精炼副产物馏取物中提取健康领域、医药领域应用广泛的天然维生素 E、植物甾醇等营养素，同时生产高品质的生物燃料——脂肪酸甲酯。污染环境的脱臭馏出物（俗称 DD 油）得到循环利用，价值得到显著提升。以油脂精炼副产物皂脚为基础原料，生产各种脂肪酸衍生物：二聚酸可用于印刷线路板油墨、火箭发动机材料；单酸可用于塑料增塑剂；异构酸可用于油气钻探润滑剂；聚酰胺树脂可用于风电、船舶的高强防腐涂料等，具有极高的利用价值。

产业链延伸是一个企业、一个行业发展到一定阶段的产物，而这一切都依靠技术创新。益海嘉里探索形成的大豆、水稻循环经济产业链，以市场为导向，物尽其用，成功创造出可持续发展经济模式，也为全球粮油产业发展探索出一条可持续发展之路，中国食品工业协会授予其"食品行业循环经济示范单位"称号。

第 12 章　中药资源循环利用与循环经济

中药资源是国家战略性资源，是中医药事业和健康服务业可持续发展的物质基础。随着经济社会的快速发展和人口老龄化的到来，特别是人们崇尚自然和回归自然理念的不断提升，国内外市场对中药资源性健康产品的需求大幅增加，并拉动中药种植业、中药加工业及健康服务业的快速发展，也加剧了传统依赖自然界的天然药物资源种类和数量的日趋紧缺或濒于枯竭。另外，占有大量生产力要素的人工生产药材品种日益增多，药材种植面积不断扩张，种药与种粮争夺土地空间和水资源的矛盾不断加剧。

党的二十大报告指出，要促进中医药传承创新发展。提升中药资源循环利用效率和效益，是走资源节约型、环境友好型循环经济生产方式和发展模式的必由之路，是实现中药资源产业链提质增效、绿色发展的重要途径，是保障我国中医药事业可持续发展的重大战略抉择。

12.1　我国中药产业发展现状

中药资源是中药资源产业链的源头和保障。近年来，随着社会需求的日益增长和科技进步的驱动，我国以消耗中药及天然药物资源为特征的资源产业得到快速发展，对社会的贡献率强劲增长，中药资源产业总额约占全国医药产业总额的1/3，发展形成一大批年产值超过 10 亿元、50 亿元乃至百亿元的标志性中药资源深加工制造企业。另外，大多生产企业仍采用大量生产、大量消耗和大量废弃的传统生产方式，依赖自然提供的宝贵天然药物资源或通过占用大量生产力要素生产药材，利用率低。以消耗中药和天然药物资源深加工生产的中药、多类型健康产品、配方颗粒、标准提取物等，每年消耗药材约 7500 万 t，年产生固体废弃物及副产物高达 5000 余万 t，液态废弃物数亿吨。

药材生产过程产生的巨量非药用部位、中药制药等深加工产业中的副产物和废弃物快速增加，不仅造成中药资源的大量浪费，也加剧了任意排放带来的负面环境影响和生态环境保护压力。

12.1.1 中药种植业发展现状

我国占用农田和生产力要素种植药用植物生产药材呈现快速发展态势，从 2012 年的 2200 余万亩发展到 2018 年的近亿亩，6 年间种植规模增长近 4 倍。我国 300 余种常用中药材依靠人工生产，不仅保障了医药资源性原料的供给需求，也为中药材产业助农做出了重要贡献。然而，药材生产过程每年直接产生的传统非药用部位约 6500 万 t，加之药材及饮片加工下脚料，废弃物年产生量逾亿吨。在药材生产的采收及初加工环节生成的大量废弃物被随意抛弃于生态环境中，不仅造成资源的严重浪费，也加剧了农田连作障碍和生态环境的污染，成为生态系统和行业可持续发展的重大挑战。

从资源经济学角度看，中药原料生产和加工过程产生的废弃物是一类具有特殊形态和蕴含巨大利用潜力的固态生物废弃物。充分有效地加工转化这些废弃物，不仅可以合理有效地发掘利用其资源价值、减轻环境保护压力，对改善中药材种植及加工基地生态环境等均具有十分重要的社会效益、经济效益和生态效益，也是依据循环经济原理构建生产—生活—生态—生命一体化协调发展的富裕、健康、文明的社会主义新农村的必然要求。

12.1.2 中药加工业发展现状

随着大健康产业发展战略的实施，中药资源产业链不断延伸，以中药资源为基础、以中药加工为牵引、以中药商业与服务业为内生动力的新型中医药大健康产业呈强劲发展之势。据统计，2014 年我国中药工业总产值约为 6000 亿元，2016 年中药工业规模以上企业主营业务收入超过 8000 亿元，占我国医药工业规模以上企业主营业务收入的近 1/3，同期大中药产业超过 1.5 万亿，50 个中药大品种年销售额均超过 10 亿元。据行业分析报告，全球草药和膳食补充剂市场呈现强劲增长势头，2017 年市值已逾千亿美元。由此可见，中药材是潜力巨大的经济资源，中药产业为推动健康产业发展做出了重要贡献。

党的十八大以来，在相关部门的共同推动下，中药在产业发展、质量提升、科技创新等方面，均呈现良好的发展态势。以中药农业为基础、以中药商业为纽带、以中药工业为主体的产业体系日益完善，产业发展态势良好。

药材作为中药深加工制造产业的原料，经水提、醇提或其他方式分离、富集、纯化等工艺环节，进入口服制剂或标准提取物等类型资源性产品生产阶段，药材原料的利用率平均低于 30%，约 70%的副产物被作为废弃物排放或被简单转化为低附加值产品利用。中药注射剂在中药资源产业体系中占有重要地位。然而，其终端产品中资源性化学物质转移数仅是药材原料质量数的 1%～10%，也就是说用于中药注射剂生产的药材资源利用率大多不足 10%，剩余 90%的物质量大多被废弃，造成中药资源的大量浪费，废渣、废水的排放还给生态环境带来巨大的压力。

因此，若不能有效地推进中药资源产业化过程的循环利用和再生产业发展，结果必然是随着中药产业 GDP 的增大，中药生产中的实物量和资源消耗量越大，生产过程产生的废渣、废水、废气等中药废弃物排放量和环境压力越大。传统的"高投入、高消耗、高排放、低产出"的线性经济发展方式和经济形态，将日益受到更多的社会与环境制约，相应地企业必然承担更大的资源消耗税和环境保护责任。

12.2　中药产业循环经济发展战略与模式

循环经济的目的是变废弃物为财富。通过提高资源利用效率，从源头减少废弃物的产生和排放，实现物尽其用、变废为宝，构建经济社会发展与资源、环境相互协调和良性循环的经济体系和发展方式。经济发展方式的这一重大变革，尚须在方法论上形成以理论为主导、以系统分析为工具、以实证研究为一体的范式，并从现实出发，形成一个逻辑理想主义与经验实证主义相互协调、方向一致的研究路线；在理论创新上，从经济逻辑和系统思维两方面构建循环经济的理论基础，从产业组织形式、产业生态系统、市场实现机制、生产者责任延伸制度和资源配置机制等方面探讨循环经济的促进机制；在实践价值上，提高经验实证，发现循环经济的本质问题和因果关系，形成相应的发展模式，进而提出促进循环经济发展的政策建议。

循环经济作为新型经济模式，具有节约材料、节约土地、节水环保、生态、低碳、创新资源价值和经济增长点、延伸资源产业链、增加就业等综合效益。资源循环利用对于建立和发展循环经济社会、推进产业模式转变具有重要意义，没有资源循环利用产业的发展，就不可能建立真正意义上的循环经济和循环型社会。

12.2.1　中药资源循环利用的必要性

中药循环经济建设与发展是一个复杂的系统工程，除了中医药领域，还涉及农业、工业和服务业等行业。其基于系统化思维对中药产业与资源生态系统进行分析设计，明确产业经济与生态经济的关系及其相关方面各自所承担的责任和义务，延伸生产责任制度，通过立法等约束手段强调生产者责任，刺激生产责任方改变生产工艺、改进产品设计，采取绿色生产和循环利用的生态型经济模式，大力开发环境低负荷的产品，延伸资源经济产业链，形成新的经济增长点，构建代表先进生产力的社会管理和经济发展模式的循环经济体系，促进中药资源产业结构按照循环发展、绿色发展的区域性经济布局、单元性行业集聚、结构性产业链延伸等方式进行调整和变革。其通过资源循环利用策略的引导和推行，从根本上转变中药种植业和中药加工业的增长方式，推进中药资源经济产业发展模式和生产方式的变革，改变中药产业"高投入、高消耗、高排放、低产出"的线性发展模式和生产方式，推进资源节约型和环境友好型中药资源循环经济体系的构建，促进中医药事业可持续发展。

发展中药资源循环利用的必要性和重大意义，主要体现在以下方面。

一是提升中药资源利用效率、节约中药资源的需要。围绕中药资源生产过程的减量化、再利用和资源化开展深入系统的科学研究，深入研究发展循环经济的技术支撑和保障，开发一系列适于中药资源深加工产业化的环境无害化、资源节约化的科学技术体系，有效推进中药资源的高效利用和循环利用，可从根本上转变中药种植和中药加工业的增长方式，改变长期以来形成的依赖自然资源和粗放、廉价、低效的资源耗竭式发展方式，层次结构相对较低的发展模式，缓解我国经济发展对资源需求量大而资源又相对短缺、庞大经济规模和经济总量所带来的巨量废弃物和环境承载压力的问题。

在中药资源产业化过程中，通过现代提取分离、精制纯化等技术集成和材料科学的有效运用，通过深加工过程的工程技术革新与工艺路线优化，以及生物活性系统评价，可发现药用生物资源的多用途价值和新用途；通过综合利用、循环利用和高值利用，可减少资源投入和消耗，降低和节约生产成本，提升资源利用效率；通过适用技术集成和工艺路线优化，可促进药材中资源性物质有效转移和得率提高，减少资源投入；通过不断研究发现药用生物资源物质的利用价值，可逐步实现对有限资源的多元化、精细化利用，并发展成为减少资源消耗、推进低碳经济发展的模式；通过降低原料成本以提升产品竞争力，可实现资源节约型和环境友好型循环经济的发展目标。

二是减少废弃物排放、保护生态环境的需要。在传统的线性发展模式中，社会经济运行体系主要由生产系统和消费系统构成，自然资源通过生产系统转变为产品，产品又通过消费系统转变为废弃物，废弃物进入环境对生态环境造成污染和破坏。这种线性经济运行模式最终必然导致自然资源的枯竭和环境的恶化，是一种不可持续的发展模式。随着经济社会转型升级，我国的经济发展方式也在转变，并呼唤循环经济的发展和绿色产业的兴起。循环经济通过节约资源、减少排放，既减少资源的消耗，又提高资源的利用效率和效益，以满足环境保护、绿色发展的现代经济社会可持续发展的需求。中药资源的再利用、资源化和绿色产业发展的核心思想和主体内容，包括在中药种植生产过程中建立生态中药种植规程，减少资源投入、减少废弃物排放和资源回收利用；在中药工业生产过程中推行和逐步实施工业废水的自然处理技术、水体富营养化的生态处理工程、固体废弃物的无害处理及污染治理生物技术等绿色企业标准。其目的是推动中药种植、中药加工业及中药产品消费等产业链在循环经济理念的引领下走向"绿色"和"无害"，促进资源节约和环境友好型中药资源产业循环经济的发展。

有限的资源依赖科技进步和社会发展所带来的更为高效的利用方式，而资源循环利用的无限性是这种进步与发展的永恒。其目的是科学合理地生产和利用中药资源，经济有效地延伸和发展中药经济产业链，构建中药循环经济产业发展模式，推动实现中药产业可持续发展。总之，发展中药资源循环经济产业具有重大而深远的战略意义和社会意义。

12.2.2 中药资源循环经济发展策略

中药循环经济的本质是发展生态经济。强调经济与生态的协调发展，注重整个资源产业链各环节的物质循环利用和生产、流通、消费全过程的资源节约，逐步实现中药资源产业向强调生态系统与经济系统相互促进、相互协调的生态经济发展模式转变（图12-1）。循环经济发展模式要求实现中药资源产业从数量型物质增长到质量型效益增长的变革，从中药资源经济产业链环状末端的终端治理到整个环状系统全过程的生态性与经济性双效益协调发展的变革，从而实现在大中药健康产业整个经济流程中系统地节约资源和减少废弃物，实现资源经济增长的减物质化。

基于中药资源产业化过程中的诸多制约产业发展的科学问题和关键技术，围绕药材生产与饮片加工等资源产业化过程、中药资源性产品深加工产业化、中药资源利用效率提升及中药资源产业循环经济发展所面临的重大需求提供服务，通过中药资源化学及多学科互补交融形成综合能力和集成优势，为中药行业及生物医药产业发展提供技术支撑，为循环经济发展做出贡献。

中药资源循环经济发展策略主要有以下3个方面。

1. 从实践出发，开发各具特色的发展模式

基于中药资源产业经济的特点和客观条件，因地制宜、因资源品种制宜、因产业基础和再生利用能力制宜，围绕中药资源产业化过程产生的非药用部位、初加工下脚料及深加工产业化过程产生的废渣、废水、废气中资源性化学物质的再生利用价值，创新多途径、多层次、多元化的再生利用策略，创建各具特色、适

宜的中药资源循环经济产业发展模式。

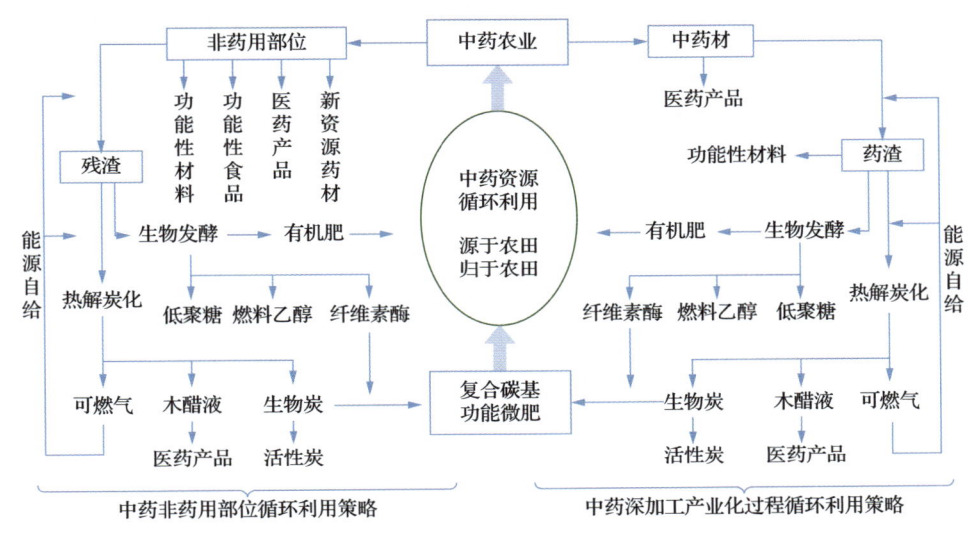

图 12-1　中药资源循环利用与产业绿色发展策略

2. 开发中药资源的高附加值技术

基于精细化、高值化资源价值提升策略，在现代医药制造产业及其集成性工程技术体系支撑下，对资源消耗量大和产品规模大的中药资源性原料及其深加工产品进行提质增效和升级改造，以优化和提升生产工艺与工程化过程，提高资源性化学成分的提取、富集和转化利用率；通过拆分和解析传统药材多元功效及其物质组分（成分），以及资源产业化过程产生的理化性质各不相同的废弃物，构建由复杂混合物、组分（群）、成分（群）、结构改造（修饰物）等不同科技含量、不同资源价值、不同产品形态、体现资源循环经济发展特征的中药资源新型产业结构，以有效提升资源利用效率和效益。

3. 延伸中药废弃物利用产业链

践行良好的生态环境就是生产力、保护生态环境就是保护和发展生产力的理念，对中药深加工过程中产生的固体或液态废弃物，从可生化性较好的理化性质特点和潜在的再生资源价值出发，多采用生物转化、化学转化、物理转化的联用方法，既要通过循环利用获得高附加值的资源性物质并延伸为再生产业，又要满足达标排放的要求，不能造成二次污染，推进中药资源产业向绿色产业转型发展，实现经济发展与生态保护相伴而行、和谐共生。

通过中药资源产业化全过程各环节推行资源循环利用发展理念和生产方式，有效延伸和拓展资源产业链，系统深入地揭示中药资源中对人类健康及其相关领域具有应用价值或潜在价值的资源性化学物质，不断挖掘和创新再生资源价值，提升资源利用效率和效益，以减少资源消耗、降低环境压力，推动中药资源产业向高质量、可持续、绿色的循环经济发展。

12.2.3　中药资源循环经济发展模式

中药资源循环经济包括中药工业环节及其产业形态、中药种植原料生产的产业发展及服务流通环节、中药资源产业化过程所涉及的生产领域、中药资源性产品的消费领域及整个社会的资源循环利用。需要符合循环经济发展模式和生产方式的规划设计和科学管理，还需要通过政府和相关行业的统筹协调、市场经济驱动和社会公众积极参与推动实施。

依据社会需求、行业及区域经济发展水平，基于中药资源产业链各环节的废弃物及副产物形成背景、利用现状、生态压力诸因素，通过长期探索实践和理论创新，我们提出转化增效、精细高值化、粗放低值化的多层级利用策略。基于不同类型废弃物的理化性质、资源化潜力等特点，我们创建了中药资源循环利用的5类模式（图12-2）：①针对具有潜在药用价值的非药用部位，创建基于药材生产过程传统非药用部位的新资源药材及医药产品开发模式；②针对具有生物转化潜质的中药废弃物，创建基于中药固体废弃物及副产物的生物酶、低聚糖、生物醇等系列产品开发模式；③针对具有热解炭化价值的中药废弃物，创建基于中药固体废弃物的炭-液-气联产产品开发模式；④针对药食两用资源特点的非药用部位，创建基于药材生产过程传统非药用部位的功能性食品开发模式；⑤针对具有材料化性能的中药废弃物，创建基于中药固体废弃物的功能材料制备及产品开发模式。

1. 基于药材生产过程传统非药用部位的新资源药材及医药产品开发模式

中药材采收加工过程中产生的非药用部位大多含有与药用部位相似的化学组成，部分非药用部位在民间也有药用记载。针对部分具有潜在药用价值的非药用部位，探索形成了基于药材生产过程传统非药用部位的新资源药材及医药产品开发模式，并推广应用于丹参茎叶、苦参种子等10余种大宗药材非药用部位的资源价值发现与资源化利用。

第 12 章 中药资源循环利用与循环经济

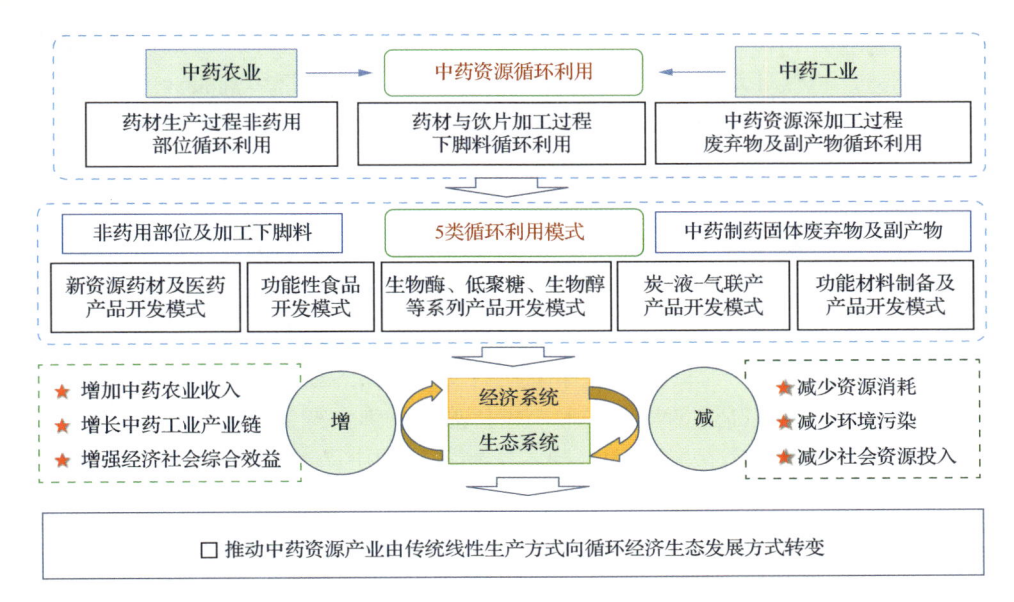

图 12-2 中药资源循环利用的 5 类模式

丹参为常用活血化瘀药物。我国每年丹参药材种植过程产生 20 余万 t 茎叶，因缺乏有效利用而被废弃。研究发现，丹参茎叶中富含以丹酚酸、迷迭香酸为代表的酚酸类组分，并具有显著的活血化瘀功效。据此研究制定了丹参茎叶药材质量标准，作为新资源药材已收录于《陕西省中药材标准》；建立了以丹参茎叶替代丹参药材作为丹酚酸医药/化工原料的高值化利用制备工艺，实现了丹参药材生产过程废弃物及副产物的循环利用，提升了丹参药材的生产效益和效率。

以苦参素为代表的苦参碱类生物碱是目前用于医药临床、畜禽用药、生物农药的重要资源性化学成分。该类成分传统以荒漠植物苦豆子为原料进行提取制备。随着其需求量逐年增加，苦豆子资源逐年减少，严重威胁荒漠地区的自然生态。研究发现，苦参药材种植过程中产生的废弃苦参种子中生物碱类成分组成及含量与苦豆子高度相似，据此采用现代分离纯化技术创建形成以苦参种子资源为原料制备苦参素类生物碱成分的规模化生产工艺。苦参素原料新资源的这一发现与有效利用，不仅增加了苦参药材种植的综合效益，实现了废弃资源的循环利用，也减少了苦豆子资源的消耗量，间接保护了我国近万公顷荒漠化区域的脆弱生态系统。

2. 基于中药固体废弃物及副产物的生物酶、低聚糖、生物醇等系列产品开发模式

中药资源产业化过程中产生的非药用部位及药渣中，除含有次生代谢小分子产物外，还含有大量的纤维素、木质素等大分子资源性物质。开展富含纤维素类

物质的中药废弃物再生利用，不仅可有效消耗中药制药过程中产生的大量非药用部位及药渣，降低环境压力，也可实现资源循环利用，实现中药工业的可持续发展。研究显示，富含纤维素类物质的生物质经微生物转化可用于制备纤维素酶、生物乙醇等资源性产品。在生物转化过程中获得高效的功能菌种是其转化利用的源头和核心技术。与传统转化底物相比，多数中药固体废弃物及副产物含有抑菌物质，部分资源尚残留有机溶剂，市场缺少有效转化菌种。因此，构建具有高抗逆性，能将中药固体废弃物及副产物中的资源性物质进行有效转化，尤其是将纤维素、木质素类成分进行有效转化的微生物菌种资源库尤为重要。

根据不同品种和来源的中药固体废弃物及副产物的独特理化特性和其潜在资源化价值，采用现代高通量筛选技术，成功筛选并驯化得到适宜产纤维素酶的草酸青霉菌株、扩展青霉菌株，适宜制备植物多糖的中间苍白杆菌株，具有耐醇/酯等有机溶剂的高抗逆性解淀粉芽孢杆菌株、地衣芽孢杆菌等。在此基础上，经基因工程菌构建形成系列高产菌株，推广应用于甘草药渣、丹参药渣、黄芪药渣等10余种中药固体废弃物及副产物的转化利用，形成生物酶、低聚糖、生物醇等系列产品开发模式。例如，以甘草、丹参等富含纤维素类物质的中药药渣为原料，采用高压热解法使中药药渣中的半纤维素类物质降解为木糖液，经固液分离、脱色纯化等工艺制取木糖；固形物采用经多次诱变的高产纤维素酶菌株发酵、固液分离分别得到纤维素酶液和发酵菌渣；发酵菌渣进一步与富含纤维素类物质的中药渣混合发酵后，加入产乙醇酵母发酵可用于提取工业乙醇，发酵后剩余渣料用于制备生物肥料。该技术体系通过连续成套工艺实现了以富含纤维类物质的中药固体废弃物及副产物联产低聚糖、纤维素酶、工业乙醇、生物有机肥等资源性产品，降低了生产成本，实现了资源高效利用。

3. 基于中药固体废弃物的炭–液–气联产产品开发模式

以农林废弃物为代表的生物质在缺氧条件下经高温热解形成生物炭、木醋液、可燃气是目前用于生物质处理和转化利用的有效方式。中药资源产业化过程中产生的固体废弃物及副产物在一定程度上与农林废弃物具有较高的相似性，也存在物料来源多样、理化性质差异较大等特性，传统热解工艺及装备较难对中药固体废弃物进行炭化处理。为此，在革新炭化工艺的基础上，创建形成动态传热提效的中药固体废弃物新型干馏炭化设备，研制形成适于高含水、难处理中药固体废弃物的热循环预处理-炭化/气化一体化技术体系及装备。该技术体系与装备的创建与应用，为中药固体废弃物联产制备生物炭、木醋液、可燃气等资源性产品提供了转化增效途径。

山楂为药食两用中药资源，在其饮片及特色食品加工过程中产生大量废弃种子资源。以废弃山楂种子资源为原料，采用热解炭化技术，通过工艺革新实现炭-液-气联产，开发出天然、高效、安全的妇科抗菌洗液新药，并联产热解气和生物炭。热解气燃烧产热不仅实现了企业能源自给，而且延伸产生系列生物炭产品，有效提升了资源利用效率和效益，为山楂主产区果农增收和地方经济发展做出了重要贡献。

针对中药制药等深加工过程中高含水量中药复方药渣排放等环境难题，通过集成多级脱水、余热回用等技术创新热解气化工艺，并创制适宜技术装备，应用于中药复方药渣的资源化利用与有效处置，形成清洁燃气、生物炭等资源性产品。所产生的清洁燃气可作为清洁能源，热解气化/炭化后的草木灰/生物炭可用于复合有机肥料生产，实现中药渣无害处理与伴生能源收集/转化利用的集成创新，减少药渣排放，节约药渣清运和处理费用，产生显著的经济效益、社会效益和生态效益。总之，中药资源产业循环经济模式构建亟待政府、社会和企业共同倡导，在充分论证的前提下，基于循环经济发展理念，从政策保障层面拓宽中药固体废弃物及副产物的资源化利用途径，以全面推动中药资源产业循环利用与绿色发展。

4. **基于药材生产过程传统非药用部位的功能性食品开发模式**

部分药食两用中药资源，在生产过程中产生的非药用部位含有丰富的营养物质，以此为原料可制作具有一定保健功能及食疗作用的功能食品。以酸枣、芡、瓜蒌等10余种药食两用中药资源非药用部位为基础，构建基于药材生产过程传统非药用部位的功能性食品开发模式，为药食两用中药资源的循环利用与产业提质增效提供了支撑。

酸枣仁为中医临床常用的养心安神中药。产地调研发现，每30kg酸枣鲜果仅能产出1kg的枣仁，在酸枣仁生产加工过程中产生巨量的果肉及果壳废弃物，若随意排放会造成严重生态环境污染。基于以上现实，以酸枣果肉副产物为原料，采用益生菌发酵创制形成了酸枣功能醋、酒、膏等系列功能性食品群；经提取制备多糖并络合铁离子形成酸枣果肉多糖铁；以提取酸枣多糖后剩余的酸枣果皮资源制备酸枣食用红色素；创建了从酸枣果肉提取残渣中同时制备可溶性与不溶性膳食纤维的工艺。此外，以大枣干燥加工过程中产生的残次枣为原料可形成具有大枣特有风味的功能性果葡糖浆，以瓜蒌加工过程产生的废弃果瓤为原料可形成瓜蒌果葡糖浆和瓜蒌黄色素。相关技术成果的推广带动了产区农户的增产增收。

5. **基于中药固体废弃物的功能材料制备及产品开发模式**

针对质地坚实、纤维性强、具有材料化性能的部分非药用部位及药渣，我们引入压缩技术、固化成型技术，创建形成了基于中药固体废弃物的功能材料制备及产品开发模式。适于我国中药资源循环经济发展的多元模式见图12-3。

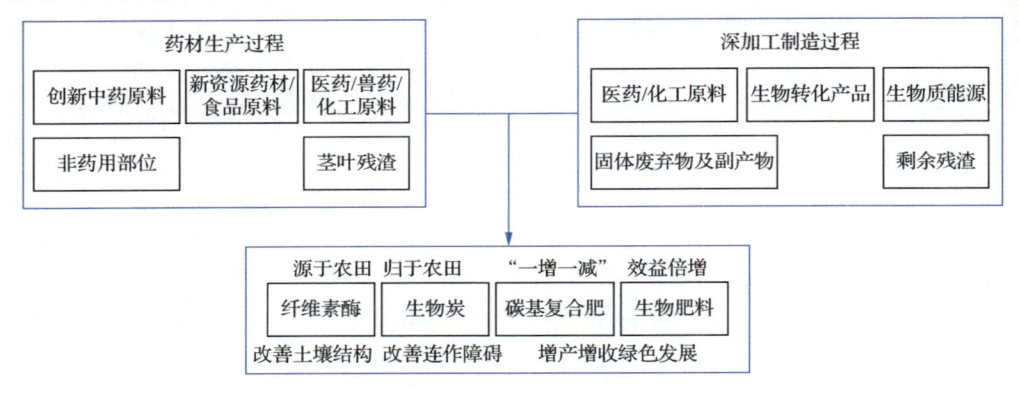

```
┌─────────────────────────────────────┐      ┌─────────────────────────────────────┐
│           药材生产过程                │      │          深加工制造过程              │
│  ┌────────┐ ┌────────┐ ┌────────┐  │      │ ┌────────┐ ┌────────┐ ┌────────┐ │
│  │创新中药 │ │新资源药材│ │医药/兽药│  │      │ │医药/化工│ │生物转化 │ │生物质能│ │
│  │ 原料   │ │食品原料 │ │化工原料 │  │      │ │ 原料   │ │ 产品   │ │        │ │
│  └────────┘ └────────┘ └────────┘  │      │ └────────┘ └────────┘ └────────┘ │
│  ┌────────┐            ┌────────┐  │      │ ┌──────────────┐     ┌────────┐ │
│  │非药用部位│            │茎叶残渣 │  │      │ │固体废弃物及副产物│   │剩余残渣│ │
│  └────────┘            └────────┘  │      │ └──────────────┘     └────────┘ │
└─────────────────────────────────────┘      └─────────────────────────────────────┘
                           │
              ┌────────────┴────────────┐
              │  源于农田 归于农田  "一增一减" 效益倍增  │
              │ ┌──────┐ ┌──────┐ ┌──────────┐ ┌──────┐ │
              │ │纤维素酶│ │生物炭│ │碳基复合肥 │ │生物肥料│ │
              │ └──────┘ └──────┘ └──────────┘ └──────┘ │
              │  改善土壤结构 改善连作障碍 增产增收绿色发展 │
              └─────────────────────────┘
```

图12-3 适于我国中药资源循环经济发展的多元模式

木塑复合材料，是利用农林废弃植物纤维与回收再生塑料制备形成的一种新型环境友好复合材料，兼具高强度、高弹性、高韧性和耐疲劳等优点。多数纤维性强的中药固体废弃物具有与传统木塑原料（如杨木等）类似的植物纤维和理化特性，为潜在的优良、低价木塑产品原料，且中药固体废弃物成分复杂多样，其中部分品种尚富含天然抑菌物质。从中药废弃物中开发具有天然防霉抑菌功能的木塑产品，对循环利用巨量中药固体废弃物、保护环境具有重要的社会意义和经济价值。

选取黄蜀葵花采收后残余的根及茎秆废弃物，采用挤出成型工艺，构建了基于中药废弃物及副产物制备木塑板材技术体系，形成多类功能性木塑产品。还尝试创建了通过蒸爆解纤自胶结形成纤维板材的中药废弃物纤维板材制备技术，为实现中药固体废弃物资源化利用提供了技术支撑及产业化示范。

对中药材生产与深加工产业化过程产生的非药用部位、固体废弃物及副产物，通过利用中药资源循环利用理论，创建资源化利用模式及适宜技术体系，实现转化应用，形成了综合效益显著增加、资源浪费与环境压力显著减少的"一增一减"绿色发展样板，为推动我国中药产业提质增效、可持续发展，促进生产方式与发展模式的转变探索出了一条可复制、易推广的有效途径。同时也应当注意，限于中药资源行业领域的复杂性及现有政策法规的约束，项目研究成果仍存在一定的局限性，具体表现为中药资源产业涉及中药种植、中药加工业两大产业链，所产生的废弃物及副产物来源复杂、组成多样、理化特性差异较大，资源化程度不一，开展中药资源产业化过程废弃物及副产物循环利用与产业化开发具有复杂性和连续性。另外，中药资源循环经济体系的构建不仅取决于科学技术的发展程度，与配套政策法规的建设也密切相关。现有政策法规在一定程度上制约了中药废弃物及副产物多元化利用研究成果的有效转化。

12.3 中药资源循环利用产业化

以丹参的综合开发与循环利用为例，进一步阐述中药资源循环利用与产业化绿色发展的内涵与发展趋势，推动中药产业资源循环经济的发展和推广制药产业循环经济。

12.3.1 丹参及其非药用部位资源化

中药丹参为唇形科鼠尾草属植物丹参的干燥根及根茎，味苦，性微寒，具有活血祛瘀、通经止痛、清心除烦、凉血消痈等功效。鼠尾草属植物的根及根茎也作为丹参入药，除根及根茎入药外，对其地上茎叶、花也已进行相关研究和开发并逐渐引起社会关注和重视。

在丹参传统药用部位根及根茎的采收过程中，大量丹参地上部分未被有效利用而废弃，造成资源浪费和环境污染。目前，对丹参地上部分的化学成分及药理活性方面的研究已经逐步开展。丹参叶在清代《医方守约》中就有药用记载："丹参叶捣烂，合酒糟敷乳，肿初起立消"。在《山东药用植物志》中，对丹参叶的药用功效描述得更为清晰："丹参茎叶具有活血化瘀，清心除烦之功效"。而今，丹参茎叶已被收录在《陕西省中药饮片标准》。研究显示丹参茎叶具有抗菌、抗病毒、抗肿瘤、抗氧化、活血化瘀等生物活性，可用于血栓、冠心病等心血管疾病及糖尿病糖代谢紊乱等症的治疗；丹参花可配制丹参花露饮品，具有扩张血管、预防心血管疾病的保健功效。

1. 丹参茎叶的资源化利用

研究表明，丹参叶中营养成分丰富。其中，蛋白质含量占 17.90%，粗脂肪含量占 4.48%，总糖含量占 30.30%。此外，丹参叶还含有丰富的次生物质，其总酚酸和总黄酮含量等于或高于根部，总酚酸含量是根部的 1.07 倍，总黄酮含量是根部的 4.79 倍。酚酸类成分和黄酮类化合物多具有抗氧化活性，在治疗心血管疾病、治疗慢性肝炎、改善记忆功能障碍等方面具有重要作用。丹参叶含有的酚酸类成分主要有丹酚酸 A、丹酚酸 B、丹参素、迷迭香酸、咖啡酸、原儿茶醛、阿魏酸等，其中迷迭香酸含量最高，可达 8.80%。丹参叶中钾、锌、铜、铁的含量也明显高于丹参根。

丹参茎叶富含酚酸类成分，其丹参素含量约为丹参根的 2 倍。因此，丹参茎叶可作为提取丹参酚酸类成分的优良原料。有研究采用响应面法，优化了超声波辅助提取丹参茎叶总酚酸的工艺参数，确定为乙醇浓度 63%、浸提时间 43min、温度 50℃、液料比 33∶1（mL/g）。在此条件下，总酚酸提取率达到 7.78%。此外，有关专利还报道了以丹参茎叶为原料，通过水提取、冷藏及离心过滤、调pH、大孔吸附树脂分离、干燥等工艺制备得到资源性成分丹参素及丹酚酸B，充分利用了丹参茎叶资源。

（1）丹参叶茶的开发利用。丹参叶茶制备工艺流程为：丹参叶采收后经凋萎、杀青、揉捻、干燥，形成丹参叶茶。丹参叶茶具有调节血脂、改善微循环、抗氧化、延缓衰老、安神利眠的保健作用。

（2）丹参叶保健饮料的开发利用。丹参叶经超纯水浸提后，加入木糖醇、柠檬酸、蜂蜜等辅料，可制成丹参叶保健饮料。其制备工艺流程为丹参叶→清洗→浸泡→切碎→热烫→提取→过滤→二次提取→过滤→合并提取液→放置澄清→过滤→澄清液→风味调配→均质→灌装→灭菌→成品（图12-4）。

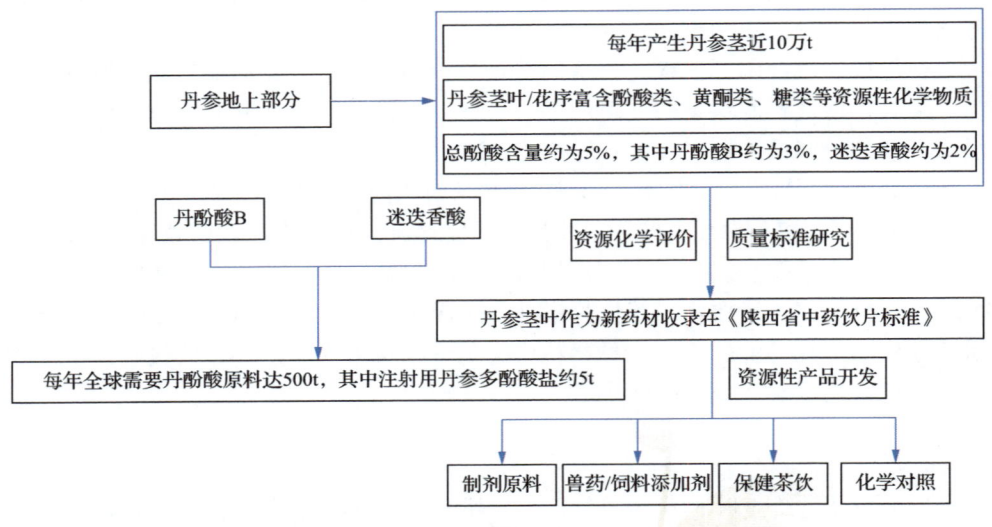

图12-4 丹参非药用部位的资源化利用与资源价值创新

2. 丹参花的资源化利用

丹参花为轮伞花序组成顶生或俯生的总状花序，花期5～9月。丹参花中含有烷烃、烯烃、酮醇类等成分。丹参花的挥发油主要由倍半萜和脂肪酸构成，含有石竹烯、棕榈酸、杜松二烯等，其中石竹烯是丹参花的主要挥发性成分。丹参花中尚含有丰富的丹酚酸类成分，尤其是迷迭香酸含量远高于丹参叶和丹参根。

丹参花质轻，气香，具有解表散邪、辟秽解毒、疏肝和胃、下气化痰等功效，可用于中医临床。以丹参花蕾为主要原料，经过采收、阴晾、杀青、揉捻、烘干、筛分等工艺程序可以制得丹参花茶。该茶具有茶色淡雅、茶味微苦而甘、香气清高持久、清凉爽口的特点，可使饮用者不断调节身体机能，达到调节血压、降低血脂和血糖、保护心脑血管、消除疲劳、增强免疫力、促进食欲、提高睡眠质量的效果。丹参花中加入薄荷、刺梨汁、甜蜜素等可制成丹参花露饮品。

12.3.2 丹参制药固体废弃物资源化利用

目前在以消耗丹参资源的产品生产过程中多采用水提醇沉工艺，产生大量的丹参药渣及醇沉沉淀。丹参药渣中富含丹参酮类成分和少量丹参酚酸类成分。通过研究从丹参药渣中快速分离丹参酮类成分的中高压制备方法，获得高纯度的总丹参酮（纯度大于60%）和丹参酮ⅡA、丹参酮ⅡB、隐丹参酮等（纯度大于95%）。同时，利用光合细菌生物转化技术对丹参药渣中丹酚酸类成分进行转化，提高总丹酚酸含量（图12-5）。剩余药渣进一步转化为生物炭，制备生物炭菌剂用于土壤改良，使丹参药渣成为再生资源以生产再生产品，提升了丹参资源的利用价值和利用效率。同时，建立了固体废弃物生物炭-热-肥联产的生产技术与质量标准，解决了废弃物污染生态环境的问题。

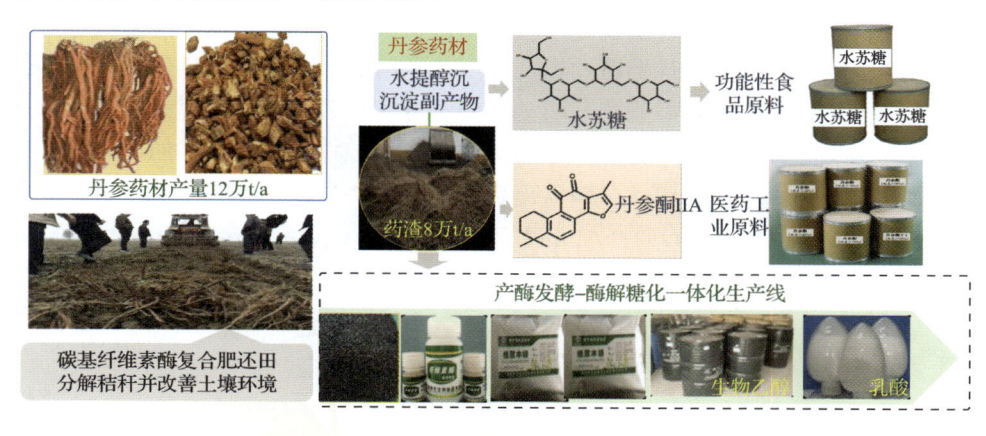

图12-5 丹参药渣的资源化利用

此外，丹参药渣中存在大量的植物蛋白、纤维素及糖类等成分。丹参水提醇沉沉淀中主要含有寡糖类成分，其中以具有重要资源价值的水苏糖含量较高（图12-6）。

总之，中药循环经济体系的构建与发展，不仅注重中药资源的综合系统利用，还强调资源减量使用与高效利用，以实现资源节约和环境友好。发展循环经济不是依赖行政命令和计划手段来实施，主要是依靠市场机制和经济手段推动。循环经济是全过程、系统化地对经济产业链进行系统规划和管理的经济活动方式。

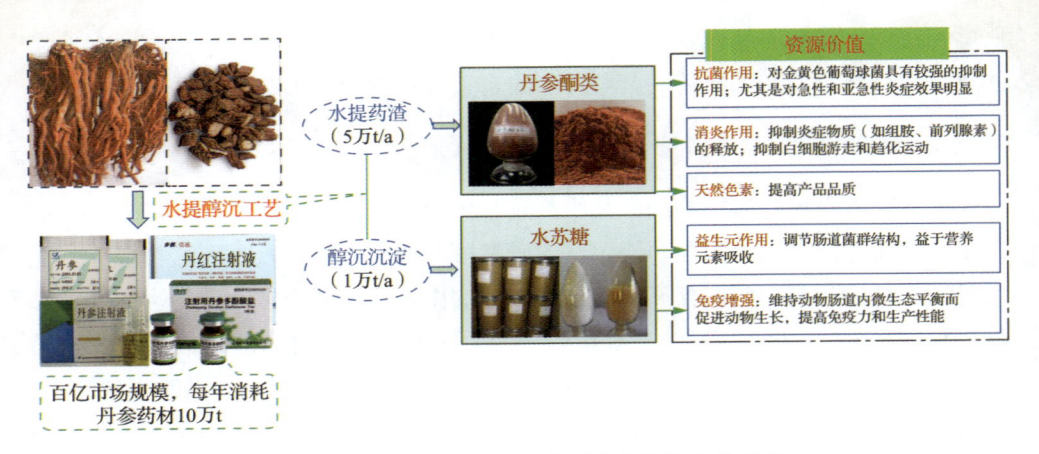

图 12-6　丹参药材深加工过程副产物饲用产品开发

通过对中药资源产业化过程产生的废弃物及副产物所蕴含的资源价值或潜在价值进行挖掘，重新规划与构建循环利用再生经济产业链，并合理调整其资源配置和利用，实现资源创新价值的发现及资源最大限度的利用，由此逐步推行对取自于自然资源或是人工替代资源的中药原材料使用的"减量化"；通过逐步实施精细化、高值化科技产业发展策略，驱动中药资源利用效率的有效提升，充分体现其"资源化"的客观价值；逐步将中药资源产业化过程各环节产生的尚未被有效利用的废弃物纳入循环利用体系加以拓展延伸，直至"吃干榨净"、物尽其用。此过程既体现了"再利用"的循环经济再生资源价值创新策略，又提升了产业效益，实现了节约资源、维护生态、绿色发展的目的。

第 13 章

以沼气为纽带的农业循环经济

自 20 世纪 80 年代以来，我国建立了以沼气综合利用为纽带，物质多层次利用、能量合理流动的高效农业模式，成为农村可持续发展的有效途径。沼气发酵用于农户生活用能和农副产品生产、加工，沼液用于饲料、生物农药、培养料液的生产，沼渣用于肥料生产。我国北方推广的塑料大棚、沼气池、畜禽舍结合的"四位一体"模式，中部地区发展的以沼气为纽带的果园模式，南方建立的猪-果模式，其他各地因地制宜建立的养殖-沼气、猪-沼-鱼、草-牛-沼等模式都是以农业为主体，以沼气为纽带，对沼气、沼液、沼渣进行多层次利用，使农村沼气和农业生态紧密结合起来的模式，是改善农村环境卫生的有效措施，是发展绿色种植业、养殖业的有效途径。

13.1 沼气利用条件及其前景

13.1.1 沼气一般知识

1. 沼气的发现

沼气是有机物在厌氧条件下经微生物发酵生成的一种混合气体，其最先由意大利物理学家沃尔塔 1776 年在沼泽中发现，因而称为沼气。沼气的主要成分是甲烷，由 50%～80%的 CH_4、20%～40%的 CO_2、0～5%的 N_2、小于 1%的 H_2、小于 0.4%的 O_2 与 0.1%～3%的 H_2S 等气体组成。沼气由于含有少量的 H_2S，略带臭味。空气含有 8.6%～20.8%（按体积计）沼气时，就会成为爆炸性的气体。人畜粪便、秸秆、污水等有机物在密闭的沼气池内，于厌氧条件下被种类繁多的微生物分解转化即可产生沼气。

世界上第一个沼气发生器（又称为自动净化器）是由法国穆拉 1860 年对简易沉淀池进行改进而成的。1925 年在德国、1926 年在美国分别建造了备有加热设施及集气装置的消化池，成为现代大中型沼气发生装置的原型。第二次世界大战后，沼气发酵技术曾在一些西欧国家得到发展，但因廉价石油大量涌入市场而受到影响。后来，随着世界能源危机的出现，又引起了人们的重视。1955 年新的沼气发酵工艺流程——高速率厌氧消化工艺产生，突破了传统的工艺流程，在中温下池容积产气量（产气率）由 0.7~1.5m³/（m³·d）提高到 4~8m³/（m³·d）沼气，滞留时间由 15d 或更长的时间缩短到几天甚至几小时。

20 世纪 20 年代初，罗国瑞在广东省潮梅地区建成中国第一个沼气池，随后成立中华国瑞瓦斯总行，以推广沼气技术。由于发酵原料和条件不同，发酵工艺多种多样。一个完整的大中型沼气发酵工程，无论规模大小，都包括原料（废水）的收集、预处理、消化器（沼气池）、出料后处理和沼气净化与储存等工艺流程。

2. 沼气发酵基本条件

（1）适宜的发酵温度。沼气发酵温度分为：①常温发酵（也称为低温发酵），在 10~30℃条件下，池容产气率为 0.15~0.3m³/（m³·d）；②中温发酵，在 30~45℃条件下，池容产气率可达 1m³/（m³·d）；③高温发酵，在 45~60℃条件下，池容产气率为 2~2.5m³/（m³·d）。最经济的沼气发酵温度是 35℃，即中温发酵。

（2）适宜的发酵液浓度。发酵液浓度范围是 2%~30%。浓度越高产气越多。发酵液浓度在 20%以上为干发酵。农村户用沼气池的发酵液浓度，可根据原料多少、用气需要及季节变化来调整。夏季以温补料，发酵液浓度为 5%~6%；冬季以料补温，发酵液浓度为 10%~12%。

（3）发酵原料中适宜的碳氮比。沼气发酵微生物对碳素需要量最多，其次是氮素。微生物对碳素和氮素的需要量比值，称为碳氮比，用 C∶N 表示。一般情况下 C∶N 为 25∶1，但并不十分严格，C∶N 为 20∶1、25∶1、30∶1 都可以正常发酵。

（4）适宜的酸碱度（pH）。沼气发酵的 pH 为 6.5~7.5。pH 影响酶的活性，进而影响沼气发酵速率。

（5）足够量的菌种。沼气发酵中菌种数量多少、质量好坏，直接影响沼气产量和质量。一般要求菌种量达到发酵料液总量的 10%~30%，才能保证正常启动和旺盛产气。

（6）较低的氧化还原电位（厌氧环境）。沼气甲烷菌在氧化还原电位大于 -330mV 的条件下才能生长。这个条件是严格的厌氧环境，也是沼气池要密封的原因。

（7）根据原料和进料方式，农村沼气发酵分为以秸秆为主的一次性投料和以畜禽粪便为主的连续进料两类。以后一种方式为例。一般农村家庭可以修建 6m³ 水压式沼气池，发酵有效容积约为 5m³。由于不同禽畜粪便的干物质含量不同，以猪粪为例配制沼气发酵原料。猪粪干物质含量为 18%左右。南方发酵液浓度以 6%左右为宜，需要猪粪 1200kg，制备的接种物 500kg（视接种物干物质含量与猪粪一样），添加清水 3300kg。北方发酵液浓度为 8%左右，需要猪粪约 1700kg，制备的接种物 500kg，添加清水 2800kg。在发酵过程中由于沼气池与猪圈、厕所在一起，可自行补料。

（8）沼气储存柜。沼气储存柜为双膜储气柜，可以用于储存各种中性气体，如沼气、空气、二氧化碳、氧气等。储存柜主要由底膜（一体化气柜除外）、内膜、外膜、恒压控制柜、安全保护器及一些控制设备和辅助材料组成。底膜主要用于基础密封，以实现传统基础设施无法达到的防腐、防渗透功能；内膜与底膜或发酵罐口连接，形成一个完全独立密闭的空间用于储存各类气体。外膜使内膜适用气体恒压输出，并对内膜起保护作用，外膜与内膜及底膜边缘或发酵罐口连接。

底膜、内膜、外膜共同形成两个空间。内膜空间作为储气空间，储存各种气体；外膜与内膜夹层空间作为调压空间。当储存气体增加时，内膜曲张，控制设备排出外膜的调压空气以腾出一定的容量。当储存气体较少时，控制设备向调压层注入空气，平衡柜内的压强，稳定外膜刚度。也就是说，用一个软体球形作为储气柜，储存气体容积变小，控制设备就自动充空气填补，储存气体增多，安全保护器就释放空气以平衡压力。为了不让气体混合，储存的气体与空气之间用内膜隔离。

3. 沼气的利用技术

沼气用途广泛，是一种理想的气体燃料，与适量空气混合后能够燃烧。每立方米纯甲烷发热量为 34 000kJ，每立方米沼气发热量为 20 800～23 600kJ，即 $1m^3$ 沼气完全燃烧后，产生相当于 0.7kg 无烟煤燃烧的热量。沼气除直接燃烧用于炊事、烘干农副产品、供暖、照明和气焊等外，还可作内燃机燃料及用于生产甲醇、福尔马林、四氯化碳等化工原料。沼气的料液和沉渣含有较丰富的营养物质，可用作肥料和饲料。

沼气作为能源利用，在我国已有很长历史。我国最初的沼气主要为农村户用沼气。我国大中型沼气工程建设始于 1936 年，此后，大中型废水、养殖业污水、村镇生物质废弃物、城市垃圾沼气池的建立拓宽了沼气生产和使用范围。20 世纪 70 年代初，为解决秸秆焚烧和燃料供应不足问题，地方政府在农村推广沼气事业，沼气用于农村家庭炊事并逐渐发展到照明和取暖。户用沼气在我国部分农村仍在广泛使用。随着我国经济发展，人民生活水平的提高和工业、农业、养殖业的发展，大型废弃物发酵沼气工程仍是我国可再生能源利用和环境保护的有效方法。

沼气燃烧发电是随着大型沼气池建设和综合利用的不断发展而出现的一项技术，将厌氧发酵产生的沼气用于发动机，并通过综合发电装置，产生电能和热能。沼气发电具有高效、节能、安全和环保等特点，是一种分布广泛且价廉的分布式能源。沼气发电在发达国家受到广泛重视和积极推广。生物质能发电并网在西欧一些国家占能源总量的较高比例。

沼气燃料电池技术中燃料电池是关键。燃料电池是一种将储存在燃料和氧化剂中的化学能直接转化为电能的装置，当源源不断地从外部向燃料电池供给燃料和氧化剂时可以连续发电。依据电解质的不同，燃料电池可以分为碱性燃料电池、酸性燃料电池等。

13.1.2 发展沼气的意义

我国作为能源消费大国，开发利用沼气对国民经济可持续发展具有重要意义。随着农村社会经济的迅速发展，农村能源消耗日益增大。沼气作为一项极具应用前景的新能源，是解决农村能源供应问题的有效举措。2000年以来，中央财政不断加大对农村沼气建设的投入。

近年来，我国对"三农"问题给予了极大关注，希望向农民提供适厨的沼气技术及其产品，以减少由于传统民用炊事炉灶效率太低（有些不足10%）而造成的室内空气污染和眼疾、肺病高发率的问题。包括农村沼气和太阳能、风能、微水电及省柴节煤炉灶在内的农村可再生能源、节能技术及产品，不仅可以为偏远地区的农牧民提供清洁、方便的能源，还能改善农民生活条件和生态环境，因而是一项有助于兴农、健康和教育的公益性事业。

农村沼气建设可以为全球气候保护做出积极贡献。我国农村沼气建设，具有一系列有利条件。党中央、国务院对农村沼气的发展给予了极大的关注和强有力的支持。1993年颁布的《中华人民共和国农业法》、1997年颁布的《中华人民共和国节约能源法》、2005年颁布的《中华人民共和国可再生能源法》和《中华人民共和国畜牧法》中都明确强调要加强农村沼气建设，并把农村沼气建设列入《中国21世纪议程》《可再生能源中长期发展规划》等政策性文件，为农村沼气发展提供长期的、稳定的政策支持和指导。2005年10月，中央提出要"大力普及农村沼气"。农业部据此制定的《全国农村沼气工程建设规划（2006—2010年）》，提出到2010年农村户用沼气发展规模达到4000万户，2020年在农村适宜地区基本普及农村沼气的发展目标。"十二五"期间，国家发展和改革委员会同有关部门累计安排中央投资142亿元用于农村沼气建设。《全国农村沼气发展"十三五"规划》提出的总投资是500亿元，农村地区沼气消费受益人口达2.3亿以上。

各级地方政府对农村沼气建设的资金投入逐年增加。自2003年以后，中央每年投入10亿元国债资金用于发展农村沼气建设；2006年，这一支持力度达到25亿元，使我国农村沼气建设在规模、技术水平上都处于世界领先地位。

我国初步形成了一个较为完善和高效的农村沼气工作机制。农业农村部负责农村沼气建设与发展，制定相关政策与法律，编制中长期发展规划和年度计划等。在30个省1900多个县8000多个乡镇设有农村能源办公室和专职人员4万多人，专门负责农村沼气管理、示范推广和技术服务。此外，越来越多的大专院校、科研院所、社会团体和生产企业也加入农村沼气技术研发和推广、产品生产和社会服务中，农村沼气技术趋于成熟，技术创新水平有所提高，相关产品及设备质量得到提升，市场竞争力明显增强。

在农村沼气示范推广中，农业农村部注重教育、宣传和培训工作，不仅编印和制作了许多农村沼气培训教材、宣传手册、电视宣传片和广播节目，每年还要举办各种类型的培训班，许多基层技术员和农民可以从这些培训教材和培训班上获得自己所需要的沼气综合利用和安全使用知识。通过大规模职业技能培训和鉴定工作，全国持有"沼气生产工"国家职业资格证书的农民技术员超过15万人。有50多家企业生产沼气配套产品，年生产能力达到500万套；初步形成县乡沼气推广机构服务到户、沼气生产工承包服务、农民沼气协会自我服务等多种服务模式。

兴办沼气池的益处，综合起来主要有以下几个方面。

（1）有利于解决农村能源问题。一户3~4口人的家庭，修建一个$10m^3$的沼气池，只要发酵原料充足、管理得当，就能解决照明、煮饭的燃料问题。

（2）有利于农业生产发展。兴办沼气池后，大量畜禽粪便进入沼气池发酵生产沼气，可以沤制生产大量优质有机肥料，扩大了有机肥料来源。凡是施用沼肥的作物不仅抗旱防冻能力增强，而且秧苗成活率也提高。施用沼肥不但节省化肥农药的喷施量，也有利于生产绿色无公害食品。

（3）有利于畜牧业发展。兴办沼气池有利于解决"三料"（燃料、饲料和肥料）的去向问题，促进畜牧业的发展。

（4）有利于改善农村卫生条件。凡是修建沼气池的农民都能体会，利用沼气当燃料，无烟无尘，清洁方便。一些粪便、垃圾、生活污水等都是沼气发酵的原料；随着原料进入沼气池的病菌、寄生虫卵等，在沼气池密闭发酵过程中被杀死，从而改善了农村的环境卫生条件，并有益于人畜健康。

（5）有利于生态环境保护。兴办沼气池解决了农民燃料问题，减少了森林砍伐和牛羊对草场的破坏，有利于保护林草资源，促进植树造林发展，减少水土流失，改善农业生态环境。

（6）有利于解放劳动力。兴办沼气池后，过去农民捡柴、运煤花费的劳动力能节约下来，投入农业生产第一线。广大农村妇女则通过使用沼气，从烟熏火燎的传统炊事方式中解脱出来，节约了生火做饭的时间，减轻了家务劳动。

总之，沼气发酵过程中氮、磷、钾等肥料成分几乎全部保留，部分有机氮水解成氨态氮，速效养分增加；杂草种子和一些病原物被杀灭；处理有机物可节省大量曝气消化所消耗的能量；终产物甲烷是清洁而方便的燃料；残渣中有机物含量少，可用作饲料；沼渣是一种气味很小的固体或流体，不吸引苍蝇或鼠类；厌氧活性污泥可保存数月而无须投加营养物，当再次投料时可很快启动。

13.1.3 沼气利用前景

世界各国将沼气用作燃料和用于照明，用沼气代替汽油、柴油，发动机器的效果也很好。一些发达国家利用厌氧微生物消化农场废弃物，开展生产甲烷的规模化试验。中国的沼气事业也在迅速发展中，在四川、浙江、江苏、广东、上海等地农村，除了用沼气做饭、照明外，还办起了小型沼气发电站，利用沼气为动力进行脱粒、加工食料和饲料及制茶等，用"土"法解决农村电力不足的问题。

中国沼气产业规模逐年递增，户用沼气池数量明显增加，成为沼气产业主力。沼气技术在农业领域发挥了很大作用。在全国各地大力推动大中型沼气工程建设，可进一步提高设计、工艺和自动控制技术水平。

农业废弃物沼气工程到 2015 年累计建成近 4100 个，形成年生产沼气能力 4.5 亿 m³，相当于 58 万 t 标准煤，年处理粪便量 1.23 亿 t，使粪便得到资源化利用，解决了全国集约化养殖场的污染治理问题。中央投资支持大中型沼气项目建设，在保证户用沼气供应情况下，增加沼气用户，调整沼气发展布局，通过试点工程的示范带动商业沼气的发展。

13.2 沼 气 发 电

沼气，是一种具有较高燃值的清洁燃料，与柴油混合燃烧，可以节省 17%的柴油，具有创效、节能、安全和环保等特点。其原料分布广泛，可就地取材，利用粪便、秸秆、杂草、废渣、废料等均可生产沼气发电。在农村建设沼气电站可节省开支。小型沼气电站每千瓦投资 400 元左右，比风力、潮汐和太阳能发电投资低，建设周期短。

13.2.1 沼气发电现状

1. 沼气发电政策支持力度不减

对沼气发电进行补贴，利用规划引导沼气发电的发展，对行业的发展目标、路径及布局进行规划是我国的一大特色（表 13-1）。随着国家政策的不断出台，以及规划布局的指引，沼气发电市场得到极大改善。

表 13-1 2013 年以来中国沼气发电政策情况

发布时间	政策名称	主要内容
2016 年 10 月	《生物质能发展"十三五"规划》	到 2020 年，生物质能基本实现商业化和规模化利用。生物质能年利用量约为 5800 万 t 标准煤。生物质发电总装机容量达到 1500 万 kW，年发电量为 900 亿 kW·h，其中沼气发电装机容量为 50 万 kW
2016 年 2 月	《关于"十三五"期间实施新一轮农村电网改造升级工程的意见》	在西部偏远地区，鼓励相关企业因地制宜建设水能、太阳能、风能、生物质能等可再生能源局域电网
2014 年 6 月	《能源发展战略行动计划（2014—2020 年）》	制定生物质能和地热能开发利用规划，积极推动地热能、生物质和海洋能清洁高效利用，推广生物质能和地热供热。坚持煤基替代、生物质替代和交通替代并举的方针，科学发展石油替代。到 2020 年，形成石油替代能力 400 万 t 以上。加强先进生物质能技术攻关和示范，重点发展新一代非粮燃料乙醇和生物柴油，超前部署微藻制油技术研发和示范
2013 年 5 月	《全国林业生物质能源发展规划（2011—2020 年）》	到 2020 年，建成林业生物质能种植、生产、加工转换和应用的产业体系，现代能源林基地对产业保障程度显著提高，培育壮大一批实力较强的企业。到 2015 年，建成油料林、木质能源林和淀粉能源林 838 万 hm^2，林业生物质年利用量超过 1000 万 t 标准煤，其中，生物液体燃料贡献率为 10%，生物质热利用贡献率为 90%。建成一批产业化示范基地

2. 沼气发电市场规模不断扩大，但整体规模依然较小

"十五"期间，我国研制出 20~600kW 纯燃沼气发电机组系列产品，气耗率为 0.6~0.8m^3/（kW·h）（沼气热值>21MJ/m^3）。另外，沼气发电的相关研究和市场应用尚不完善，对适用于广大农村地区的小型沼气发电技术的研究更少，牧区、海岛、偏僻山区等高压输电困难，缺电情况严重，却有着丰富的生物质原料。如果能因地制宜地发展小沼气电站，可取长补短就地供电。

我国沼气发电市场规模稳定增长。据国家统计局数据，2011~2017 年我国沼气发电市场规模实现了跨越式增长。2011 年，沼气发电市场规模仅 7.89 亿元左右，2013 年突破 10 亿元，增速达到 19.32%。2014 年以来，国家连续出台多项沼气发电发展规划及补贴政策，带动行业主体数量实现扩幅的同时，实现了市场规模快速增长。2014 年沼气发电市场规模达到近 12.27 亿元，增幅保持在 16%左右。2017 年沼气发电市场规模增长至 18.12 亿元。综合来看，沼气发电市场 2011~2017 年年均复合增长率为 14.9%（图 13-1）。

据 2022 年中国沼气发电行业发展历程、行业竞争格局及重点企业分析，沼气年发电量达 37 亿 kW·h，占生物质发电量的 2.3%。截至 2021 年，我国沼气发电累计装机容量为 111 万 kW，新增装机容量为 22 万 kW。

图 13-1　2011~2017 年我国沼气发电市场规模

3. 沼气发电区域集中度较高

2016 年，中国沼气发电市场区域分布不均衡，华北地区和华东地区市场份额较大，主要是因为该地区生物质能资源规模极大，发电设备、技术水平实力较强。具体来看，华北地区沼气发电市场份额为 37.48%，位居全国第一；其次是华东地区，市场份额为 24.82%；东北地区市场份额为 18.52%。其余地区市场份额较小，均在 10% 以下（图 13-2）。

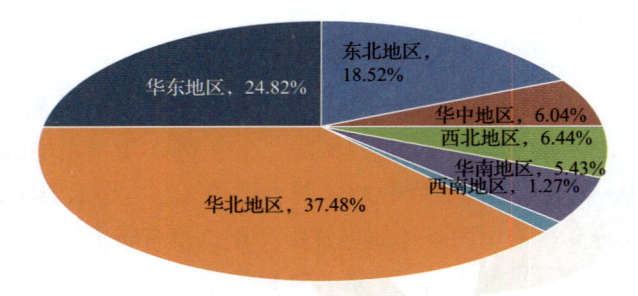

图 13-2　2016 年中国沼气发电区域竞争格局

4. 沼气发电技术水平受限，技术壁垒待破

中国沼气发动机开发研究主要集中在内燃机系列上，一般只是对柴油机和汽油机进行较为简单的改装，由于产品质量不过关，沼气发动机在运行使用中出现诸多问题，给用户带来不便，影响其发展。其根本原因是没有对沼气发动机进行深入的研究，技术不过关，缺乏足够的生产实践，致使发动机在运行中热负荷高、可靠性差、起动困难。另外，中国研制的全烧沼气发动机存在排气温度过高、气阀易烧坏、气缸盖等成为易损件等诸多技术问题。

13.2.2 沼气投资需求与前景

1. 行业投资规模不断增加，前景广阔

2016年10月，国家能源局发布《生物质能发展"十三五"规划》，提出"十三五"期间，要因地制宜发展沼气发电。结合城镇垃圾填埋场布局，建设垃圾填埋气发电项目；积极推动酿酒、皮革等工业有机废水和城市生活污水处理沼气设施热电联产；结合农村规模化沼气工程建设，新建或改造沼气发电项目；积极推动沼气发电无障碍接入城乡配电网和并网运行。

在投资估算中提出，到2020年，生物质能产业新增投资约为1960亿元。其中，生物质发电新增投资约为400亿元，生物天然气新增投资约为1200亿元，生物质成型燃料供热产业新增投资约为180亿元，生物液体燃料新增投资约为180亿元。

2. 农村沼气建设和发展潜力巨大

据有关部门和专家估计，我国猪、牛养殖年出栏7亿多头，蛋、肉鸡85亿只，粪便排放量每年高达32亿t，粪便的COD近8000万t，约为全国工业和生活污水排放量的5倍。一方面，我国大部分农户仍然延续分散养殖的习惯。其中，生猪分散养殖户为1.07亿户，奶牛、肉牛养殖户为0.18亿户，蛋、肉鸡养殖户为1.17亿户，羊养殖户为0.28亿户，役畜养殖户为0.22万户，为农村户用沼气池发展提供了重要保证。根据农业产业结构调整和农村劳动力转移趋势，全国大约有1.46亿农户适宜发展沼气，已建成沼气池的1807万农户只占适宜农户总数的12.4%，发展需求很大。另一方面，全国规模化养殖场（猪、牛、鸡三大类畜禽）约240万处。其中，中型（养殖年出栏500~3000头猪单位以上）养殖场约6.5万处，大中型（养殖年出栏3000头猪单位以上）约9000处。这些规模化养殖场都没有建设粪便处理工程，粪便集中排放对局部环境污染较严重，社会影响较大，引起广泛关注。进行粪便资源化、无害化和清洁化集中治理，化害为利、变废为宝，建设大中型沼气工程是最经济、最可行、最现实的选择。

我国农作物秸秆资源十分丰富，每年产量在6.5亿t左右，其40%以上被废弃或直接烧掉，整体利用效率较低。我国农村每天产生的生活垃圾量达100多万t，由于受经济条件和技术水平的限制，大部分生活垃圾未经处理，不仅成为蚊蝇的孳生地，也是地表水和地下水的重要污染源。另外，在有关科研单位和企业的共同努力下，秸秆生物气化技术取得了突破。通过粉碎、添加生物菌剂，对农作物秸秆进行预处理，3~7日进入沼气池进行发酵，并在全国1130多个村进行试验、示范推广。利用农作物秸秆和生活有机垃圾作发酵原料，无疑拓展了农村沼气发展的空间。

13.3 以沼气为纽带的农业循环经济模式

以沼气为纽带的循环经济模式可以概括为农产品消费过程中和消费后的物质循环和能量利用。

13.3.1 "四位一体"循环农业案例

北方"四位一体"庭院模式是我国北方生态农业发展中最为成功的循环农业模式。把猪圈和沼气池建在生产蔬菜的日光温室中,既解决了沼气池越冬问题,又为生猪补充能量,为温室增温,为蔬果生产提供优质有机肥。受气候影响,北方冬季风大、气温低,温室大棚需要大量的能源供暖,生产成本相当高。北方"四位一体"庭院模式及配套技术通过再生能源(沼气)、保护地栽培(大棚蔬果)、日光温室养猪及厕所等要素的合理配置,形成以太阳能、沼气为能源,以人畜粪尿为肥源,种植业(蔬果)、养殖业(猪、鸡)相结合,能流、物流良性循环,资源高效利用,综合效益明显的生态农业模式。该模式利用庭院有限的土地和空间,生产无公害绿色食品,同时解决了秸秆利用问题,减少农村环境污染;充分利用了太阳能、沼气能;充分利用土地、时间、饲料等,是实现资源共享、实现经济与资源利用效率最大化的生态农业模式。

北方"四位一体"庭院模式具体操作方法是:在一个约 150m^2 的塑膜日光温室一侧,建一个 8~10m^3 的地下沼气池,沼气池上建一个约 20m^2 的猪舍和一个厕所,形成一个封闭的能源生态系统。其主要的技术特点如下。①圈舍的温度在冬天提高了 3~5℃,为猪等畜禽提供适宜的生产条件,使猪的生长期从 10~12 个月下降到 5~6 个月。饲养量的增加,又为沼气池提供了充足的原料。②猪舍下面的沼气池由于得到太阳热能的增温,解决了北方地区在寒冷冬季产气的难题。③猪呼出大量 CO_2,使日光温室内的 CO_2 浓度提高 4~5 倍,大大改善了温室内蔬果等农作物的生长条件,蔬果产量增加,质量也得到明显提高,从而成为一类绿色无污染的农产品。

"四位一体"庭院模式是依据生态学、生物学、经济学、系统工程学原理,以土地资源为基础,以太阳能为动力,以沼气为纽带,进行综合开发利用的种养模式。通过生物转换技术,在同一地块上将节能日光温室、沼气池、畜禽舍、果蔬生产等有机结合在一起,形成一个产气、积肥同步,种养并举,能源、物流良性循环的能源生态系统工程。该模式能充分利用秸秆资源,化害为利,变废为宝,是解决环境污染的最佳方式;兼有提供能源与肥料,改善生态环境等综合效益,具有广阔的发展前景;为促进高产高效的优质农业和无公害绿色食品生产开创了一条有效的途径。北方地区运用本模式,温室内的喜温果蔬正常生长(冬季室内外温差可达 30℃以上），棚内畜禽饲养、沼气发酵安全可靠。

在"四位一体"生态农业中，以沼气池为纽带巧妙解决了"三料"问题。该循环农业模式充分利用了太阳能，使太阳能转化为热能，又转化为生物能，能量得到合理利用。通过沼气发酵，以无公害、无污染的肥料施于蔬果，使土地增加了有机质，达到用能与节能并进。将沼气池建于日光温室地下，提高了沼气池的温度，使厌气发酵可以全年进行，解决了北方冬季因温度过低而无法实现发酵产气的实际困难。同时，温室为畜舍提供了良好的光照、温度和湿度条件，畜禽呼吸和沼气燃烧不仅能使温室温度增高，更重要的是其中的二氧化碳能促进温室内蔬果增产，温室内蔬果光合作用所产生的氧气又可供畜禽呼吸。人畜粪便和其他有机废弃物进入沼气池发酵，产生以甲烷为主要成分的沼气，完全可供正常五口之家的炊事所需。发酵后的沼液、沼渣富含有机成分，是优质肥料。施用沼肥可明显改善土壤理化性状，提高蔬果产量和品质。利用沼液喷施蔬菜或作物叶面兼有肥效和药效，利用沼液浸种可提高作物抗病性，促进根系发育，提高产量。正是由于在"四位一体"庭院模式中引入了沼气池才得以使该系统结构趋于合理，使有机物得到了多层次利用，同时沼气与沼液、沼渣的综合利用增强了该系统的稳定性。"四位一体"庭院模式组分之间关系协调，构成循环再生路径，使该系统生物种群增多，食物链结构延长，能流、物流循环加速。该组合充分体现了"整体、协调、循环、再生"的生态农业基本原理。

13.3.2 "四位一体"庭院模式效益分析

1. 经济效益

"四位一体"庭院模式的特点是经济效益较高。由于充分利用时间、空间且不受季节、气候限制，实现了周年循环生产和有机物的多级利用。在新的生态环境中，生物获得了适于其生长的气候条件，改变了北方许多地区农业生产一季有余、两季不足的局面，使冬季农闲变农忙。在同样的土地上，用同样的劳动力，投入同样的资金所取得的经济效益却大不相同，具有常规农业无法比拟的优势。"四位一体"生态农业日光温室蔬果产量较普通日光温室高 10%～30%。应用沼肥可使生产成本降低 20%～50%，经济效益是一般大田作物的 20 倍以上。一个 $8m^3$ 的沼气池每天可产沼气 1～$2m^3$，可供 4～5 口之家的生活用能。每年可节省秸秆 2000kg，煤 1000kg 左右，电 100kW·h 左右，经济效益可达 1000 多元。

2. 生态效益

在"四位一体"生态农业模式中，通过建立在生态学食物链基础之上的加环技术，利用不同食性的动物、微生物分级利用农业废弃有机物，将其转化为人类可以直接使用的生物能源或生物产品，对农副产品进行多级转化利用，提高了利用效率，减少了环境污染。"四位一体"农户循环农业模式中的沼气池不仅为农户提供了优质能源，同时也改善了农户厨房的卫生状况。使用沼气代替煤和薪柴、秸秆等作生活燃料，干净清洁，不但可以减少农民用于商品性能源消费的支出，增加经济收入，还能避免由于缺乏燃料而乱砍滥伐，破坏植被、森林资源和生态环境现象的发生。

3. 社会效益

在"四位一体"生态农业模式中，由于厕所、沼气池、猪舍统一规划，合理布局，人畜粪便及时进入沼气池，铲除了蚊蝇孳生之地，从而大大减少了各种病菌孳生与传播，极大地改善了农户庭院的生态环境。该模式把人、畜、禽、作物连接起来，进行第二步处理。由于粪便中含有大量的病原体，它们可以通过多种途径污染水体、大气、土壤和植物，直接或间接地影响人体健康。粪便通过厌氧发酵，能及时消灭病菌，使粪便达到无害化效果。经过常温发酵，极大减少了土壤污染，改变了农村粪便、垃圾任意堆放的状况，切断了病原体传播途径。有关调查表明，沼气化村居民的肠道传染病发病率较非沼气化村居民降低 30%左右，人畜共患的空肠弯曲菌肠炎在猪中的带菌率减少 50%以上。

"四位一体"循环农业模式劳动强度适中，劳动周期较长，在北方冬季大多需要卷帘、监测温度和湿度、人工授粉等，于是充分利用了冬闲时的劳动力，有效遏制了剩余劳动力的盲目外流，有利于开发农村劳动力资源，提高农民素质。该模式是技术性很强的农业综合型生产方式，是改革传统农业生产模式，实现农业由单一粮食生产向综合及多种经营方向转化的有效途径。

简言之，建大棚利用太阳能养猪养鸡、种植蔬菜，及人畜粪便作原料发酵生产沼气用于照明，沼渣作肥料再用于种植，形成"四位一体"的生态农业模式，既可以解决农村的能源供应，改善农民的卫生和生活环境，又可以减少农作物和蔬菜生长中的农药、化肥使用，提高了食品品质和食品安全。

第 14 章

秸秆综合利用及其产业化

14.1 秸秆综合利用概述

14.1.1 概况

在农业生产过程中，收获小麦、玉米、稻谷等农作物后残留的不能食用的根、茎、叶等废弃物统称为秸秆。秸秆一般分为灰色秸秆和黄色秸秆两类，灰色秸秆包括棉花秆、树枝条等，黄色秸秆主要是麦秆、稻秆。农作物秸秆不仅包括农业生产过程中的废弃物，如亚热带植物副产品，包括甘蔗渣、麻渣、香蕉秆和叶等，还包括农产品加工过程中的副产品，如玉米芯、各种麦类的糠麸，各种水稻的谷壳和米糠等。

1. 我国秸秆资源现状

秸秆是一种有着多种用途的可再生资源。光合作用产物的一半以上留在农作物秸秆中，其中的氧、碳、氢成分约占95%以上，还含有大量的钾、氮、镁、磷、钙、硅、硫等矿质元素，有机成分主要是半纤维素和纤维素，其次是木质素、脂肪、蛋白质、灰分等。从植物学角度看，秸秆主要由纤维素、半纤维素和木质素3部分组成。纤维素的化学组成十分简单，是由β-D-葡萄糖通过β-1,4-糖苷键连接而成的线型结晶高聚物，聚合度很大（通常由 4000～8000 个葡萄糖分子串联起来，相对分子质量达 200～2000）。半纤维素在结构和组成上变化很大，一般由较短（聚合度小于 200）的、高度分支的杂多糖链组成。木质素是以苯丙烷为结构单元连接而成的高分支多分散性高聚物，非常难以降解。

秸秆分布与农作物种植分区密切相关。我国农作物种植区生态多样而复杂，东西海拔差距悬殊，南北温差大，季节及气候差异大。南方地区水域多、气温高，适合水稻、甘蔗和油料等农作物生长；北方地区四季温差大，适合玉米、豆类和薯类等农作物生长；小麦可在我国各个地区普遍种植，但播种面积以华中、华东地区最多；近年来，棉花产地逐步集中在西北地区。

我国是一个农业大国，也是秸秆产生量大的国家。根据国家统计局发布的数据，2018 年我国粮食、棉花、油料、糖料等主要农作物的总产量为 8.18 亿 t，按草谷比计算秸秆产量约为 9.26 亿 t。我国农作物秸秆主要集中分布在河北、内蒙古、辽宁、吉林、黑龙江、江苏、河南、山东、湖北、湖南、江西、安徽、四川、云南等粮食主产区。

农作物秸秆资源量与粮食产量密切相关。国家统计局发布的数据分析可见，我国主要农作物秸秆为稻谷、玉米、小麦、油料、豆类、薯类和棉花的秸秆。数据还表明，我国自 1978 年以来，秸秆资源量逐年上升，20 世纪 90 年代中期粮食生产能力达到 5 亿 t 水平，至 1999 年达到顶峰，为 6.18 亿 t。近年来，我国粮食总产量在 6.6 亿 t 左右，基本保持平稳，秸秆资源总量变化不大。

2. 农产品加工业副产品产量

农产品加工业通过各种工程措施将农产品的原料，如粮、油、果、蔬、肉、蛋、奶、水产品、棉、麻、糖、烟、茶等，加工成人们吃、穿、用的成品或半成品。农作物的加工也会产生副产品，如稻壳、玉米芯、花生壳、甘蔗渣和棉籽壳等。农业废弃物由于产地相对集中，主要来源于粮食加工厂、食品加工厂、制糖厂和酿酒厂等，数量巨大，容易收集处理，可以作为燃料直接燃烧使用，是我国农村传统的生活用能。

稻壳是稻米加工过程中产生的数量最大的副产品，占稻谷重量的 20%以上。2018 年，我国稻谷产量为 21 212.9 万 t，加工产生的稻壳量约 6363.9 万 t。稻壳可燃物占 70%以上，热值为 12 560～14 650kJ/kg。稻壳是一种既廉价又便于利用的能源，尤其是在碾米厂，稻壳的处理同时解决了能源问题。

甘蔗渣是蔗糖加工业的主要废弃物之一。蔗糖与蔗渣之比为 1∶1，即生产 1t 糖产生 1t 的甘蔗渣。我国甘蔗主产区分布在广东、广西、台湾、福建、云南和四川等地。2018 年我国甘蔗产量为 10 809.71 万 t，剩余甘蔗渣量约为 1 亿 t。甘蔗渣热值为 8039kJ/kg。我国的甘蔗渣除少量用于造纸及制造纤维板、木糖和糠醛外，绝大多数用作糖厂锅炉的燃料。

玉米芯是将玉米穗剥去玉米粒留下的轴穗，其重量占玉米穗重量的 75%～85%。我国玉米主产区在辽宁、吉林、黑龙江、河北、山东和四川等地。2018 年，我国玉米产量为 25 717.39 万 t，玉米芯产量约为 12 858.8 万 t。玉米芯的平均热值为 14 400kJ/kg，主要作燃料使用。

花生壳是花生米取出后的剩余物。不同品种花生的花生壳含量不同，一般情况下占总重量的 35%。我国花生主产区分布在山东、四川、广东、广西、江苏、河北、辽宁和台湾等地，2018 年，我国花生总产量为 1733.26 万 t。花生壳的热值为 19 200kJ/kg，除少部分作为黏结剂原料外，绝大多数作燃料使用。

14.1.2 秸秆综合利用技术

长期以来，人们存在重粮食生产及其加工利用、轻秸秆利用的观念，把秸秆看成是农业的副产品。传统农业和简单再生产对秸秆的利用，仅是烧火做饭、饲养牲畜、盖房、取暖和肥田等。随着现代农业和现代加工技术的发展，农作物秸秆被认为和籽实一样都是重要的农产品。与此同时，随着农业生产中化肥的广泛使用，牲畜饲料的丰富，农村电力、煤气等能源的普及应用，以及造纸厂因过度排放有害废液且没有得到及时有效的治理而被迫关停，传统秸秆的利用量锐减。

加强农作物秸秆的综合利用，对加快农业农村经济发展具有重要意义。秸秆作为重要的生物质资源，秸秆热值约为标准煤的50%。秸秆蛋白质含量约占5%，纤维素含量在30%左右，还含有一定量的钙、磷等矿物质，平均1t普通秸秆的营养价值与0.25t粮食的营养价值大致相当。经过科学处理，秸秆的营养价值还可以大幅度提高。秸秆蕴藏着丰富的能量，含有大量的营养物质，开发利用潜力巨大，发展前景十分广阔。

秸秆的现有利用途径，可以归纳为"五料"，即燃料、饲料、肥料、基料和原料。2017年年底，全国秸秆综合利用率达83.68%，其中，肥料化占56.53%、饲料化占23.24%、燃料化占15.19%、基料化占2.32%、原料化占2.72%，以肥料化利用为主，饲料化、燃料化稳步推进，基料化、原料化为辅的利用格局初步形成。

（1）燃料化利用。目前，用作农村燃料的秸秆数量占全国秸秆产量的50%以上。秸秆作燃料，以直接燃烧为主，不仅烟熏火燎不卫生，而且能源利用率仅约为20%。近几年，相继出现的秸秆固化、气化、液化、发电等技术已得到推广应用。

（2）饲料化利用。利用化学、微生物学原理，使富含木质素、纤维素、半纤维素的秸秆降解并转化为含有丰富菌体蛋白、维生素等成分的生物蛋白饲料。目前，国内已开发了秸秆青贮、微贮、氨化、盐化、碱化等饲料转化技术。

（3）肥料化利用。近年来，随着农业机械化程度的提高，耕畜减少；化肥广泛使用后，传统的沤肥也在逐渐减少。与此同时，在秸秆大量过剩地区出现了秸秆还田的势头，即把秸秆粉碎撒入田间直接使用。除直接还田、堆沤还田和过腹还田等外，还可采用特殊工艺进行科学配比，即将秸秆经粉碎、酶化、配料、混料、造料等工序后生产秸秆复合肥。其成本与尿素接近，施用后对促进土壤养分转化、改善土壤理化性质、增强农作物抗病能力、优化农田生态环境等都有良好的效果。目前，肥料用秸秆数量约占全国秸秆产量的15%左右。

（4）基料化利用。秸秆作为基料主要用于养殖食用菌，也用于蚯蚓养殖和无土栽培的基床。食用菌是一种世界公认的营养、卫生、保健的食品，质地细嫩、味道鲜美、营养丰富，具有很高的食用价值和药用价值。我国大中城市食用菌消费热在不断升温，食用菌产品价格将持续上涨。过去栽培食用菌主要以棉籽壳为原料；由于棉籽壳货源紧缺、价格昂贵，食用菌生产成本居高不下，产量难以迅速提高，影响了食用菌产业发展。目前，以秸秆为原料栽培食用菌的技术业已成熟。据测算，1kg 秸秆可生产金针菇、草菇 0.5～1kg，平菇、香菇 1～5kg。基料所消耗的秸秆量很少。

（5）原料化利用。秸秆作为原材料主要用于造纸。少量还用于制帘栅、餐盒、包装板、隔音板、保温材料、人造炭、活性炭等。用作化工原料的秸秆更少，作为原材料的秸秆数量仅占全国秸秆产量的 3%左右。

有关研究表明，12 个全国秸秆综合利用试点省份，通过综合施策、强化管理、全县推进、以用促禁等措施，秸秆综合利用工作稳步展开。河北、山西、江苏、安徽、山东、河南、四川、陕西 8 个省的秸秆综合利用率稳定在 86%以上。

14.1.3 秸秆收储运体系

1. 秸秆收储运体系概述

秸秆"在田是害、离田是宝"。我国农业生产以家庭承包为主，户均种植面积小，作物秸秆分布零散。由于秸秆密度低，体积大，收获季节性强，收集、储存和运输成为秸秆大规模利用的制约。建立秸秆收储运体系，是秸秆综合利用的前提，也是化解秸秆季节性供应与工业长期使用矛盾的关键所在。推动秸秆综合利用产业化、规模化发展，尤其要因地制宜建立有效运行的秸秆收储运体系。在《关于进一步加快推进农作物秸秆综合利用和禁烧工作的通知》(发改环资〔2015〕2651号）和《关于加快发展农业循环经济的指导意见》（发改环资〔2016〕203 号）等文件中，均对加快建立秸秆收储运体系做出了部署。

秸秆收储运体系是实现秸秆快速离田、高效收集、规范运输、科学存储的目的，是由农民、秸秆经纪人、秸秆利用企业、村民自治组织及各级政府部门等相关各方，按照市场经济规律进行科学分工并进行有效协作而建立的一套行之有效的运行模式。因涉及秸秆的收集、初加工、运输、存储等环节及农业、农村、农民等问题，既需要创新技术，也需要创新利益分配机制，保证秸秆收储运体系的健康、持续运行发展。

在实践中，根据当地农用地分布情况、种植制度、秸秆产生和利用状况的不同，我国形成了 4 种收储运模式：一是以秸秆经纪人为主体的分散型模式，大多数地方采用了此种模式；二是以依托专业农业服务公司建立的收储运体系；三是以规模以上秸秆综合利用企业自建的秸秆收储运体系，如山东琦泉集团建立的收储运体系，经过摸索形成了一套行之有效的秸秆储存方式；四是以地方政府部门主导建立的收储运体系，如山东省济宁市泗水县，在地方政府的主导下形成了独具特色的"泗水模式"。

需要指出的是，以秸秆经纪人为主体的分散型模式，可以将秸秆的收晒储存等问题化整为零，秸秆的收储运由广大农村和农户解决，而秸秆利用企业不需要投资建设收储运系统。然而，由于秸秆经纪人并不隶属于任何经济组织，缺少契约精神，时常出现哄抬秸秆价格的现象，致使秸秆利用企业原料缺乏或采购成本大幅增加，也不利于秸秆综合利用产业平稳运行和持续发展。因此，这种模式仅存在于秸秆丰富、供应充足的地区。近年来，部分粮棉主产区的政府，迫于秸秆禁烧压力、培育新兴产业需要，采取多种措施，加强秸秆经纪人队伍管理，在发挥秸秆经纪人作用、维护秸秆市场秩序等方面，取得了一定成效。

2. 秸秆收储运体系建设的难点

总体来看，我国秸秆收储运体系建设仍处于起步阶段，在很大程度上成为秸秆综合利用产业快速发展的主要制约因素。秸秆收储运体系建设的难点主要有以下几个方面。

（1）在认识层面，受传统的粗放式耕作方式和落后观念意识的影响，我国农作物秸秆被废弃或焚烧还田。广大农民及基层组织还没有认识到秸秆本身蕴涵的经济价值和环境影响，农民收集和出售秸秆的意愿不强，特别是农作物秸秆产生于农忙季节，农民忙于抢收、抢种，多把秸秆作为垃圾随意丢弃在田间甚至无序焚烧。

（2）在技术层面，我国秸秆收储运体系和预处理技术研发不够，缺乏高效、实用、通用的专用装备。例如，在收集环节，缺少秸秆收割、打包一体机；在预处理环节，缺少高效适用的秸秆粉碎、打捆（包）设备；在运输环节，主要依靠小型手扶拖拉机和农用运输车，装载量小，安全性差，运输效率低。

（3）在能力层面，相对于生活源和工业源的固体废弃物，我国秸秆收储运能力建设相对薄弱。在储存环节，广大农村普遍缺少专业化秸秆存储设施，秸秆存储主要分散在农户自家田间地头；在加工环节，秸秆打捆、除尘、粉碎、烘干等能力严重不足，秸秆烘干主要依靠自然晾晒，抗霉变性能较差。

（4）在体制层面，我国农村基本经营制度是以家庭联产承包责任制为基础，统分结合的双元经营体制。承包经营型是以家庭联产承包责任制为主的实行形式，属于以分为主的统分结合或有分无统的类型，实行"土地承包、分散经营、弱统一服务"。这是当前我国农村地区最为普遍存在的一种实践形式。农田的分散经营，制约了秸秆高效收储运体系的建设。

（5）在政策层面，我国对秸秆综合利用的补贴政策主要集中在产品端和装备端，即注重对秸秆综合利用能力建设固定资产投资的补助、秸秆深耕还田装备的补助。秸秆收储运体系建设的主体是广大农民或经纪人，属于"小散乱"，缺少规范的财务管理,无法实现财政补助资金的全链条监管,成为各类财政补助政策的真空地带。同时,秸秆收购多处于无序竞争状态,秸秆价格可以随意抬高,监管缺乏法律依据。

14.2 秸秆综合利用的主要技术路径

14.2.1 秸秆肥料化利用

秸秆肥料化利用是指通过直接还田、间接还田、腐熟还田、快速沤肥和堆肥等技术使秸秆转化为肥料。秸秆用作肥料的基本方法是将秸秆粉碎埋于农田进行自然发酵,或将秸秆发酵后施于农田。秸秆耕翻入土后在微生物作用下发生分解,在分解过程中进行腐殖质化释放养分,土壤有机质含量增加,微生物繁殖力增强,生物固氮增加,碱性降低,酸碱平衡,养分结构趋于合理,并使土壤容重降低、土质疏松、通气性提高、犁耕比阻减小,土壤结构明显改善。因此,秸秆肥料化技术是改良土壤、提高土壤中有机质含量的有效措施之一。

我国农民历来有利用秸秆肥料的传统。从宏观角度,秸秆肥料化利用能够以草养田、以草压草,达到用地养地、培肥地力的目的。从微观角度,秸秆肥料化能提高土壤有机质含量;改善土壤理化状况,增加透气性;保存和固定土壤氮素以免养分流失,归还氮、磷、钾和各种微量元素;促进土壤微生物活动,加速土地养分循环。国外秸秆肥料化也十分普遍。据美国农业部统计,美国每年生产作物秸秆4.5亿t,占有机废弃物产量的70.4%,秸秆肥料利用量占秸秆产量的68%。英国秸秆肥料利用量则占秸秆生产总量的73%。

1. 秸秆还田方法

秸秆从田间来,再回到田间去,可以提高土壤有机质含量,改良土壤结构,增强保水保肥能力,是保持土壤养分平衡、实现可持续农业的重要技术措施。在实践中,实现秸秆大量还田的方法有以下几种。

(1) 机械还田。机械还田也就是利用机械将田间的秸秆、根茬等粉碎后直接还田。机械还田是一项高效低耗、省时、省工的有效措施,易被农民普遍接受。自20世纪80年代中期以来,各地农机部门积极开展秸秆机械还田技术研究开发、试验和推广,取得了可喜的成就。秸秆机械还田面积逐渐扩大。但是,秸秆机械还田也存在弊端:一是成本高,难以被农民采用推广;二是山区、丘陵地区地块小,机械作业施展不开;三是如果连续还田或还田深度不够,掩埋不深不严,会带来作物病虫害、倒伏等问题,使粮食作物减产。

(2) 过腹还田。过腹还田是指秸秆经粉碎、发酵或氨化、糖化、碱化及青贮、微贮等科学方法处理后作为生猪、鸡、兔、鸭等畜禽饲料的部分原料。秸秆通过畜禽过腹后还田，不但可以缓解发展畜牧业饲料粮短缺的矛盾，而且可以增加有机肥源，培肥地力。

（3）覆盖还田。根据秸秆种类不同，有稻草覆盖还田、麦秆覆盖还田、玉米秆覆盖还田等几种形式。例如，稻田宽行覆盖还田不仅可以增加土壤有机肥、减少田间水分蒸发，而且有利于通风透光、减少病虫害，为作物优质高产创造条件。

（4）速腐还田。秸秆速腐还田技术是采用堆集发酵和菌种腐化等方法将多余的秸秆快速沤化腐熟还田。这种方式缩短了腐熟时间，可使秸秆所含的有机质及磷、钾等元素成为植物生长所需的营养，并产生大量有益微生物，可提供大量有机肥以满足生产的需要，提高土壤有机质含量，增强植物抗逆性，减少化肥使用量，改善作物品质。

（5）"麦套稻"还田。超高茬"麦套稻"技术可以在小麦灌浆中后期将处理过的稻种套播在田间，与小麦形成一定的共生期，收麦时留高茬 30cm 以上自然竖立于田间，稻田上水后任麦茬自然覆盖还田，促进水稻生长。该技术摒弃了传统水稻耕田与育栽、移栽的繁杂作业程序，有利于高产稳产，土地也越种越肥。近年来，该项技术在江苏、山东、四川等地农村投入使用，并获得成功。

2. 秸秆还田模式

我国东北、华北、西北、长江中下游、西南和华南六大农区，秸秆还田方式分别叙述如下。

（1）东北农区。东北农区主要包括辽宁、吉林、黑龙江及内蒙古部分地区，纬度较高，主要作物有小麦、玉米、大豆和水稻，多为一年一熟制。秸秆还田方式主要有玉米、小麦、大豆秸秆粉碎翻压还田，秸秆堆沤还田，水稻留高茬还田等。

（2）华北农区。华北农区主要包括北京、天津、河北、河南、山东、山西及内蒙古部分地区，大部分地区都是小麦、玉米一年两熟制，北部的山西、内蒙古、河北部分地区为一年一熟制，大多种植一季玉米或小麦。秸秆还田方式主要有小麦留高茬免耕覆盖还田、麦秸覆盖还田、玉米秸秆粉碎翻压还田、玉米秸秆整株翻压还田、玉米秸秆覆盖还田。玉米秸秆覆盖还田包括半耕整秆半覆盖、全耕整秆半覆盖、免耕整秆半覆盖等类型。

（3）西北农区。西北农区包括陕西、甘肃、青海、宁夏、新疆等地，属低温、干旱、少雨地区，主要作物有小麦、玉米、棉花，多为一年一熟制种植。一般来说，秸秆还田方式为水稻、小麦留高茬还田，棉秆翻压粉碎还田。

（4）长江中下游农区。长江中下游农区覆盖湖北、湖南、江西、江苏、安徽、浙江等地，光照时间较长，气候温暖湿润，主要作物有水稻、小麦、玉米、棉花、油菜等。种植制度多为一年两熟制，如小麦—水稻、小麦—棉花、小麦—玉米等。部分地区有一年三熟制，如稻—稻—油（菜）。还田秸秆主要是稻草、麦秸、玉米秸、油菜秸等。秸秆还田方式主要有秸秆覆盖小麦、棉花等作物，水田秸秆还田。

（5）西南农区。西南农区主要包括重庆市及四川、云南、贵州3省。该区气候温暖湿润，种植制度多为一年两熟制，如稻—稻、麦—稻、稻—油（油菜）、玉米—小麦，少数地区有一年三熟制，如小麦—玉米—红苕等。还田作物秸秆主要是麦秸、稻草、玉米秸、油菜秸。秸秆还田方式在旱坡地上多采用覆盖还田，水田多采用翻压还田。秸秆还田方式主要有冬水田稻草还田、麦田免耕稻草覆盖还田、油菜田免耕稻草覆盖还田。

（6）华南农区。华南农区主要包括海南、广东、广西、福建等地。该区雨量充足，温度较高，水热条件好，全年适宜农作物生长。种植制度为一年两熟制，早晚稻连作或一年三熟（如稻—稻—麦、稻—稻—绿、稻—稻—菜等）。秸秆还田方式主要有稻草覆盖甘薯、马铃薯、冬大蒜等旱作物，稻草直接翻压还田等。

14.2.2 秸秆饲料化利用

秸秆由大量的有机物、少量的矿物质及水构成，还有少量的粗蛋白质和粗脂肪，其有机物的主要成分为碳水化合物。碳水化合物由纤维性物质和可溶性糖类构成，前者包括半纤维素、纤维素和木质素等。秸秆含有的碳水化合物、蛋白质、脂肪、木质素、醇类、醛、酮和有机酸等物质大都可被微生物分解利用，经处理后可以加工成动物食用饲料。不同作物秸秆营养价值差异很大，是由遗传、环境因素及其相互作用造成的。实践证明，作物种类和品种、作物的生长发育管理条件及作物的收获、脱粒和秸秆储藏方法等，均能影响秸秆的营养价值。

秸秆饲料粗蛋白质、可溶性糖类、矿物质及胡萝卜素含量较低，而粗纤维含量较高，质地粗硬，适口性差。牲畜采食量低，消化率也低。改进秸秆的营养价值，提高其利用率，是秸秆饲料化利用技术的关键问题。改进秸秆营养价值的方法，可分为物理处理、化学处理、生物学处理等。物理处理可提高作物秸秆的饲用价值，主要包括机械加工和蒸汽处理等。在实践中运用物理方法时，须考虑秸秆在日粮中所占的比例、饲喂家畜种类（产奶或生长）及经济可行性。化学处理是利用化学制剂作用于作物秸秆，使秸秆内部结构发生变化，以利于瘤胃微生物分解，达到提高消化率、改善秸秆营养价值的目的。常见方法有氨化处理、氧化处理等。生物学处理是利用微生物技术来处理秸秆，生产高质量饲料。研究表明，对秸秆化学成分改善作用较大的处理方法是真菌处理。运用这一方法，既能提高蛋白质含量，也能改变秸秆结构、降解纤维组分，并能拓宽秸秆类饲料的饲用范围。

1. 秸秆青贮处理

秸秆青贮处理是一种利用微生物发酵处理秸秆的方法,即在密闭无氧条件下,通过乳酸菌等微生物厌氧发酵和化学作用,对新鲜秸秆进行处理。在青贮过程中,微生物发酵能产生有用代谢物,使青贮秸秆饲料带有芳香、酸、甜味道,能提高牲畜的适口性从而增加采食量;青贮还能有效保存青绿植物维生素和蛋白质等营养成分,还能增加一定数量的能为畜禽利用的乳酸和菌体蛋白质。适宜青贮的农作物秸秆主要有玉米秸秆、高粱秸秆和黍类作物秸秆。专作饲料的青饲玉米或密植玉米,在籽实成熟期收割,秸秆、果穗一起青贮,营养价值更好。

青贮时可用切碎机切碎后青贮,也可整株、整捆青贮。青贮设备种类很多,包括青贮塔、青贮窖、青贮壕、青贮袋等。青贮设备可采用土窖,或砖砌、钢筋混凝土,也可用塑料制品、木制品或钢材制作。由于青贮过程要产生较多的有机酸,永久性青贮设备内壁应做防腐处理。青贮设备不论其结构材质如何,只要能达到密闭、抗压、承重及装卸料方便即可。青贮设备的主要技术要求有两个:一是设备密闭性能好,不透空气;二是温度适宜。温度过高时,产品容易腐败变质,温度过低时,会影响乳酸菌的繁殖和产酸率。一般控制在19~37℃为宜。

2. 秸秆碱化处理

秸秆碱化处理是指用一定浓度的碱液处理秸秆,以打破秸秆纤维素、半纤维素、木质素间的醚键或酯键,并溶去大部分木质素和硅酸盐,从而提高秸秆饲料的营养价值。碱化处理不能改善秸秆的适口性,但能改善秸秆的消化率,促进消化道内容物的排空,也能提高秸秆采食量。从处理效果及实用性看,碱化处理技术主要有氢氧化钠处理和石灰处理两种。

氢氧化钠处理秸秆方法最初由德国贝克曼提出。"湿法"处理是指配制相当于秸秆10倍量的氢氧化钠溶液,将秸秆放入其中浸泡一定时间后用水洗净,再饲喂家畜。这种方法能显著提高秸秆消化率,但水洗过程养分损失大,大量水洗易造成环境污染,所以并没有得到广泛应用。20世纪60年代有人提出所谓的"干法",即将高浓度氢氧化钠溶液喷洒于秸秆,通过充分混合使溶液渗透秸秆,处理后不须水洗而直接饲喂动物。干法处理的最大问题是残留在秸秆上的碱会对动物产生影响。

研究人员用4%的氢氧化钠溶液处理稻草后发现,碱化处理能改善稻草细胞壁成分在瘤胃内的消化速率和潜在消化率,加快稻草残渣从瘤胃的排空速率,不但能提高消化率,也能显著增加稻草的采食量。若在此基础上添加氮源,养分平衡状况得到改善,可消化物质的采食量将超过未处理稻草的1倍以上。

生石灰与水相互作用后生成氢氧化钙,这是一种弱碱,能起碱化的作用。但是，石灰处理秸秆所需的时间要比氢氧化钠长。采用石灰处理后的潮湿秸秆，在水泥地摊放 1 天以上，不须冲洗即可饲喂家畜。为简化手续和设备，可采用喷淋法，即在铺有席子的水泥地上铺切碎的秸秆，再以石灰水喷洒数次，然后堆放、软化，1～2 天后就可饲喂。为增进适口性，可在石灰水中加入 0.5%的食盐。

3. 秸秆氨化处理

秸秆氨化处理是在密闭条件下，用尿素或液氨等对秸秆进行处理。氨的水溶液氢氧化铵呈碱性，由于碱化作用可使秸秆中的纤维素、半纤维素与木质素分离，引起细胞壁膨胀，使秸秆结构变得疏松而易于消化。另外，氨与秸秆中的有机物形成乙酸铵。这是一种非蛋白氮化合物，是反刍动物瘤胃微生物的营养源，能与有关元素一起进一步合成菌体蛋白质并被动物吸收。此外，氨还能中和秸秆中潜在的酸度，为瘤胃微生物的生长繁殖创造良好环境。

通常，秸秆氨化后消化率提高 15%以上，含氮量增加 1.5～2 倍，相当于含 9%～10%的粗蛋白质。由于氨化后的秸秆质地松软、气味糊香、颜色棕黄，适口性好，采食量会增加。需要注意的是，氨化秸秆虽然含氮量高，但能量较低，在饲喂高产奶牛时要配合足够的精料。据中国农业大学等单位的试验研究，氨化处理 1t 农作物秸秆，可节省精饲料 300kg 以上，经济效益和社会效益都非常明显。

我国氨化秸秆所用的氨源主要是液氨、尿素、碳铵和氨水等。液氨又称为无水氨，分子式为 NH_3，含氮量为 82.3%，常用量为秸秆干物质重量的 3%，是一种最为经济的氨源，氨化效果也最好。尿素、碳铵在适宜温度和催化剂作用下可分解生成氨，生成的氨可以氨化秸秆。氨水是氨的水溶液，用氨水处理秸秆同样可以起氨化作用。

4. 秸秆微贮处理

秸秆微贮处理是对农作物秸秆机械加工后，按比例加入微生物发酵菌剂、辅料并补充水分，放入密闭设施（如水泥池、土窖、缸、塑料袋等）中，经过一定的发酵过程，使之软化蓬松，转化为质地柔软，湿润膨胀，气味酸香，牛、羊、猪等动物喜食的饲料。这一方法的关键是用微生物将秸秆中的纤维素、半纤维素降解并转化为菌体蛋白质，具有污染少、效率高、利于工业化生产等特点，从而成为秸秆饲料的发展方向。

根据仿生学原理，模仿反刍动物前胃消化饲草的过程，微贮技术通过机械粉碎、碱化处理和微生物处理，使秸秆中的大量纤维素、半纤维素和部分木质素等转化为糖类、乳酸、脂肪酸。乳酸菌利用秸秆中的可溶性碳水化合物和添加的养分进行酵解生成真菌蛋白质、多种游离氨基酸和部分维生素等，以提高秸秆的营养价值。微贮饲料不仅具有青贮饲料气味芳香、适口性好的特点，还具有制作成本低、秸秆来源广泛、消化率高、不受季节限制等优点，因此发展前景较好。

在生产中，各种处理方法常常结合起来使用，如碱处理后制成颗粒或草块、切碎后碱化或氨化等方法，是化学处理与物理处理的结合；青贮过程中添加精料，是物理处理与生物学处理的结合；以碱化处理和微生物发酵同时处理秸秆，是化学处理与生物学处理的结合。

14.2.3 秸秆能源化利用

根据《能源百科全书》定义，能源是可以直接或经转换，为人类提供所需要的光、热和动力等形式能量的载能体资源。简单地说，能源是自然界中能为人类提供某种形式能量的物质资源。依据形态特征、转换与应用层次，能源可分为煤炭、石油、天然气、电能、核能、水能、太阳能、生物质能、风能、海洋能和地热能等类型。生物质能是太阳能以化学能形式储存在生物质中的能量形式，以生物质为载体的能源；它直接或间接来自绿色植物的光合作用，可转化为常规的固态、液态和气态燃料，取之不尽、用之不竭，是一种可再生能源。生物质分为林业资源、农业资源、生活污水和工业有机废水、城市固体废弃物和畜禽粪便五大类。其中，秸秆属于农业生物质资源。

秸秆由多种可燃质、不可燃无机矿物质及水分等混合而成。其中，可燃质是多种复杂的高分子有机化合物的混合物，主要由碳、氢、氧、氮和硫等元素组成。其中，碳、氢和氧是秸秆的主要成分。秸秆能源化利用技术主要包括燃烧、热化学法和物理化学法等。秸秆转化为二次能源分别为热量或电力、固体燃料（木炭或成型燃料）、液体燃料（生物原油和乙醇等）和气体燃料（生物质燃气）。

1. 秸秆燃烧发电/热电联产

我国生物质燃烧发电已具有一定规模，主要集中在南方地区。许多糖厂利用甘蔗渣发电。例如，广东和广西两地共有小型发电机组 300 余台，总装机容量 800MW。云南有一些甘蔗渣发电厂。我国第一批秸秆生物燃烧发电厂，在河北石家庄、晋州和山东菏泽单县建设。山东省单县龙基生物发电项目建设规模为 25MW，年消耗秸秆等生物质资源约 20 万 t，年发电量为 1.56 亿 kW·h。项目投资 2.2329 亿元，其中项目资本金 8932 万元，已经正常运行。截至 2006 年年底，由国家发展和改革委员会与地方发展和改革委员会核准生物质规模化发电项目近 50 处，总装机容量 1500MW，其中 2006 年核准 38 处，装机容量为 1284MW，总投资约为 100 亿元。2007 年至少 10 处生物质发电项目建成投产，装机容量为 200MW 左右。到 2009 年年底，全国投产、在建和开展前期工作的生物质发电项目 170 多个，装机容量为 460 多万 kW；其中，已投产 50 多个，装机容量为 100 多万 kW。直接燃烧发电的优点是规模大、效率较高。其缺点是原料收集半径大，在以农户为生产单位的地区，收集成本很高；国内生物质锅炉缺乏成熟产品等。秸秆发电适用于在以农场方式生产的地区，或发电厂拥有配套原料基地的项目。根据不同技术路线，生物质燃烧发电技术可通过汽轮机、蒸汽机和斯特林发动机等设备实现发电。

2. 秸秆与煤的耦合燃烧

以秸秆为主要燃料的生物质发电厂规模受原料收集半径的限制，装机容量通常为兆瓦级，与煤电相比差距较大，发电效率较低。此外，农作物秸秆供应具有周期性，每年集中在农作物收获时节的几个月内。为保证常年供电须储存大量秸秆，需要大量的储藏空间，进一步增加了投资和成本，且存在天气影响和火灾隐患等问题。因此，与常规燃煤电厂相比，生物质能发电存在投资高、成本高和效率低等缺点。

生物质-煤耦合燃烧技术将生物质在传统的燃煤锅炉中与煤混合燃烧，属于可再生能源和化石能源的综合利用范畴。其充分利用了现有燃煤发电厂的巨额投资和基础设施，是一种低成本、低风险的可再生能源利用方式，在能源供应不足时可有效弥补化石燃料短缺，减少污染物（SO_2、NO_x 等）和温室气体（CO_2、CH_4 等）的排放，保护生态环境，而且能促进生物质燃料市场的形成，发展区域经济，提供就业机会。

美国和欧盟国家等建成了一定数量的生物质-煤耦合燃烧发电示范工程。电站装机容量通常为 50～700MW，少数系统为 5～50MW；燃料包括农作物秸秆、废木材、城市固体废弃物及淤泥等。混合燃烧主要设备是煤粉炉，也有发电厂使用层燃炉和采用流化床技术。另外，将固体废弃物（如生活垃圾或废旧木材等）放入水泥窑中焚烧也是生物质混合燃烧技术，并得到较为广泛的应用。

以荷兰海尔德兰（Gelderland）发电厂为例，它是欧洲进行大容量锅炉混合燃烧最重要的示范项目之一。以废木材为燃料，锅炉机组选用 635MW 煤粉炉。木材燃烧系统独立于燃煤系统，对锅炉运行状态没有影响。该系统于 1995 年投入运行，早已商业化运行。每年平均消耗约 60 000t 木材（干重），相当于锅炉热量输入的 3%～4%，替代燃煤约 45 000t，输出电力 20MW。

2005 年 12 月，我国首个农作物秸秆与煤粉混烧发电项目在山东枣庄十里泉发电厂竣工投产。2018 年 7 月，湖北华电襄阳发电有限公司生物质气化耦合发电 #6 机组项目秸秆制气试验成功，各项参数达到设计要求，是我国第一个利用农林秸秆为主要原料的生物质气化与燃煤耦合发电项目。

实际上，对已经存在的燃煤发电厂进行改造以适应生物质燃烧的需要，是发展生物质与煤混合燃烧技术的主要挑战。当生物质占总燃料的比例低于 20%时，一般不需要改变现有发电厂的任何设备。对已存在的燃煤发电厂进行技术改造的主要技术风险为有可能降低系统的可用性和灵活性，增加系统维护和运行成本。

3. 秸秆气化利用

秸秆气化是以秸秆为原料，以氧气（空气、富氧或纯氧）、水蒸气或氢气等作为气化剂（或称为气化介质），在高温条件下通过热化学反应将生物质中可燃部分转化为可燃气的过程。生物质气化时产生的气体称为生物质燃气。生物质燃气是由可燃气体（CO、H_2、CH_4、C_mH_n 及 H_2S 等）、不可燃成分（CO_2、N_2 和 O_2 等）及水蒸气组成的混合气体。与固体生物质燃料相比，生物质燃气易于运输和存储，提高了燃料的品质。燃气特性取决于原料性质、气化剂种类、气化炉类型及运行方式等因素，其热值为 $5\sim15MJ/m^3$。

生物质气化技术首次商业化应用可追溯至1833年，是以木炭为原料，经过气化器生产可燃气，驱动内燃机应用于早期的汽车和农业灌溉机械。第二次世界大战期间，生物质气化技术的应用达到了高峰。当时大约有100万辆以木材或木炭为原料提供能量的车辆运行于世界各地。我国在20世纪50年代，由于能源供应匮乏，也曾采用气化方法为汽车提供能量。从20世纪90年代开始发展秸秆气化集中供气系统，以农村量大面广的各种秸秆为原料，向农村用户供应燃气，应用于炊事，同时副产物生物炭可用于制备碳基肥，副产物木醋液在杀虫、除臭等领域有广阔的应用前景。

从气化炉中出来的可燃气（称为粗燃气）含有一定的杂质，不能直接使用。如果不经处理直接应用的话，会影响用气设备的正常运转。须对粗燃气做进一步的净化处理，使之符合有关燃气质量标准。粗燃气中的杂质成分复杂多样，一般可分为固体杂质和液体杂质两类。固体杂质包括灰分和细小的炭颗粒，液体杂质包括焦油和水分。针对生物质燃气中杂质的多样性，需要采用多种设备组成一个完整的净化系统，分别对杂质进行冷却及清除灰分、炭颗粒、水分和焦油等杂质。

在生物质燃气净化过程中，焦油控制和有效清除是技术难点。焦油成分非常复杂，大部分是苯的衍生物及多环芳烃，含量大于5%的成分还有苯、萘、甲苯、二甲苯、苯乙烯、酚和茚等。在高温状态下焦油呈气态，当温度降低至200℃时凝结为液态。焦油的存在影响生物质燃气的利用，其能量一般占燃气总能量的5%，在低温时难以与燃气一起燃烧，降低了气化效率。而且，焦油容易与水、灰分和炭颗粒等杂质结合在一起，堵塞输气管道和阀门，腐蚀金属，影响系统的正常运行。去除生物质燃气中焦油的主要途径有水洗、过滤、静电除焦和催化裂解等技术路线。

4. 秸秆固体成型燃料

秸秆固体成型燃料主要是利用农作物秸秆、花生壳、稻壳等，经过粉碎、除杂、烘干、加压成型的新型燃料。固体成型燃料外表呈圆柱形，与木棒类似，表面光滑，略带光泽，颜色灰黄，外径为 6~9mm，长度为 10~36mm 不等，每千克的热值可达 3700~4000kcal[①]，含灰量小于 8%，密度大、燃烧效率高，燃烧时中心温度可达 1100℃，燃烧后的残灰可以直接还田作为钾肥使用，是一种比较理想的清洁能源。我国自 20 世纪 80 年代起引进了螺旋式秸秆成型机制作秸秆固体成型燃料，经过 40 年发展，形成了良好的发展局面。

秸秆固体成型燃料工艺有湿压固体成型法、热压固体成型法、碳化固体成型法 3 类。热压固体成型法是普遍采用的生物质固体成型方法。其工艺过程一般为原料粉碎、干燥混合、挤压成型、冷却包装等。由于原料的种类、粒度、含水率、成型压力、成型温度、成型方式、成型模具的形状和尺寸等因素对成型工艺过程和产品性能都有一定的影响，所以具体的生产工艺流程不同，成型机结构和工作原理也有一定的差别。目前，热压固体成型法所采用的成型机主要有螺旋挤压式成型机、活塞式成型机和压模辊压式颗粒成型机等形式。

由于生物质原料种类和成分不同，特别是受压缩方式和条件的影响，生产的固体成型燃料品质特性存在较大差异。其中，生物质固体成型燃料具有两个基本特性，即物理特性和化学特性。物理特性包括松弛密度和耐久性，化学特性包括元素分析、化学分析、热值和灰分熔点等。针对生物质固体成型燃料，部分欧洲国家和美国制定了有关质量标准，规定了成型燃料的热值、堆积密度、灰分含量及硫、氯、氮等元素的含量等技术参数。我国农业部于 2010 年发布了生物质固体成型燃料技术条件等 13 项行业标准，初步构建了我国生物质固体成型燃料的标准体系。

生物质固体成型燃料可以在农作物秸秆资源量大的、林业资源比较丰富的地区，为农村居民提供生活用能，或作为工业锅炉和电站燃料等。农村是生物质固体成型燃料的主要需求市场，可为农村家庭提供炊事和室内取暖燃料，主要利用设备为生物质固体成型燃料炉具。根据用途的不同，生物质固体成型燃料炉具可分为炊事炉、取暖炉和炊事取暖两用炉；根据使用燃料的规格不同，可分为颗粒炉和棒状炉；根据进料方式的不同，可分为自动进料炉和手动炉；根据燃烧方式的不同，可分为燃烧炉、半气化炉和气化炉。秸秆固体成型燃料，相比燃油和天然气具有成本优势，在工业上有广阔的应用空间。通过配备生物质颗粒燃料燃烧器对中小型燃煤锅炉进行改造，并配以相应的除尘等环保设施，可实现达标排放。

秸秆能源化利用还有快速热解技术、厌氧发酵等不同的技术路径，在此不一一赘述。

---

① 1cal=4.184J。

14.2.4 秸秆原料化利用

秸秆纤维作为一种天然纤维素纤维，生物降解性好，可以开发成为环境友好型产品。在实践中，秸秆在造纸、建筑材料、复合纤维等领域具有良好的应用前景。目前，实现大规模工业化生产的原料化应用有以下几种。

1. 利用秸秆制备建筑材料

秸秆在建筑材料领域的应用相当广泛，秸秆消耗量大、产品附加值高，节约木材，有很好的发展前景。按胶凝剂分，有水泥基、石膏基、氯氧镁基、树脂基等；按制品分，有复合板、纤维板、定向板、模压板、空心板等；按用途分，有阻燃型、耐水型、防腐型等。例如，万华生态板业股份有限公司生产的禾香板，以稻草、麦草、谷壳、芦苇、果木等农林剩余物为主要原料，施加二苯基甲烷二异氰酸酯（MDI）胶及功能性添加剂，与秸秆纤维发生聚合反应：与秸秆纤维表面的水反应，形成致密保护膜；与秸秆纤维内部的水反应，形成固化层，支撑板体；与纤维素分子内的羟基反应，进一步形成热固性交联网状结构。这种高分子聚合方式使板材内部经络纵深，致密无隙，从而提升板材性能，具有尺寸稳定性好、强度高、环保、阻燃和耐候性好等特点。

2. 利用秸秆制备复合纤维

用可降解材料代替塑料，切实减少一次性餐具和一次性膜类塑料制品的使用已成为国际共识，特别是许多国家开始或准备禁止塑料用品的生产和试验，为利用秸秆制备可降解复合纤维产业开辟了发展空间。国内的许多科研单位已研究开发利用秸秆制备可降解包装用品、一次性餐具技术，并取得了一定的成果。例如，西安建筑科技大学应用麦秸秆、稻草等天然植物纤维素材料为主要原料，配以安全无毒物质，开发完全可以降解的缓冲包装材料。该产品体积小、质量轻、压缩强度高、有一定柔韧性，成本与泡沫塑料相当，低于纸和木材制品，在自然环境中一个月可以全部降解成有机肥。

3. 利用秸秆制备清洁纸浆

植物纤维是发展制浆造纸工业的基本原料。我国是世界上最大的草浆生产国，生产草浆采用的技术路线主要有机械制浆（白色木浆造纸、褐色木浆造纸）和化学制浆（碱法、亚硫酸法、氯气法、硝酸法等）两类。传统利用秸秆制浆造纸产生的黑液问题是秸秆制备纸浆的瓶颈，非木材植物纤维原材料的制浆造纸与废液处理技术开发研究，成为技术创新的重点。

山东泉林集团有限公司是国家第一批循环经济试点单位，经过多年发展形成了以本色纸为主打产品的秸秆综合利用模式。主要做法是，从小麦、玉米、水稻等农作物的秸秆中分离出黄腐酸和纤维素，黄腐酸用于生产系列高端肥料回馈农田，纤维素用于生产系列高档本色纸制品或乙醇，实现了秸秆的原料化利用和肥料化利用。该模式在山东高唐、吉林德惠、黑龙江佳木斯等地的项目中得到了推广应用。

14.2.5 秸秆基料化利用

秸秆含丰富的碳、氮、矿物质及激素等，加之资源丰富、成本低廉，因而适合用作多种食用菌的培养料。据不完全统计，目前国内能够用秸秆（包括稻草、麦秸秆、玉米秸秆、油菜秸秆、豆秸秆等）生产的食用菌品种已达20多种，不仅可生产草菇、香菇、凤尾菇等一般品种，还能培育黑木耳、银耳、猴头菇、毛木耳、金针菇等名贵品种。一般地，100kg稻草可生产平菇160kg（湿菇）或黑木耳60kg；100kg玉米秸秆可生产银耳或猴头菇、金针菇等50～100kg，生产平菇或香菇等100～150kg。上海交通大学农业与生物学院的一项测定表明，秸秆栽培食用菌的氮素转化效率平均为20.9%左右，高于羊肉（6.0%）和牛肉（3.4%）的转化率，是一条开发食用蛋白质资源、提高人民生活水平的重要途径。另外，秸秆栽培食用菌后的菇渣，在菌体的生物降解作用下，氮、磷等养分的含量还会得到显著提高，因而可作为优质肥料用于农业生产。总体来看，基料化利用所消纳的秸秆总量不大。

14.3 相关激励政策与对策建议

14.3.1 相关激励政策及其实施

为推动秸秆综合利用，以《中华人民共和国循环经济促进法》为政策依据，我国政府有关部门分别从价格、财政、税收等方面相继出台了推动秸秆综合利用的多项激励政策。

（1）价格政策。我国施行生物质发电上网优惠电价，财政部、国家发展和改革委员会、国家能源局以财建〔2012〕102号印发的《可再生能源电价附加补助资金管理暂行办法》中明确规定，农林废弃物直接燃烧和气化发电包括在补助范围内。

（2）财政政策。国家发展和改革委员会通过中央预算内投资，下达重点领域的投资补助资金，秸秆综合利用项目在补助范围内。农业农村部也通过农机补贴等方式，支持秸秆还田能力建设。科技部对列入国家科技支撑计划、国家重点研发计划的秸秆综合利用重大科技开发项目给予补助。

（3）税收政策。自 20 世纪 90 年代以来，我国对符合要求的秸秆综合利用产品给予增值税和所得税减免优惠。按现行《资源综合利用产品和劳务增值税优惠目录》（财税〔2015〕78 号）规定，对利用稻壳、花生壳、玉米芯、油茶壳、棉籽壳、三剩物、次小薪材、农作物秸秆、蔗渣等资源发酵产生的沼气给予 100% 退税优惠；对利用农作物秸秆生产纤维板、刨花板、细木工板、生物炭、活性炭、栲胶、水解乙醇、纤维素、木质素、木糖、阿拉伯糖、糠醛、箱板纸等给予 70% 的退税优惠。

14.3.2 健全秸秆收储运体系

秸秆收储运体系建设是破解秸秆季节性供应与工业生产长期需要矛盾的关键所在。可以因地制宜，从以下几个方面推动秸秆收储运体系建设。

1. 加强制度供给

要进一步加强制度供给，持续推动秸秆商品化。出台相关政策，进一步规范秸秆定价机制。在鼓励层面，调整国家补助重点，从补"利用能力"到补"收集能力"，从补"还田能力"到补"离田能力"；鼓励地方财政探索以秸秆收集量为依据，采用"以奖代补"的方式，调动农民主动收集、出售秸秆的积极性。鼓励地方政府创新土地等管理政策，为建设规范的秸秆收储场（站、中心）提供场地；鼓励开展社会服务，引导秸秆经纪人专业队伍，加大投资力度，配备地磅、粉碎机、打捆机、叉车、消防器材、运输车等设备设施。在监管层面，继续加强对焚烧秸秆等违规行为的处罚力度；将秸秆纳入农产品市场管理范围，着力解决秸秆原料收购的无序竞争和价格波动等问题，稳定秸秆流通秩序，为农民、经纪人、利用企业等各方形成合理的市场预期。

2. 优化产业布局

按照市场经济规律，特别是考虑"百里不运草"的因素，地方主管部门要科学规划、合理布局以秸秆为原料的规模化生产企业，在建设秸秆燃烧发电/热电联产、秸秆气化、固体成型、纤维素乙醇、秸秆清洁制浆等大量消纳秸秆项目时，应充分考虑本区域秸秆资源分布、收集半径和原料成本，避免出现因生产企业密集而导致收购半径扩大、收集难度加大、原料成本上涨的原料收购竞争局面。

3. 加大研发投入

应加强秸秆收储运及预处理等关键技术的研发力度，在秸秆机械化收割、打捆、烘干、除尘、粉碎、打包等方面取得突破，研制开发适应我国小面积耕种的秸秆收割机具、预处理设备、运输工具及配套设备，使其具备高效节能、打包适应性强的特点，有效解决打包难、储存难、运输难、散包难、破料难的问题。此外，应当开展秸秆高附加值利用技术的研发及其产业化，基本解决我国的秸秆综合利用问题。

4. 强化宣传引导

受传统生产和生活方式的影响，农民对秸秆综合利用的重要性和可行性认识还不到位，要结合秸秆禁烧工作，利用广播电视、报刊杂志和网络等媒介，加大宣传力度，提高全社会对开发利用农作物秸秆资源重要性的认识，引导社会资本投入秸秆收储运体系建设，培育区域性秸秆收储运服务专业骨干企业。

第 15 章

农业清洁生产与绿色农产品

15.1 清洁生产理论与生态设计

15.1.1 清洁生产

清洁生产的重要内容之一是对一个组织的生产过程实施污染预防的活动。由于部门、行业、企业的情况千差万别，即使同一部门、行业、企业，其产品生产所面临的环境问题也不尽相同。因此，不存在统一的清洁生产技术方法。推进清洁生产，需要对每个企业的产品及其生产过程的具体问题、具体情况进行分析。实施清洁生产的基本途径可概括为以下 5 个主要方面（图 15-1）。

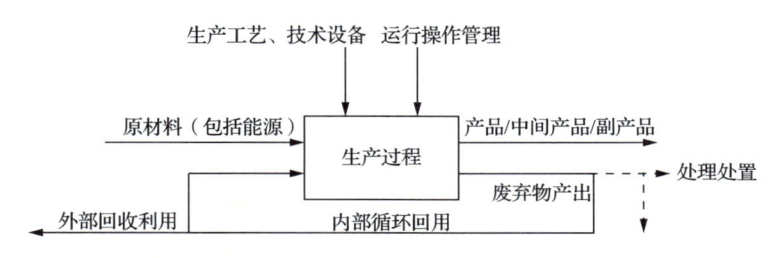

图 15-1 清洁生产的基本途径

1. 原材料（包括能源）的有效使用和替代

原材料是清洁生产工艺的出发点，它的合理选择是有效利用资源、减少废弃物产生的关键因素。从原材料使用环节实施清洁生产的内容包括以无毒、无害或少害原料替代有毒、有害原料；改变原料配比或降低其使用量；保证或提高原料的质量，减少产品中的无用成分；采用二次资源或废弃物作原料替代稀缺资源等。

2. 改革生产工艺和技术设备

工艺是从原材料到产品的物质转化过程；设备选用是由工艺决定的，是实现物料转化的硬件。在改革工艺与设备方面实施清洁生产的内容包括：简化流程、减少工序和所用设备；使工艺过程易于连续操作，减少开车、停车次数，保持生产过程的稳定性；提高单套设备的生产能力，装置大型化，强化生产过程；优化工艺条件（如温度、流量、压力、停留时间，搅拌强度，必要的预处理，工序的顺序等）；利用最新科技成果，开发新工艺、新设备，如采用无氰电镀或金属热处理工艺、逆流漂洗技术等。

3. 改进运行操作和管理

人是决定性因素，生产生活离不开人为因素。除了技术、设备等物化因素外，人的运行操作和管理非常重要。我国工业生产产生的污染，相当程度上是由生产过程管理不善造成的。实践证明，规范操作，强化管理，可以实现以较小的费用提高资源/能源利用效率、削减相当比例污染物排放的目的。因此，国外在推行清洁生产时，常把改进操作、加强管理作为一项优先考虑的措施，如合理安排生产计划、改进物料储存方法、加强物料管理、消除物料的跑冒滴漏、保证设备完好等。

4. 产品改革替代

制造产品是工业生产的基本目的。产品既是生产过程的产出，又需要生产过程的输入。因此，清洁产品是清洁生产的一项基本内容，也是必然要求，包括产品体系的改革，产品报废的回用、再生，产品替代、再设计等方面，如无汞电池的设计制造、延长电池使用寿命、可拆卸产品的开发等。

5. 生产系统内部循环利用

生产系统内部循环利用主要是指一个企业生产过程中的废弃物循环回用。一般地，物料循环是生产流程中最常见的过程。物料循环再利用的基本特征是不改变主体流程，仅将主体流程中的废弃物收集起来处理并再利用。这方面的内容通常包括将废弃物、废热回收作为能量利用；将流失的原料、产品回收，返回主体流程之中使用；将回收的废弃物分解处理成原料或原料组分，再用于生产流程中；组织循环用水或一水多用等。

清洁生产审核主要是指对已建企业，主要是工业企业，运用以文件支持的一套系统化的程序方法，进行生产全过程评价、污染预防机会识别、清洁生产方案筛选的综合分析过程。它是帮助企业有效开展环境预防活动的途径，也是企业实施清洁生产的基础。清洁生产审核通过生产过程评价实现。它是以生产过程系统为对象，重点通过对构成生产过程单元操作的功能、状态（包括废弃物流在内的物流、能流现状）的分析，揭示生产过程系统存在的缺陷与问题，寻求资源/能源有效利用、实施污染预防的途径和方法，从而提供清洁生产的方案。其中，生产过程单元操作的物料平衡分析，是评价工作中的一项重要内容和基本手段。通过物料平衡分析，可提供生产过程中能源物料消耗、资源转化的信息和废弃物产生排放的信息（图15-2）。由于清洁生产是一个相对的动态过程，因此，保持清洁生产的计划、实施、检查、改进是极其重要的。

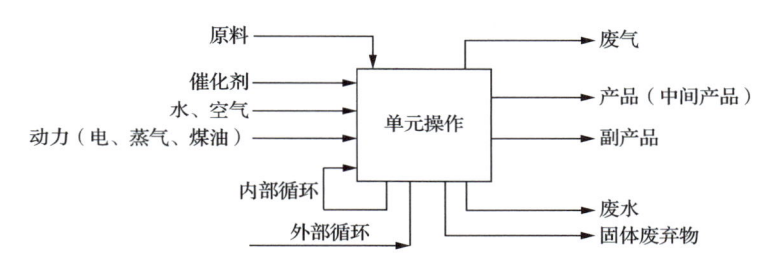

图 15-2　物料平衡分析

有效的清洁生产审核，可以系统地指导企业开展以下工作：①全面评价企业生产全过程及其各个过程单元或环节的运行管理现状，掌握生产过程的原材料、能源与产品、废弃物（污染物）的输入输出状况；②分析识别影响资源能源有效利用、造成废弃物产生，以及制约企业生态效率的原因或瓶颈问题；③确定企业从产品、原材料、技术工艺、生产运行管理、废弃物循环利用等多途径进行污染综合预防的机会、方案与实施计划；④不断提高企业管理者与广大职工清洁生产的意识与参与程度，促进清洁生产在企业的持续改进。

清洁生产审核在不同国家有着不同的名称。例如，美国国家环境保护局最早针对有害废弃物的预防，建立推行废弃物最小化机会评价，以及后来将这一技术方法，推广为对一般污染物开展污染预防审核；联合国环境规划署与联合国工业发展组织为开展清洁生产编制了工业排放物与废弃物审核。根据国外清洁生产审核方法，结合我国清洁生产审核的实践，我国将清洁生产审核一般过程概括为筹划和组织、预审核、审核、备选方案的产生与筛选、方案可行性分析、方案实施及持续清洁生产7个步骤环节。我国清洁生产审核流程示意图如图15-3所示。

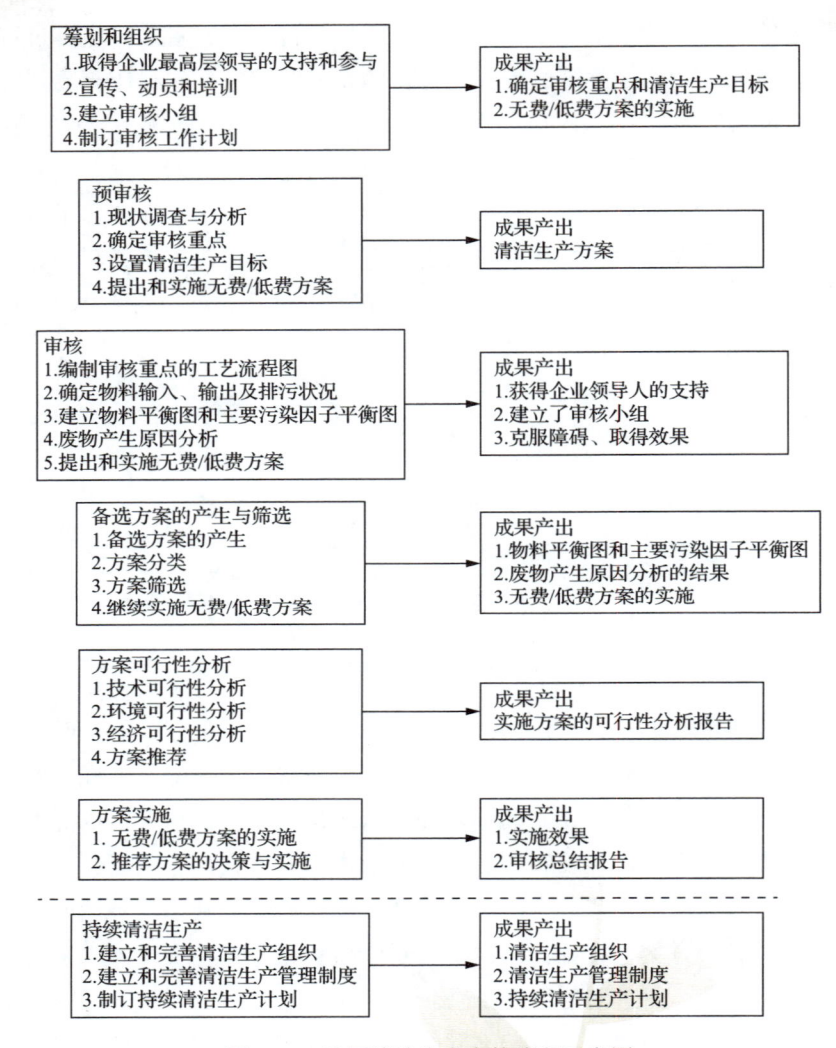

```
┌─────────────────────────────┐
│ 筹划和组织                   │
│ 1.取得企业最高层领导的支持和参与 │         ┌─────────────────────────┐
│ 2.宣传、动员和培训             │ ──────→ │ 成果产出                 │
│ 3.建立审核小组                │         │ 1.确定审核重点和清洁生产目标 │
│ 4.制订审核工作计划             │         │ 2.无费/低费方案的实施     │
└─────────────────────────────┘         └─────────────────────────┘

┌─────────────────────────────┐
│ 预审核                       │
│ 1.现状调查与分析              │         ┌─────────────────────────┐
│ 2.确定审核重点                │ ──────→ │ 成果产出                 │
│ 3.设置清洁生产目标             │         │ 清洁生产方案              │
│ 4.提出和实施无费/低费方案      │         └─────────────────────────┘
└─────────────────────────────┘

┌─────────────────────────────────────┐
│ 审核                                 │
│ 1.编制审核重点的工艺流程图            │         ┌─────────────────────────┐
│ 2.确定物料输入、输出及排污状况        │ ──────→ │ 成果产出                 │
│ 3.建立物料平衡图和主要污染因子平衡图   │         │ 1.获得企业领导人的支持    │
│ 4.废物产生原因分析                   │         │ 2.建立了审核小组          │
│ 5.提出和实施无费/低费方案            │         │ 3.克服障碍、取得效果      │
└─────────────────────────────────────┘         └─────────────────────────┘

┌─────────────────────────────┐
│ 备选方案的产生与筛选           │
│ 1.备选方案的产生              │         ┌─────────────────────────────┐
│ 2.方案分类                   │ ──────→ │ 成果产出                     │
│ 3.方案筛选                   │         │ 1.物料平衡图和主要污染因子平衡图 │
│ 4.继续实施无费/低费方案        │         │ 2.废物产生原因分析的结果      │
└─────────────────────────────┘         │ 3.无费/低费方案的实施         │
                                        └─────────────────────────────┘

┌─────────────────────────────┐
│ 方案可行性分析                │
│ 1.技术可行性分析              │         ┌─────────────────────────┐
│ 2.环境可行性分析              │ ──────→ │ 成果产出                 │
│ 3.经济可行性分析              │         │ 实施方案的可行性分析报告   │
│ 4.方案推荐                   │         └─────────────────────────┘
└─────────────────────────────┘

┌─────────────────────────────┐
│ 方案实施                      │         ┌─────────────────────────┐
│ 1.无费/低费方案的实施          │ ──────→ │ 成果产出                 │
│ 2.推荐方案的决策与实施         │         │ 1.实施效果               │
└─────────────────────────────┘         │ 2.审核总结报告            │
                                        └─────────────────────────┘

┌─────────────────────────────┐
│ 持续清洁生产                  │         ┌─────────────────────────┐
│ 1.建立和完善清洁生产组织        │ ──────→ │ 成果产出                 │
│ 2.建立和完善清洁生产管理制度    │         │ 1.清洁生产组织            │
│ 3.制订持续清洁生产计划         │         │ 2.清洁生产管理制度        │
└─────────────────────────────┘         │ 3.持续清洁生产计划        │
                                        └─────────────────────────┘
```

图 15-3　我国清洁生产审核流程示意图

15.1.2　生态设计理论

生态设计也称为绿色设计或生命周期设计或环境设计，是将环境因素纳入设计之中，从而帮助确定设计的决策方向。生态设计要求在产品开发的所有阶段均考虑环境因素，考虑产品的整个生命周期以减少对环境的不利影响，引导形成一个更具有可持续性的生产和消费系统。

狭义的生态设计是指以景观生态学的原理和方法进行的景观设计。它注重的是景观空间格局和空间过程的相互关系。景观空间格局由斑块、基质、廊道、边界等元素构成。广义的生态设计是指运用生态学包括生物生态学、系统生态学、人类生态学和景观生态学等的原理、方法和知识,对某一尺度的景观进行规划和设计。

生态设计首先是生态空间设计,要创新工具、优化空间功能;关键是生态产业设计,需要由产品设计到产业布局再到标准设计,打通产业链,促进经济繁荣;最终要以人为中心构建美好家园。"绿水青山"变成"金山银山"需要生态设计。

1. 创新设计工具,优化生态空间

生态设计作为一种创作与创意活动,是关注持续发展、注重绿色转型、显现生态效益的活动。生态设计必须基于主体功能区空间分区进行。在重点生态功能区域,生态设计促进田、河、湖、林、湿地系统形成,保证生态系统自我调节体系发挥作用。在限制开发区域,生态设计做好用地管控、产业管控、交通管控、环保管控。用地管控加强对建设项目选址的引导;产业管控严禁生态红线内有损主导生态功能的产业活动;交通管控注重水陆生态廊道建设中各种污染源对生态的破坏;环保管控注重减少能耗高、污染大的项目。在优化开发区域,压缩粗放发展方式、建设方式空间,为新经济、新业态腾出空间、地盘。在重点开发区域,要大力促进与生态保护融合度高的产业,合理扩大生态保护范围,保证生态国土面积只增不减,工业发展要注重生态技术推广、注重生态环境优化。

为此,生态设计要在创新工具、细化生态空间布局、优化生态空间功能上下功夫。建设生态功能区要依靠绿色经济项目、绿色建设项目来推动。生态空间设计要基于企业、项目绿色识别,为生态空间设计、布局提供新工具。例如,浙江湖州率先建立了我国首个绿色企业和项目认定体系,"非绿"之外将绿色企业、绿色项目分为"深绿""中绿""浅绿"3 个等级。借鉴这种识别体系,生态设计要注重区域主体功能与绿色企业、项目的匹配:重点生态功能区域主要匹配"深绿"企业及项目;在重点开发区域,倒逼"非绿"项目、企业退出,根据环境容量促进绿色理念与各项建设的融合;在限制开发区域,力求形成"深绿""中绿""浅绿"梯度分布的合理布局,控制"浅绿"项目;在优化开发区域,要促进"浅绿"向"中绿"、"中绿"向"深绿"转型,在增绿中促进功能空间的绿色转型。

2. 推进多维设计,繁荣生态经济

(1)注重产品生态设计。一方面,注重生态产品设计的全覆盖。在农业产品、工业产品、服务产品设计上,为了实现绿色生态的目标,在原材料选用、生产、销售、使用、回收、处理等环节对产品进行全覆盖设计,力求低消耗、可循环、强化生态功能、引领绿色时尚、实现高性价比,减小对环境的负面影响,增强产品的生态功能。另一方面,注重生态产品设计的多途径。制定促进功能区改进的生态设计方案,设立各区域优先发展生态产品的目录指南,形成重点生态产品培育方向；要根据各自重点生态产品设计需求，以乡镇为单元组织设计人才组建设计工作室，为生态设计提供支撑；注重区域生态产品设计研究，组建生态设计联盟，组织力量进行设计研究、设计交流、设计培训，提高生态产品设计水平。

（2）注重产业布局生态设计。第一，注重生态农业设计。同步推进立体种养模式与农场规模经营，发展生态农业，以立体种养模式等作为推进发展生态农业设计的样本。第二，注重加工生态设计。注重涉农加工业的发展，如推进脱水蔬菜产业的发展。建设绿色工厂、实施绿色制造、加大循环利用，减量化排放废弃物。第三，注重生态旅游设计。注重以美丽乡村助推旅游业发展，在风貌设计上注重保持乡村的"肌理"，在文化展示上注重留住农村的"风情"，在功能布局上注重体现各自的"底色"。第四，注重一产接二连三。探索新模式以促进一二三产的融合发展，注重"互联网+"、注重"文化+"，在融合中显现生态价值。

（3）注重产业标准生态设计。第一，对各类功能区的核心产品、核心企业、核心产业、核心园区、核心景区，生态设计标准注重选择应用国际标准，如ISO 14000系列标准。特别在重点生态功能区，鼓励市场主体应用国际标准。第二，各类功能区要严格执行国家标准、行业标准，从开发设计到生产、从供应链到客户端、从现场和客户两端双向驱动，全程推进产品质量管理达标。第三，各类功能区在缺乏标准的领域，应制定地方标准，如用循环经济理念设计相关产品循环使用的标准，便于材料变废为宝、产品"死后重生"。

3. 以人为中心设计建设生态村镇

生态设计是以人为中心的，最终要建设宜居的村镇，为人们美好生活找到寄寓之所。生态村镇设计要体现人的需求，设计要创新、设计要有特色。

（1）满足人的需求，解决为谁设计问题。生态村镇设计必须符合人们对美好生活的需求，让生态经济生产生活更有价值。当前，生态村镇设计需要具有更广的视野，不仅要满足本地人对美好生活的向往，还要满足更大范围内人们对美好生活的向往，吸引更多外地人到此创新创业、到此观光休闲。生态村镇设计，如民居设计，不仅要满足当地人的生活习性，还要充分考虑旅游者习性、外地人需求，在生态设计中优化生态、集聚人气、发展经济。

（2）兼容设计手法，科学选择设计方法。生态村镇设计的本质是要协调人与自然、社会、文化、技术之间的关系，使村镇骨架清晰、经脉畅通、形象鲜明。要注重自然主义的风格，尊重自然格局，恪守乡土传统，建设修旧如旧，拒绝同质化，注重异质性。要注重建构主义的手法，引进现代风格，注重整体重建，注重模仿，追求时尚。生态村镇设计要采用兼容主义手法，尽量保留原有村镇的"肌理"，同时也给村镇注入时代元素，从而构建生态村镇的新优势。

（3）聚焦设计重点，特色设计彰显价值。生态经济区建设需要优先发展特色小镇、田园乡村，然后以点带面全面推进生态示范区的建设。特色小镇、田园乡村建设要聚焦特色资源开发，通过生态设计显现生态经济效益。生态设计，第一步，要注重概念设计、巧妙架构，将特色小镇、田园乡村作为复合的生态系统，让自然地理环境与人文历史因素紧密联系，让建筑群落与水系陆路有机融合。第二步，要注重功能设计、巧妙安排，考虑生态系统的调节功能，以及生态子系统之间的响应和反馈，把握好人在环境中的体验。第三步，要注重装饰设计大手笔，融入人文、艺术因素，把村镇布局做得精、巧、美，最终构建美好生活新家园。

15.2 绿色供应链理论

绿色供应链，由美国密歇根州立大学1996年定义，是将经济发展与绿色环保意识相结合的一种可持续发展模式，是一种新型的现代化供应链管理模式。与此同时，国际标准化组织发布了ISO 14000的系列国际环境管理标准，涵盖管理体系、审核、环保标志和生命周期评价等诸多方面。

15.2.1 绿色供应链管理及其研究

Zsidisin和Siferd（2001）提出，绿色供应链管理是围绕环境保护而开展的设计、采购、生产、分销、使用及再使用过程，在供应链内部要采取措施并形成一种关系。Jeremy（2000）认为绿色供应链从社会和企业出发，对采购、生产、消费及废弃物回收再利用的整个供应链开展绿色化设计，通过供应链上节点间的合作，使供应链在环境领域统一协调。

绿色供应链是指以可持续发展思想为指导，通过整合物流、商流、知识流和资金流的各项资源，最优组合配置，从产品市场定位、产品开发设计、原材料选材、购买，产品制造到形成产品，经过直销、零售商、分销商等渠道最终送达消费者手中，直至产品停止使用、报废后回收、降解再利用的过程中，企业绿色文化构建、法律法规建立及自然生存环境保持等各环节连接成一个整体，关联闭环，实现经济效益、社会效益、生态效益的有机结合。

绿色供应链把"绿色"和环境意识的理念整体切入供应链系统，以环境保护、减少污染、降低排放为己任，以绿色生产制造为主和供应链管理手段为辅。利用具有绿色的内外部企业资源和社会资源，会同已使用绿色制造的高科技企业组成战略联盟，实行优势互补，强强联合，在集中资源、巩固和提高核心竞争力、增加经济效益的同时，同步实施环保制造、回收利用原材料，求得绿色供应链的能源消耗与环境影响最小化。

绿色供应链主要集中体现在上游供应商与下游企业间的供求关系，由此延伸至终端客户群体的合作。可以表述为，通过始端企业提供原材料、生产制造企业技术研发、环保制造、绿色运输、终端客户合理回收利用等的合作，及企业各部门间的协调配合、沟通，全过程考虑环境效益与经济利益的最大化，并提高企业的绿色实施和循环经济效益。

绿色供应链要求循环运作，没有终止点，是循环—利用—收集—提炼—再利用的过程。绿色供应链管理是并行运作概念。全方位考虑产品设计的缺陷，可以在更大范围内寻找合适的产品设计、制造等合作伙伴，减少企业的固定资产再投入、增加资金周转速度、提高运营效率，以便节约资源、扩大资源共享和优化组合范围。随着 B2B 商务平台等的建立，绿色供应链要求搜寻产品市场供求信息，减少中间环节，提高产品技术含量和附加值。

近年来，学者对绿色供应链的研究不仅局限在概念和系统集成，更加注重实施细节的研究。Jeremy（2000）通过对食品供应链案例的研究，验证了在绿色供应链管理当中，必须涉及每个环节的结论，讨论了如何才能固化绿色供应链的经济效益和环境效益。Bruno 和 Beatriz（2016）根据巴西的大量案例，研究了最初的利益相关者如何通过实施环境压力来达到实行绿色供应链管理的目的，强调了利益关联企业在绿色供应链管理中的重要性。

在学界，绿色供应链管理体系一般分为绿色采购、绿色生产、绿色物流、绿色营销等。国内制造企业在物理方面的局限在于没有宏观层次的导向，配送流程标准化的水平不高，基础性设施配套差，缺乏一致性的物流信息共享系统等。可以从绿色采购、绿色生产、绿色物流及绿色营销 4 个角度研究绿色供应链的运营过程。绿色供应链的管理要素不仅包含供货者和生产者，也涵盖消费终端，且由于绿色供应链运营目标的多元化，建立合作关系还有很多局限，研究将绿色供应链管理的成员组织形式划分成业务层面、动机层面和战略层面。

绿色供应链也可以与可持续发展理论结合起来进行研究，可基于精益管理思想进行研究和基于循环经济理论、产品生命周期管理进行研究等。

我国经济社会发展较西方发达国家起步迟，绿色供应链研究也滞后于西方发达国家。然而，随着人们环境保护意识的提高，特别是污染治理的现实压力，绿色供应链管理得到学者、企业和政府的高度关注。我国对绿色供应链的研究有了一定的基础和成果，但仍存在一定差距，且由于企业环境管理意识薄弱和相关法规不够健全，实施层面还处在起步时期，任重而道远。

15.2.2　绿色供应链的组成与结构

研究表明，循环农业的行为主体包括涉农企业、农户、政府和中介组织。从供应链角度分析，循环农业的内核是产业链延伸与生产、消费的统一，消费者理应纳入绿色供应链管理的主体。

供应链管理理论已有 20 多年的历史，供应链内涵在不同时期不同。早期的观点认为供应链是制造企业的一个内部过程，仅局限于企业的内部操作层，注重企业的自身资源利用。后来，供应链的概念注重与其他企业的联系，注重供应链的外部环境，认为供应链是通过链中不同企业的制造、组装、分销、零售等过程将原材料转换成产品，再到最终用户的转换过程。近年来，供应链概念更加注重围绕核心企业的网链关系，如核心企业与供应商、供应商的供应商乃至一切前向的关系，与用户、用户的用户及一切后向的关系。绿色供应链是在此基础上综合考虑环境的影响，目的是在原料获取、加工、包装、存储、运输、使用、报废处理的整个产品生产过程中，注重对环境的保护，以促进经济与环境的协调发展。

绿色供应链管理包括从产品设计到最终回收的全过程，其体系结构如图 15-4 所示。

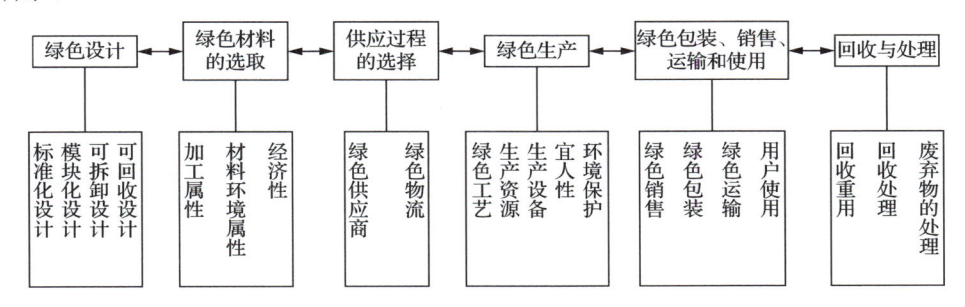

图 15-4　绿色供应链管理的体系结构

1. 绿色设计

研究表明，产品性能的 70%～80%由设计阶段决定，而设计成本仅为产品成本的 10%。设计阶段要充分考虑产品对生态和环境的影响，产品在生命周期内资源利用、能量消耗和环境污染最小，主要从零件设计的标准化、模块化、可拆卸和可回收等方面进行设计。

（1）标准化设计使零件的结构形式相对固定，降低和减少加工难度和能量的消耗，减少工艺装备的种类和减小拆卸的复杂性。

（2）模块化设计满足绿色产品的快速开发要求，按模块化设计开发的产品结构便于装配，易于拆卸、维护，利于回收及重用等。

（3）可拆卸设计是零件结构设计布局合理，易于接近并分离，便于毫无损伤地拆下目标零件和回收再利用及处理，减少环境污染。

（4）可回收设计是指产品在其生命周期内达到最大的零部件重复利用率、尽可能大的材料回收量，减少最终处理量。

2. 绿色材料的选取

原材料是绿色供应链的源头，必须从源头严格控制污染。从大自然选取的原材料，经过加工形成零件，产生废脚料和污染物，一部分被回收，一部分回到大自然中。零件装配成为产品，进入流通领域销售给消费者，消费者在使用过程中经过多次维修再使用，直至产品生命周期终止而将其报废。产品报废后经拆卸，一部分零件被回收直接用于产品的装配，一部分零件经过加工形成新的零件；剩余部分经过处理，部分成为原材料，部分返回到大自然，经过大自然的降解、再生，成为新的资源。从绿色材料生命周期可见，整个循环过程需要大量的能量，并产生环境污染，这就要求生产者在原材料的开采、生产、产品制造、使用、回收重用及废料处理等环节中，充分利用能源和节约资源，减少环境污染。

3. 供应过程的选择

供应过程是制造商在生产产品时，向原材料供应商进行原材料采购，确保整个供应业务活动顺利进行的过程。为保证供应业务活动的绿色性，主要对供货方、物流进行分析。

（1）绿色供应商。对绿色供应商主要考虑产品质量、价格、交货期、批量柔性、品种多样性和环境友好性等。积极的供应商把目光聚焦于环境过程的提高，对供应产品有绿色性要求，以降低材料使用，减少废弃物产生。因此供货方应该对生产过程的环境问题、有毒废弃物污染、是否通过 ISO 14000、产品包装中的材料、危险气体排放等进行管理。

（2）绿色物流。绿色物流要求评价运输、保管、搬运、包装等作业过程对环境的负面影响。评价指标包括：①运输作业对环境的负面影响主要表现为交通运输工具的燃料能耗、有害气体的排放、噪声污染等；②保管过程是否对周边环境造成污染和破坏；③搬运过程会有噪声污染，因搬运不当破坏商品实体，会造成资源浪费和环境污染等；④包装作业是否使用了不易降解、不可再生的资源、有毒的材料，造成环境污染。

4. 绿色生产

生产过程是为获得所要的零件而施加于原材料的机械、物理、化学等作用过程，包括毛坯制造、表面成形加工、检验等环节。绿色生产须综合考虑零件制造过程的输入、输出和资源消耗及对环境的影响，即由原材料到合格零件的转化过程和转化过程中物料流动、能源资源的消耗、废弃物的产生、对环境的影响等状况。

（1）绿色工艺。在工艺方案选择中，对较大环境影响因素加以分析，如对加工方法、机床、刀具和切削液的选择。尽量根据车间资源信息，生成具有可选择性的工艺路线，提高工艺选择简捷化程度，以节约能源、减少消耗、降低工艺成本和污染处理费用等。

（2）生产资源。随着加工水平的提高，尽量减少加工余量，以便减少材料的浪费和下脚料的处理。应考虑切削下脚料的回收、分类、处理和再利用。

（3）生产设备。须考虑生产设备在实际运行过程中的能源、资源消耗及环境污染情况。零部件应具有较好的通用性；维修或保养时间应合理，费用适宜；维修人员劳动强度应不太大等。

总之，要提高绿色产品制造中的宜人性，通过改善生产环境，调整工作时间及减轻劳动强度等措施，提高员工的劳动积极性和创造性，提高生产效率。

5. 绿色包装、销售、运输和使用

绿色包装。消费者购买产品后，产品包装一般来说是没有用的，如果任意丢弃，既对环境产生污染，又浪费包装材料。绿色包装主要考虑以下方面：实施绿色包装设计，优化包装结构，减少包装材料，考虑包装材料的回收、处理和循环使用。

绿色销售是企业对销售环节进行的生态管理，包含分销渠道、中间商选择、网上交易和促销方式评价等。①企业根据产品特点，尽量缩短分销渠道。减少分销过程中的污染和社会资源的损失。②选用中间商时，应注意考察其绿色形象。③开展网上销售。作为新的商务方式，电子商务是很符合环保原则的，发展前景广阔。④在促销方式上，企业要选择最有经济效益和环保效益的方式，另外要大力宣传企业和产品的绿色特征。

绿色运输主要评价集中配送、资源消耗和运输路径的规划。集中配送是指在更宽的范围内考虑物流合理化问题，减少运输次数。资源消耗是指在货物运输中控制运输工具的能量消耗。合理规划运输路径是以最短的路径完成运输过程。

在产品使用阶段，主要评价产品的使用寿命和循环利用。使用寿命是指延长产品寿命，增强产品的可维护性，减少产品报废后的处置。循环利用依据"生态效率"的思想，通过少制造和再制造方式，使废弃产品得到再循环利用，从而节约原材料和能源。

6. 回收与处理

工业技术的改进使产品的功能越来越全面，产品的生命周期也越来越短，造成了越来越多的废弃物消费品，不仅造成严重的资源浪费、能源浪费，还成为固体废弃物和环境污染的主要来源。产品废弃阶段的绿色性主要是回收利用、循环重用和报废处理。

（1）产品的回收。经收集、再加工、再生产品的销售3步完成。通过收集可重用零部件，又分为可直接重用的零部件，和通过修理、整修、再制造、零件拆用、材料回收等，生产出多种再生产品。可再生零部件，即零部件本身完全报废，但其材料可再生后再利用。可将废旧产品运输到回收加工工厂处理，最后把再生产品运输到销售地点进行销售。

（2）产品的循环重用是指本代产品在报废或停止使用后，产品或其有关零部件在多代产品中的循环使用和循环利用。

（3）完全无用的废弃物处理。在初步处理和再加工过程中产生的废弃物须进行填埋、焚烧等处理。

15.2.3 绿色供应链评价

绿色供应链是以传统供应链为基础，结合制造技术、控制技术和网络技术等新的应用技术，实现资源的合理利用、降低成本和减少对环境的污染，通常通过开发新型供应过程、优化或改进传统供应过程等措施来实现。

1. 评价体系

绿色供应链评价，不仅是一个环境效益显著的行为，也是供应商取得显著社会经济效益的有效手段。实施绿色供应链环境评价，可最大限度地提高资源利用率，减少资源消耗，降低制造成本；实施绿色供应链环境评价，可减少或消除环境污染，减少或避免环境问题引起的罚款，减少不必要的开支。因此，绿色供应链环境评价是一种战略经营决策，使制造者无论从经济社会方面，还是从环境方面都受益很大。

绿色供应链评价体系包括几个方面。在绿色设计方面，主要对标准化设计、模块化设计、可拆卸设计和可回收设计进行评价；在绿色材料方面，主要对绿色材料的加工属性、环境属性和经济性进行评价；供应过程主要对供应商和物流进行评价；在绿色制造方面，主要对工艺设计、资源、生产设备、宜人性和环境保护进行评价；在流通过程方面，主要是对销售、包装、运输和使用进行评价；在产品废弃阶段主要对回收再用、循环再用和废弃物的处理进行评价。

对绿色供应链的评价，以相关环境标准和法规为基准。当供应链对环境的影响符合标准要求时，即可以认为是绿色的。

2. 评价方法

产品供应链绿色综合评价，实际上是解决评价对象多因子模式识别和排序问题。由于环境系统评价指标带有很大的主观性，如液体污染、噪声污染和清洁程度等定量指标很难做出定量估计，在决策中只能借助专家的意见。层次分析法（analytic hierarchy process，AHP）是一种既有坚实的理论背景，又能客观反映专家和决策者主观意见的简单、合理、可靠的数学方法。

在现实中，人们对事物的推理、判断、预测和决策等，通常是在问题领域信息不完全、不确定、不精确或模糊的条件下进行的。知识推理是根据所获得的信息通过数据分析、推理，产生合理的决策规则而形成有用知识的过程。粗糙集理论（rough sets）是由波兰科学家帕夫拉克（Pawlak）提出来的对不完整数据进行分析、推理、学习、发现的新方法，并成为人工智能领域中一个较新热点，引起越来越多的科研人员关注。

产品供应链绿色性的决策涉及技术、经济、企业素质、企业实力、环境和产品特点等诸多因素，是一个多目标、多属性的复杂决策问题。其绿色性决策正确与否直接关系着供应链过程中的环境问题。绿色供应链管理采用上述理论，把AHP、粗糙集理论与理想解排序法相结合，求得环境综合评价的最优解。

3. 加强企业内部管理

由于企业情况千差万别，绿色供应链管理的模式也多种多样。企业在决定实施绿色供应链管理时，应仔细分析自身状况，从承载能力和实际出发，既解决企业的急迫问题，又以较快见效的环节作为突破口，明确认识实施目标，确保收到预期效果。

（1）加强企业内部管理，重新思考、设计和改变在旧环境下形成的按职能部门运作和考核的机制，有效地建立跨越职能部门的业务流程，减少生产过程中的资源浪费，节约能源和减少环境污染。

（2）强化企业领导和员工的环境意识。企业高层领导要转变观念，积极地把经济目标、环境目标和社会目标恰如其分地与供应链联系在一起考虑，通过学习和培训，提高企业各个层次员工的环境保护意识，让员工了解企业对环保的重视。

（3）实施绿色采购。尽量根据企业的需求，采购原材料和零部件，减少原材料和零部件库存量。对于有害材料，尽量寻找替代物，充分利用企业的多余设备和材料。

4. 加强供应商的环境管理与执法

绿色供应过程对供应商提出了更高要求。首先，要根据制造商本身的资源与能力、战略目标对评价指标进行适当调整，设置的指标要能充分反映制造商的战略意图。其次，强调供应商与制造商在企业文化与经营理念上对环境保护的认同，这是实现供应链成员间战略伙伴关系的基础。再次，供应链成员要具有可持续的竞争力与创新能力。最后，供应商之间要具有可比性，从而有利于在多个潜在的供应商之间择优比较。

由于企业技术水平和资金有限，企业生产过程是否节约资源、能源和减少环境污染存在不确定性。企业为节约成本，会对生产过程进行适当修改，受习惯、经验、技术、设备和资金的影响，大多数企业对生产方式的修改是有限的，对效果也不能进行科学评价。有些企业为追求短期效益，甚至不顾环境污染，这时就需要全社会的力量参与。执法部门要广泛深入地宣传环保，既向各企业决策者宣传绿色市场营销观念，又向广大消费者宣传生态环境的重要意义，针对不同对象，采取不同方式进行教育培训。

5. 加强用户环境消费意识

应从我国人均资源占有水平低、资源负荷重、压力大的角度出发，充分认识绿色消费对可持续发展的重要性。发展绿色消费可以从消费终端减少消费行为对环境的破坏，遏制生产者粗放式的经营，有利于实现我国社会经济可持续发展目标。发展绿色消费不仅可以通过优质、无污染的消费产品改善消费质量和促进身体健康，而且在消费过程中通过观念的转化、行为的转变，可以提高广大群众对环保、绿色消费与可持续发展的认识。

15.3 产品标准、标志与认证

随着人们生活水平的提高，对产品，特别是对食品的要求越来越高。构建产品标准、标识和认证体系，对于生态文明、资源效率型环境质量社会建设、民生改善及促进绿色消费的发展，具有重大的理论和实践意义。

15.3.1 产品类型及其标志

1. 绿色食品

绿色产品是指符合环境标准的产品。根据国际通行做法，绿色产品不仅要求产品的质量符合环境、卫生和健康标准，其生产、使用和处置过程也要符合环境标准，既不产生污染，也不破坏生态环境。绿色产品需要权威的国家机构审查、认证并颁发特别设计的环境标志，因而又被称为"环境标志产品"。简言之，绿色食品是产自优良生态环境、按照绿色食品标准生产、实行全程质量控制并获得绿色食品标志使用权的安全、优质食用农产品及相关产品。

各国环境标志不一定都是绿色的，但人们仍然将获得标志的产品称为绿色产品。1978 年联邦德国开展绿色产品认证，为其国内市场 75 类 4500 多种产品颁发了环境标志。德国环境标志被称为"蓝色天使"，图案是一个张开双臂的小人，周围环绕着蓝色的橄榄枝。1988 年加拿大、日本和美国开始对产品进行环境认证并颁发相应标志，加拿大称之为"环境的选择"，日本称之为"生态标志"。法国、瑞士、芬兰和澳大利亚等国于 1991 年实行绿色标志制度，1992 年，新加坡、马来西亚和我国台湾地区开始实行这一制度。

我国环境标志制度始于绿色食品。1989 年，农业部提出发展优质高效绿色食品设想后即付诸实施，在其后的几年时间内，不仅制定了绿色食品标准、质量监督和管理制度，还开展了绿色食品商店和销售绿色食品的试点。绿色标志是要告诉消费者，购买商品时不仅要考虑商品质量和价格，还应当考虑环境问题。如果大家都有意识地选择和购买绿色产品，就可以促使厂家在生产过程中注意保护环境，减少对环境的污染和破坏。

按照相关标准，我国将农产品和食品分为无公害农产品、绿色产品和有机产品，而且标准越来越严。1996 年，绿色食品标志在国家工商行政管理总局注册，成为产品质量证明商标。按照从土地到餐桌全生命周期质量控制的要求，我国创建了"两端监测、过程控制、质量认证、标识管理"的质量体系。

绿色食品标志，依据《中华人民共和国商标法》《集体商标、证明商标注册和管理办法》《绿色食品标志管理办法》等法律法规来监督和管理，受法律保护。经过 30 多年的发展，形成了"以技术标准为基础、质量认证为形式、商标管理为手段"的运行管理模式。

无公害农产品认证是政府行为，采取逐级行政推动，认证不收费。根据《无公害农产品管理办法》（农业部和国家质量监督检验检疫总局第 12 号令），无公害农产品由产地认定和产品认证两个环节组成，产地认定由省级农业行政主管部门组织实施，产品认证由农业部农产品质量安全中心组织实施（图 15-5）。

图 15-5　无公害农产品标志

绿色食品是遵循可持续发展原则，经专门机构认证，许可使用绿色食品标志的无污染的安全、优质、营养类食品。绿色突出这类食品出于良好的生态环境，能给人们带来旺盛的生命力，标志图有太阳、叶片、蓓蕾（图 15-6），向人们展示绿色食品生态安全和无污染特征，提醒人们通过改善人与环境的关系，创造自然界新的和谐。绿色食品分为 A 级和 AA 级两种。A 级绿色食品准许使用化学合成食品添加剂，最大允许使用量一般为普通食品中最大使用量的 60%；AA 级绿色食品不允许使用化学合成食品添加剂，只允许使用天然无毒的食品添加剂。

图 15-6　绿色食品标志

图15-7　有机食品标志

有机食品（organic food）是一类纯天然、无污染、高品质、高质量的健康食品，其标志如图15-7所示。有机食品和绿色食品有区别，不能混为一谈。有机食品生产过程中，必须完全不使用任何人工合成的化肥农药和添加剂，并经有关颁证组织检测，确认为纯天然、无污染、安全营养的食品。绿色食品在生产过程中，可容许使用化肥、低毒农药和添加剂等。有机食品的生产加工标准非常严格，如只能使用有机肥，只能使用生物源农药和物理方法防治病虫害等。

有机产品是指生产、加工、销售过程符合《有机产品》国家标准的供人类消费、动物食用的产品。"有机"是指一种产品生产、加工方式，而非"有机化学"。有机产品生产中不得使用化学合成农药、化肥、饲料添加剂、基因工程生物及其产物。

有机食品是有机产品的一类，有机产品还包括棉、麻、竹、服装、化妆品、饲料（有机标准包括动物饲料）等"非食品"。我国有机产品包括粮食、蔬菜、水果、奶制品、畜禽产品、水产品及调料等农产品。有机农产品与无公害农产品、绿色食品不同。

转基因食品（genetically modified food，GMF），又称为基因矫正食品，是利用基因工程技术改变基因组构成，将某些生物基因转移到其他物种中，改造其生物遗传物性，使其性状、市场价值、物种品质向人们所需要的方向转变，其标志如图15-8所示。转基因食品主要分为3类：①转基因植物食品，如转基因大豆、玉米、番茄、水稻等；②转基因动物食品，如转基因鱼、肉类等；③转基因微生物食品，如转基因微生物发酵而制得的葡萄酒、啤酒、酱油等。

图15-8　转基因食品标志

据权威统计，我国绿色食品企业总数超过1.1万家，绿色产品总数超过2.6万个，平均每年向市场提供安全优质产品近1亿t，产品质量监测合格率连续多年保持在98%以上，质量水平稳定可靠，没有发生过大的质量和安全问题。绿色食品平均价格增幅在20%以上，国内年销售额超过5000亿元，年均出口额超过20亿美元，品牌效益明显。绿色食品在国内外有较高知名度和影响力，在消费者中有较高的认知度和可信度，已成为我国农产品的国家品牌。

绿色食品，依托我国农业系统管理体制，建立了一个以中国绿色食品发展中心和各级绿色食品管理机构为主体、以环境监测和产品检测机构为支撑、以专家为补充的工作体系，贯通了部—省—市—县各级机构，注册绿色食品检查员、监管员达 3000 多人。中国绿色食品发展中心负责全国绿色食品标志使用申请的审查、颁证和颁证后跟踪检查工作。省级人民政府农业行政主管部门所属绿色食品工作机构负责本行政区域绿色食品标志使用申请的受理、初审和颁证后跟踪检查工作。

绿色食品信息公开透明，对获证企业和产品、撤销证书的企业和产品及时公告，可以通过中国绿色食品发展中心网站，实时查询绿色食品标准规范、规章制度、获证的企业和产品信息。

绿色食品实施商标使用许可制度，使用有效期为 3 年。绿色食品管理机构每年对用标企业实施年检，对产品质量进行抽检，并进行综合考核评定，合格者继续许可使用绿色食品标志，不合格者限期整改或取消绿色食品标志使用权。

2. 地理标志产品

农产品地理标志（图 15-9）是指标示农产品来源于特定地域，产品品质和相关特征主要取决于自然生态环境和历史人文因素，并以地域名称冠名的特有农产品标志。

农业部（现为农业农村部）从 2007 年开始负责全国农产品地理标志登记保护工作。根据《农产品地理标志管理办法》，每年对符合农产品地理标志登记程序和条件的农产品准予登记。

图 15-9　农产品地理标志

农产品地理标志登记审查、专家评审和对外公示工作由农业农村部农产品质量安全中心具体负责。其协调指导地方开展农产品地理标志评审登记工作职责后转由中国绿色食品发展中心承担。省级人民政府农业行政主管部门负责本行政区域内农产品地理标志登记保护申请的受理和初审工作。农产品地理标志登记管理是服务广大农产品生产者的公益行为，登记不收取费用。2019 年全国登记农产品地理标志 2778 个。

可以申请农产品地理标志的农产品是来源于农业的初级产品，也就是在农业活动中获得的植物、动物、微生物及其产品，主要包括蔬菜、果品、粮食、食用菌、油料、糖料、茶及饮料植物、香料、药材、花卉、烟草、棉麻桑蚕、畜禽产品、水产品等。

申请农产品地理标志登记保护要符合下列 5 个条件：①称谓由地理区域名称和农产品通用名称构成；②产品有独特的品质特性或者特定的生产方式；③产品品质和特色主要取决于独特的自然生态环境和人文历史因素；④产品有限定的生产区域范围；⑤产地环境、产品质量符合国家强制性技术规范要求。

农产品地理标志登记保护申请人由县级以上地方人民政府择优确定，应当是农民专业合作经济组织、行业协会等服务性组织。农产品地理标志是国家的自然资源和人文资源，属于地域性资源公权，企业和个人不能作为农产品地理标志登记保护申请人。符合条件的单位和个人，可以向登记证书持有人申请使用农产品地理标志。农产品地理标志使用人享有在产品及其包装上使用农产品地理标志和使用登记的农产品地理标志进行宣传、参加展览与展示展销的权利。

中国农业循环经济标准体系的构建，需要有利于国家可持续发展战略目标的实现，顺应农业发展的趋势。我国是农业大国，应与时俱进，用现代化科学手段，指导农业循环经济的发展。绿色食品产地环境、生产技术、产品质量、包装储运等标准规范，由农业农村部制定并发布。截至 2018 年，农业农村部已经发布绿色食品标准 297 项，现行有效绿色食品标准 141 项，其中，产品质量标准 126 项，准则类标准 15 项。

15.3.2 有机认证管理及其政策导向

1. 绿色产品登记

无公害农产品是指使用安全的投入品，按照规定的技术规范生产，产地环境、产品质量符合国家强制性标准并使用特有标志的安全农产品。无公害农产品是保障消费安全、满足公众需求的产品。无公害农产品生产过程中允许使用农药和化肥，但不能使用国家禁止使用的高毒、高残留农药。绿色食品认证的依据是农业农村部绿色食品行业标准。绿色食品在生产中允许使用农药和化肥，但对用量和残留量的规定通常比无公害农产品标准要严格。

由于特殊发展历程和部门职责分工，我国有机产品认证参照国际通行做法，实行第三方认证模式，有机产品认证及认证机构由国家认证认可监督管理委员会统一规划和管理。2018 年 3 月，根据第十三届全国人民代表大会第一次会议批准的国务院机构改革方案，将国家认证认可监督管理委员会职责划入国家市场监督管理总局。有机产品认证主要依据《有机产品认证管理办法》《有机产品认证实施规则》和《有机产品》（GB/T 19630）等法规、规章与国家标准。

2018 年，我国有资质的有机产品认证机构有 53 家，其中 48 家有认证业务，有效有机产品认证证书 16 631 张，有机农产品 4000 多个。有机产品认证目录（2018）含 127 种产品。

发展绿色有机农业、增加优质农产品供给，既是现代农业发展方向，也是公众的热切期待。中共中央办公厅、国务院办公厅专门联合印发了《关于创新体制机制推进农业绿色发展的意见》，财政部与农业农村部联合印发了《建立以绿色生态为导向的农业补贴制度改革方案》。中央财政农业生产发展资金重点支持畜禽粪污资源化利用、有机肥替代化肥、一二三产融合发展、优势特色主导产业发展等试点示范项目建设，鼓励各地将绿色食品、有机农业发展纳入其中并予以支持。

各地出台了一系列促进绿色食品和有机农业发展的扶持政策。内蒙古、广西、宁夏等地将有机农业列入品牌农业（特色农业）发展规划，明确任务措施；黑龙江、辽宁、江苏、安徽、上海、重庆等省（直辖市）对有机农业方面的认证、产品环境检（监）测给予财政补贴。

总体来看，我国基本建立了法律规范、政府监管、认可约束、行业自律、社会监督"五位一体"的认证市场监管体系框架。国家每年组织地方质检部门开展包括有机产品认证在内的食用农产品认证专项监督检查、监督抽检和日常监督管理。针对专项监督检查中发现的问题，组织相关部门对问题企业和机构进行限期整改和行政告诫等相应处理；同时开展有机产品标志专项整治，严厉打击伪造、冒用、超期或超范围使用有机产品认证标志、认证证书等质量标志违法行为。也应当看到，一些认证机构存在不诚信认证行为，影响认证的权威性和公信力。加大对获证单位的检查频次和抽检力度，严格执行不合格退出机制并对外公告。同时建立举报投诉制度，公众可以积极参与监督。

2. 国务院办公厅关于绿色产品标准、认证、标识的意见

国务院办公厅印发《关于建立统一的绿色产品标准、认证、标识体系的意见》（国办发〔2016〕86号，简称《意见》），以供给侧结构性改革为战略基点，坚持统筹兼顾、市场导向、继承创新、共建共享、开放合作的基本原则，充分发挥标准与认证的战略性、基础性、指导性作用，创新生态文明体制机制，增加绿色产品有效供给，引导绿色生产和绿色消费，全面提升绿色发展质量和效益，增强社会公众的获得感。到2020年，初步建立系统科学、开放融合、指标先进、统一的绿色产品标准、认证与标识体系，实现一类产品、一个标准、一个清单、一次认证、一个标识的体系整合目标。

《意见》明确了7个方面重点任务。一是统一绿色产品内涵和评价方法，基于全生命周期理念，科学确定绿色产品评价关键阶段、关键指标，建立相应评价方法与指标体系。二是构建统一的绿色产品标准、认证、标识体系，发挥行业主管部门职能作用，建立符合中国国情的绿色产品标准、认证、标识体系。三是实施统一的绿色产品评价标准清单及认证目录，依据标准清单中的标准实施绿色产品认证，避免重复评价。四是创新绿色产品评价标准供给机制，优先选取与消费者吃、穿、住、用、行密切相关的产品，研究制定绿色产品评价标准。五是健全绿色产品认证有效性评估与监督机制，推进绿色产品信用体系建设，运用大数据技术完善绿色产品监管方式，建立指标量化评估机制，公开接受市场检验和社会监督。六是加强技术机构能力和信息平台建设，培育一批绿色产品专业服务机构，建立统一的绿色产品信息平台。七是推动国际合作和互认，积极应对国外绿色壁垒。

《意见》提出了4项保障措施。一是加强部门联动配合，建立绿色产品标准、

认证与标识部际协调机制，统筹协调相关政策措施。二是健全绿色产品体系配套政策，加强重要标准研制，建立标准推广和认证采信机制，推行绿色产品领跑者计划和政府绿色采购制度。三是营造绿色产品发展环境，降低制度性交易成本，各有关部门、地方各级政府应结合实际，促进绿色产品标准实施、认证结果使用与效果评价，推动绿色产品发展。四是加强绿色产品宣传推广，传播绿色发展理念，引导绿色生活方式。

3. 农产品认证审批权限下放

2017年下半年，中共中央办公厅、国务院办公厅出台《关于创新体制机制推进农业绿色发展的意见》，要求建立绿色农业标准体系，强化农产品质量安全认证机构监管和认证过程管控，改革无公害农产品认证制度，加快建立统一的绿色农产品市场准入标准，提升绿色食品、有机农产品和地理标志农产品等认证的公信力和权威性。

根据文件要求和国务院"放管服"改革的精神，农业农村部决定对无公害农产品认证、农产品地理标志登记工作的职责进行调整，并对无公害农产品认证制度进行改革。《农业农村部办公厅关于做好无公害农产品认证制度改革过渡期间有关工作的通知》要求将原无公害农产品产地认定和产品认证工作合二为一，实行产品认定的工作模式，下放由省级农业农村行政部门承担。省级农业农村行政部门及其所属工作机构按《无公害农产品认定暂行办法》负责无公害农产品的认定审核、专家评审、颁发证书和证后监管等工作。农业农村部统一制定无公害农产品的标准规范、检测目录及参数。中国绿色食品发展中心负责无公害农产品的标志式样、证书格式、审核规范、检测机构的统一管理。

改革的重点如下。一是审批权限下放，全部权限下放到省工作机构。二是产品、产地两证合一，精简审批流程，减少审批时间，由省级统一颁发无公害农产品产地认定证书。三是申报管理更加严格，原来申报材料一个没少，还增加了不少，而且对逐级申报顺序和申报材料的时间逻辑关系都作出了明确要求。凡符合无公害农产品产地认定条件的生产企业、农民专业合作社、家庭农场等，可以向所在地县级农产品质量安全工作机构提出无公害农产品认定申请，并提交申请书及相关材料，认定不收费。

第 16 章
促进农业循环经济发展的经济政策

16.1　中国农业发展扶持政策及其演进

农业循环经济是农业农村可持续发展研究的一个侧面。进入 21 世纪以来，我国农业农村经济社会发展成就显著，物质技术装备水平不断提高，田园综合体、现代农业产业园、区域农业循环经济等业态纷呈，农业环境保护与生态建设力度不断加大，农业可持续发展取得了积极进展。

"农为邦本，本固邦宁"，"三农"是国家稳定和安全的重要基础。推动农业可持续发展，是中国特色新型农业现代化道路的内在要求，不仅可以保障我国粮食安全，将中国人的饭碗牢牢端在自己手上，也是确保农业资源永续利用，给子孙后代留下良田沃土、绿水青山的必然选择。

16.1.1　加大农业农村财政扶持力度的必要性

加大农业农村发展的资金扶持，其重要性是毋庸置疑的。

一是增强农业可持续发展的需要。农业农村持续健康发展，是国民经济可持续发展的重要基础，也是农业现代化的必然要求。发展农业循环经济、实现农业可持续发展是一项系统工程，需要从科技、生产经营体系、农产品市场价格机制、农业资源保护、投融资体制等影响"三农"发展的多个方面深入改革，加强集成，统筹政府和市场的力量，提高农业发展的可持续性。农业发展具有公益性特征，却面临自然条件和市场价格的双重风险，这就决定了在推进农业现代化、提高农业生产进程中，需要政府的统筹规划和大力支持，而财政税收政策扶持成为重要保障，也是农业可持续发展的必然要求。从国际经验看，由于农业的基础性、公益性及其所面临的双重风险引致的脆弱性，世界各国对农业发展普遍给予区别于制造业和服务业的保护和资金投入倾斜政策。从我国农业发展实践看，"一靠政策，二靠科技，三靠投入"的论断仍然具有非常重要的指导意义。在推进农业现代化、实现农业可持续发展的历史进程中，财政扶持政策仍将发挥极为重要的作用。

二是提高财政扶持政策精准性的需要。财政扶持政策对推进农业现代化、促进农业可持续发展、保证国家粮食安全乃至保证社会稳定等发挥重要作用，而财政扶持政策发挥作用的程度则取决于政策实施效果。从工作实际看，虽然公共财政支农投入力度逐年加大，但多头下达、零敲碎打、"撒胡椒面"等问题日益突出，不仅增加了强农惠农政策执行成本，也影响了政策的实施效果，并表现为财政资金使用效果不理想、效益不高、边际效益递减等问题。随着我国经济进入新时代，经济增长由高速增长转入中高速增长阶段，财政收入增速放缓，而支出需求不断增加，财政收支矛盾不断凸显。在这一背景下，农业现代化与可持续发展的资金需求仍将不断增长，只有拓宽资金渠道，持续提高财政支农资金的使用效益，创新投入方式，切实增强财政投入的针对性、精准性和实效性，才能为农业持续、健康发展提供强有力的支撑。只有从农业发展实际出发，创新财政支农资金使用方式，提高财政资金投入的精准性，探索新时代提高财政扶持政策的效果和效益，才能适应新时代的农业农村持续健康发展的需要。

16.1.2 改革开放以来财政支持农业政策的演进

1. 有计划的商品经济时期（1978~1993年）

自1978年以来，我国农村开始普遍推广家庭联产承包责任制。为了尽快改变农业和农村的落后面貌，财政支农政策也相应进行了调整。首先，提高部分农产品价格，也通过补贴生产企业的方式控制机械、化肥等生产资料价格上涨。1979年，国家主要农产品收购价格涨幅22.1%；之后多次调整农产品收购价格，涨幅累计达214.8%，远高于同期其他农业生产资料价格上涨幅度。从1985年开始，我国对农产品统购统销制度进行改革。其次，国家进行财政体制改革，开辟了资金来源，财政支农投入规模不断增大，财政支农范围不断扩大。一是中央财政对农业支出增大，但财政投入仍以地方财政投入为主。二是投入结构由注重农业基本建设向支持农村生产和管理支出转移。其中，农村生产投入总额为307.62亿元，占国家财政支农投入总额的27.1%。三是在投入政策上，重点投向与农业生产关系紧密的环节和领域，如改善农业生产条件、支持农业发展、支持社会化服务和农业科技推广服务体系建设等。1986~1993年，财政支农投入为2765.71亿元，约占国家财政投入总额的8.7%。

总体看，改革开放到20世纪90年代初，实施以家庭联产承包责任制为核心的农村经营管理体制改革，加上以大幅提高农产品收购价格、增加农业财政投入为主的财政支农政策的配合，促进了我国农村经济的快速发展、农民生活水平和收入水平的提高。虽然这一时期国家财政支农政策有所调整，如缩小工农产品价格剪刀差，加大财政支农的投入等，但国家对农业的"取予"格局并没有发生根本性转变。

2. 市场经济初步建立时期（1994~2003年）

1994~2003年，我国财政支农政策和公共财政管理体制不断完善，国家"取""予"分配格局发生历史性变化。由于经济的快速发展和分税制的刺激，这一时期我国财政总收入增长较快，中央财政收入在国家财政总收入中的比重得到提高，地方政府转移支付能力增强。国家努力减轻农民负担，建立农产品保护价制度等。20世纪90年代后期以来，针对农民收入增长缓慢等突出问题，国家对"三农"问题高度重视，采取"多予、少取、放活"方针，相继制定了一系列促进农民增收的政策措施，积极推进农业结构的战略性调整，不断加强对农业的支持力度。2000年以来，为减轻农民负担，国家财政每年投入400多亿元，在全国20个省（自治区、直辖市）进行农村税费改革试点，试图通过增加对"三农"的投入，优化支出结构，从而达到促进农业和农村经济发展的目的。

这段时期，国家实施积极的财政政策，以实施西部大开发为重点，通过增加发行国债和吸引外资等方式，扩大财政投入范围，重点是建设农业基础设施、发展农业基础产业、开发与利用西部资源、进行生态工程建设和农村税费改革等。

3. 市场经济体制完善时期（2004年至今）

2004年以来，我国的政策开始向工业反哺农业转变，即已经进入城市支持农村的阶段。党的十六大提出统筹城乡经济社会发展的要求，明确提出形成城乡经济发展一体化的经济格局，建立以工促农、以城带乡的长效机制。2006年1月1日起，《中华人民共和国农业税条例》废止，我国农民不再缴纳农业税，这是新中国历史上继土地改革、家庭联产承包责任制之后的"第三次革命"。2011年，中央财政用于"三农"的支出首次超过万亿元，合计10 498亿元，比上年增长22.4%。其中，农业生产支出为4090亿元，粮食直补、农资综合补贴、良种补贴、农机购置补贴支出为1406亿元；2012年，中央财政用于"三农"的支出合计12 388亿元，比上年增长18.0%。其中，农业生产支出为4785亿元，粮食直补、农资综合补贴、良种补贴、农机购置补贴支出为1643亿元；2013年，中央财政用于"三农"的支出安排合计13 799亿元，比上年增长11.4%，其中，粮食直补，农资综合补贴、良种补贴、农机购置补贴4项补贴超过1700亿元。2004~2013年中央财政"三农"支出累计达71 910亿元，年均增长47.3%，同时，地方财政也加大了对"三农"的投入，有力地促进了农业可持续发展。

虽然财政扶持政策有力支持了农业可持续发展，但财政政策在投入总量、投入结构、投入产出效率和投入机制等方面仍有改善和优化的空间。

一是财政投入总量不足。投入总量不足是制约我国农业可持续发展的薄弱环节。长期以来，我国农业基础设施薄弱、农民收入增长缓慢和城乡发展差距扩大等，面对保障国家粮食安全的严峻形势、加快城镇化和全面建设小康社会的繁重任务，我国农业和农村投资需求将呈刚性增长趋势。同时，国内农业支持水平还比较低，运用世界贸易组织（WTO）"绿箱"和"黄箱"政策支持农业的潜力很大。因此，加大政府对农业的投资力度，是今后相当长时期内强农惠农的必然选择。

二是投入结构不够合理。政府对农业的投入主要取决于财政支农体制和农业支持政策。随着农业产业化的深化，农业投资的内涵和外延不断完善，支农资金不仅包括政府下拨的各种财政资金，也包括通过各种金融渠道用于支持农业和农村发展的资金。但是国家财政用于农村基础设施建设、农村和农业可持续发展的科研及推广，尤其是农民直接受益的农村基础设施、农村社会及环境发展、地下水超采处理等方面的资金严重不足，导致投入结构不尽合理。因此，当前在我国公共财政体制改革创新中，不仅要加大对农业的支持力度和投入规模，还要优化财政支农资金结构。

三是投入产出效率不高。政府投资农业的效率一直是公共投资领域较为关注的一个问题。当前，我国政府农业投资既存在总量不足的问题，也存在投资项目交叉重复、结构不合理、资金使用分散和管理不到位等突出问题，严重影响政府农业投资的投入产出效率。特别是农村税费改革以来，公共财政的覆盖范围不断扩大，政府农业投资更多地投向农业和农村基础设施等惠及民生的中、小型项目。这些项目涉及千家万户，相对比较分散，对政府农业投资管理提出了更高的要求。长期以来，我国农业投资一直是政府主导型的。一些地方政府出于展示其政绩和获取一定利益的目的，以行政指令的方式提供农村公共产品，致使农村公共产品的供求错位，供给成本高，出现了以追求政绩为价值目标、忽视农民实际需要的农村公共品供给效率"漏出"现象，陷入了农业投资既总量不足又严重浪费的怪圈，造成多头投入、项目分散、监管缺失、绩效评价不健全等后果，导致投入产出效率较为低下。

四是投入机制与当前全面深化改革和财政收支新形势不适应。农业资本投入的主体主要包括政府、社会和农民个体等。政府对农业的投资长期以来不足10%，农业整体上缺乏资金支持；由于农业比较效益低下，以盈利为目的的社会资金缺乏投资农业领域的兴趣；广大农民则由于受城乡二元经济体制和落后的生产经营方式的限制，收入增长缓慢，经济实力不足，缺乏投资能力；同时，城乡发展的巨大差距引起农村资金持续外流。因此，在全面深化改革和财政收支新形势下，政府、社会和农民个体等资本投入机制与当前农业和农村经济社会发展的需要不适应，这成为制约农业可持续发展的重要因素。

16.2　财政支持农业可持续发展的国际经验

国际经验表明，农业是一个多层次主体参与和推动的成分多样、结构复杂、功能繁复的复合系统。解决农业可持续发展所面临的问题，不论是理论认识问题、技术进步问题，还是战略和政策的制定与实施问题，都不能单纯依靠局部或某个层面的努力，而应从微观到宏观，从农民到政府，从农户（场）、社区到国家各个层次上全面推进。纵观各国实践，各个层次之间既有相对分工，又有彼此协作，共同推进农业可持续发展。中国是一个发展中农业大国，农业人口、资源与生态环境问题，农业技术、农民素质、低收入问题和农业制度与管理问题等较为突出，国外经验的借鉴无疑为推进中国农业可持续发展提供了有益启示。

1. 微观层次的农业可持续发展管理

（1）农户（场）层次的微观管理。各国的农业生产活动，绝大部分是由私营农场和林场来完成的。农业可持续发展的核心问题，即能否在避免破坏环境的情况下，增加生产数量以满足不断增加的人口的需要，取决于农民的生产和生育行为及其结果。从国外的经验来看，微观层次的农民广泛参与，提高农民素质，以及推广可持续农业的生产技术，是实现农业可持续发展的重要保证。

（2）注重农村人力资源问题。目前，世界总人口已超过 60 亿，且以每年平均 8600 万的速度继续增长，这些人口的增加绝大部分是由发展中国家农业和农村人口的快速增加所致。这也正是发展中国家广大农村收入低、资源承载压力增大、自然资源多样性破坏和环境污染的根源所在。许多国家设法制定各种有效政策，包括深入细致的计划生育政策，作为国家的重大国策，以控制农村人口数量的快速增长。

（3）消除农村收入低状况。农村收入低、经济落后和社会封闭，是当今许多国家农村发展的重要制约因素，已引起各国决策者的高度关注。例如，发展中国家发展较快的拉丁美洲和加勒比地区，目前绝对低收入的人口已占该地区的 1/3 以上。为了解决这个问题，各国都相应采取了一些措施。一是制订兴农致富的总体目标计划，对小农户、无地或少地农民、当地土著居民、妇女与青年低收入者优先给予考虑，帮助他们提高收入；二是根据低收入人口的特点，确定逐步提高收入的人口目标群，按相同特点将低收入人口划分成若干目标群，实行具体支持；三是根据低收入人口的地理分布特点，确定地理目标群，分区提高收入；四是制定正确的提高收入政策。

（4）持续推广运用农业技术。在农业可持续发展中，主要运用土壤管理技术，增加各种投入，特别是有机肥料的使用；运用农林科学和农牧业一体化等现代农业技术；运用害虫综合防治和生物工程技术，以及运用从传统农作物品种中培育出的农作物新品种替代化学杀虫剂。

2. 社区层次的微观管理

（1）发挥社区各类中介组织的作用。从发达国家来看，美国的农场主合作社对农业的可持续发展起着十分重要的社会化服务作用，美国 4/5 以上的农场主都自愿参加各种类型的农场主合作社。日本的农业协同组合和西欧的各类合作社，也都是农村社会化服务体系的重要组成部分，对现代化农业大生产和农村经济持续发展起着极为重要的促进作用。从发展中国家来看，人口增长、技术落后、集资困难及政府干预不当等，都可能导致农业和农村社区的可持续发展难以为继，客观上需要发展和建设社区共同管理与决策体制。西非的一些社区性组织，在特别贫困的地区实施农业可持续发展方面的经验也值得学习和借鉴。例如，西非的牧业协会已着手提高公共牧场与水资源的生产率，并已取得了不同的成就。除管理水源、牧场以外，他们还努力争取各种投入，与劳务组织合作社开展市场营销活动，为个体农民提供营销服务。凡是取得成功的协会都有明确的领导层、有效的法律保护和各种筹集资金的机制。即使牧业协会具有合法地位，但他们依然存在许多困难，如难以得到正规的信贷。一些社区组织为农民提供筹资、融资服务，例如，在毛里塔尼亚，资金是以缴纳会费的形式筹集的；在马里，组织良好的机构是通过在其成员给其牲畜饮水时收取水费而筹集资金的。

（2）建立社区公共财产管理机制。公共财产管理依赖于社区成员不断地进行自我约束，集体行动是许多社区根深蒂固的做法。在土耳其阿拉尼亚的近海渔业中，由于渔民在 20 世纪 70 年代联合起来以解决由于过度捕捞而引起的各种问题，他们制定了一套在不同水域进行轮流捕捞的制度，并且划定了捕鱼区，还相应地确定了监督和实施机制。这种制度的制定抑制了过度捕捞，并减少了各种代价惨重的冲突的发生。在一些国家，沿海社区有时还团结起来进行资源管理。例如，在菲律宾，爆破捕鱼的方法使渔业资源趋于枯竭，也使珊瑚礁遭到破坏。为此，米沙鄢群岛发展中心发展了一个项目，组织本地劳动力运用本地材料制成的人造礁石，修筑鱼类庇护场所。这一项目的实施，既保护了鱼类生态环境，又为该地区创造了就业机会。

3. 政府层次的宏观管理

（1）建设精简高效的政府。为了适应促进农业可持续发展的要求，各国政府正朝着机构设置适度、管理人员精悍的高效政府转变，尤其是注重选用高素质的管理人员。例如，美国等发达国家和印度等发展中国家的中央农业部，处室级领导干部要求具有硕士学位，司（局）级领导干部要求具有博士学位，而且必须是某个行业的专家，其他工作人员也要经过严格考核后才能被录用，从而确保了在管理机构适量的情况下提高每个工作人员的工作效率。政府管理机构的职能，主要通过立法手段并以政策法规形式实行宏观调控。宏观调控的中心任务是保护自然资源基础和维护农业生产经营者的利益。

（2）实施对共有资源的有效管理。各国政府在农业可持续发展中扮演着重要角色，他们通常拥有自然资源。在许多国家，尤其是在发展中国家，由于政府对经济增长、区域发展、环境保护和支持土著民族及弘扬文化遗产等多重目标的追求，所以自然资源与自然环境通常都由政府来掌握，热带雨林几乎毫无例外地属国家所有，水资源的基础设施也归公共部门开发和所有。当然，政府资源管理机构官僚主义严重，人浮于事，加上自然资源价格偏低，会造成资源滥用和以权谋私等腐败现象。一些国家的政府正着手改革，逐渐将自然资源的投资和实施管理的部分责任转移给个人、社区和各种自负盈亏的实体手中。

（3）依法保护自然资源基础。各国政府重视通过健全法律体系和实施对资源所有者有激励作用的政策来影响资源的分配。例如，在保护林业方面，各国政府注重对公众进行造林绿化和美化环境的宣传教育，并利用政府法律和行政手段保护森林和林地。美国、德国、日本的法律都规定不准减少森林面积，只有获得政府批准后方可采伐木材，森林变为非林地必须经过政府批准，并按规定期限在其他地方重新造林，恢复同等面积的森林，并向林业部门支付一定的补偿费。政府重视对林业的投入，经过政府批准的林业生产建设计划，其所需资金一般能得到充分的保证；对林业所得，普遍实行免税和低税政策，鼓励造林绿化；美国、日本等国还专门建立中长期林业政策性贷款，利率比一般商业性贷款低得多。

（4）积极兴建各类农业基础设施。各国都非常重视农业可持续发展的基础设施，尤其是水利和道路的建设。在水利设施建设方面，各国政府都是建设投资的主渠道，印度、巴基斯坦政府投入水利建设占10%以上，而菲律宾政府投入水利建设则占20%以上；各国在水利建设和管理上普遍划分中央与地方的事权，确定投资范围，调动中央、地方政府和社区集体与居民个人的积极性。一般大型工程由中央政府投资，地方性的中型工程由地方政府投资，而小型工程则由社区或农民组织建设并由财政支付一定的补贴。基础设施建设（如道路建设）也是农业商品生产和农村经济持续发展的最重要原因之一。美国联邦政府和各州、县政府非常重视和大力支持物质农业基础设施和社会农业基础设施建设，而且建设富有成效。由三级政府分别投资管理而兴建的高速公路，配备各种车辆和训练有素的驾驶员，保证农产品的及时运送，使生产地与消费地紧密联系，确保农产品市场价值的顺利实现。

（5）保障农业生产经营者的正当利益。制定和实施合理的农产品价格政策，并通过价格杠杆刺激农业的可持续发展。制定和实施合理的农产品价格政策的核心有两点：一是保证农产品的价格与其价值相适应，不能使价格与价值相背离；二是不仅要使农产品之间的比价合理，而且更要使农产品与工业产品之间的比价合理，使工农产品之间的剪刀差逐步缩小而不是扩大。

（6）加强农业科教事业和国际国内地区之间的交流与合作。各国政府大都重点支持科学研究和教育事业，注重可持续发展的人力资源开发和人力资本投资。与此同时，加强信息系统建设，深入开展国际和国内合作与交流，也是当今各国农业和农村发展的一个重要趋势。例如，在食品、农业和农村发展问题上，已经建立了很多相互支持和合作的组织和信息网络，开展国家或地区间的经济、技术交流与合作，包括建立共同市场，促进农产品贸易，提高食品安全程度，鼓励农业研究、教育与培训和合作，强化地区性农业投入物的生产与分配，以及开展农业领域技术设备的合作研究与开发等。

16.3　循环农业发展的政策性金融

农业是每个国家的基础产业，农业提供了国民生活所必需的粮食、蔬菜等，无论是发展中国家还是发达国家都注重发展农业。发展地区循环经济是发展农村金融的一种创新举措，可以加快农村经济建设。在发展地区循环农业方面，应得到国家政策性金融支持，相应法律也应该完善，使农业发展有法可依、有相应的政策支撑。

16.3.1　地区循环农业经济的必要性

循环农业是采用多层次利用技术，使物质循环再生，废弃物减少，从而提高资源利用效率的农业生产方式。循环农业是一种可持续型、环境友好型的农作方式。

一直以来，农业基础设施、制度配备不完善等问题制约着农村经济发展。要促进农村经济发展，必须发展循环农业，加强农村基础设施建设，完善规章制度，提高农村资源利用效率，建设生态农业，建设生态农村。

我国农业发展长期处于落后地位。对发展比较落后的农业及农村，要根据国家宏观调控政策，对农村金融进行指导和鼓励，促进农村地区经济的快速发展。由于农村经济发展的局限性和落后性，国家必须根据经济政策来制定农业政策，特别是农村金融政策，加快农村地区建设。制定相关政策对农村金融给予扶持，引导更多资金走向农村，大力激发农村的活力，解决农村金融供给不足的问题。

16.3.2 绿色信贷助推循环农业

绿色信贷业务的特殊性是指绿色信贷政策需要公众的监督，政府和银行不仅应该将相关环境和社会影响的信息公开，并且应该提供各种条件，包括信息的披露、必要的经费和真正平等对话的机制。

摸索绿色信贷模式，将支持生态循环农业建设放在大力推进农业现代化、加快转变农业发展方式的突出位置。

以邮储银行南通市分行支持江苏海安富阳奶牛专业合作社为例。海安富阳奶牛专业合作社拥有社员800多人，奶牛存栏超过900头，产销超过2000万元，成为科技兴农示范基地、江苏生态健康生养示范基地、省无公害产品基地。企业推行绿色养殖模式、引进智能化管理需要周转资金，成为企业转型发展的难题。邮储银行南通市分行客户经理进行现场走访，发现该合作社营业状况良好，但标准抵押物偏少，按传统担保条件，难以进行百万元贷款；也发现该合作社和内蒙古伊利实业集团股份有限公司资产负债状况良好，无不良信用记录，上下游账款交易真实存在，符合应收账款质押贷款发放条件。因此，邮储银行南通市分行立即落实质押条件，协助客户办理"富农贷"，短短几天将200万元贷款发放到位。

得到资金支持后，富阳奶牛专业合作社按企业最初愿景，不断创新，一步步朝绿色可持续的现代化养殖模式迈进。先后投资400万元，引进专业检测设备，实现每批次牛奶100%检测；按"互联网+"管理理念，实现牛奶生产与运输实时监控；新建200m³沼气池，利用沼气发电，在解决牛场粪污的同时，免费送电到周围农户田间地头；研究青秸秆氨化技术，高价收购周边青秸秆，保证饲料品质的同时，解决周边秸秆禁烧禁抛和综合利用问题。在邮储银行南通市分行的全力扶持下，合作社打造形成种植、养殖、沼气、发电、沼肥的产业链。

当地养猪场、养鸡场、葡萄园、水产养殖等一大批"三农"特色产业也在邮储银行南通市分行的扶持下，走上了现代化转型之路，为地方经济发展做出了贡献。邮储银行南通市分行积极贯彻落实党中央、国务院"三农"方面的重大战略部署，创新"三农"金融产品和服务，使之扎根农村、服务农业、贴近农民，打造具有地方经济烙印的"绿色银行"。

16.3.3 政策性金融支持下的地区循环农业发展前景

农村发展需要借助各方力量，不仅需要国家和地方的支持，还需要农民的共同努力。为了促进农业循环经济发展，国家给予政策性金融支持。农村发展融入更多工具和政策，建设现代化生态文明农村指日可待。改变传统农村经济发展模式，农村经济将会得到快速发展。实现地区循环农业发展，必须改善政策性金融支持法律问题，使相关法律问题更加全面、覆盖范围更加广泛。通过研究与落实改善政策性金融支持法律问题，地区循环农业可以得到很好的实施，农村经济也会得到突飞猛进的发展。通过金融创新的实施和使用，越来越多的金融工具会投入农村，农村经济将会得到更加迅速的发展。

16.4 促进农业循环经济发展的措施

政府及有关部门需要做好行业发展规划，调整经济结构，主动适应循环经济发展的要求。在认真贯彻落实国家有关政策的同时，根据各地情况，在财政资金、信贷、税收、土地、投融资渠道等方面制定优惠扶持政策，对市场前景好、经济效益好、技术含量高的项目进行重点扶持，特别要鼓励和推动食品行业高新技术产业的发展，加大对食品行业企业创新科研项目的资金投入，为食品工业循环经济发展、食品工业可持续发展和国际竞争力的增强创造良好的环境。

16.4.1 农业循环经济的政策重点

1. 国家发展和改革委员会等部门提出的重点

为贯彻落实党的农业农村政策精神，根据《关于加快推进生态文明建设的意见》《关于进一步深化农村改革加快推进农业现代化的若干意见》《循环经济发展战略及近期行动计划》《生态文明体制改革总体方案》等要求，《关于加快发展农业循环经济的指导意见》（发改环资〔2016〕203号），明确了农业循环经济的发展重点。

1）推进资源利用节约化

（1）推进土地节约集约利用。推进传统耕作制度改革，合理确定复种指数，充分挖掘土、水、光、热等资源的利用潜力，提高耕地、草地、水面、林地综合产出效率；加强农田基础设施和耕地质量建设，实施耕地质量保护与提升行动；支持盐碱地和土壤污染耕地等改良修复，因地制宜地调整种植结构；鼓励合理利用盐碱地、采矿塌陷区发展水产养殖等；与新型城镇化建设紧密结合，集中整理、规划农村居民点用地。科学制定造林和森林经营方案，推广林地立体开发产业模式，发展林下经济。

（2）推进水资源节约高效利用。在干旱半干旱地区，大力发展节水农业，建设集雨补灌设施，推广保墒固土、生物节水、沟播种植、农田护坡拦蓄保水、膜下滴灌等旱作节水技术。在非旱作农业区，推广防渗渠、低压管道、水肥一体化等节水技术；推广抗旱品种，发展保护性耕作，实行免耕或少耕、深松覆盖，增强抗旱节水能力。发展循环水节水养殖、研发并推广养殖废水处理技术，提高养殖用水利用率；鼓励开展屠宰废水等农产品加工废水无害化处理和循环利用。

（3）引导农业投入品科学施用。实施"到2020年化肥使用量零增长行动"，优化配置肥料资源，合理调整施肥结构，大力推进有机肥生产和使用，扩大测土配方施肥规模，推广化肥机械深施、种肥同播、适期施肥、水肥一体化等技术，提高化肥利用率；科学配制饲料，提高饲料利用效率，规范饲料添加剂使用，加强饲用抗生素替代品的研发和使用，逐步减少饲用抗生素用量；鼓励采用先进的创意、设计、工艺、技术和装备，减少木材加工、林产化工生产过程中能源、原材料和投入品消耗，提高木材利用效率。

（4）促进农业领域节能降耗。加快淘汰高耗能老旧农业机械和渔船，有效开展农业机械和渔船更新改造；大力发展农林牧渔节能、节水技术，逐步淘汰高耗能落后工艺和技术装备；推动省柴节煤炉灶的升级换代；鼓励农业生产生活使用生物质能、太阳能、风能、微水电等可再生能源。

2）推进生产过程清洁化

（1）加强农业面源污染防治。实施"到2020年农药使用量零增长行动"，大力推进统防统治和绿色防控，全面推广高效、低毒、低残留农药、现代施药机械，科学精准用药；合理使用化肥农药、地膜，严禁使用国家禁止的高毒、高残留农药，减少农业面源污染和内源性污染；推广雨污分流、干湿分离和设施化处理技术，推广应用有益微生物生态养殖技术，控制畜禽养殖污染物无序排放；支持在重点富营养化水域，因地制宜地开展水上经济植物规模化种植、采收和资源化利用。

（2）推进农产品加工和林业清洁生产。农产品加工企业，特别是食品加工企业要加大推广清洁生产力度，确保食品安全。提高林业生态功能，推动木竹藤材加工、人造板、木地板、防腐木材、木家具、木门窗、木楼梯、木质装饰材料等木材加工和林产化学加工企业清洁生产，推广林业生物防治、环保型木材防腐防虫、木材改性、木材漂白和染色、制浆造纸、林产化学产品制造技术，减少木材化学处理的化学药剂用量，降低环境污染。

3）推进产业链接循环化

（1）构建农业循环经济产业链。推进种养结合、农牧结合、养殖场建设与农田建设有机结合，按照生态承载容量，合理布局畜禽养殖场（小区），推广农牧结合型生态养殖模式；鼓励发展设施渔业及浅海立体生态养殖，推进水产养殖业与种植业有效对接；重点推广农林牧渔复合型模式，实现畜（禽）、鱼、粮、菜、果、茶协同发展。培育构建种植-秸秆-畜禽养殖-粪便-沼肥还田、养殖-畜禽粪便-沼渣/沼液-种植等循环利用模式。

（2）构建林业循环经济产业链。推广林上、林间、林下立体开发产业模式。鼓励利用木、竹、藤在采伐、抚育、造材、加工过程中产生的废弃物和次小薪材，生产人造板、纸、活性炭、木炭、竹炭、酒精等产品和生物质能源，鼓励对废弃的食用菌培养基进行再利用；鼓励利用城市园林绿地废弃物进行堆肥、生产园林有机覆盖物、生产生物质固体成型燃料和人造板、制作食用菌棒等；鼓励经济林和果树修剪枝桠材、林产品加工副产品等资源化利用。发展城市屋顶绿化、建筑墙体垂直绿化、阳台菜园等，增强吸附空气污染物、缓解城市热岛效应的生态功能，拓展绿色空间。

（3）构建复合型循环经济产业链。大力推进农产品精深加工和高效物流冷链等现代物流体系建设。支持集成养殖深加工模式，发展饲料生产、畜禽水产养殖、畜禽和水产品加工及精深加工一体化复合型产业链。推进种植、养殖、农产品加工、生物质能、旅游等循环链接，形成跨企业、跨农户的工农复合型循环经济联合体。发展林板一体化、林纸一体化、林能一体化和森林生态旅游。构建粮、菜、果、茶、畜、鱼、林、加工、能源、物流、旅游一体化和一二三产联动发展的工农复合型循环经济产业体系（图16-1）。

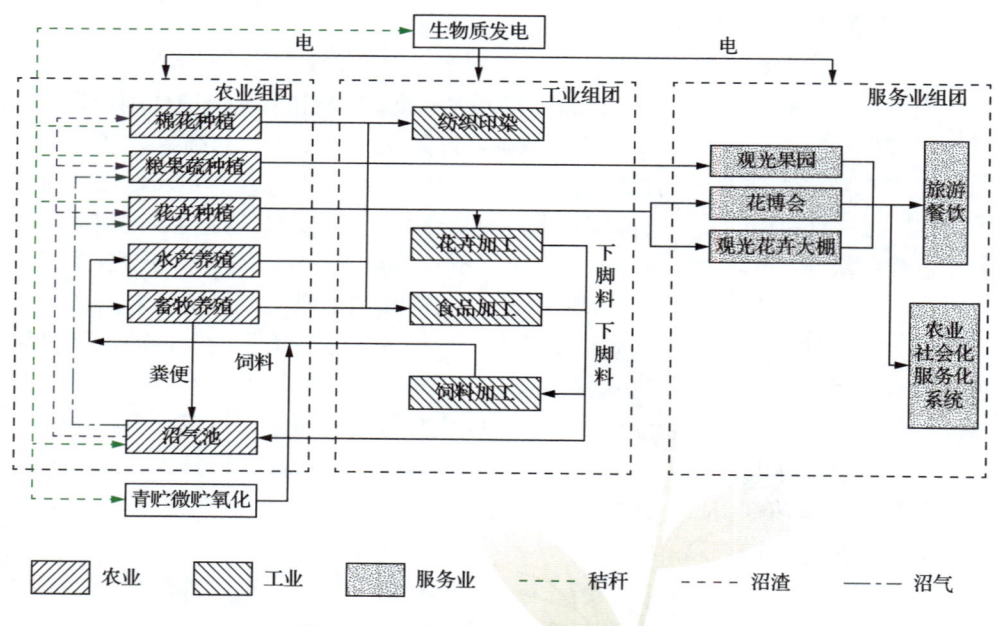

图 16-1 工农复合型循环经济产业体系

4）推进农林废弃物处理资源化

（1）推进农村生活废弃物循环利用。鼓励因地制宜地建设人畜粪便、生活污水、垃圾等有机废弃物分类回收、利用和无害化处理体系；鼓励有条件地区建立完善"村收集、镇中转、区域集中处理"的农村垃圾回收、循环利用与无害化处理系统。

（2）推进秸秆综合利用。各地要根据当地农用地分布情况、种植制度、秸秆产生和利用现状，鼓励农户、新型农业经营主体在购买农作物收获机械时，配备秸秆粉碎还田或捡拾打捆设备；鼓励有条件的企业和社会组织组建专业化秸秆收储运机构，健全服务网络。重点推进秸秆过腹还田、腐熟还田和机械化还田。进一步推进秸秆肥料化、饲料化、燃料化、基料化和原料化利用，形成布局合理、多元利用的秸秆综合利用产业化格局。

（3）推进畜禽粪便资源化利用。推动规模化养殖业循环发展，切实加强饲料管理，支持规模化养殖场、养殖小区建设粪便收集、储运、处理、利用设施；积极探索建立分散养殖粪便储存、回收和利用体系，在有条件的地区，鼓励分散储存、统一运输、集中处理；推广工厂化堆肥处理、商品化有机肥生产技术；利用畜禽粪便因地制宜地发展集中供气沼气工程，鼓励利用畜禽粪便、秸秆等多种原料发展规模化大型沼气、生物天然气工程，推进沼渣沼液深加工、生产适合种植的有机肥。

（4）推进农产品加工副产物综合利用。鼓励综合利用企业与合作社、家庭农场、农户有机结合，促进种养业主体调整生产方式，使副产物更加符合循环利用要求和加工原料标准，把副产物制作成饲料、肥料、微生物菌、草毯、酒精和沼气等，构建资源-产品-副产物-资源的闭合式循环模式，实现综合利用、转化增值、改良土壤和治理环境。推进加工副产物的高值化利用，支持企业进行技术改造，充分开发加工副产物的营养成分，提高产品附加值。建立副产物收集、处理和运输的绿色通道，推进加工副产物向高值、梯次利用升级，提高加工副产物的有效供给和资源化利用水平，减少废弃物排放。

（5）推进废旧农膜、灌溉器材、农药包装物回收利用。建立政府引导、企业实施、农户参与的农膜、灌溉器材、农药包装物生产、使用、回收、再利用各个环节相互配套的回收利用体系。推广应用标准地膜，引导农民回收废旧地膜和使用可降解地膜；支持建设废旧地膜、灌溉器材回收初加工网点及深加工利用项目。建立农药包装物回收、处置机制和体系，减少农药包装废弃物中的农药残留，防止污染环境。推进水产加工副产品、废旧网具、渔船等废弃物的资源化利用。

（6）推进林业废弃物资源化利用。推动建立废旧木质家具、废纸、木质包装、园林废弃物的回收利用体系，推进废弃竹木的综合利用；鼓励利用森林经营、采伐、造材、加工等过程中的剩余物，建设热、电、油、药等生物质联产项目。

2. 农业农村部等部门提出的重点

《循环经济促进法》《关于加快推进生态文明建设的意见》《中共中央关于制定国民经济和社会发展第十三个五年规划的建议》《全国农业现代化规划（2016—2020年）》《全国农业可持续发展规划（2015—2030年）》《耕地草原河湖休养生息规划（2016—2030年）》等对加强种养结合、促进农业循环经济发展的有关要求，具体内容如下：

1）建设工程总体框架

针对种养结构失衡、废弃物循环利用不畅等问题，以县域为单元，在种养平衡分析基础上，通过"优结构、促利用"的工程化手段，整县推进种养加一体化，以及畜禽粪便、农作物秸秆等种养业废弃物的资源化利用。鼓励工程生产的有机肥、饲料等产品参与市场大循环，实现工程效益的提升。

（1）优结构。构建种养加一体化基地，以当地主导的养殖业为核心，分别从种植、养殖、加工3个环节进行配套提升。科学调整养殖规模，通过推进配套养殖场"三改两分"（改水冲清粪或人工干清粪为漏缝地板下刮粪板清粪、改无限用水为控制用水、改明沟排污为暗道排污，固液分离、雨污分离）工程和标准化屠宰场废弃物循环利用工程建设，优化养殖环境、促进废弃物集中高效处理。推进适度规模、符合当地生态条件的标准化饲草基地工程建设，弥补养殖饲料不足，并就近消纳养殖废弃物。

（2）促利用。对种养大县秸秆、畜禽粪便等种养业废弃物处理利用能力不足的问题，有针对性地建设适用工程，确保生态适用、运行高效、经济可行。

在秸秆综合利用方面，通过采取适宜区域秸秆种类的能源化、饲料化、基料化等技术途径，建设秸秆青（黄）贮、秸秆炭化还田改土、秸秆加工商品化基质等工程，构建秸秆收储运体系，有效解决现有秸秆利用能力不足的问题。

在畜禽粪便综合利用方面，通过采取肥料化、能源化等技术途径，建设沼渣沼液还田利用工程、有机肥深加工工程等，实现畜禽粪便的无害化处理与资源化利用。

在充分考虑工程技术的成熟度、市场化前景、适用范围等因素的基础上，对规模化种养加一体化示范、种养业废弃物循环利用相关工程技术进行遴选。

2）建设项目及布局

建设项目主要包括以下方面。

一是标准化饲草基地项目。饲草料是畜牧业稳定发展的基础，是畜牧业发展的关键制约因素。通过实施饲草基地项目，可以促进农业结构调整，减少对粮食型饲料的依靠，丰富"菜篮子"市场，改善人民群众的膳食结构，增加农民收入，保护生态环境。该项目扶持开展饲草种植和青贮饲料专业化生产示范建设，重点支持饲草种植基地的土地平整，灌溉设施，耕作、打草、搂草、捆草、干燥、粉碎等设备购置，以及饲草和秸秆青贮氨化等设施的建设。

二是标准化养殖场"三改两分"项目。通过实施养殖场"三改两分"项目，建造高标准规模养殖场，营造良好的饲养环境，加强动物疫病防控，提高动物生产性能，保障食品安全，减少环境污染，降低养殖废弃物处理成本。该项目扶持开展生猪、奶牛等规模化养殖示范建设，重点支持养殖场的"三改两分"项目、粪便经过高温堆肥无害化处理后生产有机肥，养殖废水经过氧化塘等处理后作为肥水浇灌农田等设施建设和设备购置。

三是标准化屠宰场废弃物循环利用项目。通过实施标准化屠宰场废弃物循环利用项目，改造污水粪污处理设施设备，升级病害猪及其产品无害化处理设施，实现标准化屠宰场污水粪污和屠宰废弃物循环利用、无害化处理，有效防止污水粪污污染环境、屠宰废弃物熬炼新型地沟油、病害肉流入市场等现象发生，切实保障上市肉品质量安全，减少屠宰环节的环境污染问题。该项目扶持屠宰企业进行屠宰废弃物循环利用设施设备改造建设，包括污水粪污收集处理系统、屠宰废弃物无害化处理及循环利用设施设备等。

四是畜禽粪便循环利用项目。

（1）沼渣沼液还田项目。通过实施沼渣沼液还田项目，实现种养业废弃物的循环利用，解决养殖区域环境污染问题，促进养殖业可持续发展，改善养殖场和周边农村的生态环境。在农户居住区附近秸秆资源或畜禽粪便丰富的地区，以自然村、镇为单元，发展以畜禽粪便、秸秆为原料的沼气生产，用作农户生活用能；沼渣沼液还田利用。在远离居住区、有足够的农田消纳沼液且沼气发电自用或上网的地区，依托大型养殖场，发展以畜禽粪便、秸秆为原料的沼气发电，养殖场自用或并入电网；固体粪便生产有机肥；沼渣沼液还田利用。

（2）有机肥深加工项目。通过实施有机肥深加工项目，将大量集中或分散的畜禽粪便加工成有机肥，既有利于保护环境，还可以培肥地力，改善作物品质。建设区域畜禽粪便收集处理站，收集、储存和堆肥处理 10km 范围内中小规模养殖场或散养密集区的畜禽粪便和农作物秸秆，堆肥后就地还田利用或作为有机肥产品参与市场大循环。区域粪便收集处理站建设内容主要包括养殖场（户）粪便暂存池、堆肥车间、有机肥仓库等土建工程及堆肥搅拌机、粉碎机等设备。

五是农作物秸秆综合利用项目。在秸秆资源丰富和牛羊养殖量较大的粮食主产区，根据种植业、养殖业的现状和特点，该项目秸秆优先满足大牲畜饲料需要，合理引导炭化还田改土等肥料化利用方式，并推进秸秆的基料化、燃料化利用及其他综合利用途径。

（1）秸秆饲料。扶持开展秸秆养畜联户示范、规模场示范和秸秆饲料专业化生产示范，重点支持建设秸秆青黄贮窖或工业化生产线，购置秸秆处理机械和加工设备，改造配套基础设施，增强秸秆处理饲用能力，加快推进农作物秸秆饲料化利用。

（2）秸秆炭化还田改土。秸秆炭化还田改土技术，以连续式热解炭化装置对农作物秸秆进行热裂解，产出生物炭和混合气，生物炭还田改土利用，保护和提升耕地质量，热解混合气分离为生物质燃气、焦油和木醋酸后利用。重点支持原料棚、炭化车间、炭成型车间等土建工程建设及连续式炭化炉、进料系统、炭成型生产线等设备的购置。

（3）秸秆基质。秸秆含有丰富的纤维素和木质素等有机物，是栽培食用菌的重要原料，也可作为水稻、蔬菜育秧和花卉苗木育苗的基质。以秸秆为主要原料，辅以畜禽粪便、养殖废水进行高温好氧发酵，加工生产商品化基质产品。重点支持秸秆粉碎车间、堆肥车间、包装车间等土建工程建设及装载机、翻搅机、皮带输送机等设备购置。

（4）秸秆燃料。因地制宜地推广"炊事采暖炉+秸秆成型燃料"等燃料模式，以秸秆为主要原料，压缩成块状或颗粒状燃料，并配备专用生物质节能炉具，供农户炊事采暖。重点支持秸秆预处理设备、成型设备、配套设备，以及原料场生产车间、成型燃料储存库等配置。

3）建设布局

综合考虑各地自然资源条件、种养结构特点及环境承载能力等因素，按照因地制宜、分类指导、突出重点的思路，将全国种养结合循环农业示范工程建设划分为三大区域，即北方平原区、南方丘陵多雨区和南方平原水网区。在三大区域的种植养殖大县中，优先考虑既是产粮大县又是畜牧大县的县、养殖规模或种植规模靠前的县，以及《全国种植业结构调整规划（2016—2020年）》确定的调减籽粒玉米发展饲草生产区域有关县市、《全国农业可持续发展规划（2015—2030年）》确定的发展种养结合循环农业重点区域的县等，建成300个种养结合循环农业示范县。

为了积极响应国家政策，加快推进区域内农业供给侧结构性改革、调整优化农业结构、转变农业发展方式、改善农业生态环境、提升农产品品质，各省尤其是农业大省纷纷发布了生态循环农业发展政策。

《浙江省循环经济发展"十四五"规划》提出，深入推进农业绿色发展试点先行区建设，全面完成1050个现代生态循环农业示范主体建设。到2025年，农作物秸秆综合利用率达到95%以上。不断提升"丽水山耕""嘉田四季""三衢味""金农好好""台九鲜"等农产品公共品牌影响力，建设一批地理标志农产品示范基地。积极推行种养结合、农牧结合，推广桑基鱼塘、稻鱼共生等农业循环经济典型模式，促进畜（禽）、鱼、粮、菜、果、茶协同发展。优化农作物秸秆利用结构，推动畜禽粪污、林下废弃物高效利用。加强废旧农膜、化肥与农药包装、渔网等废旧农用物资回收利用。

《河南省"十四五"循环经济发展规划》要求加快发展循环农业。具体任务包括：加强农林废弃物资源化利用，到2025年畜禽粪污综合利用率达到83%以上；建设30个秸秆综合利用示范县。推行循环型农业发展模式，推动种养结合、农牧结合、养殖场建设与农田建设有机结合，支持平顶山市和济源示范区建设国家农业绿色发展先行区。推广畜禽、鱼、粮、菜、果、茶协同发展模式。打造一批生态农场和生态循环农业产业联合体，推进"三品一标"标准化基地建设。

《山东省"十四五"绿色低碳循环发展规划》要求加快农业绿色发展，积极推广秸秆粉碎还田、快速腐熟还田及粪肥就地消纳、还田利用等技术，到 2025 年，全省农作物秸秆综合利用率稳定在 95%左右，畜禽粪污综合利用率稳定在 90%以上。大力发展生态种植、生态养殖。实施农业生产"三品一标"提升行动，健全农业高质量发展标准体系，建设一批现代农业全产业链标准集成应用基地，培育一批农业企业标准"领跑者"，发展绿色食品、有机农产品、地理标志农产品 5600 个。

16.4.2　继续加大改革支持力度

财政部和国家税务总局修订并增补《关于资源综合利用及其他产品增值税政策的通知》（财税〔2008〕156 号）的增值税免征、即征即退、先征后退的适用范围，将其扩大到食品工业的相应项目。对所有综合利用产品均实行减免增值税政策，促进废弃物循环利用率进一步提高。

将《关于再生资源增值税政策的通知》（财税〔2008〕157 号）和《关于以农林剩余物为原料的综合利用产品增值税政策的通知》（财税〔2009〕148 号）实施年限延长到 2015 年。

增补列入《资源综合利用企业所得税优惠目录》的可以享受减计收入优惠政策的产品类别和种类，将食品工业企业以资源作为主要原材料、生产国家非限制和禁止并符合国家和行业相关标准的产品纳入该目录，所取得的收入，按减 90%计入收入总额。

省、市出台相应政策，鼓励生产企业用循环经济理念进行升级改造，鼓励公司实施循环经济、节能减排重大项目。对开展和实施循环经济重点链接技术研发和循环经济重大项目的园区、企业在政策上优先扶持。建立一系列有利于发展循环经济的配套政策，特别是促进循环经济发展的税收优惠政策和价格优惠政策。制定完善的惠及食品工业企业在内的鼓励资源综合利用的投融资、价格政策。一是对发展循环经济企业依据规模，提供一定额度的信用贷款；二是对发展循环经济的企业在养殖、粪污处理、种植各环节的基础设施建设方面，进一步加大奖励力度；三是对未见效益的给予一定生产扶持补贴，直至企业产生效益为止；四是设立环境生态奖，对循环效果好、综合利用效率高、环境生态效益好的树立典型，予以奖励；五是对生产品牌循环经济产品、扩展循环空间的企业进行扶持和奖励。

大力进行环境保护和资源管理制度创新，改革环境保护行政管理体制，防范地方保护干扰，创造政府和市场相结合的新机制，提高管理权威性和环境管理效率。在政策层面上，建立消费拉动、政府采购、政策激励的循环经济发展政策体系。一要建立和完善循环经济产品标示制度，鼓励公众购买循环经济产品；二要在政府采购中确定购买循环经济产品比例，推动政府绿色采购；三要通过政策调整，使循环利用资源和保护环境有利可图，使企业和个人对环境保护的外部效益内部化。按照"污染者付费、利用者补偿、开发者保护、破坏者恢复"的原则，大力推进生态环境的有偿使用制度。对一些亏损或微利的废旧物品回收利用产业，对废弃物无害化处理产业，可通过税收优惠和政府补贴政策，使其能够获得社会平均利润率。在增加环境（污染排放）税、资源使用税的同时可以实行税收抵扣企业用于环境保护的投资。建议专门设立环境技术开发基金，重点支持废旧物品回收处理和再利用技术的研究与开发，促进区域环境综合治理等公用性事业方面适用技术的开发与推广应用。

推动落实 6 个方面工作：一是加强宏观指导；二是完善资源综合利用政策；三是用先进适用技术促进资源综合利用产业升级；四是推进资源综合利用示范基地建设；五是加强宣传教育；六是充分发挥行业协会的作用。这 6 个方面所包含的具体内容若能尽快落实，必将极大地推进包含食品工业企业在内的资源综合利用产业化，推动循环经济迅猛发展。

16.4.3 农业可持续发展的财政政策

（1）建立农业农村投入稳定增长机制。把农业农村作为财政支出的优先保障领域，中央预算内投资继续向农业农村倾斜，确保农业农村投入只增不减。进一步优化财政支农支出结构，转换财政资金投入方式，通过政府与社会资本合作、政府购买服务、担保贴息、以奖代补、民办公助、风险补偿等措施，带动金融和社会资本投向农业农村，发挥财政资金的引导和杠杆作用。大力清理、整合、规范涉农转移支付资金，对"小、散、乱"及效果不明显的涉农专项资金要坚决予以整治；对目标接近、投入方向类同的涉农专项资金予以整合；对地方具有管理信息优势的涉农支出，划入一般性转移支付切块下达，由地方统筹支配，落实监管责任。建立规范透明的管理制度，杜绝任何形式的挤占挪用、层层截留、虚报冒领，切实提高涉农资金投入绩效。合理划分中央与地方支农事权，明确政府间应承担和分担的支出责任，推进各级政府支农事权规范化、法律化。

（2）完善农产品价格形成机制和农产品市场调控制度。根据各类主要农产品在国计民生中的重要程度，采取"分品种施策、渐进式推进"的办法，完善农产品价格形成机制。改进并继续执行稻谷、小麦最低收购价政策。按照"价补分离"的思路，继续实施棉花和大豆目标价格改革试点，完善补贴发放办法。改革、完善玉米收储政策。改进农产品市场调控方式，避免政府过度干预，搞活市场流通，增强市场活力。完善农产品收储政策，坚持按贴近市场和保障农民合理收益的原则确定收储价格，降低储备成本，提高储备效率。加强粮食现代仓储物流设施建设，积极鼓励引导流通、加工等各类企业主体参与粮食仓容建设和农产品收储，规范收储行为，培育多元化市场主体。创新农产品流通方式，强化以信息化为支撑的农产品现代流通体系建设，大力发展农产品流通新型业态，发挥电子商务平台在联结农户和市场方面的作用。

（3）完善农业补贴制度。保持农业补贴政策的连续性和稳定性，调整改进"黄箱"支持政策，逐步扩大"绿箱"支持政策的实施规模和范围，提高农业补贴政策效能。开展农业补贴改革试点，将现行的"三项补贴"（农作物良种补贴、种粮直补、农资综合补贴）合并为"农业支持保护补贴"，优化补贴支持方向，突出耕地保护和粮食安全。保持与现有政策的衔接，调整部分存量资金和新增补贴资金向各类适度规模经营的新型农业经营主体倾斜，合理确定支持力度，不人为"垒大户"。进一步拓宽财政支农资金的渠道，突出财政对农业的支持重点，持续增加农业基础设施建设、农业综合开发投入，完善促进农业科技进步、加强农民技能培训的投入机制，强化对农业结构调整的支持，加大对农业投入品、农机具购置等的支持力度。健全粮食主产区利益补偿机制。健全快捷高效的补贴资金发放办法，鼓励有条件的地方探索对农民收入补贴的办法。

（4）建立农田水利建设管理新机制。积极推进农业水价综合改革，对农业用水实行总量控制和定额管理，配套完善供水计量设施，建立有利于节水的农业水价形成机制。建立农业用水精准补贴制度和节水激励机制。鼓励社会资本参与农田水利工程建设和运营维护。

（5）深化农业科技体制改革。坚持科技兴农、人才强农，推进农业科研院所改革，打破部门条块分割，有效整合科技资源，建立协同创新机制，促进产学研、农科教紧密结合。完善科研立项和成果转化评价机制，强化对科技人员的激励机制，促进农业科研成果转化。扶持种业发展，做强一批"育繁推"一体化的大型骨干种子企业。完善基层农技推广服务体系，探索公益性农技推广服务的多种实现形式。

（6）建立农业可持续发展机制。推广减量化和清洁化农业生产模式，健全农业标准化生产制度，完善农业投入品减量提效补偿机制。发展生态循环农业，构建农业废弃物资源化利用激励机制。实施耕地质量保护与提升行动，加强重金属污染耕地治理和东北黑土地保护。深入推进退耕还林还草、还湿还湖、限牧限渔。完善森林、草原、湿地、水源、水土保持等生态保护补偿制度。建立健全生态保护补偿资金稳定投入机制。

16.4.4 营造循环经济发展的社会氛围

循环经济的发展离不开社会这个大环境。近年来，循环经济得到了党和国家的高度重视，发展循环经济、建立节约型社会已是大势所趋，企业间的竞争已不再是单纯的、短期的、经济利益间的竞争，要想获得长远的利益必须提前着手，在污染之前防治污染，在浪费之前控制浪费，这也是国家政策取向。要想整个行业在市场竞争中立于不败之地，必须在全社会营造发展循环经济的大氛围。行业协会可以通过开展宣传培训活动（如专题讲座、研讨会、经验交流会、成果展示会等），引导行业树立正确的发展观，把节约资源、回收利用废弃物等活动变成社会的自觉行为。

主要参考文献

保罗·萨缪尔森，威廉·诺德豪斯，2012．Economics[M]．北京：商务印书馆．
蔡九菊，王建军，张琦，等，2008．钢铁企业物质流、能量流及其对CO_2排放的影响[J]．环境科学研究，21（1）：196-200．
蔡小军，李双杰，刘启浩，2006．生态工业园共生产业链的形成机理及其稳定性研究[J]．软科学，（3）：12-16．
曹凑贵，蔡明历，2017．稻田种养生态农业模式与技术[M]．北京：科学出版社．
陈凤先，夏训峰，2007．浅析"产业共生"[J]．工业技术经济，（14）：54-56．
崔芳，贾闽蓉，2013．企业市场营销中绿色营销模式研制探讨[J]．企业研究，(16)：39-41．
崔铁宁，刘双喜，2007．生态农业是发展循环经济的重要趋势[J]．环境与可持续发展，(3)：63-65．
戴铁军，安佰超，王婉君，2018．基于物质流分析的京津冀生态质量空间耦合演化研究[J]．生态经济，34（5）：137-142+165．
戴铁军，刘瑞，王婉君，2017．物质流分析视角下北京市物质代谢研究[J]．环境科学学报，37（8）：3220-3228．
戴铁军，陆钟武，2006．定量评价生态工业园区的两项指标[J]．中国环境科学，(5)：632-636．
戴铁军，王婉君，刘瑞，2017．中国社会经济系统资源环境压力的时空差异[J]．资源科学，39（10）：1942-1955．
戴铁军，赵鑫蕊，2017．基于物质流分析的废纸回收利用体系生态成本研究[J]．生态学报，37（15）：5210-5220．
戴铁军，赵鑫蕊，2018．基于生态成本的废纸产业政策、市场结构和生产工艺优化[J]．中国造，37（4）：12-18．
董小林，2022．环境经济学[M]．3版．北京：人民交通出版社．
杜涛，蔡九菊，2006．钢铁企业物质流、能量流和污染物流研究[J]．钢铁，41（4）：82-87．
高伟，2006．产业生态网络两种典型共生模式的稳定性研究[D]．大连：大连理工大学．
郭宝东，2011．绿色采购特征及影响因素分析[J]．环境保护与循环经济，(10)：69-71．
郭莉，苏敬勤，徐大伟，2005．基于哈肯模型的产业生态系统演化机制研究[J]．中国软科学，(11)：156-160．
国家发展和改革委员会，2023．"十四五"全国清洁生产推行方案[EB/OL]．(2021-10-29) [2023-01-24]．https://www.ndrc.gov.cn/xxgk/zcfb/tz/202111/t20211109_1303467.html．
何琼，杨敏丽，2017．国外循环农业理念对发展中国特色生态农业经济的启示[J]．世界农业，(2)：21-25．
胡长庆，张春霞，张旭孝，等，2007．钢铁联合企业炼焦过程物质与能量流分析[J]．钢铁研究学报，19(6)：16-20．
胡志华，秦晨，2012．"循环农业"研究综述[J]．科技传播，(10)：16-18．
黄宗文，孙凤华，肖立国，2008．东北农田网区林农牧生态系统能量流分析[J]．吉林林业科学，31（4）：8-12．
金鉴明，卞有生，2002．21世纪的阳光产业——生态农业[M]．北京：清华大学出版社．
孔令聪，2008．安徽省循环农业发展模式[J]．安徽科技，(10)：33-35．
蓝盛芳，1992．能量、环境与经济系统分析导引[M]．北京：东方出版社．
李景彬，2011．论中美贸易——金融关系的"食物链"式平衡[J]．管理现代化，(2)：53-55．
李文华，2003．生态农业——中国可持续农业的理论与实践[M]．北京：化学工业出版社．
李晓，谢久风，李海霞，2017．绿色化学与农业可持续发展[J]．科技创新导报，(10)：124-125．
厉金芹，2018．为什么测土配方肥始终没有走向台面？[J]．农药市场信息，(11) 33-35．
丽贝卡·克劳森，王维平，戚桂锋，2013．古巴：可持续发展农业的典范[J]．国外理论动态，(9)：26-30．
梁龙，2009．基于LCA的循环农业环境影响评价方法探讨与实证研究[D]．北京：中国农业大学．
刘仙洲，1963．中国古代农业机械发明史[M]．北京：科学出版社．
龙妍，黄素逸，刘可，2008．大系统中物质流、能量流与信息流的基本特征[J]．华中科技大学学报（自然科学版），12：87-90．
卢兵友，将光杰，2000．典型生态农业村发展特征研究——以西单村为例[J]．山东农业大学学报（自然科学版），

（4）：352-356．
鲁成秀，尚金城，2003．论生态工业园区建设的理论基础[J]．农业与技术，23（3）：17-22．
陆钟武，2002．钢铁产品生命周期的铁流分析——关于铁排放量源头指标等问题的基础研究[J]．金属学报，（1）：58-68．
罗喜英，高瑜琴，2015．资源价值流分析在循环经济"3R"原则中的运用[J]．生态经济，31（9）：34-38．
马世铭，SAUERBORN J，2004．世界有机农业发展的历史回顾与发展动态[J]．中国农业科学，（10）：1510-1516．
毛建素，陆钟武，2003．物质循环流动与价值循环流动[J]．材料与冶金学报，2（2）：157-160．
彭海，程子卿，2009．生态位理论的意义及应用[J]．黑龙江科技信息，(35)：133，330．
秦颖，武春友，武春光，2004．生态工业共生网络运作中存在的问题及其柔性化研究[J]．软科学，（2）：38-41．
石元春，2008．中国可再生能源发展战略研究丛书（生物质能卷）[M]．北京：中国电力出版社．
孙振钧，孙永明，2006．我国农业废弃物资源化与农村生物质能源利用的现状与发展[J]．中国农业科技导报，8（1）：6-13．
王刚，赵松岭，张鹏云，1984．关于生态位定义的探讨及生态位重叠计测公式改进研究[J]．生态学报，12（4）：120．
王建军，蔡九菊，张琦，等，2006．钢铁企业能量流模型化研究[J]．中国冶金，16（5）：48-52．
王明新，包永红，吴文良，2006．华北平原冬小麦生命周期环境影响评价[J]．农业环境科学学报，25(5)：1127-1132．
王能民，杨彤，2006．绿色供应链的协调机制探讨[J]．企业经济，（5）：13-15．
王普查，李斌，2014．基于循环经济的资源价值流成本会计创新研究[J]．生态经济，30（4）：46-50．
王维平，戚桂锋，2007．古巴：可持续发展农业的典范[J]．国外理论动态，（9）：26-30．
王文正，丁红红，2009．我国绿色供应链管理及其实施途径[J]．石家庄铁道学院学报（社会科学版），（2）：27-30．
王兆华，武春友，2002．基于交易费用理论的生态工业园中企业共生机理研究[J]．科学学与科学技术管理，（8）：11-15．
翁伯琦，陈奇榕，黄跃东，等，2006．循环经济与现代农业[M]．北京：中国农业科学技术出版社．
吴季松，2002．以科学管理提高水资源与水环境承载能力[J]．中国水利，（10）：87-89，96．
吴季松，2005．新循环经济学[M]．北京：清华大学出版社．
吴志军，2006．生态工业园工业共生网络治理研究[J]．当代财经，（9）：84-87．
仵浩，刘二恒，华贲，2009．低温热利用的新格局和系统优化策略[J]．计算机与应用化学，26（2）：133-136．
西方经济学编写组，2019．西方经济学[M]．2版．北京：高等教育出版社．
肖海，2008．品牌食物链理论——品牌生态学理论的新发展[J]．企业经济，（4）：55-57．
肖亮，2011．农产品绿色供应链流通模式及运作流程研究[J]．技术经济与管理研究，（11）：109-112．
肖序，刘三红，2014．基于"元素流—价值流"分析的环境管理会计研究[J]．会计研究，3（3）：79-87．
肖忠东，2008．工业产业共生体系中的"食物链"研究[J]．科技进步与对策，（3）：72-75．
肖忠东，顾元勋，孙林岩，2009．工业产业共生体系理论研究[J]．科技进步与对策，（9）：45-49．
肖忠东，孙林岩，吕坚，2003．经济系统与生态系统的比较研究[J]．管理工程学报，（4）：23-27．
肖忠海，2011．我国循环农业理论与实践研究进展评述及展望[J]．云南农业大学学报，（1）：77-83．
熊菲，肖序，2010．循环经济价值流分析的理论和方法体系[J]．系统工程，28（12）：64-68．
徐鹤，李君，王絮絮，2010．国外物质流分析研究进展[J]．再生资源与循环经济，（2）：29-34．
徐湘博，孙明星，张林秀，2021．农业生命周期评价研究进展[J]．生态学报，41（1）：422-433．
徐衍忠，王迎春，1997．山东省五莲县生态农业建设的实践与主要技术特点[J]．生态与农村环境学报，（3）：56-58．
薛楠，2014．我国绿色物流跨域协作机制：缺失与构建[J]．中国流通经济，（4）：45-49．
叶小梅，2018．探索现代生态循环农业发展之路[J]．群众，（7）：63-64．
袁增伟，毕军，2006．生态产业共生网络运营成本及其优化模型开发研究[J]．系统工程理论与实践，（7）：92-98．

张二勋，李春平，2014．文明乡村 生态家园 乡村生态文明建设通俗读本[M]．济南：山东人民出版社．
张汉江，吴娜，2006．实施绿色供应链管理促进制造业可持续发展的意义与对策分析[J]．生态经济，(5)：241-244．
张红宇，2014．农业部农村经济体制与经营管理司司长张红宇：积极探索发展农村混合所有制经济[J]．山西农经（5）：5-6．
张萌，姜振寰，胡军，2008．工业共生网络运作模式及稳定性分析[J]．中国工业经济，(6)：77-88．
张孟豪，龙如银，2016．新形势下企业绿色生产管理的研究与探索[J]．河南社会科学，(4)：47-54．
张庆普，胡运权，1995．城市生态经济系统复合 Logistic 发展机制的探讨[J]．哈尔滨工业大学学报，(4)：131-135．
张艳，2009．EIPs 工业共生系统构建与结点关系研究[J]．武汉理工大学学报，(12)：170-173．
章家恩，2010．农业循环经济[M]．北京：化学工业出版社．
赵红，陈绍愿，陈荣秋，2004．生态智慧型企业共生体行为方式及其共生经济效益[J]．中国管理科学，(6)：130-136．
中国农村财经研究会课题组，王树勤，宗宇翔，2016．农业可持续发展财政政策研究[J]．当代农村财经，(6)：2-9．
中国农业百科全书编辑部，1995．中国农业百科全书（农业历史卷）[M]．北京：中国农业出版社．
周宏春，2001．用全程管理的思路，解决城市垃圾问题[J]．决策咨询通讯，(2)：78-80．
周宏春，2005．循环经济学[M]．北京：中国发展出版社．
朱春全，1997．生态位态势理论与扩充假说[J]．生态学报，(3)：324-332．
朱启臻，袁明宝，芦晓春，2012．传统循环农业文化的困境与前景——以北京小浮坨村为例[J]．广西民族大学学报（哲学社会科学版），34（6）：43-48．
左淑珍，2003．精耕细作是中国农业可持续发展的灵魂[J]．农业考古，(3)：50-55．
JAMES MARTIN，1997．生存之路——计算机技术引发的全新经营革命[M]．北京：清华大学出版社．
BRENTRUP F, 2004. Methodological contributions to tailor life cycle assessment to the specifics of arable crop production[J]. DJF rapport/DIAS Report (61): 12-31.
BRUNO M, BEATRIZ L, 2016. The green bullwhip effect, diffusion of green supply chain practices, and institutional pressures: Evidence from the automotive sector[J]. International Journal of Production Economics, 8(2): 156-167.
EHRENFELD J, 2003. Putting the spotlight on metaphors and analogies in industrial ecology[J]. Journal of Industrial Ecology, (7): 1-4.
EHRENFELD J, 2004. Industrial ecology：A new field or only a metaphor[J]. Journal of Cleaner Production,(12): 825-831.
FROSCH R A, GALLOPOLOS N E, 1989. Strategies for manufacturing[J]. Scientific American, 261(4): 601-602.
FÜRNSINN S, GUNTHER M, STUMMER C, 2007. Adopting energy flow charts for the economic analysis of process innovations[J]. Technovation, 27(11): 693-703.
GOTO T N, TABATA K, FUJIE T, 2005. Usui creation of a recycling-based society optimised on regional material and energy flow[J]. Energy, 30(8): 1259-1270.
HUTCHINSON G E L, 1957. Concluding remarks[J]. Cold Spring Harbor Symp Quant Bio, (22): 415-427.
JEREMY H, 2000. Supply chain dynamics[J]. Journal of Cleaner Production, 8(8): 445-471.
KRISTINA D, PAUL E, 2007. Combing economic and environmental dimensions:Value chain analysis of UK aluminium flows[J]. Resources, Conservation and Recycling, 51(3): 541-560.
LIFSET R, 1997. Industrial metaphor, a field, and a journal[J]. Journal of Industrial Ecology, (91): 1-3.
LOTTA L, MILL P, SAI V, et al., 2012. Working capital management in the automotive industry:Financial value chain analysis[J]. Journal of Purchasing and Supply Management, 18(2): 92-100.
LOWE E A，WARREN J L, MORAN S R, et al., 1997. Discovering industrial ecology: An executive briefing and sourcebook. battelle press[J]. Journal of Cleaner Production, 8(2000): 89-91.
MARTIN R, SUNLEY P, 1998. Slow convergence? The new endogenous growth theory and regional development[J].

Economic Geography, 74(3): 201-227.

POLENSKEA K R, MCMICHAELB F C, 2002. A Chinese cokemaking process-flow model for energy and environmental analyses[J]. Energy Policy, 30(10): 865-883.

PORTER M E, 1985. Competitive advantage:Creating and superior performance[M]. New York: The Free Press.

RUUD W, 2014. US shale gas production outlook based on well roll-out rate scenarios[J]. Applied Energy, 124(1): 283-297.

SMITH E, 2008. Thermodynamics of natural selection I: Energy flow and the limits on organization[J]. Journal of Theoretical Biology, 252 (2): 185-197.

TANSLEY A G, 1947. The early history of modern plant ecology in Britain[J]. Journal of ecology, (35) : 130-137.

TUYET N T A, ISHIHARA K N, 2006. Analysis of changing hidden energy flow in Vietnam[J]. Energy Policy, 34 (14): 1883-1888.

XU X D, LEE H P, WANG Y Y, et al, 2004. The energy flow analysis in stiffened plates of marine structures[J]. Thin-Walled Structures, 42(7): 979-994.

ZSIDISIN G, SIFERD S P T, 2001. Environmental purchasing: A framework for theory development[J]. European Journal of Purchasing and Supply Management, 7: 61-73.

索　引

C

产业共生网络　43

D

大豆的循环经济　182
德国绿色能源农业　94

F

废弃物回收利用率　73

G

共生　38
古巴农业　87

J

技术支撑体系　126
价值流分析　62
减量化　1
减量化技术　128
秸秆综合利用　213
精耕细作　151
精准农业　11

K

科斯定理　47
可持续农业　13

L

绿色产品　244
绿色供应链　237

绿色信贷　259

M

美国农业　91

N

能量流　60
农业循环经济　1
农业循环经济产业园　111
农业循环经济发展模式　83

Q

清洁生产　231

R

日本农业循环经济　83

S

桑基鱼塘模式　99
生态经济学　7
生态农业　10
生态农业工程　11
生态位　44
生态系统　10
生物群落　10
食品行业循环经济　167
食物链　40
水稻循环经济发展模式　180
水土共治模式　160
"四位一体"模式　33

T

土肥代谢　146

W

无公害农产品　245
物质流分析　53

X

系统化技术　142
乡村循环农业模式　108
循环经济　1

Y

英国的永久农业　95
有机肥　25
有机食品　246

Z

再利用　1
再循环　1
中药资源循环利用　197
资源共享模式　101
资源化技术　128
资源生产率　72
资源再利用率　73
资源综合利用　15